더블스피크

DOUBLESPEAK
Copyright ⓒ 1989 by Blonde Bear, Inc.
Copyright ⓒ 2015 by William Lutz
All rights reserved.
Korean translation copyright ⓒ 2025 by Gyoyangin
Korean translation rights arranged with
Jean V. Naggar Literary Agency, Inc., New York
through The Danny Hong Agency, Seoul

이 책의 한국어판 저작권은 대니홍 에이전시를 통한
저작권사와의 독점 계약으로 '교양인'에 있습니다.
저작권법에 의해 한국 내에서 보호를 받는 저작물이므로
무단전재와 복제를 금합니다.

대중을 유혹하는 은밀한 이중화법의 세계

더블스피크

윌리엄 러츠 William Lutz

유강은 옮김

| 머리말 |

"우리 시대에 정치적인 말과 글은
대개 옹호할 수 없는 것을 옹호하려는 시도다.
정치적 언어는 …… 거짓말을 진실처럼 들리게 만들고,
살인을 존경할 만한 행동으로 만들며,
순전한 풍문을 확실한 사실처럼 보이게
만들기 위해 고안된다."
- 조지 오웰, 〈정치와 영어〉(1946)

"그러면 현재 더블스피크가 늘어나는 추세입니까, 줄어드는 추세입니까?" 인터뷰어는 묻곤 했다. 1989년에 더블스피크 doublespeak(이중화법)에 관한 첫 책(이 책의 초판)을 쓴 뒤 이런 질문을 거듭 받았다. 그럴 때마다 나는 명확한 답변을 피하며 그런 질문에 가타부타 답할 만한 데이터나 증거가 전혀 없다고 말했다. 내 책에 기록한 것처럼 분명히 공적 담론의 여러 채널을 통해 숱하게 많은 이중화법이 흘러나오고 있었고, 매주 사람들이 보내오는 수십 건의 사례만 보아도 이중화법이 실제로 증가하는 듯 보였다. 사람들이 자신들을 겨냥해 사용되는 언어를 민감하게 알아차리고 경각심을 품게 되기까지 내 책이 도움이 되었기를 바란다. 어쩌면 뜨거운 물이 담긴 냄비에 들어간 개구리가 물이 점점 더 뜨거워지고 있다는 걸 마침내 알아차리고 이제 뭔가 조치를 취해야겠다고 느꼈는지도 모르겠다.

초판이 출간된 지 25년이 지났고, 내가 이중화법 사례를 수집하기 시작한 지도 35년이 넘었다. 그동안 영어 자체에, 그리고 영어와 더불어 많은 일이 벌어졌다. 인터넷과 휴대 전화, 소셜 미디어 같은 신기술이 발전하고 확산되면서 새로운 말이 많이 생겨났고 그 덕분에 우리의 언어생활은 더욱 풍요로워졌다. 특히 소셜 미디어는 언어가 중심이기 때문에 사람들이 과거 어느 때보다 일상에서 언어를 활발히 사용하게 되었다. 하지만 이렇게 언어 사용이 늘고 유용한 신조어가 생겨나는 동시에 이중화법도 증가하고 있다. 지난 25년간 이중화법은 계속 늘어나고 널리 퍼지면서 모든 영역, 모든 단계에서 공적 담론을 오염시켜 왔다.

더 중요하고 또 가장 불안한 문제는 이중화법이 증가하면서 어느 정도 묵인하는 분위기가 생겼다는 것이다. 예전에는 사람들이 이중화법을 비웃거나 심지어 반발하기도 했지만, 이제는 조용히 받아들이는 모습이 보인다. 이중화법은 공적 담론에서 사용 가능한 말들의 목록에 포함되고 있다. 이를테면 이런 식이다. 드론의 오폭으로 어린아이들을 포함해 수천 명이 살해당해도, 잘못된 공중 폭격으로 결혼식 피로연 참석자 전원이 학살당해도 우리는 그 사건들에 관해 살인이나 학살이라고 말하지 않는다. 그 대신 '공중 차단 임무 aerial interdiction mission' 중에 '부수적 피해 collateral damage'가 발생했다고 말한다. 우리는 고문을 하는 게 아니라 '향상된 심문 기법 enhanced interrogation technique'을 사용한다고 말한다. 제2차 세계대전 중에 독일군과 일본군 병사들은 그 '기법'을 썼다는 이유로 전범 재판에 회부되었는데 말이다. 오늘날 사람들, 특히 정치인을 비롯한 공인들은 거짓말을 하지 않는다. 그들은 단지 '잘못 말한 misspeak' 것이거나, 그들의 발언이 '문맥에서 벗어나 인용'되었을 뿐이다. 그들은 인종 차별적이거나 성차별적인 발언, 그 밖에 다른 모욕적인 발언을 하지 않는다. 단지 '부적절한 발언'을 했을 뿐이며, 따라서 인종차별주의자나 성차별주의자라고 비난받아서는 안 된다고 여겨진다.

실제 의미와 정반대 인상을 주면서 사람들을 오도하기 위해 만들어진 새로운 이중화법도 넘쳐난다. 여론 조사 결과 국민들이 사회보장제도 민영화를 원치 않는다는 사실이 드러나자, 민영화 주창자들은 사회보장을 위한 '개인 계정 personal account'에 대해 말하기 시작했다. 이것은 결국 민영화와 같은 의미다. 많은 사람들, 그리고 미국 헌법이 정부의 종교 지원을 반대하는데도 불구하고 이를 추진하는 사람들은 정부 예산을 교회에 투입하는 '신앙 기반 이니셔티브 faith-based initiative'를 고안했다. 기업의 관리 소홀이나 타인의 부주의로 피해를 입었을 때 피해 당사자가 손해배상을 청구할 수 있는 권리를 없애는 것을 '불법행위 개혁 tort reform'이라고 부르는데, 이는 사실상 '개혁'이 아니라 그 권리 자체를 무력화하는 것이다. 슈퍼리치에게 막대한 세금 감면 혜택을 제공하고 싶었던 일부 정치인들은 '유산세 estate tax (상속세)'라는 정확한 용어 대신 '사망세 death tax'라는 용어를 고안해냈다. 그들은 이 이중화법이 부정확한 표현이라는 사실을 무시했다. 세금은 죽음이 아니라 유산에 부과되는 것이다. 소득세가 소득을 발생시키는 일자리가 아니라 소득 자체에 부과되는 것과 마찬가지다.

이 같은 이중화법의 목록은 끝이 없으며, 만약 당신이 이 문제에 계속 관심을 기울여 왔다면 자신이 목도한 사례를 덧붙일 수도 있을 것이다. 독자 여러분 모두 이 문제에 관해 적극적인 비평가가 되어주기를 바란다. 이중화법을 인식하고 맞설 때 비로소 우리의 언어에서 이중화법을 걷어내는 진전을 이룰 수 있기 때문이다.

나는 시간이 지났어도 이 책이 여전히 유효하다고 믿는다. 여기서 인용하는 역사적 사건들이 다소 오래되어 보일지 몰라도 그 사건들에서 생겨난 말들은 사라지지 않았으며 오히려 지금 우리의 언어에 스며들어 있다. 나는 이러한 말들이 어떻게 생겨났는지를 알아야 이중화법이 얼마나 기만적이고 심각한 오해를 불러일으키는지, 그리고 우리의 사고와 공적 담론을 더럽히는지 제대로 이해할 수 있다고 믿는다. 이는 조지 오웰이 우리에게 경고했던 바로 그 현상이다.

이 책이 사실을 감추는 대신 드러내고, 책임을 회피하는 대신 받아들이고, 사고를 방해하는 대신 촉진하는 공적 언어를 만드는 데 보탬이 되길 바란다. 그리고 모든 참여자가 서로 상대의 말을 온전히 이해할 수 있는 공론의 장을 여는 데도 힘이 되기를 바란다.

윌리엄 러츠, 2015년

|차례|

머리말

1장 | 더블스피크의 은밀한 세계 • 13
2장 | 우리는 매일 더블스피크에 속는다 • 45
3장 | 소비자를 유혹하는 더블스피크의 마법 • 113
4장 | 해고하지 않으면서 해고하는 법 • 171
5장 | 언어 조작의 기술자들 • 223
6장 | 전쟁도 죽음도 없는 전쟁 • 259
7장 | 더블스피크의 정치학 • 303
8장 | 핵전쟁과 언어 전쟁 • 391

감사의 말 • 417

1장
더블스피크의 은밀한 세계

| 일러두기 |

• 본문 아래쪽에 들어간 주석은 모두 옮긴이의 주석이다.

애리조나주 투손에는 거리에 움푹 팬 곳이 하나도 없고 다만 '보도 결함pavement deficiency'이 있을 뿐이다. 레이건 행정부는 조세 신설을 의도한 게 아니라 새로운 '이용자 요금user's fees'을 통해 '세입 증대revenue enhancement'를 의도했을 뿐이다. 거리를 배회하는 이들은 부랑자가 아니라 '목표 지향적이지 않은 사회 구성원'일 뿐이다. 이제 빈민은 없으며 단지 '재정적 저성취자'가 있을 뿐이다. 현금 인출기 강탈 사건이 벌어진 게 아니라 '미승인 인출'이 있었을 뿐이다. 환자는 의료 과실로 사망한 게 아니라 '매우 심각한 수준의 진단 착오'가 있었을 뿐이다. 미 육군은 이제 적을 죽이지 않으며 다만 '표적에 서비스를 제공service the target'할 뿐이다. 이중화법의 목록은 끝이 없다.

이중화법은 소통하는 척하면서 실제로는 아무것도 전달하지 않는 말이다. 이중화법은 나쁜 것을 좋은 것으로, 부정적인 것을 긍정적인 것으로, 불쾌한 것을 매력적이거나 적어도 견딜 만한 것으로 둔갑시킨다. 이중화법은 책임을 회피하거나 전가하는 말이며 실제 의미나 명목상 의미와 어긋나는 말이다. 생각을 감추거나 가로막는 말이며 생각을 확장하기보다 제한하는 말이다.

이중화법은 주술 호응 같은 문법적 정확성의 문제가 아니라, 말과 사실이 얼마나 일치하느냐의 문제다. 이중화법의 핵심은 불일치, 즉 말해진 것 혹은 말하지 않은 것과 실제 현실 사이의 불일치다. 이는 단어와 지시 대상의 불일치, 겉으로 보이는 것과 실체의 불일치, 언어의 본질적 기능—의사소통—과 이중화법의 기능—오도, 왜곡, 기만, 부풀리기, 회피, 오판—사이의 불일치다.

이중화법 찾아내기

이중화법을 어떻게 찾아낼 수 있을까? 대체로 일단 보거나 들으면 알아차리기 쉽다. 하지만 긴가민가 의심스럽다면 이런 질문들을 통해 이중화법 여부를 확인할 수 있다. 누가, 무엇을, 누구에게, 어떤 조건과 상황에서, 어떤 의도로 말하고 있는가? 그리고 어떤 결과가 나타났는가? 이런 질문들에 답하다 보면, 겉보기에 타당해 보이거나 처음에는 이중화법처럼 보이지 않는 표현조차 실제로는 이중화법임을 확인하는 데 도움이 된다.

첫 번째 종류의 이중화법 — 완곡어법

최소한 네 가지 종류의 이중화법이 존재한다. 첫 번째는 완곡어법이다. 이것은 가혹하거나 불쾌하거나 혐오스러운 현실을 피하기 위해 부드럽거나 긍정적인 단어와 문구를 사용하는 것이다. 완곡어법은 고통스러운 현실을 직접 언급하지 않기 위해 신중하게 고른 단어나 문구일 수 있다. 또는 다른 사람의 감정을 염려하거나 사회적·문화적 금기와 관련된 주제를 직접 이야기하는 것을 피하기 위해 사용하는 표현일 수도 있다.

다른 사람의 감정을 배려하거나 사회적·문화적 금기를 염려해서 완곡어법을 사용하는 경우에 이는 이중화법이 아니다. 예를 들어 우리는 슬픔에 젖은 사별자에게 "아버님이 사망하셔서dead 유감입니다"라고 말하고 싶지 않기 때문에 '돌아가신passed away' 분에게 애도를 표한다. '돌아가시다'라는 완곡어법을 사용한다고 해도 아무도 오해하지 않는다. 더욱이 여기서 완곡어법은 상대방의 감정을 보호할 뿐만 아니라 애도 기간에 우리가 상대의 감정을 헤아리고 있음을 보여주는 기능도 한다. 우리가 '화장실'에 간다고 양해를 구하거나 누가 어떤 사람과 '같이 자는' 사이거나 '깊은 관계'라고 말할 때, 이는 듣는 이를 속이려는 게 아니라 배설 같은 신체 기능이나 성관계를 직접 거론하는 것을 꺼리는 사회적 금기를 존중하는 것일 뿐이다. 우리는 또한 듣는 이의 감정을 세심하게 헤아린다는 것을 완곡어법으로 보여주는데, 이는 보통 예의나 매너의 표시로 간주된다.

하지만 완곡어법이 듣는 이를 오도하거나 기만하기 위해 사용되는 경우에 이는 이중화법이 된다. 예를 들어 1984년에 미 국무부는 앞으로 연례 국가별 인권 보고서에서 '살해killing'라는 단어를 사용하지 않겠다고 발표했다. 그 대신 '불법적 또는 임의적 생명 박탈unlawful or arbitrary deprivation of life'이 더 정확한 표현이라고 주장하면서 이 문구를 사용하겠다고 선언했다. 이 문구를 채택한 진짜 목적은 단지 미국이 지지하는 나라이거나 자국 시민의 인권을 존중한다고 미국이 인증한 나라에서 정부의 승인을 받아 살인이 벌어지는 당혹스러운 상황을 회피하려는 것이었다. 이런 완곡어법은 불쾌한 진실을 은폐하고 사람들을 오도하려는 의도에서 사용되었기에 이중화법에 해당한다. 겉으로 드러낸 의도와 진짜 의도가 일치하지 않으며, 대중의 현실 인식을 바꾸기 위해 고안된 언어다.

펜타곤(미 국방부)은 민간 목표물에 떨어지는 폭탄과 포탄을 '부주의한 병기incontinent ordnance'라고 지칭하며 불쾌한 현실에 관한 논의를 회피한다. 이미 1977년에 펜타곤은 중성자탄에 '방사선 강화 장치radiation enhancement device'라는 이름을 붙이면서 예산안에 슬쩍 끼워 넣으려고 했다.

두 번째 종류의 이중화법 — 전문 용어

두 번째 종류의 이중화법은 전문 용어다. 의사나 변호사, 엔지니어, 교육자, 자동차 수리공 같은 특정 업종이나 직업, 전문가 집단에서 쓰는 특수한 언어다. 전문 용어는 중요하고 유용한 기능을 할 수 있다. 한 집단 내에서 전문 용어는 일종의 단축어로 기능하면서 집단 성원들이 서로 분명하면서도 효율적이고 빠르게 소통할 수 있게 해준다. 실제로 특정 집단의 전문 용어를 사용하고 이해하는 것은 그 집단의 구성원임을 알려주는 표지가 된다.

하지만 완곡어법과 마찬가지로 전문 용어도 이중화법이 될 수 있다. 발화자와 그가 입에 올리는 대화 소재에 심오함과 권위, 특권의 분위기를 부여하려고 사용되는, 가식적이고 모호하며 소수만 이해할 수 있는 용어일 수 있다. 실제로도 왕왕 그렇다. 이중화법으로 사용되는 전문 용어는 종종 단순한 것을 복잡하게, 평범한 것을 깊이 있게, 뻔한 것을 통찰력 있어 보이게 만든다. 이럴 때 전문 용어는 의미를 표현하기 위해서가 아니라 어떤 인상을 심어주기 위해 사용된다. 이런 식의 이중화법으로는 냄새를 맡는 행동이 '기관 감각 수용성 분석 organoleptic analysis'이 되고, 유리가 '용융 규산염'이 되며, 금속 지지대에 생긴 균열은 '불연속 지점'이 되고, 보수적 경제 정책은 '분배 면에서 보수적 관념'이 된다.

가령 변호사들은 절도나 사고, 수용(收用) 등을 통해 재산이 손실되거나 파괴되는 경우를 이야기할 때 재산의 '비자발적 전환 involuntary conversion' 운운한다. 집이 불에 타거나 자동차를 도난당한 경우에 당신은 재산의 비자발적 전환을 겪은 것이다. 변호사들이 법률적 상황에서 이런 전문 용어를 사용하는 것은 정당한 언어 사용이다. 상대가 법률가라면 그 용어의 의미를 충분히 이해할 수 있을 것이기 때문이다.

하지만 어떤 전문가 집단의 성원이 집단에 속하지 않는 사람과 대화하면서 상대가 이해하지 못한다는 걸 알면서도 전문 용어를 구사한다면 이중화법을 사용하는 셈이다. 가령 1978년 5월

9일, 내셔널항공 727 항공기가 플로리다주 펜서콜라 공항에 착륙을 시도하다가 추락하는 사고가 있었다. 이 사고로 탑승객 52명 중 3명이 사망했고, 내셔널항공은 세후 170만 달러의 보험금을 받았다. 내셔널항공 주주들은 1주당 18센트의 배당금을 추가로 받게 된 셈이었다. 이제 내셔널항공에는 두 가지 문제가 생겼다. 하나는 항공기 추락 사고를 거론하고 싶지 않다는 것이었고, 다른 하나는 주주에게 연례 보고서를 발표할 때 170만 달러의 수입을 설명해야 한다는 것이었다. 내셔널항공은 연례 보고서에 각주 하나를 끼워 넣는 식으로 이 문제를 해결했다. 170만 달러의 수입은 '727 항공기의 비자발적 전환'에 따른 결과라고 설명한 것이다. 그리하여 내셔널항공은 항공기 추락과 이 사고로 생긴 이익을 인정하면서도 사고나 사망자는 한 번도 언급하지 않을 수 있었다. 항공사 간부들은 대다수 주주들, 아니, 국민 대부분이 법률 용어에 익숙하지 않다는 걸 알았기 때문에 이런 전문 용어의 사용은 이중화법에 해당한다.

세 번째 종류의 이중화법 — 난해한 관료적 어법

세 번째 종류의 이중화법은 공문서에서 흔히 볼 수 있는 관료적 어법이다. 장황하게 횡설수설하는 바람에 이해하기 힘든 말이다. 기본적으로 이런 이중화법은 단어를 잔뜩 나열해서 보는 이를 질리게 만드는데 이때 단어는 많을수록, 문장은 길수록 효과가 좋다. 1974년 〈필라델피아 인콰이어러〉는 리처드 닉슨 대통령의 경제자문위원장이던 앨런 그린스펀이 상원의 한 위원회에 출석해서 다음과 같이 증언했다고 보도했다. "소득 감소로 인해 증가하는 리스크 프리미엄을 억제하면서도, 인플레이션 완화로 인해 줄어드는 리스크 프리미엄의 하락세를 너무 일찍 멈추지 않도록 적절한 시점에 정확히 개입하는 것은 매우 까다로운 과제입니다."

그린스펀의 언어는 그 후로도 변하지 않았다. 1988년에 연방준비제도이사회(FRB) 의장이던 그린스펀은 뉴욕경제클럽 모임 강연에서 이렇게 말했다. "여러분에게 경고해야 한다고 생각하는데, 만약 제가 특히 확실히 알고 있다고 밝혀진다면 여러분은 아마 제가 한 말을 오해한 걸 겁니다." 그린스펀은 이렇게 이중 화법을 구사하면서도 아무 문제 없이 승승장구한 것 같다.

때로는 장황한 표현이 인상적으로 들릴지 몰라도 나중에 글로 옮겨서 검토해보면 전혀 말이 안 되는 경우도 있다. 1988년 대통령 선거 운동 중에 공화당 부통령 후보인 댄 퀘일 상원의원은 전략 방위 구상(SDI)*의 필요성을 설명하면서 이렇게 말했다. "억지력을 강화하고 평화의 안정성을 높이며 먼저 갈등에 뛰어드는 쪽을 저지하기 위해 공격 시스템을 줄이고 방어 능력을 도입하는 것이 왜 안 된단 말입니까? 저는 미국이 결국 이런 경로로 나아갈 것이라고 믿습니다."

1986년 1월에 일어난 챌린저호 폭발 사고 조사단은 우주 왕복

전략 방위 구상(Strategic Defense Initiative) 1983년 로널드 레이건 미국 대통령이 발표한 적국의 핵미사일을 파괴하는 계획. 날아오는 미사일을 대기권 밖에서 레이저나 양성자 빔 따위의 에너지 무기로 요격하는 내용을 담고 있다.

선 개발 프로그램에 참여한 많은 이들이 난해하고 장황한 표현을 이중화법으로 사용했다고 폭로했다. 우주 왕복선 개발 프로그램의 성능이 발사 때마다 개선됐는지 아니면 같은 수준에 머물렀는지 질문을 받은 미 항공우주국(NASA) 부국장 제시 무어는 이렇게 답했다. "발사 성능과 궤도 순항 성능의 측면에서 생각해볼 수 있는데, 우리는 우리가 어떤 성능 한계 내에서 작업을 하는지 잘 알았고, 그 한계를 준수하면서 그 범위에서 벗어나지 않았습니다. 그래서 성능이 계획적으로 급격히 향상된 것은 아니라고 말하고 싶습니다. 제 생각에 우리는 시간의 함수로 개선되는 것과 반대되는 발사 경험의 함수로 성능을 특징 지을 수 있었습니다." 여기 쓰인 말들은 전문 용어처럼 보일지 모르지만, 자세히 들여다보면 그저 전문 용어를 가미한 장황하고 난해한 관료적 언어일 뿐이다. 무어 자신은 과연 자기가 무슨 말을 하고 있는지 알았을까? 의문이 들 수밖에 없다.

네 번째 종류의 이중화법 — 부풀리기

네 번째 종류의 이중화법은 평범한 것을 비범해 보이게 만들고, 일상적인 일을 인상적인 사건으로 보이게 하고, 보통 중요하게 간주되지 않는 사람이나 상황이나 사물을 중요한 것처럼 보이게 하고, 단순한 것을 복잡해 보이게 만드는 부풀려진 언어다. 이런 종류의 이중화법은 대개 찾아내기 어렵지 않으며, 보통 상당히 우스꽝스럽다. 자동차 수리공을 '자동차 내과 의사'로, 엘리베이터 운전원을 '수직 교통 대원 vertical transportation corps'으로,

중고차를 '소유 이력이 있는 차량'이나 '경력 있는 차량'으로, 흑백텔레비전을 '비컬러 성능' 수상기로 부르는 경우가 여기에 해당한다. 이런 우스꽝스러운 표현들은 오히려 이중화법임을 쉽게 알 수 있다. 하지만 자동차 제조업체 크라이슬러가 "경력 대안 향상 프로그램career alternative enhancement program을 개시한다"고 발표했을 때 이것이 실은 5천 명을 정리해고할 거라는 뜻임을 알아내기란 쉽지 않다. '부정적 환자 치료 결과negative patient care outcome'가 환자가 사망했다는 뜻이거나 '급속한 산화 작용rapid oxidation'이 핵발전소에서 화재가 났다는 뜻이라는 것도 마찬가지다.

부풀려진 언어는 심각한 결과를 낳을 수 있다. 펜타곤의 이중화법에서 '선제 반격pre-emptive counterattack'은 미군이 먼저 공격했음을 의미한다. '사방의 적과 교전을 시작했다'는 말은 미군이 매복 공격을 당했다는 뜻이다. '증강 인력 철수backloading of augmentation personnel'는 미군이 후퇴한다는 뜻이다. 1983년 그레나다 침공*은 군사적 이중화법을 넘치게 만들어냈다. 침공으로 시작된 작전은 '구출 작전'이라고 불리더니 결국 펜타곤에서 사용한 표현대로 '여명 전 수직 투입'**이 되었다. 더욱 흥미로운 점은, 해당 작전이 미국 육군과 해군, 해병대, 공군에 의해 수행되지 않았다는 것이다. 군사 이중화법에서 그레나다 침공을 수행

---

* 1983년 10월 25일 미국이 해병대원 2천여 명을 파병하여 카리브해의 소국 그레나다를 침공한 사건.
** 여명 전 수직 투입(pre-dawn vertical insertion)은 새벽에 항공기로 공수 부대를 침투시켰다는 뜻이다.

한 주체는 '카리브해 평화유지군'이었다.

"그자들은 폐허를 만들어놓고 평화라 부른다"

이중화법은 20세기 정치, 경제 분야에 갑자기 등장한 어법이 아니다. 기원전 5세기에 그리스 역사가 투키디데스는《펠로폰네소스 전쟁사》에서 다음과 같이 썼다.

> 그리하여 도시들에 잇달아 내란이 발생했다. …… 단어마다 통상적인 의미가 바뀌어 이제 새로운 의미를 지니게 되었다. 무모한 만용은 충성스러운 동맹자의 용기로 간주되고, 신중한 망설임은 비겁한 자의 핑계가 되었다. 절제는 남자답지 못함의 다른 말이 되었고, 문제를 포괄적으로 이해하는 것은 무엇 하나 실행할 능력이 없음을 뜻하게 되었다. 충동적인 열의는 남자다움의 징표가 되었고, 등 뒤에서 음모를 꾸미는 것이 정당방위가 되었다. 과격파는 언제나 신뢰받고, 그들을 반박하는 자는 의심받았다.

율리우스 카이사르는 갈리아 전쟁에 관한 설명에서 자신이 벌인 잔인하고 피비린내 나는 정복과 갈리아족 복속을 두고 갈리아족을 '진정시킨' 행동이라고 묘사했다. 고대 로마 역사가 타키투스는 로마군에 맞서 싸운 칼레도니아 연합군의 지휘관이 한 말을 인용했다. "그자들은 폐허를 만들어놓고 이를 평화라고 부른다." 로마에서 반역자들이 처형당할 때 처형 발표는 "그자들이 (지금까지) 살았다"라고 말하는 방식으로 이루어졌다. "조상의 방식으로 사람에게 관심을 기울이다"라는 말은 사형을 의미했다. "이윽고 죄수가 끌려 나갔다"라는 말은 처형된다는 뜻이었다.

제2차 세계대전 당시 독일 페네뮌데육군연구소 지휘관이었던 발터 도른베르거는 회고록 《V-2》에서 자신과 부하들이 로켓 실험에 필요한 자금을 예산국에서 받아내기 위해 어떻게 언어를 이용했는지 설명한다. 연필 깎기는 '목재 원형 막대를 직경 10밀리미터까지 연마하는 도구'였고, 타자기는 '회전 롤러로 시험 데이터를 기록하는 기구'였다. 하지만 이중화법의 진정한 대가는 바로 나치당이었다. 그들은 권력을 획득하고 유지하기 위해서만이 아니라 인류 역사상 가장 극악무도한 범죄를 저지르는 데도 이중화법을 이용했다.

나치 독일에서 비직업적 매춘부는 '다양한 성적 관계를 맺는 사람'으로 불렸고, '보호 구금'은 실제로 보호와 정반대였다. '겨울철 구호 활동'*은 자발적 자선으로 포장된 세금이었고, '전선 재정비'는 후퇴를 뜻했고, 심각한 난관은 '병목 현상'이 되었다. 국민계몽선전장관(이 직함 자체가 이중화법이다) 요제프 괴벨스는

---

* 1933년에 설립된 '겨울철 구호 활동'(Winterhilfswerk, 줄여서 WHW)은 나치 독일에서 두 번째로 큰 대중 조직이었으며 나치당 산하 기관인 NSV(Nationalsozialistische Volkswohlfahrt, 국가사회주의인민복지회) 활동의 주요 자금원이었다. '자발적 기부를 통한 국민의 연대'를 강조했지만 실제로는 모든 독일 국민을 상대로 기부를 강제했다.

너무도 진지한 어조로 '소박한 화려함'과 '언론 자유의 자유화'를 입에 올렸다.

나치당의 이중화법은 그 자체로 이중화법의 최고봉이라 할 수 있는 '최종 해법 Final Solution'을 다룰 때 정점에 달했다. 문에 나붙은 "유대인 X.Y. 이곳에 살았음"이라는 안내문은 이 집에 살던 사람이 '추방', 즉 살해되었다는 뜻이었다. "수신자가 이사 감"이라는 소인이 찍힌 채 우편물이 반송되면 그 사람이 '추방'되었음을 의미했다. '재정착' 또한 추방을 의미했고, '노동 수용소'는 강제 수용소나 소각로를, '행동'은 학살을, '특수행동대'*는 대량 학살을 수행하는 군부대를, '선별'은 독가스 살해를, '탈출 시도 중 피격'은 강제 수용소에서 의도적으로 살해당했음을 의미했다.

조지 오웰과 언어

1946년 발표되어 지금은 고전의 반열에 오른 유명한 에세이 〈정치와 영어〉에서 조지 오웰은 다음과 같이 말했다. "명료한 언어의 가장 큰 적은 진실하지 못한 태도이다. 진짜 목적과 겉으로 내세우는 목적이 다를 경우, 사람은 거의 본능적으로 긴 단어와 진부한 숙어에 의존하게 된다. 마치 오징어가 먹물을 뿜어대듯 말이다." 오웰에게 언어란 "생각을 감추거나 가로막기 위한 게 아니라 표현하기 위한" 도구였다. 가장 신랄한 비판에서 오웰은

---

* 특수행동대(Special Action Group)에 해당하는 독일어 '아인자츠그루펜(Einsatzgruppen)'은 말뜻 그대로 풀면 '배치대' 또는 '투입대'를 의미한다.

이렇게 말했다. "우리 시대에 정치적인 말과 글은 주로 옹호할 수 없는 것을 옹호하는 데 쓰인다. …… 정치적인 언어는 주로 완곡어법과 논점 회피, 그리고 순전히 아리송한 표현으로 이루어진다. …… 정치적 언어는 …… 거짓말을 진실처럼 들리게 만들고, 살인을 존경할 만한 행동으로 만들며, 순전한 풍문을 확실한 사실처럼 보이게 만들기 위해 고안된다."

오웰은 도구이자 무기로 쓰이는 언어의 힘을 잘 알았다. 소설 《1984》의 악몽 같은 세계에서 오웰은 전체주의 국가에서 언어가 사회 통제의 가장 중요한 도구 중 하나로 쓰이는 광경을 묘사했다. 《1984》 속 세계의 공식 국가 언어인 신어Newspeak는 인간의 사고 범위를 확장하는 게 아니라 축소하기 위해, 오직 '올바른' 사고만 하게 만들고 다른 모든 사고방식은 불가능하게 만들기 위해 고안되었다. 요컨대 국가가 원하는 현실을 창조하기 위해 만들어진 언어였다.

《1984》 속 세계에서 신어에는 또 다른 중요한 기능이 있었다. 신어는 '이중사고doublethink', 즉 서로 반대되는 두 가지 관념을 동시에 머릿속에 두면서 둘 다를 믿는 정신적 과정을 표현하는 수단이기도 했다. 오웰의 소설에 등장하는 이중사고의 고전적 사례는 "전쟁은 평화다"라는 슬로건이다. 이중사고가 오웰의 소설 속에만 존재한다고 생각하는가? 레이건 행정부의 국무장관이었던 알렉산더 헤이그의 발언을 떠올려보자. 헤이그는 1982년 의회위원회에서 증언하면서 미국의 지속적인 무기 증강이 "유의미한 무기 감축에 대한 우리의 희망에 절대적으로 필요"하다고 말했다.* 아니면 1988년 상원의원 오린 해치의 말을 떠올려보라. "사형은 우리 사회가 인간 생명의 존엄성을 인정한 결과입니다."

최악의 경우에 이중화법은 신어와 마찬가지로 사람들이 스스로 생각하지 못하게 만들거나 적어도 자유롭고 비판적인 사고를 하지 못하게 하려고 고안된 언어다. 이중사고와 마찬가지로 이중화법도 화자와 청자, 글쓴이와 독자가 머릿속에 서로 대립하는 두 가지 생각을 동시에 품으며 둘 다를 믿게 만들 수 있다. 그나마 덜 역겨운 경우라 해도 이중화법은 사소한 일을 중요한 것처럼 보이게 하려는 부풀려진 언어다.

주변 어디서나 볼 수 있는 이중화법

오웰은 주로 권력의 언어인 정치 언어에 관심이 있었다. 하지만 오늘날에는 정치 언어만이 대중을 오도하는 것은 아니다. 어디로 고개를 돌려도 오웰이 몹시 우려했던 상황을 마주친다. 레이건 행정부에 따르면, 경제 불황은 '가속화된 부정적 성장기' 또는 간단하게 '부정적 경제 성장'일 뿐이었다. 산성비 같은 건 존재하지 않는다. 환경보호청(EPA)에 따르면, 그건 단지 '제대로 완화되지 않은 강수'거나 인상적인 표현으로 '인간에게서 파생된 산성 물질의 대기 퇴적물'이다. 그리고 '뉴저지 게임 단속과'

---
* 여기서 헤이그가 구사하는 언어는 문법이나 어법상으로 어색하고 독특하며 앞뒤가 맞지 않는다.

(무서운 단어인 '도박'을 사용하지 않으려는 이중화법)에 따르면, 애틀랜틱시티에는 갱스터나 조직폭력배, 마피아, 라코사노스트라* 가 존재하지 않는다. 다만 '상습 범죄자 카르텔'이 있을 뿐이다.

군사 이중화법

군사 용어에서 이중화법은 언제나 있었던 듯하다. 1947년 전쟁부Department of War라는 명칭이 오해를 일으키면서도 긍정적인 명칭인 국방부Department of Defense로 바뀌었다. 전쟁이 아니라 국가 방위에 수천억 달러를 지출하는 건 얼마나 쉬운 일인가. 베트남 전쟁 당시 미국인들은 이 전쟁이 침략이 아니라 캄보디아 '급습'이며, 폭격이 아니라 '보호적 대응 공격'이나 '제한적 기간의 보호적 대응 공격' 또는 '공중 지원'이라고 배웠다.

기자들이 1983년 미군이 그레나다를 침공하기 전에 그 섬에 관한 첩보 정보가 부족했던 이유를 묻자 웨슬리 L. 맥도널드 제독은 이렇게 대답했다. "우리는 대략 그 시기가 될 때까지 그레나다를 첩보 차원에서 세세하게 관리하지는 않았습니다." 오늘날 군대에서는 삽이 아니라 '전투 포좌 제거기'를 사용하며, 몸에 난 총알구명은 '피하 조직에 탄도학적으로 유발된 개구부'라고 부른다.

라코사노스트라(La Cosa Nostra) 미국에서 활동하는 시칠리아 출신의 범죄 조직.

비즈니스 이중화법

비즈니스 세계는 방대한 규모로 이중화법을 양산하고 있다. 항공기 추락이 항공사에 생길 수 있는 최악의 사건이라면, 안전 문제에 따른 자동차 리콜은 자동차 회사에 벌어질 수 있는 최악의 사건이다. 1972년 4월, 자동차 제조업체 포드모터컴퍼니가 1972년형 토리노 모델과 머큐리 몬테고 모델 42만 3천 대를 '기계적 결함'을 바로잡기 위해 리콜해야 했을 때, 회사는 결함 있는 차량을 구매한 모든 고객에게 편지를 보냈다. 편지에서 포드는 자동차의 후방 액슬 베어링이 "악화될 수 있다"면서 "문제 있는 베어링의 지속적 주행은 액슬 샤프트의 이탈로 귀결되고 차량 제어에 역효과를 끼칠 수 있다"고 말했다. 참으로 무책임한 언어다. 도대체 '기계적 결함'이란 무슨 뜻인가? 설계가 잘못됐다는 건가? 노동자가 조립을 제대로 안 했다는 건가? 후방 액슬 베어링이 '악화될 수 있다'는 말은 결국 손상된다는 뜻인가? 만약 악화된다면 무엇 때문인가? '지속적 주행'이 문장의 주어인데, 이는 제조 과정에서 포드가 저지른 과실이 문제가 아니라 결함 있는 차를 계속 주행하는 운전자에게 책임이 있음을 암시한다. 또한 '문제 있는 베어링'이란 표현은 포드가 아니라 베어링에 문제가 있음을 암시한다. 마지막으로 "차량 제어에 역효과를 끼칠 수 있다"라는 구절은 실제로는 기계적 결함 때문에 운전자가 차량을 제대로 제어하지 못해 사망할 수 있다는 의미다.

어떤 말이 이중화법에 해당하는지 알아보려면 다음과 같은 질문을 던져보면 된다. '누가, 무엇을, 누구에게, 어떤 조건과 상황에서, 어떤 의도로 말하고 있는가? 그리고 어떤 결과가 나타났는가?' 그러면 금세 알아낼 수 있다. 포드가 고객들에게 말해야 했던 것은 자사가 판매한 차량에 당장 수리해야 하는 심각한 결함이 있으며, 이를 방치하면 고객이 중상을 입거나 목숨을 잃을 수도 있다는 사실이었다. 하지만 포드는 당혹스럽고 불쾌한 메시지를 감추기 위해 이중화법을 택했고 고객들은 스스로 그 이면에 있는 본래 메시지를 찾아야 했다. 그 편지를 읽고도 문제의 심각성과 시급성을 이해하지 못해서 자동차 수리를 맡기지 않은 고객이 얼마나 많았는지 우리는 절대 알 수 없다.

직원을 해고fire하거나 정리해고lay off를 진행할 때, 기업은 불쾌한 상황에 대처하기 위해 이중화법을 남발한다. 이때 직원들은 절대로 해고되거나 정리해고당하지 않는다. '선별 배제', '직무 면제', '계약 유지 종료', '방출', '탈고용', '비갱신'될 뿐이다. 대기업은 '인적 자원 영역에서 잉여 인력을 제거'하고, '탈고용 후보자'를 '이동 가능 인력 풀'에 배당하며, 임원들을 '특별 임무'에 배치하는 식으로 '부서를 재활성화'하고, '운영 효율을 향상하'며, '현장 판매 조직의 군살을 빼고', '마케팅 노력을 한층 합리화'할 뿐이다. 이 모든 이중화법 이면에 숨겨진 현실은 기업들이 직원을 해고하거나 정리해고를 진행하고 있다는 것이다. 하지만 주주나 대중, 경쟁자 앞에서 지금은 시기가 좋지 않고, 사업이 불황이며, 인력을 내보내야 한다는 사실을 인정하려는 기업가는 아무도 없다.

수년간 엄청난 호황으로 석유가 부족했던 시기가 지나고 석유 산업이 판매 감소와 남아도는 석유로 큰 타격을 받게 되었을 때, 업계에서 원유보다 걸쭉한 이중화법이 흘러나왔다. '제품 수요 감축'으로 '정유 시설에 여유 공간'이 생기고 '후속 작업'에도 문제가 발생한 탓에 석유 회사들은 '운영 효율을 향상'하기 위해 '운영을 재평가하고 통합'하면서 '적절한 비용 감축 행동'에 나설 수밖에 없다고 했다. 다시 말해 '한계 판매점을 제거'하고 '투자 회수 프로그램을 가속화'하고 '처리량이 적은 마케팅 부서를 처분'한다는 의미였다. 이 이중화법의 진짜 의미는 석유 회사들이 직원을 해고하고, 비용을 삭감하고, 주유소와 정유 시설을 폐쇄한다는 것이었다.

사업 축소에 직면한 한 석유 회사는 직원들에게 사내 공문을 보내 회사의 "사업 계획을 수정 중이며 우리의 운영과 자금 프로그램에 대해 좀 더 온건한 접근법을 숙고하고 있다"고 알렸다. 이 '좀 더 온건한 접근법'의 결과물은 곧 '전문직/기술직 직원의 과잉'이었다. '잉여 인력을 해소하기 위해' 회사는 '일부 전문직/기술직 직원들을 선별해', '자발적으로 퇴사'하는 직원들에게 '인센티브'를 제공하는 '자원 프로그램'에 '참여'하도록 했다. 물론 이 공문에 담긴 의미는 사업 감축 때문에 경비를 절감해야 하니 일부 직원을 내보내겠다는 것이었다.

월스트리트는 정크본드*를 찍어내듯 이중화법을 양산한다. 업계 간행물에서 주식 시장이 '무너졌다'는 글을 보는 경우는 드물다. 다른 이들은 주식 시장이 무너졌다고 말할지 몰라도 월스트리트에서 일하는 사람들은 주식 시장이 '후퇴'하거나, '완화'

되거나, '기술적 조정이 있다'거나 '기술적 정정이 이루어진다' 거나, 혹은 '이윤 확보 때문에 주가가 하락'하거나 '거래량 감소로 하락'하거나 '기반을 다소 잃었다'고 말하는 쪽을 선호한다. 1987년 10월 주식 시장이 붕괴해서 수십억 달러가 날아갔을 때 한 증권 회사는 이 붕괴를 "사사분기 주가 후퇴"라고 지칭했다. 이건 여담인데, 흥미롭게도 주식 시장에서 주가가 상승할 때는 결코 '기술적 조정'이나 '기술적 정정' 때문이라고 말하지 않으며, 또 '서서히' 상승했다고도 표현하지 않는다. 주가가 오를 때는 언제나 '급등하고', '상승하고', '전진하고', 아니면 '소폭 상승'한다.

경제 잡지, 대기업 보고서, 임원 연설, 신문의 경제면은 '한계 대체율', '균형 가격', '마진 거래 중단', '분배 동맹', '무수익 자산', '포괄적 조직' 같은 말들, 난해한 전문 용어나 단순한 것을 복잡해 보이게 만드는 부풀려진 언어로 가득하다. 하지만 상대를 오도하거나 불편한 현실을 외면하기 위해 고안된 비즈니스 이중화법의 사례들도 있다. '부정적 적자' 또는 '수입 과잉'(=수익), '투자'(=돈을 쓰거나 물건을 사는 것), '가격 향상' 또는 '가격 조정'(=가격 인상), '부족'(=계획상의 실수), '가속화된 부정적 성장기' 또는 '부정적 경제 성장'(=불황) 같은 표현을 어떻게 해석

정크본드(Junk Bond) 말뜻 그대로 풀이하면 '쓰레기 채권'이란 뜻이다. 기업의 신용 등급이 매우 낮아 회사채 발행이 불가능한 기업이 발행하는 채권이며, 원리금 상환에 대한 불이행 위험이 큰 만큼 이자가 높다. 수익률과 위험률이 모두 높은 채권이다.

해야 할까?

비즈니스 이중화법은 종종 순전한 풍문을 확실한 사실처럼 꾸미고(오웰의 말을 빌린 것이다), 평범한 행동을 복잡해 보이게 만든다. 이를테면 이런 식이다. "임원들은 일정한 '시간 프레임' 안에서 '맥락'에 따라 일하며, 이 맥락 속에서 '태스크 포스'는 필요한 모든 '인풋'을 전달하는 적절한 '중개 역할'을 하게 된다. 그렇게 모인 의견을 바탕으로 하여 수용 가능한 '한도' 내에서 적절한 '처리량'을 확보해 '시나리오'를 '기획'하고, 그 결과로 '최대한의 아웃풋'을 '출력'하게 된다. 이 성과는 '결손 없는 최종 목표'를 실현함으로써 '수익 개선'에 기여할 것이다."*

교육계의 이중화법

정치인, 군부 인사, 기업가만 이중화법을 사용하는 것은 아니다. 교육 분야에서도 이중화법의 비중이 크다. 일부 대학에서는 예전의 체육교육과가 지금은 '인간동역학과 Department of Human Kinetics'나 '응용생명학부 College of Applied Life Studies'로 불린다. 전에는 가정학과로 부르던 곳도 지금은 '인적자원·가족학부 School of Human Resources and Family Studies'라고 한다. 요즘은 공부하러 도서관에 가는 대신 '학습자원센터 Learning Resources Center'에 간다.

초등학교 교실에는 책상 대신 '학생 근거지 pupil station'가 줄지어 있다. 교사들은 '지식 기반'에 '행동 계획'을 적용하는 '교실

---

* 이 이중화법은 '우리 회사는 수익을 높이기 위해 전담 팀(태스크 포스)을 통해 전략을 계획하고 실행할 것이다'라는 단순한 내용을 복잡하게 표현한 것이다.

관리자'로서 '기초적인 기본 사항'에 관심을 기울이며 이 기본 사항은 '교육 사용자'의 '과제 집중 시간'과 '불가피하게 연결되어 있다'고 여겨진다. 학생들은 이제 시험을 보지 않는다. 대신에 '기준 참조 테스트'를 통해 학생이 '운영 중인 교과 과정의 목표'를 달성했는지를 측정한다. 펜실베이니아의 한 학교 시스템은 학생이 무엇을 배우는지는 전혀 언급하지 않은 채 성적표에 다음과 같은 점수 체계를 쓴다. "노력 안 함, 최소한의 노력 이하, 최소한의 노력, 최소한의 노력 이상, 충분한 노력 이하, 충분한 노력, 충분한 노력 이상, 노력 증가, 노력 감소."

뉴욕시티칼리지 학장 B. W. 할스턴은 1982년 뉴욕의 일부 대학생이 "경제적으로 풍요하지 않은" 가정 출신이라고 말했고, 듀크대학 대변인은 1982년에 레드 윌슨 코치가 해고된 게 아니라 "그 직무를 계속 맡아 달라는 요청을 받지 않았을 뿐"이라고 말했다. 어느 학술 저널에 실린 논문은 학생들이 더 나은 작가가 되도록 돕기 위해 글쓰기에 대한 세 가지 접근법을 가르치자고 제안한다. "목표 구체화, 과정 촉진, 모델링 계획."

〈뉴스위크〉는 1981년 8월 3일자에서 명망 있는 연구소인 국가경제연구소(NBER)가 브라운대학의 경제학자 허셜 I. 그로스먼의 미발표 논문 〈가족애와 시점 간 최적화 Familial Love and Intertemporal Optimality〉를 출간했다고 보도했다. 그로스먼 교수는 가족애에 관해 이런 결론에 다다랐다. "이타적인 효용 함수가 시점 간 효율을 증진한다. 하지만 이타심은 외부효과를 창출하며, 이는 효율을 위한 조건을 충족하는 것만으로는 시점 간 최적화를 보장하지 못한다는 것을 의미한다." 1966년 미국 교육청이 발표한 조사 보고서에는 이런 문장이 담겨 있다. "다시 말해, 공급feediness은 배치toputness와 공유되는 정보인 바, 여기서 배치는 투입inputness보다 바로 앞선 시점에 해당한다." 간혹 보면 교육자들이 이중화법의 주요 생산자인 듯하다.

치명적인 이중화법

이중화법이 단순히 재미있는 일이나 웃음거리로 삼을 만한 일을 넘어서는 사례들도 있다. 1982년 미니애폴리스의 세인트메리 병원에서 마취 전문의가 제왕 절개 분만 중에 엉뚱한 스위치를 돌려서 치사량의 아산화질소를 투여하는 바람에 산모와 태아가 목숨을 잃는 일이 일어났다. 병원은 이 사건을 '치료 과정에서 일어난 불운한 사고therapeutic misadventure'라고 지칭했다. 1977년 하원에 제출한 예산 요청안에서 펜타곤은 중성자탄을 "우호적 지역에 최소한의 피해를 주면서 적을 제거하는 효율적인 핵무기"라고 표현했다. 또한 펜타곤은 핵전쟁이 일어날 경우 예상되는 수천만 명의 민간인 사망자를 '부수적 피해'라고 부르는데, 모든 전쟁에서 민간인 사망자를 이런 식으로 표현한다. 1977년 텔레비전에서 〈딕 캐버트 쇼〉를 시청하던 사람들은 미 육군 특수부대 '그린베레' 대위 출신인 로버트 머래스코를 통해 베트남 전쟁 당시 중앙정보국(CIA)이 직접적인 의미를 지닌 동사인 '살해하다kill' 대신 '영구 제거하다eliminate with extreme prejudice'라는 문구를 만들었음을 알게 되었다.

정치인들의 이중화법

때로는 이중화법을 알아내기가 쉽지 않다. 가령 1981년 7월 27일, 레이건 대통령은 텔레비전으로 전국에 중계된 한 연설에서 이렇게 말했다. "여러분 중 사회보장제도에 의존하고 계신 분들이 그렇게 힘들게 일해서 얻어낸 복지 급여를 박탈당하는 것을 수수방관하지는 않을 겁니다. 여러분은 앞으로도 원래 받아야 할 금액을 전부 받게 될 것입니다." 이 연설은 레이건 대통령이 사회보장에 관한 입장을 밝히는 자리로 홍보되었는데, 당시에 레이건의 복지 정책은 커다란 논란거리가 되고 있었다. 연설 이후 실시된 여론 조사에 따르면, 국민의 절대 다수가 대통령이 사회보장에 대한 지지를 확인했으며 복지 급여 삭감에 동의하지 않을 것이라고 믿는 것으로 나타났다. 하지만 연설을 하고 불과 며칠 뒤인 1981년 7월 31일 〈필라델피아 인콰이어러〉에 실린 한 기사에 따르면, 백악관 대변인 데이비드 거건은 레이건 대통령이 "신중하게 단어를 선택"했다고 말했다. 거건의 설명에 따르면, 레이건 대통령이 말하고자 한 내용은 누가 복지 급여에 '의존'하고, 누가 복지 급여를 '일해서 얻'고, 따라서 누가 '원래 받을' 자격이 있는지를 판단할 권리가 자신에게 있다는 것이었다.

데이비드 거건의 후속 발언은 레이건 대통령의 실제 의도가 겉으로 드러난 의도와 정반대였음을 보여준다. 따라서 거건의 발언에 비추어 이중화법 여부를 결정하기 위한 언어 분석 기준 (누가, 무엇을, 누구에게, 어떤 조건과 상황에서, 어떤 의도로 말하고 있는가? 그리고 어떤 결과가 나타났는가?)을 적용해보면 레이건 대통령의 이중화법이 드러난다. 바로 여기에 오웰이 이야기한 위선이 존재한다. 또한 바로 여기에 화자의 진짜 목적과 공언하는 목적 사이의 간극이 존재한다.

이중화법과 정치 광고

1982년 의회 선거 운동 당시, 공화당 전국위원회에서 만든 텔레비전 광고는 나이 지긋한 소탈한 집배원이 "레이건 대통령이 약속한 대로 생활비가 7.4퍼센트 인상된" 사회보장 급여 수표를 배달하는 모습을 보여주었다. 계속해서 집배원은 한마디를 덧붙인다. "대통령은 생활비 인상을 약속했고 그 약속을 지켰습니다. 우리가 그를 뽑으면서 기대한 행동을 하지 못하게 막으려고 꼴통들이 기를 써도 소용없었지요." 광고는 사실 의도적으로 오도하는 내용이었다. 생활비 증액은 1975년 이래 법률에 따라 자동으로 이루어진 조치였고, 실제로 레이건은 오히려 이 증액을 무효화하거나 연기하려고 세 번이나 시도했지만 의회의 반대에 부딪혀 실패했다. 공화당 전국위원회의 한 간부는 이런 불일치를 지적받자 그 광고가 "해를 끼치지 않았다"고 말하면서 이렇게 덧붙였다. "도대체 언제부터 광고가 정확해야 합니까? 여자들은 오븐을 닦으면 정말 절로 웃음이 나오나요?"

이 광고에 이중화법을 확인하는 기준을 적용해보자. 레이건 대통령의 과거 행태를 알기만 하면 된다. 더욱이 공화당 전국위원회 간부는 정치 후보자 광고든 상업적 제품 광고든 간에 모든 광고가 진실을 말하지 않는다고 가정한다. 그의 이중화법에서 광고는 '정확하지' 않아도 된다. 이 광고의 진짜 의도는 대중을 오도하는 것이었지만 겉으로 드러난 목적은 사회보장 급여의 삭감 가능성에 대한 레이건 대통령의 입장을 대중에게 알리는 것이었다. 이번에도 역시 위선이 존재하며, 화자의 진짜 의도와 표면적으로 밝힌 목표가 일치하지도 않는다.

알렉산더 헤이그와 이중화법

지금 기억나는 이중화법 가운데 특히 섬찟하고 무서운 것은 1981년 국무장관 알렉산더 헤이그가 의회위원회에 출석해서 한 증언이다. 엘살바도르에서 미국인 수녀 3명과 평신도 선교사 1명이 살해된 사건에 관한 증언이었다. 네 여성은 강간을 당한 뒤 근거리에서 총에 맞았고, 엘살바도르 정부군 병사들이 범죄를 저질렀다는 분명한 증거가 있었다. 하원 외교위원회에 출석한 헤이그 장관은 다음과 같이 말했다.

일부 조사 결과를 보면, 수녀들이 몰던 차량이 바리케이드를 뚫고 가려고 했거나 의도치 않게 그런 시도를 한다고 간주되었던 정황으로 보입니다. 한 차례 총격전이 벌어진 뒤 사상자를 낸 자들이 아마 사건을 은폐하려고 한 듯합니다. 이 모든 일이, 이 사안 자체에 대한 낮은 수준의 역량과 동기에서 비롯된 것일 수도 있습니다. 하지만 이 사건의 사실 관계는 아직 명확하지 않아, 아무도 확실한 결론을 내릴 수는 없습니다.

다음 날, 상원 외교관계위원회에 출석한 헤이그 장관은 앞서 자신이 한 증언에 관한 언론 보도가 '부정확하다'고 주장했다. 상원의원 클레이번 펠이 헤이그 장관에게 "수녀들이 바리케이드를 뚫고 가려고 했을" 가능성을 암시하는 거냐고 묻자 장관은 이렇게 답했다. "정차 명령을 어기려고 한 거냐고요? 아뇨, 아뇨, 전혀 아닙니다. 맙소사! 교구 학교에서 저를 길러준 사랑하는 수녀님들은 저를 언제나 아끼고 존중해주셨습니다." 그러자 펠 상원의원은 헤이그 장관에게 물었다. "수녀들이 사람들에게 총을 쐈다는 겁니까? '한 차례 총격전이 벌어졌다'는 게 무슨 뜻인가요?" 장관이 답했다. "의원님, 제가 어렸을 때는 권총을 가지고 다니는 수녀님을 본 적이 없습니다. 제 말은 누군가 한 명이 총격을 시작하면 모든 이가 패닉에 빠진다는 겁니다." 미국 국무장관은 외국 땅에서 미국 시민 4명이 살해된 사건을 두고 이런 식으로 미국 정부의 공식 입장을 밝혔다.

헤이그 장관의 증언은 이 여성들이 자신들이 맞은 운명에 어떤 식으로든 책임이 있다는 뜻을 내포하고 있었다. "정황으로 보인다"거나 "의도치 않게 그런 시도를 한다고 간주되었다" 같은 모호한 표현을 사용함으로써 장관은 직접적 주장을 회피했다. "사상자를 냈다inflicted the casualties" 같은 표현을 사용함으로써 '살해'라는 단어를 사용하는 것을 피했을 뿐만 아니라, 최악의 경우에 살해가 우발적 사건이거나 정당한 행위였을 수 있다는 뉘앙스를 풍겼다. 이 증언의 결과는 국무장관이 강간과 살인을 옹호하는 사람이 되었다는 것이다. 이는 실제로 옹호할 수 없는 것을 옹호하는 말이고, 거짓말을 진실처럼 들리게 만들고 살인을 존경할 만한 행동으로 만들며, 순전한 풍문을 확실한 사실처럼 보이게 만들기 위해 고안된 말이다.

조지 오웰의 경고

앞에서 소개한 세 가지 사례만 보아도 이중화법은 결코 부주의나 게으른 사고의 산물이 아니다. 실제로 대부분의 이중화법은 치밀한 사고의 산물이며, 겉보기에는 의사 소통을 하려는 듯 보이지만 실제로는 아무것도 전달하지 않기 위해 신중하게 고안되고 구성된 말이다. 이중화법은 사람들을 올바른 방향으로 이끌기 위해서가 아니라 진실에서 멀어지도록 하기 위해 고안된 말이다. 또한 현실을 왜곡하고 생각을 오염시키기 위해 고안된 말이다. 이중화법이 만들어낸 세상을 상상해보자. 만약 '세금 인상'이라는 말이 없고 '세입 증대'나 '조세 기반 확대'라는 말만 존재한다면 세금이 올랐다고 어떻게 불만을 토로할 수 있겠는가? 산성비가 아니라 '완충 기능이 부족한 강수'일 뿐이라면 숱하게 고사하는 나무들을 어떻게 제대로 걱정할 수 있겠는가? 애틀랜틱시티에 마피아는 없고 '상습 범죄자 카르텔'만 존재한다면, 그 도시에서 조직 범죄가 끼칠 영향력을 어떻게 우려할 수 있겠는가? 대법관 윌리엄 렌퀴스트가 담당 의사가 처방해준 진통제에 중독된 게 아니라 단지 그 약이 "신체와 상호 관련성을 형성했기에 급작스럽게 약을 제거하면 반작용이 생기는" 경우였다면, 대법관의 판결이 약물 중독에 영향을 받는 건 아닌지 의문을 품을 필요가 없다. 히로시마에 떨어진 원자폭탄보다 630배나 강력한 탄두를 탑재한 타이탄 II 대륙 간 탄도 핵미사일을 공군 대령 프랭크 호턴의 말처럼 그저 "아주 크고 파괴적인 잠재력을 보유한 재진입 시스템"이라고 부른다면, 핵 파괴의 위협을 두고 누가 걱정이나 하겠는가? 중성자탄이 아니라 단지 '방사선 강화 무기'에 지나지 않는다면 무기 경쟁을 강화한다고 걱정할 필요가 있을까? 침공이 아니라 '구출 작전'이나 '여명 전 수직 투입'이라면 미국법이나 국제법 위반 여부를 신경 쓸 필요가 없을 것이다.

이중화법이 일상생활에서 너무도 흔해진 나머지 눈치조차 채지 못하는 사람들도 많다. 설상가상으로 상대가 자신에게 이중화법을 사용하는 걸 알아차린 경우에도 반응을 보이거나 항의하지 않는다. 접수 창구에서 '당신의 편의를 위해' 짐 검사를 한다고 말할 때 항의해본 적이 있는가? 당신의 편의가 아니라 다른 누군가의 편의를 위한 것인데? '진짜 인조 가죽'이나 '순수 비닐*', '진짜 인조 다이아몬드' 같은 광고를 볼 때 그런 표현이나 해당 상품의 품질을 의심해본 적이 있는가? 정치인들이 슬럼이나 게토라는 말 대신 '불우한 사람들 disadvantaged'이 사는 '도심'이나 '기준 이하 주택'을 이야기하면서 더럽고 난방도 제대로 되지 않는 다 쓰러져 가는 아파트나 주택에 살아야 하는 빈민에 대

순수 비닐(virgin vinyl) 불순물이나 재활용 비닐이 섞이지 않은, 최초 합성된 비닐을 가리키는 표현.

해 직접 이야기하는 것을 피할 때, 그런 말에 의문을 품어본 적이 있는가? 오늘날 환자들은 병원에서 '사망'하지 않는다. 그저 '부정적인 진료 결과'가 있을 뿐.

앞서 언급한 대로 택시 운전사를 '도시 교통 전문가'로, 엘리베이터 운전원을 '수직 교통 대원'으로, 자동차 수리공을 '자동차 내과 의사'로 부르는 경우는 그나마 재미있고 비교적 무해한 이중화법으로 여길 수 있다. 하지만 핵 원자로 건물에서 일어난 화재를 '급속한 산화 작용'이라고 부르고, 핵발전소의 폭발을 '에너지 분해 energetic disassembly'라고 지칭하며, 정당한 정부를 불법적으로 전복하는 행위를 '정부 탈안정화 destalizing a government'라고 표현하고, 거짓말을 '효력을 상실한 발언'이라고 부른다면, 책임을 회피하고 나쁜 짓을 미화하고 부정적인 일을 긍정적인 일로 포장하고 불쾌한 것을 매력적으로 보이게 만드는 이중화법을 구사하는 것이다. 여기서 알 수 있듯이 이중화법은 소통하는 척하면서 사실상 소통을 거부하는 말이다. 우리의 현실 인식을 바꾸고 우리의 사고를 오염시키기 위해 고안된 말이다. 이런 말들은 우리의 문화와 문명을 발전시키고 보전하는 데 도움이 되지 않는다. 이 기만의 언어는 의심과 냉소와 불신, 그리고 궁극적으로 적대감을 낳는다.

이중화법은 음험하다. 사람들과 사회 집단들 간의 소통이라는 언어의 기능을 오염시키고 결국은 파괴할 수 있기 때문이다. 이런 언어 기능의 오염은 광범위하고 심각한 영향을 끼칠 수 있다. 우리는 식견 있는 유권자들의 판단에 의존해서 공직 후보자를 뽑고 공공 정책 사안을 결정하는 나라에 살고 있다. 이중화법이 널리 쓰이다 보면 어느새 정치 영역에서 통용되는 신조어가 되고 화자와 청자 모두 이런 언어를 자신이 정말로 이해하고 있다고 확신하게 된다. 얼마 뒤 우리는 정치인들이 거짓말을 하는 게 아니라 '잘못 말할' 뿐이고, 불법 행위가 아니라 단순히 '부적절한 행동'이며, 사기와 범죄 음모가 단지 '오증명miscertification'일 뿐이라고 정말로 믿게 될지 모른다. 1980년 4월 지미 카터 대통령은 이란 수도 테헤란에 억류된 미국인 인질들을 구출하려다 실패한 작전을 '불완전한 성공'이라고 지칭하면서 자신이 미국 국민들과 명료하게 소통하는 발언을 했다고 진심으로 믿을 수 있었다. 1985년 로널드 레이건 대통령도 "우리의 안보, 그리고 무기 감축 회담의 성공에 거는 기대는 궁극적으로 여기서 우리가 국방을 재건하고 재강화하는 프로그램을 지속하기 위한 결단을 보여주는 데 달려 있다"라고 말하면서 신무기 개발에 투입하는 금액을 크게 늘리면 전 세계의 무기 수량을 줄이는 결과로 이어질 것이라고 정말로 믿었다. 우리가 정말로 그런 언어를 이해하고 있다고 믿고 또한 그런 언어가 명료한 사고를 촉진하고 효과적인 소통에 도움이 된다고 정말로 믿는다면, 언어를 통해 현실을 통제하는 《1984》의 세계가 곧 우리 앞에 닥칠 것이다.

2장

우리는 매일 더블스피크에 속는다

기내에 이등석 구역이 없는 이유

막히는 도로를 지나 비싼 요금을 내고 항상 붐비는 공항 주차장에 차를 세운 뒤, 길게 늘어선 체크인 대기 줄에서 기다리다가 비행기에 탑승한다. 그리고 마침내 덴버행 직항 편의 불편한 좌석에 앉게 된다. 적어도 당신은 그렇게 생각했을 것이다. 하지만 어느 정도 시간이 지났을 때 비행기가 캔자스시티 공항을 향해 하강하기 시작한다. 당신은 승무원에게 왜 비행기가 착륙하는 거냐고 순진하게 묻는다. 어쨌든 당신은 특별히 덴버 직항을 요청했으니까. 승무원은 눈 하나 깜짝 않고 대답한다. "직항이긴 한데 논스톱은 아니에요."

일상적인 이중화법의 세계에 온 걸 환영한다. 이런 불쾌하고 때로는 고통스럽기까지 한 경험을 통해 당신은 이중화법이 당신의 삶에 어떤 영향을 끼치는지 알게 된다. 어느 순간부터 항공사들은 '직항'과 '논스톱'을 구분하기 시작했지만, 깜빡하고 당신에게 말해주지 않는다. 어느 항공법 전문 변호사가 이른바 '항공사의 승객 기만 행위'를 중단하라고 민원을 제기하자 팬아메리칸월드항공의 대변인 마이크 클라크는 승객들을 속이려 한 게 아니라고 잡아뗐다. "그저 의미론상의 문제일 뿐입니다."

비행기를 타고 여행을 하다 보면, 항공사들이 구사하는 이중화법을 금세 알아채게 된다. 오직 항공사만이 크래커 4개에 인공 치즈 스프레드를 약간 바른 것이나 땅콩 12알 한 봉지를 '스낵'이라고 내놓고도 무사할 수 있다. 트랜스플로리다항공은 '비정상 운항 시' 승객들이 준수해야 하는 일련의 지침을 제시한다. 다른 항공사들은 '수상 착륙 시' 따라야 하는 지침을 제공한다. 작은 종이봉투는 '흔들림이 불편할 때' 사용하는 것이다. 아메리칸항공은 한 공항에서 승객을 탑승 게이트에서 비행기까지 '고객 운송 모바일 라운지'에 태워 실어 나른다. 확실히 버스보다는 한결 인상적으로 들린다. 어쨌든 기껏 버스를 타려고 그 많은 돈을 내는 건 아니지 않은가? 공항에 도착하고 나서야 당신이 탈 비행기가 만석임을 알게 되더라도 항공사가 초과 예약을 받았다고 탓하지 말지어다. 항공사들은 비행기 좌석 수보다 많은 항공권을 판매하는 관행을 '공간 계획 space planning'이나 '수용 공간 관리 capacity management', '수익 통제 revenue control' 등으로 지칭하는 쪽을 선호한다. 이는 항공사 '재고-관리 시스템'의 일부로 '공간 관리자 space controller'가 담당하며 '손실 spoilage', 즉 빈 좌석을 방지하려는 조치다.

(직항과 논스톱의 구분에 이어) 다음으로 알게 되는 진짜 중요한

이중화법은 당신이 항공기나 제트기, 심지어 여객기를 타고 비행하는 게 아니라는 것이다. 가끔은 항공기를 타고 비행을 하지만, '장비equipment'를 타는 경우가 훨씬 많다. "장비가 도착해서 지금 사전 탑승을 시작하기에 앞서 점검하는 중입니다" 같은 안내를 들어보았을 것이다. 또는 이런 말도 흔히 듣는다. "승객 여러분, 기술적인 문제로 인해 장비를 교체할 예정입니다. 지금 내려주시기 바랍니다." 물론 이 말은 항공기가 고장 나서 비행을 할 수 없으니 여기서 내려서 다른 비행기를 타야 한다는 뜻이다. 다른 '장비'가 멀쩡한 경우에 말이다. 이번 여행에서 어떤 비행기를 타게 될지 알고 싶으면 티켓 발매 담당자한테 질문하면 된다. "이번 비행은 어떤 '장비'를 이용합니까?" 조금의 주저함도 없이 727이나 L-1011 같은 대답을 듣게 될 것이다.

항공사들은 단순하고 흔하며 평범한 '항공기'라는 말보다 '장비'가 훨씬 튼튼하고 믿음직하며 한결 덜 무섭게 들린다고 생각하는 게 분명하다. 하지만 나로선 비행은 그 자체로도 충분히 무서운 일인데 항공기가 아니라 어떤 장비를 타고 비행한다고 하니 오히려 더 무섭다. 그 말은 마치 내가 오래된 세탁기 부품이나 1948년식 허드슨 자동차 부스러기, 수동식 타자기 잔해 몇 개에 둘러싸인 채 단단한 대지로부터 11킬로미터 떨어진 상공을 날고 있는 기분이 들게 만든다. 나는 항공기에 앉아 있고 싶다.

"모든 휴대 수하물은 위쪽 짐칸에 깔끔하게 들어가야 합니다"라는 안내문의 경우처럼, 항공사들은 짐이 아니라 '휴대 수하물carry-on item'이라는 표현을 즐겨 쓴다. 또한 절대 일등석 승객이라고 하지 않고 항상 '일등석 구역에 탑승한 승객'이라고 말한다. 그런데 혹시 눈치챘는가? 일등석 구역은 있어도 이등석 구역은 없다는 사실을. 당신은 아마 나처럼 '일반석coach' 구역에 탑승할 것이다. 아메리칸항공은 '일등석 구역'을 없앴다. 이 항공사 비행기에는 '플래그십 비즈니스석'이 있다. 그러면 우리 같은 사람들은 어디쯤 속하는 걸까?

레몬 없는 레몬 케이크

비행기를 자주 타지 않더라도 일상에서 수많은 이중화법을 발견할 수 있다. 다음번에 식품점이나 슈퍼마켓에 가면 식품과 식품 기업의 언어에 관심을 기울여보길 바란다. 이 업계에서는 사소한 것도 중대한 의미가 있는 것처럼 보이게 만든다.

뉴욕주 로체스터의 웨그먼 푸드마켓은 '파트타임 경력 스캐닝 전문가'를 찾는다는 광고를 내보냈다. 내가 식품점 선반을 채우는 일을 했을 때 계산대 직원이라고 부르던 직종이다. 뉴욕 패스마크 슈퍼마켓의 일부 직원은 '가격 정직성 조정관Price Integrity Coordinator'이라는 직무 표시가 붙은 이름표를 달고 일한다. 무슨 일을 하는 사람들일까? 슈퍼마켓에서 판매하는 모든 제품에 가격표가 제대로 붙어 있는지 확인하는 일을 한다.

24시간 문을 여는 가게로 달려가기 전에 시간을 확인하는 게 좋다. 뉴욕의 패스마크 슈퍼마켓 체인은 굵은 헤드라인으로 체인점들이 하루 24시간 영업한다고 광고했지만, 밑에 작은 글씨로 된 안내문이 있었다. "정확한 시간은 근처 매장을 확인하세요." 매사추세츠주 윌리엄스타운과 노스애덤스에는 이렇게 광고하는 슈퍼마켓들이 있다. "24시간 영업. 영업시간: 오전 9시부터 자정까지. 일요일은 12~6시."

식품 업계에서 말은 곧 돈이다. 소비자인 당신의 돈 말이다. 적절한 단어를 쓰면 사람들이 더 많은 돈을 내니까. 몇 년 전 코네티컷의 어느 소비자 연구 단체가 수행한 연구에서는 사람들이 천연 식품이라고 생각하는 제품에 기꺼이 10퍼센트 더 많이 지불한다는 점이 밝혀졌다. 인터뷰 대상자의 50퍼센트 가까이가 값이 비싸도 이런 식품을 산다고 말했다. 식품 업계가 트렌드를 무시했다는 말은 들어본 적이 없다. 더욱이 몇 가지 무의미한 단어로 많은 돈을 벌 수 있다면 그런 트렌드를 놓칠 리 없다. 1987년 11월 29일 〈뉴욕타임스 매거진〉에 실린 기사는 크로거 식품점의 육류 판매 담당 부사장 윌리엄 D. 파커의 말을 인용한다. 파커는 최근 들어 '천연 natural'과 '담백한 lite' 쇠고기 제품이 인기 품목이 되었다고 말한다. "이성보다 돈이 많은 상류층이 사는 지역에서 틈새시장을 파고드는 품목이죠."

포장지에 마법의 단어를 적으면 가격을 한껏 올릴 수 있다. 포장지에 그런 단어가 없는 제품과 내용물이 별로 다르지 않아도 상관없다. '날씬(기름기 없는) 쇠고기 lean beef'의 경우처럼 '날씬'은 마법의 단어다. 미국 농무부는 지방이 10퍼센트 이하인 경우를 '날씬한' 붉은색 고기라고 정의한다. 물론 나도 뚱뚱한 쇠고기보다 날씬한 쇠고기를 먹어야 한다는 건 알고 있다. 아마도 그게 더 건강할 테니. 그런데 만약 이게 사실이라면 왜 목장주들은 그토록 많은 시간과 돈을 들여 소를 살찌운 뒤 도살장이나 이른바 '육가공업체meat processor'에 파는 걸까? 왜 소들을 위한 다이어트 프로그램에 착수하지 않을까? 그러면 날씬한 쇠고기만 남게 될 텐데. 왜 소를 위한 '체중 감량 체육관fat farm'을 만들지 않을까? 그러면 소들이 우리 식탁에 오르기 전에 지방이 쏙 빠질 텐데.

하지만 '날씬'에 관한 농무부의 정의는 다진 쇠고기에는 적용되지 않는다. 실제로 다진 쇠고기의 지방 함량은 무척 다양하다. 1988년 조사를 진행한 공익과학센터(CSPI)는 '날씬' 다진 쇠고기의 지방 함량이 20~30퍼센트 정도라는 것을 발견했다. '초날씬extra lean' 다진 쇠고기도 별로 나을 게 없었다. 농무부가 진행한 일련의 실험에서 조리한 일반 쇠고기 3.5온스(약 99그램)와 같은 양의 '초날씬' 다진 쇠고기의 지방 차이가 1그램에 불과하다는 사실이 드러났다. 이 1그램의 지방(1온스의 28분의 1 정도)은 9칼로리에 해당한다. 9칼로리를 적게 먹으려고 비싼 돈을 주고 초날씬 쇠고기를 사먹는 셈이다.

국립과학원(NAS)은 1988년 발표한 보고서에서 '날씬'이나 '담백' 같은 표현이 사실을 오도한다고 지적했다. '초담백extra lite'이라고 해서 무조건 칼로리가 낮은 게 아니다. 연방 법규에 따르면 이 용어는 단지 제품의 색깔이나 맛, 질감을 가리킨다. '날씬' 냉동 식품은 많은 양의 지방을 함유한 고기를 비롯한 다른 재료들을 사용하게 마련이다.

당신은 식품 포장지에 적힌 그런 마법의 단어들이 무슨 뜻인지 안다고 생각할지 모르지만, 실제로는 잘 알지 못할 가능성이 크다. 그 단어들은 오직 식품 제조업체와, 식품 라벨 표시와 안전을 감독하는 정부 기관 네 곳만이 아는 듯한 특별한 의미를 지녔기 때문이다. 가령 '풍부enriched'라는 단어는 제품에 비타민이나 미네랄, 단백질을 첨가했다는 뜻인데 대개 가공 과정에서 이 영양소들이 제거되었기 때문이다. 다시 말해, '풍부한'은 영양학적으로 말해서 단지 그 식품을 가공하기 전 상태로 돌려놓았다는 뜻이다. 하지만 '강화fortified'는 가공 과정에서 제거되거나 감소하지 않은 비타민이나 미네랄, 단백질이 추가로 첨가되었다는 뜻이다. 따라서 해당 식품이 가공되기 전보다 영양가가 더 높아졌다는 뜻이다.

당신이 짐작하는 것처럼 '풍부'와 '강화'의 쓰임새에도 예외가 있다. 밀가루가 그 주인공이다. 오늘날 슈퍼마켓에서 판매하는 밀가루에는 거의 하나같이 '풍부'라는 라벨이 붙어 있다. 가공 과정에서 제거된 철분과 니아신, 티아민, 리보플래빈 등을 다시 첨가하면 '풍부'라는 이름을 붙일 수 있기 때문이다. 하지만 가공 과정에서 아연, 섬유질, 구리, 기타 비타민과 미네랄이 제거된 경우에는 이 성분들을 다시 첨가하지 않아도 된다. 그러니 밀가루는 '풍부' 밀가루가 아니라 '강화' 밀가루를 사야 하고, 다른 식품은 '강화'가 아니라 '풍부' 제품을 사는 게 좋다. 이제 이해가 되었는가? 당신이 어떤 단어의 정의를 안다고 생각하는 순간, 그들은 다시 당신을 혼란스럽게 만들곤 한다.

'다이어트' 식품을 살 때는 조심하는 게 좋다. 현행 규정에 따르면 라벨에 '다이어트에 좋은', '다이어트', '저칼로리', '칼로리를 낮춘' 같은 용어가 붙은 식품은 동일한 일반 식품보다 칼로리가 3분의 1 적거나, 100그램당 40칼로리 이하여야 한다. 물론 문제는 일반 식품에 들어 있는 칼로리가 얼마나 많은가 하는 것이다. 더욱이 일부 식품은 '다이어트에 좋은'이라는 라벨을 붙이면서도 일반 식품과 칼로리 수치가 같을 수 있다. 나트륨 양을 낮추기만 하면 된다. 설상가상으로 라벨에 표기된 칼로리 숫자는 식품에 함유된 실제 칼로리 수치에서 오차 범위가 20퍼센트 이내이기만 하면 된다. 따라서 200칼로리에 불과하다고 주장하는 냉동 다이어트 식품은 실제 칼로리가 최소 160에서 최대 240까지 다양하다. 소비자는 정확한 수치를 절대 알 수 없다.

따라서 보통 다이어트 식품을 건너뛰고 '무설탕 sugar free'이나 '무가당 sugarless'을 선택하는데, 식품 라벨에 적힌 말이 사실 그대로일 것이라고 믿기 때문이다. 이번에도 잘못 택했다. '무설탕'이나 '무가당'은 식품에 수크로스가 전혀 들어 있지 않다는 뜻일 뿐인데, 이는 일반 백설탕이 들어 있지 않다는 뜻이다. 하지만 해당 식품에는 꿀이나 덱스트로스(옥수수당), 프록토스(과당), 만노스, 글루코스, 소르비톨 등 수크로스만큼이나 칼로리가 높은 여러 감미료가 들어 있을 수 있다. '무설탕'의 정의가 참 흥미롭지 않은가? 시민들의 건강이 걸린 문제인데 식품 업계와 정부가 자신들만 아는 단어의 비밀스러운 정의를 털어놓아야 한다는 생각이 들지 않나? 이중화법은 소통을 표방하지만 실제로는 소통하지 않기 위해 만들어진 언어라는 사실을 기억하자. 이는 사실을 오도하기 위해 고안된 언어다.

요즘 식품 업계에서 가장 인기 있는 단어 중 하나는 '천연natural'이다. 가끔 보면 세제부터 비누, 샴푸, 반려동물 사료, 막대 사탕 등 슈퍼마켓에서 파는 모든 식품이 천연인 것 같다. '천연'이라는 단어의 의미는 분명하지 않은가? (이 수사 의문문에 대해 '그렇다'라고 대답한다면, 나머지 이야기를 계속 읽기 전에 종이를 한 장 꺼내서 '천연'이라는 단어의 정의를 한 문장으로 써보시라.)

식품 업계에서 '천연'이라는 단어는 아무 의미도 없다. '천연' 또는 '완전 천연all-natural'이라는 라벨이 붙은 식품에는 향미 증진제, 증점제, 유화제, 그리고 부틸히드록시아니솔이나 부틸히드록시톨루엔 같은 보존제 등 수많은 화학물이 들어 있을 수 있다. 이런 성분 목록이 당신이 종이에 쓰거나 쓰지 않은 '천연'의 정의에 들어맞는가? 내가 마지막으로 사전을 찾아봤을 때 '천연'의 정의는 "인공적이거나 합성, 가공되지 않은" 것이라고 되어 있었지만, 정부 기관이나 식품 업체들은 당신이나 나와는 다른 사전을 보는 것 같다. 어쩌면 그들은 비공개 사전을 쓰는지 모른다. 자기들끼리 만들고선 대중이 볼 수 있게 출간하는 걸 깜빡 잊은 사전 말이다.

1980년 잡지 〈컨슈머 리포트〉는 '랑겐도르프 천연 레몬 향 크림 파이'에 크림이 전혀 들어 있지 않고 프로피온산나트륨, 식용 색소, 안식향산나트륨, 식물성 점질물 등이 들어 있다고 보고했다. 랑겐도르프베이커리를 소유한 시카고 기업 아메리칸베이커리컴퍼니의 대표 L. A. 쿠시먼 주니어는 이 라벨에 관한 질문을 받자 '천연'이라는 단어는 '레몬 향'을 수식하는 것이며, 파이에는 레몬 껍질에서 추출한 기름이 들어 있다고 설명했다. 쿠시먼의 말을 인용하자면 이렇다. "레몬 향은 인공 레몬 향과 전혀 다른 천연 레몬 향에서 나옵니다. 인공 레몬 향 같은 게 있다면 말이지요."

다른 성분과 나란히 인공 향미료와 부틸히드록시아니솔이 들어 있는 '필스버리 천연 초콜릿 향 초코칩 쿠키'도 있다. 회사 대표는 '천연'이라는 단어는 '초콜릿 향'만을 수식한다고 설명하면서 "우리는 누구도 속이려고 하지 않는다"고 주장했다. 이제 식품 라벨을 제대로 읽으려면 문법 통사 구조까지 다시 공부해야 하나보다.

식품 업계 이중화법의 대표적인 사례는 애초에 제품에 들어 있을 수 없는 성분이 들어 있지 않다고 내세우는 것이다. 일종의 부정적 이중화법이다. 가령 병에 든 젤리나 잼에는 '보존제 무첨가'라는 단어가 붙어 있곤 하다. 보존용 잼과 젤리에는 설탕만 잔뜩 넣으면 되기 때문에 애초에 보존제를 따로 첨가할 필요가 없다. 통조림의 경우도 마찬가지다. 캔에 넣는 과정에서 열을 가해 보존하는 것이기 때문이다. 따라서 단지 '보존제 무첨가'라는 라벨이 붙었다는 이유로 더 비싼 옥수수 통조림이나 유리병에 담긴 젤리를 사기 전에 한번 더 생각해보자. 그리고 이 마법의 단어 옆에는 보통 또 다른 마법의 단어인 '천연'이라는 표시가 붙어 있다는 것도 기억해 두자.

맥주 기업 앤하이저부시가 신상품 '앤하이저부시 천연 라이트 맥주'를 자랑스럽게 광고했을 때, 제품에 '천연'이라는 단어를 사용하는 관행이 우스꽝스러운 지경에 이르렀다. 밀러브루잉컴퍼니는 이 제품을 조롱하는 공격에 나섰다. 밀러는 맥주는 "고도로 가공을 한 복잡한 제품이며 화학 첨가물을 비롯해 천연 형태가 아닌 성분이 많이 들어간다"고 정확하게 지적했다. 두 거대 양조업체의 싸움은 맥주 산업에서 관심을 끌었다. 〈월스트리트저널〉은 필라델피아의 주류업체인 C. 슈미트앤손스 회장 윌리엄 T. 엘리엇의 말을 인용했다. "다른 주류업체들이 걱정하는 한 가지는 성분을 둘러싸고 야단법석이 벌어지는 겁니다. 이 문제에 언론의 관심이 쏠리면 맥주 애호가들이 맥주에 황산, 황산칼슘, 알긴산, 아밀로글루코시다아제 같은 성분이 들어 있다는 걸 알게 되겠죠." 천연 맥주는 물 건너간 셈이다.

연방거래위원회(FTC)는 '천연 식품' 운운하는 광고를 규제하기 위해 8년간 온갖 노력을 기울였으나 결국 1982년에 두 손을 들고 말았다. 기업들은 이제 라벨에 '에너지', '천연', '담백' 같은 마법의 단어를 쓰고도 칼로리를 밝힐 필요가 없다. 식품 라벨에 쓰인 이 단어들이 무슨 뜻인지 알아내는 것은 온전히 소비자의 몫으로 남았다.

저온 냉각 닭고기

대단히 미국적인 식품인 닭고기조차 기만적 라벨 표시의 희생양일 수 있다. 한때 당신은 섭씨 0도에서 물이나 기타 물질이 언다고 배웠을 것이다. 하지만 닭고기는 그 온도에서 얼지 않는다. 최소한 미국 농무부나 닭고기 가공업체에 따르면 그렇다. 그들은 약 영하 2.2도까지 냉각해서 가공한 닭고기가 '냉동' 제품이 아니라 '신선'하다고 여긴다. 업계지 〈브로일러 인더스트리〉의 편집인 빌 해퍼트는 1981년에 업계에서 쓰는 용어는 '저온 냉각deep-chilling'이며, 이런 닭고기는 냉동이 아니라 '저온 냉각'된 것이라 '신선' 닭고기로 판매할 수 있다고 말했다. 이런 이중화법을 생각해낸 사람들은 어쩌면 얼음에 채워 영하 2.2도까지 체온을 낮춰보아야 할지 모르겠다. 그러고는 이렇게 묻는 거다. 당신들은 지금 '신선'한가요? 아니면 '저온 냉각' 상태? 아니면 '냉동' 상태인가요?

하지만 영하 2.2도 기준조차 실제로 적용되지 않았다. 정부 조사관이 닭고기를 엄지로 눌러서 들어가야만 냉동이 아니라 신선한 닭고기로 간주되기 때문이다. 따라서 1988년 농무부는 새로운 방침을 검토 중이라고 발표했다. 냉동되거나 약 영하 3.3도 이하의 온도로 내려간 적이 있는 닭고기에는 '신선'이라는 단어를 사용할 수 없다는 것이었다. 닭고기 업계는 곧바로 이 제안에 맞서 싸웠다. 이쯤 되면 요즘 판매되는 모든 '저온 냉각' 닭고기가 얼마나 '신선'한지 의심할 수밖에 없다. 다음에 '신선' 닭고기를 산다면 '저온 냉각'된 게 아닌지 물어보는 게 좋겠다.

피코웨이브 식품

식품 산업의 최신 혁신은 방사선 조사 식품irradiated food, 즉 유통 기한을 늘리거나 벌레를 죽이기 위해 이온화 방사선이나 감마선 처리를 한 식품이다. 이온화 방사선이나 감마선 자체는 방사능을 띠고 있지 않지만 식품에 화학적 변화를 일으킬 수 있다고 의심된다. 일부 과학자들과 소비자 단체는 이런 변화의 안전성에 의문을 제기하고 있다. 하지만 정부와 식품 업계는 방사선 조사 식품을 밀어붙이기로 결정했다.

물론 식품 업계는 포장지에 '방사선'이라는 단어를 넣고 싶어 하지 않았다. 전미식품가공협회 대변인 엘런 그린이 말한 것처럼 "'방사선'은 무시무시한 단어"다. 그렇다면 식품 업계와 식품의약국(FDA)은 어떻게 해야 할까? 처음에 식품의약국은 방사선 조사 식품에 '감마선'이나 '이온화'를 가리키는 라벨을 붙일 것을 권고했지만, 이 문제에 대해 최종 발언권이 있는 보건인적서비스부(HHS)는 어떤 형태의 라벨 문구에도 반대했다. 하지만 이 기관은 대중의 압력에 굴복하면서 '창의적' 해법을 찾았다. 보건인적자원부는 '감마선'과 '이온화'라는 라벨은 '지나치게 부정적'이라고 여겼기 때문에 '피코웨이브picowave'라는 단어를 선택했다.

'피코웨이브'라는 단어에는 사실 아무 뜻이 없다. 캘리포니아의 한 회사가 만들어낸 말인데 '마이크로웨이브microwave'와 비슷한 느낌을 주도록 고안된 것이다. 둘은 전혀 다른 종류의 방사선이지만 대중이 볼 때는 아주 비슷한 단어다. 식품 업계의 한 대변인의 말에 따르면, "홍보의 관점에서 보면 감마선이나 전자기 에너지보다 듣기 좋은 단어"다. 보건인적자원부 장관 마거릿 헤클러는 이 라벨 표시가 "소비자를 위한 중요한 진일보"라고 치켜세웠다. 반대로 연방 상원의원 하워드 메첸바움은 "광고업계 최고의 거짓말"이라고 꼬집었다.

피코웨이브 식품은 한쪽이 뚫린 원 안에 작은 꽃 같은 모양이 있는 국제적 상징도 지니게 될 것이다. 원은 광선 처리 장치를 나타내는 것이다. 원 가운데에는 검은 점이 하나 있는데, 이는 광선의 원천을 상징하고 꽃잎은 광선 처리 식품을 나타낸다. 작고 귀여운 꽃 상징이 붙은 피코웨이브 식품을 사기 전에 지금 사는 게 무엇인지 확인해보는 게 좋다.

기계 분리육

다음에 핫도그나 소시지, 런천 미트, 스크래플*, 미트 소스 스파게티 캔 등을 사려고 한다면 라벨에 적힌 성분 목록을 꼼꼼히 들여다보는 게 좋다. 혹시 성분 목록에 '기계 분리육 Mechanically Separated Meat (MSM)'**이 들어 있는가? 당신은 MSM이 무엇인지 아는가? 여기 제조법이 있다. 도살된 동물의 각종 찌꺼기, 즉 뼈, 힘줄, 고기 찌꺼기 뭉친 것 등을 모아서 그라인더에 넣고 간 다음 체에 압착해서 뼈를 걸러낸다.(갈린 뼛조각을 혼합물에서 쉽게 발견할 수 있지만, 걱정 마시라, 어떤 가공 과정도 완벽하지는 않으니.) 1982년까지 이 재료를 '잡동사니 고기 salvaged meat'라고 불렀지

---

* 다진 돼지고기에 채소와 옥수수 가루를 섞어 튀긴 요리.
** 한국에서는 '기계 발골육(Mechanically Deboned Meat, MDM)'이라고 표현한다.

만, 어떤 이유에서인지 판매되지 않았다. 아마 제조업체들이 이 혼합물에 들어 있는 '뼛가루'의 양을 라벨에 표시해야 했기 때문일 것이다. 그런데 농무부가 구원의 손길을 내밀었다. 갑자기 '잡동사니 고기'가 '기계 분리육'이 되었고, 이제 라벨의 성분 목록에 '뼛가루'를 포함할 필요가 없어졌다. 목록에는 '기계 분리육'이라는 문구와 1회 섭취량에 들어 있는 '칼슘' 양만 표시하면 된다.

하지만 육가공 산업은 여기에 만족하지 못해서 1988년 밥에번 스팸, 오덤소시지컴퍼니, 세라리코퍼레이션, 오언컨트리소시지 등이 농무부에 핫도그를 비롯한 가공육 제품에 MSM을 최대 10퍼센트 집어넣고 라벨의 성분 표시에 포함하지 않게 해 달라고 청원을 제기했다. 그러나 걱정할 필요 없다. 이 청원은 거부되었으니까.

삶을 가볍게 만들자

말 한마디로 무엇이든 팔 수 있지만, 그 말이 실제로 무슨 뜻인지는 소비자 스스로 꼼꼼히 따져보아야 한다. 몇 년 전부터 다이어트 맥주라는 게 등장했지만 잘 팔리지 않았다. 그러다 밀러브루잉컴퍼니 같은 마케팅 천재들이 나서서 '다이어트'를 '라이트lite'로 바꾸고, 운동선수 출신 모델을 대거 동원해서 '덜 배부른less-filling' 맥주의 장점을 극찬하면서 판도가 완전히 달라졌다. 이제 다이어트 맥주를 마셔도 아무 문제가 없다. 다이어트 맥주가 아니라 '라이트' 맥주니까.

지금 우리는 경량급(아니 이제 라이트급인가?)의 나라로 변신하는 데 전념하고 있다. 레스토랑에서는 가벼운light 식사와 슬림한 메뉴를 제공한다. 가벼운 식사가 무슨 뜻인지 아무도 모르지만, 상추가 많이 나오는 건 분명하다. 우리는 가벼운 음식이 정말로 무엇인지, 왜 가볍다고 하는지 알지 못하지만 슈퍼마켓에서 가벼운 음식을 사는 경우에 한 가지 사실은 알고 있다. 값이 비싸다는 것이다. 이제 어떤 종류의 음식을 원하든 간에 삶을 가볍게 만들 수 있다. 가벼운 우유, 가벼운 스파게티 소스, 가벼운 냉동식품, 가벼운 마요네즈, 가벼운 쿠키, 가벼운 감자칩, 가벼운 아이스크림, 심지어 가벼운 케첩도 있다. 법적으로 보면 제조업체는 비교되는 제품보다 불과 몇 칼로리 낮은 제품에도 '라이트'라는 이름을 붙일 수 있다. 아마 당신은 몰랐겠지만 일반 케첩은 1회 제공량(보통 약 17그램)에 15~16칼로리 정도가 들어 있다. 값비싼 라이트 버전은 1회 제공량에 8~9칼로리가 들어 있다.

 뉴욕주 지역 협력 확장 프로그램The Cooperative Extension of New York State 측은 1984년에 '천연', '라이트', '삶', '건강', '영양', '시골', '자연', '수확', '공정', '농장' 같은 단어가 (짚단과 농장, 초록빛 계곡, 맑은 개울, 들에서 땀 흘려 일하는 농부 등의 사진과 나란히) 포장지에 등장한다고 해서 내용물이 농장에서 갓 나온 영양 만점 식품이거나 유기농 제품이거나 건강에 좋은 것은 아니라고 소비자들에게 경고했다. 가만히 생각해보면, '갓 구워' 신선하다는 문구가 적히지 않은 식빵을 본 게 언제인지 기억도 안 난다.

식품 라벨의 작은 글자

다음번에 슈퍼마켓을 둘러볼 때는 몇몇 제품의 라벨에 인쇄된 작은 글씨를 읽어보시라. 리글리의 오빗 껌은 포장지를 보면 "칼로리가 없지 않은not non-caloric"이라고 적혀 있고, 랜스의 '천연 향' 스파이스 드롭*에는 천연 향과 인공 향이 들어 있다. 또 탄산음료 '오리지널 뉴욕 셀처'는 라벨에서 '무설탕'이라고 주장하지만 '과당 시럽'이 함유되어 있다.(사실 이 제품은 뉴욕에서 만든 것도 아니고, 셀처 즉 탄산수도 아니며, 오리지널 즉 독창적이지도 않은 그저 흔하디흔한 탄산음료다.)

내비스코의 '100퍼센트 브랜'에는 밀기울, 설탕, 맥아 보릿가루, 무화과 과즙, 자두 과즙 등이 들어 있다. 그렇다면 이 시리얼의 이름에 있는 '100퍼센트'는 도대체 무슨 뜻일까? 아머의 육류 통조림 제품 '파티드 미트 푸드 프로덕트Potted Meat Food Product'도 살펴보자. '미트 푸드 프로덕트'란 대체 무엇일까? 캔에 담긴 제품인데 '파티드(냄비나 항아리에 든)'라니, 이게 대체 무슨 뜻일까? 이 '미트 푸드 프로덕트'에 붙은 라벨을 자세히 들여다보면 이 제품이 조리된 쇠고기 지방 조직으로 만들어졌다는 걸 알 수 있다. 부분적으로 지방을 제거한 쇠고기 지방 조직을 소듐에리소베이트 등의 향료로 양념한 것이다.

크래프트 사의 '디럭스 마카로니앤치즈 디너'에 붙은 라벨은 당당하게 선언한다. "풍부하고 크리미한 치즈 소스로 마무리.

---

* 겉에 설탕을 바른 젤리 형태의 사탕. 계피, 정향, 올스파이스 같은 향신료 맛이 나며 겨울철이나 연말 시즌에 많이 먹는다.

천연 치즈와 기타 고급 원료를 섞어 만듦." '기타 고급 원료'에는 유지방, 인산나트륨, 알긴산나트륨, 인공 향료 등이 포함된다. 더키 사의 '그랜디 스패니시 올리브'는 라벨 설명에 따르면 "간 피멘토* 고추로 속을 채운" 제품이다. 하지만 원료 목록에는 간 피멘토가 아니라 '피멘토 퓨레'가 들어 있다. 피멘토 곤죽을 굳혀서 올리브 속에 채운 것이다.

언제든 '카페 프랑세 Café Français'를 마셔볼 수 있다. 이 인스턴트커피는 프랑스 레시피의 유명한 향미를 정확히 포착했다는데, 그 비결은 식물성 기름, 옥수수 시럽 고형분, 설탕, 인스턴트커피, 카세인나트륨, 구연산삼나트륨, 인산이칼륨, 모노글리세라이드와 디글리세라이드, 이산화규소, 인공 향료, 레시틴, 그리고 피로인산나트륨이다. 물론 커피에 '크림'을 넣는다면 커피메이트 Coffee-Mate, 크레모라 Cremora, 커피리치 Coffee-Rich, 커피드림 Coffee Dream이 있고, 그 밖에 '우유를 함유하지 않은 식물성 크리머'의 수많은 브랜드 중에 하나를 선택할 수도 있다. 우유를 함유하지 않은 원료는 콘시럽, 살짝 경화된 식물성 기름, 그리고 다음과 같은 여러 기름 중 하나 이상이다. 코코넛유, 목화씨유, 팜유, 콩기름. 모노글리세라이드와 디글리세라이드, 카세인나트륨, 인산이나트륨, 구연산나트륨, 스테아린산칼륨도 들어간다. 하지만 걱정 마시라, 이 가짜 크림은 '초저온 살균'된 제품이니까. 잠깐! '초저온 살균'이라니? 이제 평범한 옛날식 저온 살균으로는 충

---

* 일반적인 고추보다 맛이 순하고 달콤한 풍미가 있는 붉은 고추. 특히 녹색 올리브 속을 채우는 용도로 자주 쓰인다.

분하지 않은 걸까?

　아널드 사의 '이탈리안 크리스피 크루통' 포장지 옆판에는 1800년대 초에 프랑스인들이 크루통을 어떻게 만들었는지에 관한 설명이 있다. 기다란 빵 덩이를 잘게 잘라서 조각을 말린 다음 버터나 기름에 튀긴다. 다음 내용을 보면 "이 상자에 담긴 맛 좋고 바삭한 크루통은 프랑스 고유의 요리에서 직접 유래한 것이지만, 제조 방식은 현대인의 생활 방식과 기준에 맞게 바꿨다"고 한다. 현대식 제조 방식에는 프랑스의 고전적 레시피를 개선하기 위해 에톡실화한 모노글리세라이드와 디글리세라이드, 프로피온산칼슘, 브롬산칼륨, 인산이나트륨, 인공 향료, 그 밖에 맛을 더하는 원료를 극소량 첨가하는 과정이 포함된다.

　물론 당신은 "그래도 빵은 빵이니까" 괜찮을 거라고 생각할 수 있고, 빵 봉지에 붙은 라벨도 아주 솔직해 보인다. 하지만 다시 한번 생각해보는 게 좋겠다. 《미국연방행정규정집(CFR)》에 따르면, 빵에 첨가할 수 있는 화학물은 27개이지만 식품 제조업체는 라벨에 첨가물 목록을 표시하지 않아도 된다. 라벨에 목록을 표시해야 하는 원료의 경우에도 제조업체는 약간의 이중화법을 구사할 수 있다. 1985년 공익과학센터(CSPI)는 인기 있는 여러 '고섬유질' 빵의 섬유질 원료가 영양가가 전혀 없는 목재 펄프라고 폭로했다. 칼로리 수치를 줄이고 빵의 섬유질 양을 늘리기 위해 일부 기업은 밀가루 일부를 알파셀룰로스*로 대체한 적

---

* 양질의 종이 생산물을 만드는 데 사용되는 길고 내구성 있는 식물성 섬유.

이 있다. 알파셀룰로스는 간혹 포장지에 적힌 원료 중에 '분말 셀룰로스'라고 표시되어 있다. 어떤 회사도 목재 펄프를 원료 중 하나로 표시하지 않았다. 모든 기업은 자사의 라벨 표시가 "기만적이지 않다"고 주장했다.

식품 회사들은 대중을 오도하는 단어를 사용하려는 노력을 결코 늦춘 적이 없다. 1987년 9월 9일, NBC-TV의 〈투데이〉에 출연한 리처드 프랭크는 식품 산업 로비 단체인 '공정한 피자 라벨 표시를 위한 위원회'를 대변하면서 냉동 피자에 '콜레스테롤을 낮춘 치즈 대용물'을 쓰는 것을 옹호했다. 그러니까 프랭크는 의회가 냉동 피자에 가짜 치즈를 사용할 수 있게 승인해주기를 바라면서 '가짜 치즈'라는 말도 쓰지 않고 싶어 한 것이다.

이제 당신은 와인 병에 적힌 원료 목록을 읽는 수고를 할 필요가 없다. 1981년에 와인협회가 미국 주류·담배·총기단속국(BATF)을 설득해서 와인 병에 모든 원료를 표시하지 않아도 되게 규정을 바꾸었기 때문이다. 덕분에 와인 회사들은 포도과즙, 포도액, 포도 농축액, 이스트, 물, 정제용 원료인 달걀(흰자나 노른자), 젤라틴, 카세인, 부레풀, 펙틴 효소, 검게 변하는 것을 막기 위한 아스코르브산이나 에리토브산, 살균제 및 보존제로 쓰이는 이산화황과 소르빈산의 포타슘염 같은 첨가물을 언급하지 않아도 된다.

레몬 푸딩이나 레몬 케이크 믹스 같은 제품을 살 때 레몬이 들어 있을 거라고 장담할 수도 없다. 이 제품들에 든 레몬은 가짜이기 때문이다. 1982년 식품의약국은 진짜 레몬 과즙이 함유된 제품에만 '레모네이드'라는 단어를 쓰게 해야 한다는 민원을 거부했다. 하워드 N. 피핀은 식품의약국을 대변하면서 이렇게 말했다. "우리는 레모네이드를 만드는 데 레몬이 얼마나 많이 들어가는지 알지 못합니다." 그러면서 식품의약국 규정에는 레몬 과즙이 전혀 함유되지 않은 제품도 라벨에 '레모네이드' 표시를 할 수 있다고 인정했다. 레몬 펄프나 레몬 껍질, 레몬 과즙이 전혀 들어 있지 않은 제너럴푸드의 '레모네이드 플레이버 드링크'가 바로 이런 경우다. 이 제품에는 구연산, 아라비아 검, '영양 감미료'가 함유되어 있다. 한 소비자가 제너럴푸드에 편지를 보내 레몬 없이 어떻게 레모네이드를 만들 수 있느냐고 묻자, 회사는 이렇게 답장을 보내왔다. "모든 감귤류 과일의 향기와 기본 성분은 '천연 향'이라고도 불리며, 이는 과즙이 아니라 껍질에 있는 기름 주머니에서 나오는 것입니다." 자, "레몬 기름 주머니 성분 푸딩"을 사고 싶은 사람 있습니까?

포장지에 '레몬'이라는 단어를 사용하는 모든 제품을 살펴보면 실제 레몬을 쓴 제품이 극히 일부임을 알게 된다. 제너럴푸드의 '레몬 디럭스 케이크 믹스'에는 구연산이 함유된 한편, '로열 젤라틴 레몬 디저트'에는 푸마르산이 들어 있고, '젤로 레몬 푸딩 믹스'에는 새콤한 맛을 위해 푸마르산과 아디프산이 들어 있다. 포장지에 큰 글씨로 '레몬'이라는 단어가 쓰여 있거나 커다란 레몬 사진이 박힌 레몬 향 암모니아 세정제, 오븐 세정제, 가구 광택제, 가구 왁스, 공기 탈취제, 변기 세정제, 세제 등에도 레몬은 전혀 들어 있지 않다. 아무리 열심히 찾아봐도 레몬은 한 조각도 찾을 수 없다. '레몬 프레션드 보랙스' 세제나 '레몬 프레시 조이' 식기 세제는 레몬을 사용하지 않은 제품과 어떻게 다를까? 진짜 레몬이 들어 있지 않기 때문에 함유된 성분 중에 어떤 것 때문에 차이가 나는지 궁금할 수밖에 없다.

가짜 식품

식품 산업에서 가장 빠르게 성장하는 분야 하나를 꼽자면 가짜 식품fake food이다. "도대체 가짜 식품이 뭐지?"라는 의문이 들 법하다. 가짜 식품은 모양과 맛이 진짜 식품과 비슷하지만(또는 제조업체가 그렇다고 주장하지만) 저렴한 대체 원료로 만들어서 진짜 식품의 몇 분의 일 가격에 판매하는 제품이다. 좀 더 정확히 말하자면, 가짜 식품 제조업체는 원가의 몇 분의 일 가격으로 소매업체에 제품을 판매하지만 결국 소비자들은 가짜 음식에 진짜 음식과 거의 같은 값을 치르게 된다.

일부 '식품 기술 전문가'(가짜 식품 발명가들이 좋아하는 호칭이다)들은 자신이 만든 제품을 식품이라고 부르지도 않는다. 대신 '식품 시스템food system'이라고 부른다. 식품 기술 전문가들은 '치즈 유사품cheese analog'(가짜 모짜렐라)이나 '재구조화된 살코기 제품restructured muscle product'(가짜 스테이크) 같은 제품을 개발한다. 레스토랑에서 이런 '식품 시스템'을 쓸 때 소비자가 사 먹는 게 무엇인지 고지할 의무는 전혀 없다.

미국 농무부는 식품 가공업체들이 물과 비프스톡의 비율을 135 대 1로 섞고도 성분 라벨에 물 대신 '비프스톡'이라는 단어를 사용해도 된다고 허용했다. 당신은 알코올 음료의 논알콜 버전인 '캘리포니아 풀러 California Foolers' 같은 가짜 식품이나 버터 맛, 멕시칸 맛, 오리엔탈 맛, 이탈리안 맛 같은 가짜 맛(플레이버게인 flavorgein이나 향미 증진제라고 한다)을 살 수 있다. 심지어 나초 맛 포춘 쿠키 같은 기묘하게 결합된 제품도 구입할 수 있다. 기업들은 심지어 가짜 바비큐 소스 맛과 가짜 메스키트* 스모크 향도 개발하는 중이다. 조만간 당신은 진짜 그릴 근처에도 가본 적이 없는 바비큐 맛 메스키트 향 식품을 사 먹을 수 있을 것이다.

많은 일본 회사들이 대량의 가짜 냉동 게살(아니, 정확하게 말하자면 '연육 surimi 기반 게 유사품')을 미국으로 운송한다. 연육은 가시를 제거한 생선을 압착하고 여러 번 헹구는 식으로 만든다. 가짜 게는 막대 모양이나 가늘게 찢은 고기 형태로 나오는데 값싼 대구 살에 녹말, 소금, 화학적 양념, '게 진액'(게 껍데기를 푹 삶아서 만든다), 인산염폴리머 등을 더해서 만든다. 게맛살 판매액은 1984년에 1억 달러를 넘어선 뒤 급속하게 증가했다.

그 밖에도 가짜 식품이 많다. 가짜 가리비는 대구 살에 '가리비 진액'을 섞은 다음 실린더에 압착해서 가리비 모양으로 잘라 만든다. 홍연어 캔은 진짜 연어 살 30퍼센트에 대구 살, 녹말, 소금, 화학적 양념, 붉은색 합성 색소를 첨가해서 제조한다. 가짜 연어 알은 해초 젤라틴으로 만든 오렌지레드색 알갱이를 샐러드 기름에 담가 만든다.

---

* 미국 남서부와 멕시코에서 자라는 메스키트 나무의 조각이나 가루 형태로 사용되는 향신료.

일본의 가짜 식품 제조업체들은 가짜 해산물을 넘어서 이제 가짜 쇠고기까지 만들어내고 있다. 대구 살이나 정어리 살에 소금을 섞은 뒤 쫄깃한 농도가 될 때까지 치댄 다음, 이 덩어리를 압출기에 넣고 에틸알코올을 첨가하면 단백질이 천연 쇠고기 같은 탄성을 띠게 된다. 여기에 고기 맛을 내는 향료와 색소를 첨가하면 최종 제품은 간 쇠고기처럼 보이게 되고 이는 햄버거를 비롯한 여러 가공식품에 사용할 수 있다.

가짜 쇠고기를 만드는 또 다른 방법은, 진짜 소의 내장 부위와 횡격막, 폐기용 잡육을 모아 달걀 흰자, 녹말, 젤라틴으로 만든 접착제로 서로 붙이는 것이다. 그리고 나서 가장자리에 진짜 쇠고기 지방 한 줄을 붙인 다음, 등심 스테이크나 필레미뇽처럼 보이게 모양을 잡아서 냉동시킨다. 식품 기술 전문가들은 이런 제품에서 진짜 스테이크의 '식감'이 느껴진다고 자랑한다.

바닷가재와 새우의 연육 버전도 만들 수 있다. 가짜 식품 제조업체들은 연육을 기반으로 한 치즈, 핫도그, 감자칩, 런천 미트 등을 만드느라 분주하다. 가짜 핫도그와 가짜 런천 미트라는 개념은 진짜 순수 비닐이나 진짜 인조 가죽과 나란히 일등을 다툰다. 연육 제조업체들은 자사 제품이 모조품이 아니라고 항의한다. "연육은 모조품이 아니"라고 전미해상어업서비스(NMFS)의 제임스 브루커는 말한다. "그건 해산물이에요. 해산물을 섞은 제품이죠."

'식품 기술food technology'(가짜 식품 업계가 에둘러 표현하는 명칭)의 대표적인 성과 중 하나는 '고메그gourm-egg'이다. 1974년에 랠스턴퓨리나에서 개발한 이 제품은 길이 약 30센티미터의 막대 모양으로 된 완숙 달걀이다. 제품을 자르면 한가운데 노른자가 있고 그 주위를 흰자가 둘러싼 완벽한 단면 형태의 달걀 75개를 얻을 수 있다. 천재적인 식품 기술 덕분에 노른자가 흰자 밖으로 흘러내리지 않는다. 비록 식감은 말랑한 고무 같고, 맛은 진짜 달걀에 가까운 희미한 유황 냄새를 풍기지만 말이다.

그리피스연구소에서 개발한 '꼬부랑 해산물 튀김 seafood curls'도 있다. 이 제품은 가짜 새우에 전자레인지용 튀김옷을 입혀 바삭하게 튀긴 후 매콤한 딥 소스와 함께 제공하는 것이다. 이 군침도 간식도 조만간 다른 제품에 자리를 내어주게 될지 모른다. 럿거스대학의 식품화학자 엔델 카머스 교수의 구상이 실현된다면 말이다. 카머스 교수는 '쫄깃한 생선 살 fish chewies'을 개발하는 중인데, 생선 살을 기본으로 삼고 초콜릿 맛을 입힌 이 간식은 식감이 투치롤*처럼 쫀득할 것이다. 이런데도 당신은 아직도 미국 음식에 벌어진 최대 비극이 진짜 햄버거의 종말이라고 생각하고 있단 말인가?

식품 기술 전문가들은 유머를 모르는 사람들이 아니다. 1986년 〈월스트리트저널〉에 실린 한 기사에 따르면, 한 무리의 식품 기술 전문가들이 그냥 재미 삼아 이른바 '쓰레기 수프 trash soup'를 제조했다고 한다. 거의 전부 부산물만 이용해서 만든 수프였다. 다진 대구 살, 가리비 외투막(가리비 껍데기에 붙은 녹색을 띤 탄성

---

* 1907년에 미국에서 처음 출시된 이후 꾸준히 사랑받고 있는 초콜릿 맛이 나는 쫀득한 사탕.

있는 보호막), 조개 가공 공장에서 나오는 배출수로 만든 육수가 주재료였다. 배출수는 원래 조개를 세척한 뒤 하수로 버리는 물이다. '뉴잉글랜드 클램차우더'와 '맨해튼 클램차우더'라는 이름을 붙인 수프들은 맛 테스트에서 대성공을 거두었고 실제로 불티나게 팔렸다. 수프가 너무 잘 팔리자 조개 회사는 식품 기술 전문가들의 작은 실험이 끝난 뒤에도 조개를 세척한 물을 병에 담아서 조개 즙이라고 선전하면서 한 병당 8달러에 판매했다.

가짜 식품 산업은 이제 워낙 규모가 커져서 뉴저지주 캠던에 있는 리버프런트 주립교도소에서 수감자들이 '재구조화 쇠고기'를 생산하는 프로그램을 운영할 정도다. 이 프로그램에서는 질기고 값싼 소 어깨살을 스트립 스테이크나 척 로스트 같은 고급 부위처럼 보이게 모양을 바꾸는 작업을 한다. 수감자들은 한 달에 50톤의 고기를 가공한다.

이런 가짜 식품은 얼마나 성공을 거두고 있을까? 일본 제조업체들은 소비자들이 진짜 음식을 먹고 있다고 믿을 정도로 품질이 뛰어나다고 주장한다. 전혀 근거 없는 주장은 아닌 듯하다. 미국에 들어오는 가짜 게살이 1981년 2,200여 톤에서 1986년 4만 5천여 톤으로 증가했기 때문이다. 가짜 게살을 비롯한 여러 가짜 식품들은 미국 각지의 레스토랑에서 샐러드와 샌드위치, 수프, 캐서롤* 등 각종 요리에 쓰인다. 그러니 다음에 레스토랑에서 식사를 하게 되면 이렇게 물어보는 것도 좋겠다. "게살은

---

* 오븐에 넣어서 천천히 익혀 만드는 음식.

어디 있나요?"

식품 라벨 퀴즈

이제 당신의 미각과 식품 라벨 읽는 능력을 테스트할 시간이다. 이 짧은 퀴즈를 풀면서 원재료 목록만 보고 몇몇 인기 식품을 알아차릴 수 있는지 확인해보자. 제품 번호와 알파벳으로 된 원재료 목록을 연결하면 된다.

___ 1. 쿨 휩 토핑 Cool Whip Topping

___ 2. 컨트리 타임 레모네이드 드링크 Country Time Lemonade Drink

___ 3. 게인스 버거 Gaines Burgers

___ 4. 카네이션 인스턴트 브렉퍼스트 Carnation Instant Breakfast

___ 5. 하츠 햄스터&거빌 먼치 Harz Hamster&Gerbil Munch

___ 6. 커피메이트 식물성 크리머 Coffee-Mate Non-Dairy Creamer

___ 7. 프레시 호라이즌 화이트 브레드 Fresh Horizons White Bread

___ 8. 허브-옥스 쇠고기 부용 큐브 Herb-Ox Beef Bouillon Cubes

___ 9. 펩소던트 치약 Pepsodent Tooth-paste

___ 10. 프레퍼레이션 H 연고 Preparation H Ointmet

A. 정육 부산물, 콩가루, 수크로스, 대두박, 프로필렌글리콜, 밀가루, 콘시럽, 콩껍질, 가수분해 닭고기, 소금, 건조 유청, 탄산칼슘, 물, 쇠고기, 식물성 기름, 일인산칼슘, 산화철, 소르빈산칼륨, 동물성 지방(BHA 첨가), 에톡시퀸, 산화아연, 글리시리진산

암모늄, 비타민, 판토텐산칼슘, 에틸렌디아민디하이드로다이드

B. 물, 설탕 시럽, 구연산, 시트르산나트륨, 식물성 검, 천연향, 소르빈산칼륨, 안식향산나트륨, 비타민 C, 글리세롤 아비에테이트, 인공 색소, BHA

C. 생효모 세포 파생물, 상어간유, 질산페닐수은

D. 가수분해 식물성 단백질, 소금, 설탕, 양파, 자가분해 효모, 소 지방, 말토덱스트린, 셀러리, 카라멜, 쇠고기 추출물, 이노신산이나트륨, 구아닐산이나트륨

E. 탈지분유, 설탕, 코코아, 고형 콘시럽, 유당, 분리대두단백, 카세인나트륨, 레시틴, 수산화마그네슘, 암모늄카라기난, 인공 향료, 아스코브산나트륨, 페릭올쏘포스페이트, 비타민E 아세테이트, 비타민 A 팔미테이트, 니아신아미드, 글루콘산동, 산화아연, 판토텐산칼슘, 티아민질산염, 염산피리독신, 엽산.

F. 물, 코코넛·팜핵 경화유, 설탕, 콘시럽, 카세인나트륨, 덱스트로스, 천연 향료와 인공 향료, 폴리소르베이트 60, 소르비탄지방산에스테르, 잔탄 검, 구아르 검, 인공색소.

G. 옥수수 가루, 식물성 기름, 인공 육향, 소금, 인공 색소.

H. 고형 콘시럽, 일부 경화 식물성 기름, 카세인나트륨, 모노글리세라이드와 디글리세라이드, 인산이포타슘, 인공 향료와 인공 색소.

I. 소르비톨, 물, 알루미나, 수화 실리카, 글리세린, PEG 32, 라우릴황산나트륨, 이인산칼슘, 셀룰로스 검, 향료, 이산화티타늄, 사카린나트륨, 안식향산나트륨

J. 물, 밀가루, 목재 셀룰로스 분말, 밀 글루텐, 갈색 설탕, 소금, 설탕, 효모, 락트알부민, 황산칼슘, 스테아릴젖산나트륨, 모노글리세라이드와 디글리세라이드, 폴리글리세르산염 60, 폴리소르베이트 60, 브롬산칼륨, 인공 향료, 비타민, 프로피온산칼슘.*

영원한 안식 상담사

우리는 일상생활에서 점점 더 많은 이중화법을 접하고 있다. 나는 지금도 칫솔을 사용하지, '구강 위생 기구 oral hygiene appliance'나 '가정용 치석 제거기 home plaque removal instrument'를 사용하지 않는다. 하지만 어느새 평범한 온도계가 '디지털 열 컴퓨터'로 바뀌었고, 욕실 체중계는 '초박형 마이크로 전자 무게 감지 센서'로 바뀌고 있다. 현대식 욕실에는 욕조와 세면대와 변기 대신 '신체 청결 시스템'과 '다리받침 세면기'와 '수세식 화장실 통 water closet tub'이 있다. '수세식 화장실 통'이 막히면 언제든 '하이드로 블래스트포스 컵'(뚫어뻥)을 사용해서 뚫으면 된다.

퍼시픽가스전기(PG&E)는 요즘 매달 청구서 대신 '에너지 문서'를 발송한다. 홀마크카드는 축하 카드 대신 '사교적 감정 표현 제품'을 판매하고, 소니는 '엑스트라 스탠더드 수피리어 그레이드' 공테이프를 판매한다. 비디오 가게에서는 '시청 이력이 있는 비디오테이프', 그러니까 중고 비디오테이프를 판다. 당신은

---

* 정답: 1-F, 2-B, 3-A, 4-E, 5-G, 6-H, 7-J, 8-D, 9-I, 10-C

잉크 대신 '필기 용액 writing fluid'을 구입한다. 요즘 달력은 '개인용 매뉴얼 데이터베이스'이며, 손목시계는 '아날로그 방식의 개인용 시간 변화 표시 모니터'다. 일본의 시계 제조사 세이코는 손목시계 대신 '개인용 시간 관리 센터'를 판매한다. 요즘 후버 사에서 판매하는 진공청소기는 '4방향 유연 회전 장치를 장착한 디멘션 1000 일렉트로닉 클리닝 머신'이다.

폐차장은 '자동차 해체 및 재활용 업체'가 되어서 '해체 전 소유 이력 있는 부품'을 판매한다. 중고 가구점에서는 요즘 '제2의 선택을 받은 가구'를 판매한다. 시들거나 멍들어 상품성이 떨어진 과일과 채소는 요즘 '손상된 농산물 distressed produce'이라고 하며, 할인점은 '가치 지향 상점'으로 변신하는 중이다. 위스콘신 주 매디슨에 있는 스트랜드 극장에서 팝콘을 사려면 간식 코너가 아니라 '고객 지원 센터'로 가야 한다. 이제 운동을 하고 싶으면 언제나 체육관이 아니라 '피트니스 센터'로 갈 수 있다.

어떤 회사는 고객에게 '전자 정보 전송'으로 물건을 주문할 수 있다고 광고한다. 실제로는 그냥 전화로 주문을 할 수 있다는 뜻이다. 요즘 일부 장의업자들은 스스로 '영원한 안식 상담사'라고 부른다. 이들은 고객에게 '지하 콘도미니엄' 즉 묘지 구역이나, '영원한 콘도미니엄' 즉 납골당 자리를 판매한다. 무덤은 (땅을) 파는 대신 '지하 안식처 굴착' 전문가들이 '준비'한다. 심지어 생전에 '사전 예약 pre-need arrangement'도 할 수 있다.

여론 조사, 숫자의 이중화법

통계에 관한 이중화법은 특히 효과적이다. 보통 사람들이 통계를 꼼꼼하게 살펴보지 않기 때문이다. 더욱이 우리는 숫자가 단순한 말보다 더 구체적이고 '진실하다'고 생각하는 경향이 있다. 무엇이든 수치화하면 전에는 없던 정확성, 실체성이 부여된다.

우리는 숫자를 사랑하는 시대에 살고 있다. 컴퓨터에서 출력된 수치나 데이터가 곧 '진실'로 여겨지는 시대다. 당신은 사회보장번호, 아메리칸익스프레스 카드나 마스터 카드, 비자 카드의 번호, 운전면허증 번호, 전화번호, 우편번호와 자신을 동일시한다. "의사 4명 중 3명이 ○○을 추천한다"는 말을 흔하게 들을 수 있다. 시청률 조사 기관 닐슨은 새로 편성된 TV 프로그램에 9.2점을 주었고, 그 영화는 1억 2200만 달러를 벌어들였다.

야구는 무한한 통계를 양산하는데 진짜 팬들은 모두 이런 통계를 끊임없이 인용하는 걸 좋아한다. 미식축구와 야구 경기 관중들은 "우리가 넘버원!"이라고 연호하고, 다우존스지수는 우리 경제의 건전함과 안녕을 매일 측정한다. 수백만 명이 합법적(이고 불법적)으로 매일 숫자를 가지고 논다. 휴대용 계산기가 해마다 수백만 개 판매된다. 이런 목록은 계속되어 베트남 전쟁 전사자 수나 핵탄두와 대륙 간 탄도 미사일(ICBM) 개수를 국가 안보 측정치로 인용할 정도다.

컴퓨터 과학자, 수학자, 통계학자, 회계사 등은 모두 '진실'을 다루지만 시인, 작가, 훌륭한 문장가는 그냥 언어를 다룰 뿐이라고들 한다. 하지만 사실 숫자의 세계, 특히 여론 조사의 세계는 우리가 생각하는 만큼 정확하지 않다.

만약 당신이 여론 조사를 곧이곧대로 믿는 사람이라면, 내가 무슨 허풍을 떨어도 믿을 게 분명하다. 1988년 2월 공화당 뉴햄프셔주 프라이머리* 직전에 어떤 여론 조사를 믿었는지에 따라 당신은 로버트 돌이 조지 H. W. 부시를 35퍼센트 대 27퍼센트(〈갤럽〉)로 이기거나, 돌이 부시를 32 대 28로 이기거나(〈보스턴 글로브〉), 돌과 부시가 각각 32퍼센트를 얻어 비기거나(ABC-〈워싱턴포스트〉), 부시가 32 대 30으로 돌을 이기거나(WBZ-TV), 부시가 34 대 30으로 이긴다(CBS-〈뉴욕타임스〉)고 생각했을 것이다. 물론 실제 투표에서는 부시가 38 대 29로 승리했다.

민주당 쪽도 사정은 별로 다르지 않았다. 대부분의 프라이머리 여론 조사에서 마이클 듀카키스의 승리가 예측되었는데 승자의 예상 득표율은 47퍼센트에서 38퍼센트까지 다양했다. 실제로는 듀카키스가 36퍼센트 득표로 승리했다. 하지만 2위 자리를 두고는 여론 조사 기관들이 헛다리를 짚었다. 여론 조사 두 개가 폴 사이먼이 리처드 게파트를 앞설 것으로 예상했고, 또 다른 여론 조사는 동률 2위를 예상했고, 나머지 조사들은 사이먼이 근소한 차이로 3위가 될 것으로 내다보았다. 실제 투표에서는 사이먼이 17퍼센트 득표로 3위를 차지했고 게파트가 20퍼센트로 2위에

---

* 미국 대통령 선거에서 정당별 후보를 선출하는 예비 선거의 한 방식. 미국 대통령 선거는 뉴햄프셔주 프라이머리로 시작한다.

올랐다. 게파트가 20퍼센트를 득표하리라고 예상한 조사 기관은 한 곳도 없었다. 투표자들이 투표를 한 뒤에 응한 출구 조사도 실제 결과와 달랐다. 이 마지막 부분을 간과해서는 안 된다. 사람들이 진실을 말하지 않는 한, 아무리 정교하게 설계된 여론 조사라 해도 아무런 가치가 없다는 사실을 상기시켜주기 때문이다. 그런데 여론 조사 기관이 응답자가 진실을 말했는지 알 방법이 없다면, 우리가 어떻게 조사 결과를 신뢰할 수 있겠는가?

대통령 선거에서도 사정은 나아지지 않았다. 공화당 전당 대회가 열리기 전인 1988년 8월, 7개 여론 조사에서 "누가 1위를 달리고 있는가?"라는 질문에 7개의 다른 답변이 나왔다. CBS와 〈뉴욕타임스〉의 공동 여론 조사는 듀카키스가 부시를 50 대 33으로 앞섰다고 보았지만, KRC커뮤니케이션/리서치가 수행한 여론 조사는 듀카키스가 45 대 44로 박빙으로 앞선다고 예상했다. ABC뉴스 여론 조사에서 부시가 49 대 46으로 앞선다는 결과가 나왔을 때, 여론 조사 업계의 많은 사람들은 이 결과를 무시했다. ABC는 곧바로 사흘 뒤에 다시 여론 조사를 진행했는데, 듀카키스가 55 대 40으로 앞섰다. 다른 여론 조사 전문가들은 이게 더 마음에 든다고 말했다.

여론 조사는 원래 기만적이다. 모든 여론 조사에는 본질적으로 오차 범위가 존재하는데, 여론 조사 기관들은 그 오차 범위를 진지하게 논의하지 않는다. 정확하고 확실한 조사처럼 보이기를 원하기 때문이다. 방금 언급한 KRC 여론 조사는 오차 범위가 ±4퍼센트였다. 무슨 말인가 하면, KRC의 첫 번째 여론 조사는 듀카키스는 실제로 49~41퍼센트를 득표하고 부시는 48~40퍼센트 득표한다는 뜻이었다. 다시 말해, 듀카키스가 49 대 40으로 승리할 수도 있고 부시가 48 대 41로 승리할 수도 있었다. 이 여론 조사는 아무것도 말해주지 않은 셈이다.

여론 조사는 이제 사고팔 수 있는 중요한 상품이 되었다. 텔레비전 뉴스 프로그램과 신문은 여론 조사를 이용해 자신들이 내부 정보를 갖고 있음을 보여주는 식으로 시청률을 높이고 판매 부수를 늘린다. 또한 여론 조사 결과가 극적이거나 예상과 다를수록 저녁 뉴스 프로그램에서 더 눈에 띄게 보도될 가능성이 높다. 이렇게 여론 조사가 과장되게 보도되고 뉴스로 소비되는 현상 외에도, 정치인이나 기업, 특수 이익 집단은 특정 여론 조사 결과와 이해관계가 얽혀 있다. 그러한 사람들과 집단은 자신이 원하는 결과를 도출하기 위해 여론 조사를 기획하고 수행하는 사례가 적지 않다. 다시 말해, 여론 조사는 많은 이중화법의 원천일 수 있고 실제로도 그렇다.

그러면 여론 조사는 어떻게 읽을까? 사실 그렇게 어렵지는 않다. 하지만 문제는 대부분의 여론 조사 결과가 해당 조사의 가치를 가늠할 수 있을 만큼 충분한 정보를 제공하지 않는다는 데 있다. 여론 조사 결과를 제대로 평가하려면, 여론 조사 업체가 구체적으로 어떤 질문을 던졌는지, 조사를 언제 진행했는지, 응답자가 몇 명이었는지, 어떤 방식으로 조사가 진행되었는지, 누구를 대상으로 했는지, 전체 조사 대상이 몇 명이었는지, 그리고 조사 대상을 어떤 방식으로 선별했는지 등을 알아야 한다. 이처럼 알아야 할 정보가 아주 많지만, 대부분의 여론 조사는 결과만 보여줄 뿐 그 밖의 다른 정보는 알려주지 않는다.

1967년, 의원 2명이 유권자들에게 이런 질문을 했다. "최근에 북베트남의 하노이와 하이퐁 주변에 있는 전략적 보급 창고를 겨냥한 폭격을 확대하기로 결정한 것에 찬성하십니까?" 65퍼센트가 찬성했다. "미국이 하노이와 하이퐁에 폭격을 해야 한다고 보십니까?"라고 물었을 때는 14퍼센트만이 찬성했다. 1973년, 의회가 닉슨 대통령에 대한 탄핵 조항을 검토했을 때 갤럽 여론 조사는 다음과 같이 질문했다. "닉슨 대통령을 탄핵해서 대통령직에서 물러나게 만들어야 한다고 생각하십니까?" 이 질문에 30퍼센트만이 찬성했다. 다시 다음과 같은 질문을 했다. "대통령이 유죄임이 밝혀지면 재판에 회부해서 해임해야 한다고 생각하십니까?" 57퍼센트가 찬성했다.

요즘 가장 인기 있는 여론 조사 형식은 전화 여론 조사인데, 몇백 명에게 전화를 걸어서 두세 가지 질문을 묻는 방식이다. 결과는 다음 날 방송으로 공개된다. 앞에서 언급한 ABC의 두 차례 여론 조사는 각각 384명과 382명에게 전화를 걸어서 진행한 것이었다. 당시 미국 인구가 2억 4700만여 명이었음을 유념하자.

켄터키주 렉싱턴에 있는 통계 조사 기업 스터티스티컬컨설턴츠의 회장 데니스 해크는 이렇게 말했다.

대부분의 전국 여론 조사는 대중의 여론을 썩 정확하게 측정하지 못한다. 여론 조사의 정확성 문제는 1980년 레이건의 압승이나

1948년 트루먼의 승리를 예측하지 못한 것만 봐도 알 수 있다. 여론 조사는 그때도 틀렸고, 여론을 측정하려고 한 다른 많은 경우에도 틀렸다. 차이가 있다면 선거의 경우에는 여론 조사가 틀렸는지 확실히 알 수 있다는 것이다. 하지만 선거가 아닌 경우에는 여론 조사에 대해 최후의 심판이 이루어지지 않는다. 선거와 관련된 게 아닌 경우에 우리는 여론 조사가 여론을 얼마나 정확히 측정했는지 결코 확실히 알 수 없다. 그래서 나는 선거와 관련 없는 여론 조사를 별로 신뢰하지 않는다.

보이는 것을 보이지 않게 하는 법

여론 조사가 구체적이고 명확한 증거를 제시하는 것처럼 보이듯, 그래프와 차트도 분명하고 아주 명확해 보이는 방식으로 정보를 시각적으로 전달한다. 하지만 여론 조사가 그 가치를 평가하는 데 필요한 많은 정보를 생략한 채 제공되듯이, 그래프와 차트도 결국 이중화법으로 전락할 수 있다. 정말로 어떤 그래프나 차트를 이해하고자 한다면 많은 질문을 던져야 한다.

1981년 레이건 대통령은 방송에 출연해서 자신의 예산안이 통과되지 않고 민주당의 예산안이 채택되면 시민들이 세금을 더 많이 낼 것이라고 주장했다. 자신의 주장을 입증하기 위해 대통령은 두 예산안의 결과가 아주 큰 차이가 나는 것처럼 보이는 차트를 사용했다(〈그림 1〉을 보라). 하지만 대통령이 제시한 차트는 일종의 이중화법이었다. 사람들을 오도하기 위해 의도적으로

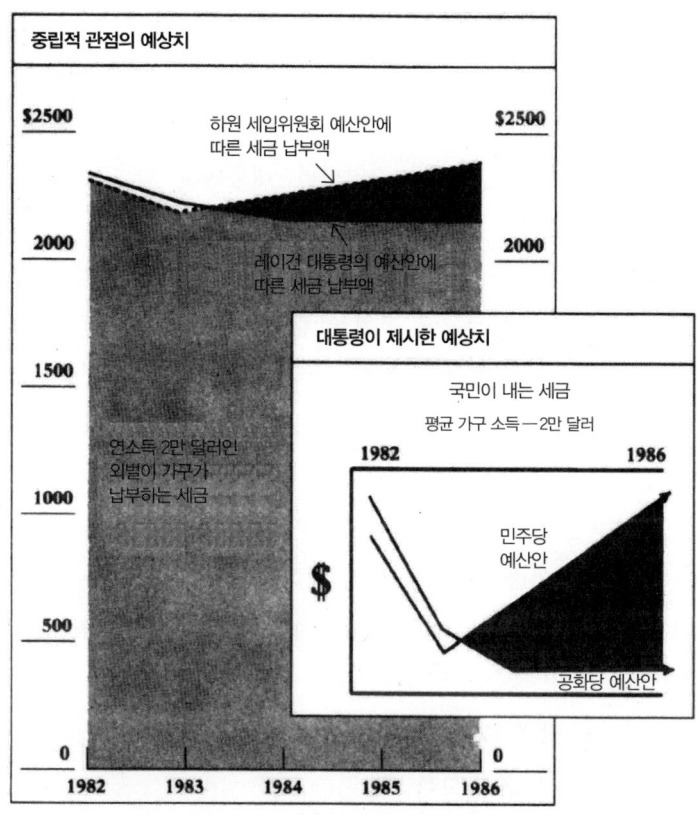

그림1 _ 같은 세금 개혁안을 두고 레이건 대통령이 제시한 왜곡되고 편향된 도표와 중립적 관점의 예상치를 비교한 것.

고안된 것이었기 때문이다. 레이건 대통령은 차트를 가리키면서 말했다. "두 선 사이의 이 붉은색 공간이 우리 예산안이 통과될 경우에 여러분 주머니에 그대로 남겨질 돈입니다. 민주당 예산안이 통과되면 여러분 주머니에서 빠져나갈 돈이지요. 한쪽은 미국 노동자들의 미래를 위해 진심을 다해 지속적으로 노력하는 모습을 보여주고, 다른 한쪽은 그냥 공허한 약속만 남발할 뿐입니다." 실제로는 두 예산안에 따른 차이가 5년 후에도 최대 217달러에 불과할 것이었음을 감안하면, 대통령의 발언은 대단히 과장된 것이었다.

대통령이 제시한 차트는 실제보다 훨씬 차이가 커 보이게 하려고 달러 단위의 눈금을 넣지 않고 연도별 수치도 1982년과 1986년만 넣은 것이었다. 이 차트는 시간 축은 최대한 '찌부러뜨리고' 반대로 세금 액수를 나타내는 축은 과장되게 늘려서 세금 납부액의 차이를 크게 부풀렸다. 시작점은 기묘하게 정확한 2,150달러였고 끝점은 2,400달러였다. 그리하여 이 차트에는 원근감이 전혀 없다. 차트를 올바르게 만들려면, 0달러에서 시작해서 그래프 내 최대 수치보다 약간 더 큰 깔끔한 수치(예를 들어 2,500달러)까지 축을 설정해야 한다. 〈그림 1〉의 '중립적 관점'이 이렇게 그려진 차트다. 이 방식을 쓰면 전체 2,385달러인 세금 중 217달러는 비교적 작게 보인다.

대통령의 차트에서는 무슨 일이 벌어진 걸까? 당시 재무부 공보관이던 말린 피츠워터는 이렇게 말했다. "우리가 백악관에 보낸 차트에는 모든 숫자가 다 들어 있었어요." 백악관 수석 대변인 데이비드 거건은 "우리가 숫자를 지웠다"고 말했다. "우리는 절대적인 수치가 아니라 요점을 분명하게 밝히고자 했다." 정직 따위는 아랑곳하지 않았던 것이다.

1988년 교육부는 초중등 교육비 지출 증가와 대학입학자격시

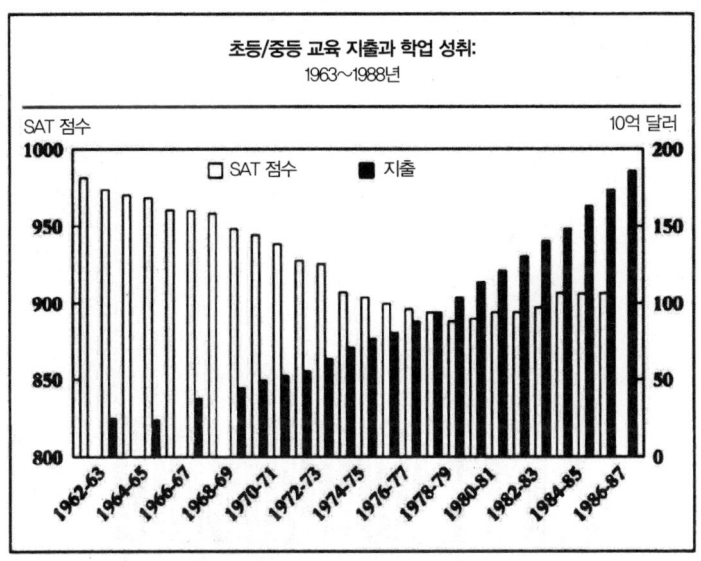

그림2 _ SAT 점수와 관련된 지출을 보여주는, 오해를 불러일으키는 미국 교육부 그래프

험(SAT) 점수 하락 사이에 직접적인 연관성이 있음을 입증하는 듯 보이는 그래프를 발표했다(《그림 2》를 보라). 레이건 행정부는 돈을 더 많이 쓸수록 교육이 개선되는 게 아니며 오히려 교육을 망칠 수 있다고 주장한 적이 있었다. 하지만 이 차트는 이중화법에 해당한다. 첫째, 이 차트는 물가 상승률을 반영해 조정한 고정 달러가 아니라 명목 달러(현실 달러)를 사용했다. 해마다 같은 물건을 사는 데 더 많은 돈이 들기 때문에, 차트에서는 통상적으로 물가 상승분을 감안해 달러 가치를 일정하게 유지한 채 비교해야 한다. 만약 교육부가 연도별 물가 상승률을 반영해 고정 달러 기준으로 계산했더라면, 차트에서 교육에 지출된 금액

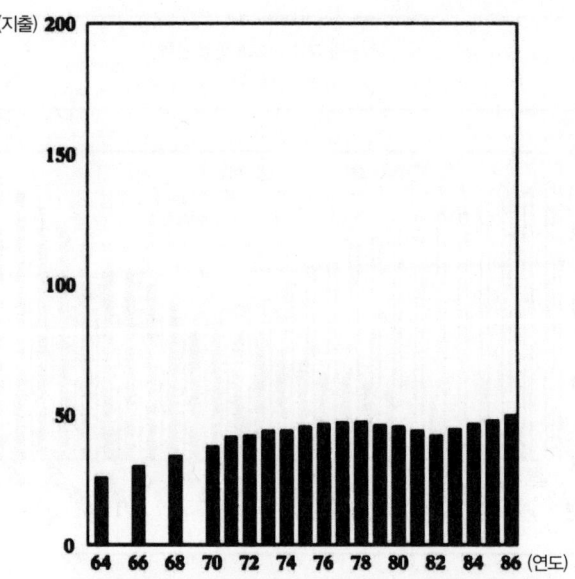

그림3 _ 초등/중등 교육 지출(고정 달러 기준, 10억 달러 단위)

은 1970년부터 1986년까지 소폭 증가한 정도였을 것이다(〈그림 3〉에서처럼).

둘째, SAT 점수는 400점부터 1600점까지 있는데, 교육부가 사용한 그래프는 800점에서 1000점까지 점수 범위를 사용했다(〈그림 2〉). 그래프에서 점수 범위를 제한함으로써 교육부는 점수가 급격하게 하락한 것처럼 보이게 했다. 〈그림 4〉처럼 그래프를 제대로 만든다면 하락 폭이 한결 줄어든다.

교육부가 제시한 차트는 도표 이중화법의 좋은 사례다. 차트를 이해하는 데 필요한 이 모든 정보가 빠져 있다면 누구나 쉽게 오해할 수 있다. 물론 그것이 바로 이 차트를 만든 목적이었다.

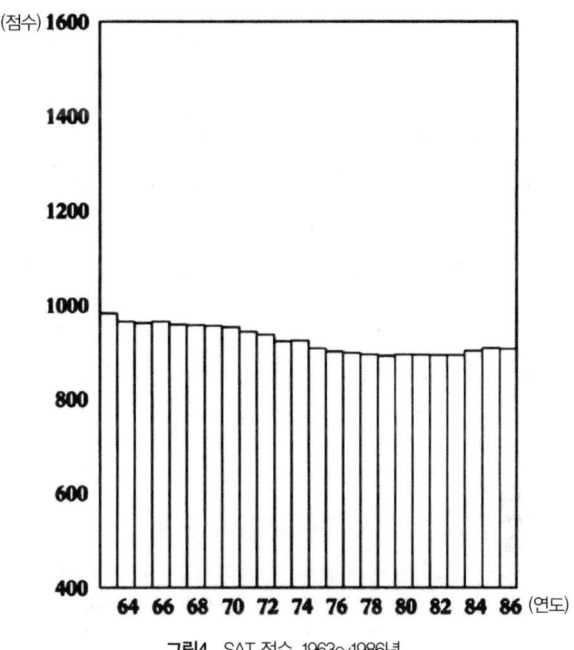

그림4 _ SAT 점수, 1963~1986년

그래서 정보를 소개하는 그래프나 차트를 볼 때는 항상 의심해 보는 태도가 필요하다. 그래프나 차트는 통계 정보를 시각적으로 표현한 것에 불과하기 때문이다. 그리고 통계에 관해서는 영국 정치인 벤저민 디즈레일리가 한 말이라고 알려진 다음 문장을 유념해야 한다. "거짓말에는 세 종류가 있다. 거짓말, 빌어먹을 거짓말, 통계."

학계에서 난해한 문제를 선호하는 이유

1977년 〈휴스턴 크로니클〉은 어느 고등학생의 아버지가 교장으로부터 모임에 초대하는 다음과 같은 쪽지를 받았다고 보도했다.

우리 학교에서 진행하는 '학년 혼합, 다종족, 개인별 학습 프로그램'은 개방형 학습 Open-Ended Learning 개념을 확장하기 위한 것으로, 다양한 종족적 배경을 아우르는 학문적으로 풍부한 학습 경험을 연속성 있게 제공하는 데 중점을 두고 있습니다. 이 과정에서 지적 재능이 확인된 학생은 자신의 학습을 스스로 주도하는 주체로 간주됩니다. 개인의 개성을 존중하는 법을 배우는 것을 주요 목표로 삼아, 학년 혼합과 다종족 학습에 중점을 둡니다.

비슷한 언어가 두 문단에 걸쳐 이어진다.

1장에서 말했듯이 교육의 세계에는 이중화법이 넘쳐난다. 이 세계에서는 이중화법을 구사하면서 아주 평범한 내용—학생을 가르치고 학교를 운영하는 것—을 굉장히 복잡하고 난해하게 들리게 만든다. 또한 교육 영역에서 이중화법은 불편한 현실을 회피하고 쓰라린 감정을 달래는 데 쓰일 수도 있다.

웨스트세인트루이스 카운티의 파크웨이 학구(學區)는 〈학교 공동체에 제출하는 보고서 1987~1988〉에서 다음과 같이 말한다.

학교 공동체 전체—교직원, 학생, 학부모—가 최적의 건강을 유지하도록 돕는 포괄적 '웰니스 프로그램'을 개발함으로써 학생들의 성공이 극대화될 수 있다고 믿습니다. 이 '웰니스' 모델은 신체적 차원(신체 단련과 영양)뿐만 아니라 사회적·지적·직업적·정서적·영적 차원을 아우르는 전인적이고 포괄적인 프로그램입니다.

파크웨이 학구에 속하는 사람 중에 이 장황한 말이 무슨 뜻인지 어렴풋이나마 이해할 수 있는 사람이 있다면 그거야말로 놀랄 일이다. 하지만 확실히 인상적으로 들리기는 한다. 그렇지 않은가?

가끔은 어느 학교가 더 불투명한 이중화법을 구사하는지 경쟁하는 것 같기도 하다. 콜로라도주 롱먼트의 세인트브레인밸리 학구는 〈우수성을 위한 청사진 Blueprint for Excellence〉이라는 소책자를 펴내면서 다음과 같이 선언했다. "우리의 사명은 학생들이 다음의 영역에서 그들의 잠재력에 접근할 수 있도록 교육하는 것입니다. 고등 교육 이후의 교육적 노력. 경제적 자립 달성하기. 평생에 걸친 개인적 학습 추구 지속하기. 삶의 모든 측면에서 사람들, 제도들, 가치 체계들과 성공적인 관계 맺기."

이런 이중화법으로 모든 이에게 강한 인상을 준 뒤, 소책자의 저자들은 다시 명료한 언어로 산하 학교들이 실제로 하려는 일이 무엇인지 밝혔다. "학생들이 대학이나 기업, 직업학교에서 성공할 수 있도록 준비시키고, 학생들이 경제적으로 자립할 수 있도록 돕고, 학생들이 어디서든 열심히 배우고 사람들과 잘 지낼 수 있도록 준비시키는 것입니다." 그냥 처음부터 이렇게 말하는 게 좋지 않았을까?

왜 모호하게 말할까? 답은 간단하다. 교육계의 많은 사람들이 명료한 언어로는 충분히 인상적이지 않다고 생각하기 때문이다. 그들은 자신들이 하는 일이 얼마나 어려운지, 또 그 일을 해내기 위해 얼마나 똑똑해야 하는지를 남들에게 보여주고 싶은 듯하다. 어쨌든 누구나 쉽게 이해할 수 있는 이야기라면, 그건 별로 대단한 게 아니라는 뜻이 되니까. 그래서 이중화법이 넘쳐난다. 특히 지원금 신청서를 쓸 때 그렇다. 결국 정부나 재단이 지갑을 열게 만들려면 그 돈으로 하려는 일이 충분히 가치 있는 일이며 그 일은 오직 자신만이 할 수 있다고 관리들을 설득해야 하기 때문이다.

워싱턴의 한 커뮤니티 칼리지는 연방 고등교육법(HEA) 제3부에 따라 연방 정부가 지급하는 지원금 신청서에서 "학생 평가, 교육 전략, 학습 지원, 그리고 학생들이 만족스럽고 생산적인 삶으로 이어지는 기술과 지식을 습득하는 데 성공하도록 효과적으로 장려하는 개입 등의 종합적 과정을 조직하는" 것을 주요 목표 중 하나로 언급했다. 물론 "우리는 이 아이들에게 삶을 꾸려 나가는 법을 아는 데 필요한 내용을 가르치려고 한다"는 식으로 썼다면 지원금을 결코 받지 못했을 것이다.

교육계의 이중화법은 특히 자신의 지적 능력을 남들에게 과시하고 싶어 하는 학자들 사이에서 오래전부터 존재해 왔다. 19세기 영국의 유명한 풍자 작가 W. S. 길버트도 이를 꼬집지 않았던가. 다음은 길버트가 1888년에 발표한 오페라 〈인내심〉에 수록된 노래 일부다.

보기 드문 교양인의 반열에 들어 고상한 미학의 길에서 빛나고 싶다면,
초월적 용어의 싹을 틔워 이곳저곳에 심어야 해요.
데이지 꽃밭 위에 누워 그대 복잡한 심경을 기묘한 말투로 풀어놓으세요.
의미는 중요하지 않아요. 한가한 수다일지라도 초월적인 분위기만 풍기만 되니까.
그러면 모두 이렇게 말할 거예요.
그대가 신비주의의 길을 걸을 때,
"이 젊은이가 내가 이해하기엔 너무 심오한 말로 자신을 표현한다면,
오, 그렇다면 이 심오한 젊은이는 얼마나 뛰어난 심오한 젊은이인가!"

독자들은 대부분의 학술지를 펼쳐서 흘끗 보기만 해도 그 심오한 학문적 이중화법에 압도당해 길버트의 가사에 동의하며 고개를 끄덕일 것이다. 하지만 이런 현상은 당연한 일이라고 펜실베이니아대학 와튼경영대학원의 스콧 암스트롱 교수는 말한다. 암스트롱은 과학 저널이나 의학 저널에 논문을 발표하려면

몇 가지 중요한 규칙을 따라야 한다고 말한다. 1982년 〈예측 저널 Journal of Forecasting〉에 실린 논문에서 암스트롱은 야심 있는 연구자에게 이렇게 조언한다. 중요하지 않은 주제를 고르고, 기존 믿음에 동의하고, 난해하기 짝이 없는 방법론을 사용하고, 일부 데이터는 공개하지 않은 채 부자연스럽고 난해한 문체로 논문을 쓰라고 말이다. 암스트롱은 한 연구를 인용하면서 과학 저널에 실린 논문을 읽는 학자들은 글이 명료할 때보다 이해하기 어려울 때 저자의 능력을 더 높이 평가했다고 보고한다. 또한 다른 연구들에서는 할 말이 별로 없는 사람일수록 글을 모호하게 쓰는 것이 도움이 된다고 결론짓는다. 다시 말해, 다른 많은 전문 분야와 마찬가지로 학계에서도 이중화법이 이득이 된다.

〈미국 사회학 평론〉에는 다음과 같은 논문이 실렸다.

사실상 주택 유형과 밀도, 토지 이용 특성, 생태학적 위치를 포함한 특정 물리적 데이터 범주들이 척도로 환산 가능한 내용 영역을 구성한다는 가설이 제기되었다. 이는 주거 선호도의 연속체라고 부를 수 있다. 마찬가지로, 동일한 인구 조사 구역을 설명하며, 일반적으로 도시의 사회적 계층화 체계를 가리키는 몇몇 사회 계층 범주들 또한 척도화가 가능할 것이라는 가설이 제기되었다. 이 척도는 사회경제적 지위의 연속체라고 부를 수 있다. 셋째, 각각의 연속체 척도 유형들 사이에는 높은 양(+)의 상관관계가 존재할 것이라는 가설이 제기되었다.

다시 말해, 부자들은 좋은 동네의 큰 집에서 산다는 내용이다.
 사회학자들에게 뒤질세라 영어·외국어·문학 연구자들의 주요 학술 단체인 '현대언어학회(PMLA)'가 발행하는 저널은 1981년 10월호에서 다음과 같은 이중화법의 백미가 담긴 논문을 게재했다.

 하지만 이제 우리는 예술과 역사를 구분하는 것이 허구의 이분법에서 비롯된 것임을 알게 되었다. 역사적 인식은 이미 부호화된 기록을 이해하는 것이며, 이는 오직 역사적 시학의 관점을 통해서만 가능하다. 또한 '능동적 이데올로기'는 역사의 본질이며, 이는 언어학적 분석과 극적 분석을 통해 이해해야 한다. 모든 문화 현상은 인공물인 동시에 실제적이고 '능동적'이다. 이러한 이중적 시각 덕분에 우리는 실천된 예절, 즉 삶 속에서 구현된 예절을 시적 수행의 영역으로 복원할 수 있고 그런 삶의 방식이 어떠했을지를 새롭게 사유할 수 있다.

 이 논문 전체와 해당 호의 글 거의 전부가 이와 비슷한 문체로 쓰여 있는데, 이 학술지는 늘 그렇다.
 1972년에 간행된 〈안티오크 평론〉에는 다음과 같은 전형적인 학술적 문장이 담긴 평론이 실렸다. "모노는 '목적률teleonomy'이라는 단어를 사용할 수밖에 없다. 이는 '어떤 목적이나 기획을 부여받은' 살아 있는 '대상'을 나타내며 이런 목적의 유전적 복제도 포함된다. 하지만 이를 아리스토텔레스식 목적론teleology과

혼동하거나 목적인 final causation과 혼동해서는 안 되며, 또한 유기체의 목적률을 우주 자체로 투사하는 '애니미즘'과 혼동해서도 안 된다. 이는 저자가 혐오하는 방식이며, 그가 구사하는 개념은 플라톤에서부터 라이프니츠를 거쳐 헤겔까지, 그리고 변증법적 유물론까지 확대된다." 이러한 학술적 문장의 사례를 읽고 나면 W. S. 길버트가 말한 '초월적 용어의 싹'이 무엇인지 훨씬 잘 이해할 수 있다. 그리고 학술지에 실리는 글은 1972년이나 지금이나 별반 달라진 바가 없다.

〈교육 리더십〉 1981년 5월호에 발표된 논문 〈수요 평가와 전체론적 계획〉에서 저자인 로저 코프먼과 로버트 스타케버스는 "과정을 거쳐 생산물과 산출물, 결과물을 얻기 위해서는 투입물이 필요하다"고 지적한다. 〈CCSEDC 쿼털리〉 1985년 1월호에 발표된 논문 〈교육 과정 시행의 성격과 정도에 관한 데이터 수집〉은 다음과 같은 문장들로 이루어져 있다. "시행자들이 정보적·개인적·관리적 관심 측면에서 유의미하게 낮은 점수를 보였다는 사실은 곧 이러한 관심을 높이기 위한 방안을 모색하는 것이 바람직함을 시사하며 그 방안으로는 아마도 교과 과정의 가시성을 높이는 것이 포함될 수 있을 것이다."

어떤 학회나 학술 단체의 회의든 소모임이든 한번 참석해보라. 그러면 거기서 발표되는 논문의 제목조차 도무지 이해할 수 없다는 걸 알게 될 것이다. 1984년에 열린 '저널리즘과 대중매체 교육 협회' 회의에서는 〈텔레비전 뉴스의 시각적 복잡성: 전자적으로 추산한 형태 복잡성 변수의 시청자 평가에 관한 시계열 분석〉과 〈TV 시청과 현실 세계에 관한 믿음 사이의 관계 설명: 가능한 불확정 변수들〉이라는 논문이 발표되었다. 1988년 '경영학회' 회의에 참석했다면 〈들어가서 죽어라: 기존 기업의 대기 기간이 의료 진단 영상 산업의 5개 하위 분야에 새로 진입한 기업들의 시장 참여 기간에 미치는 영향(1959~1986)〉이라는 논문이 발표되는 것을 들을 수 있었다.

중남부교육학회 1985년 연례 회의에서 발표된 해군 신병들의 독해력에 관한 논문에는 이런 문장이 들어 있었다. "고등학교 졸업생에 관한 추론적 분석에 따르면, 신병 모집을 초급 고등학교 졸업생으로 제한했던 시기와 그 직후에는 고등학교 졸업자의 비율이 더 높았음을 알 수 있다."

1988년 미국사회학회 총회에서 한 패널 토론자는 이렇게 말했다. "다양성에 대한 강조에서는 헤게모니적인 성 담론의 통념이 그런 통념을 지녔다고 주장하는 이들 사이에서도 해체됩니다." 토론자는 발언을 계속 이어 갔다. "페미니즘 내부의 섹슈얼리티 탐구는 증식하는 자아의 돌연변이에 관한 포스트모던적 관심에 주의를 기울입니다." '민주적 헤게모니', '분배적으로 보수적인 통념', '섹스-젠더 체계 내의 불평등', '의복과 패션의 지위 양가성에 관한 담론' 같은 문구가 불쑥불쑥 튀어나왔다.

1987년 프린스턴대학 출판부는 리사 앤더슨이 쓴 《튀니지와 리비아에서 국가와 사회 변화 1830~1980》을 출간했다. 다음 문장을 보면 이 책의 문장이 어떤지 잘 알 수 있다.

이는 또한 주변부의 변이를 조사 연구를 위한 출발점, 그리고 더욱 중요하게는 정치적 권위, 지배 구조, 전유 방식이 결합해서 근대 주변부에서 전례 없는 정치 상황과 제도를 낳는 가운데 이것들에 관한 토착 관념과 외래 관념이 역사적으로 어떻게 상호 작용하는지 검토하기 위한 출발점으로 삼자는 주장이기도 하다.

교사들이 그런 스타일의 글쓰기를 좋아한다는 사실을 알게 된다고 해도 놀랍지는 않다. 영어 교사들은 단순명료한 문체를 선호한다고 말하곤 하지만, 선택권이 주어지면 대개 지루하고 답답한 문체를 고른다. 많은 대학 글쓰기 강사들이 읽는 저널인 〈대학 영어〉 1981년 9월호에서 시카고주립대학의 로즈메리 헤이크 교수와 시카고대학의 조지프 윌리엄스 교수는 한 연구 결과를 보고했다. 이 연구에서 두 교수는 고등학교와 대학교의 영어 교사와 강사들에게 학생들이 작성한 에세이들을 평가해 달라고 요청했다. 그중에는 오직 문체만 다르고 내용은 같은 에세이들이 포함되어 있었다.

결과는 암울했다. 교사와 강사들은 다음과 같은 문장이 들어 있는 에세이를 일관되게 선호했다. "우선순위를 비롯한 적절한 데이터의 부재는 프로그램 지원이 가장 시급한 영역에 자금을 집중시키는 위원회 활동의 효과와 관련해 주 정부의 결정을 방해하는 결과를 낳았다." 그리고 다음과 같은 문장이 담긴 에세이에는 일관되게 점수를 낮게 매겼다. "우선순위를 정하지 않고 적절한 데이터도 없었던 탓에 주 정부는 지원이 가장 필요한 프로그램이 포함된 영역에 위원회가 어떻게 효과적으로 자금을 집중해야 하는지 결정할 수 없었다." 두 문장은 같은 내용을 담고 있지만 두 번째 문장이 더 직접적이고 명료하게 표현되어 있다. 교사와 강사 들이 말하는 좋은 글쓰기의 조건을 모두 갖추고 있다. 하지만 압도적으로 많은 교사와 강사가 첫 번째 문장을 선택했다. 글쓰기에 대해 더 잘 알고 있어야 하는 사람들조차 이중화법의 유혹에 쉽게 이끌릴 수 있다.

때로는 교육에 관여하는 모든 사람이 이중화법을 먹고 사는 듯 보인다. 위에서 시작된 이중화법은 아래로 흘러 내려간다. 1984년 플로리다주 의회에서 통과된 포괄 교육 법안The Omnibus Education Act은 플로리다 법령에서 보충 교육과 관련된 일부 용어를 변경했다. '보충·발달 교육' 대신 요즘은 '대학 준비 교육'이라는 말을 쓴다. 그리고 '보충'은 '추가 준비', '보충 과정'은 '대학 준비 성인 교육'이나 '대학 준비 교육'이 되었다. 오하이오주 교육위원회는 1986년 10월에 열린 회의에서 문해력위원회가 발표한 일련의 권고안을 채택했는데, 그중에는 다음과 같은 내용이 들어 있었다. "학생이 학업 부진자로 조기에 확인되는 경우, 다양한 교수법을 활용한 개별 개입 프로그램을 개발해야 한다." "소외된 성인 문맹 인구를 찾는 데 필요한 접촉면을 제공하기 위해 지속적인 마케팅 접근법을 시행해야 한다."

뉴욕주 트로이의 교육위원회는 1983년에 열린 한 회의에서 다음과 같은 결의안을 통과시켰다. "특히 다음 영역에서 인적 자원과 물적 자원의 관리 활용과 배분 계획에 대해 구체적인 권고안을 제시하기 위한 연구 계획을 세우는 교육감을 지원하기 위해 공립 학교 행정 분야에 컨설턴트를 고용할 권리를 교육감에게 부여하기로 결의함." 1984년 텍사스주 애머릴로의 독립 학구Independent School District 위원회는 새 교육감을 선임하는 데 자문을 받기 위해 컨설턴트 2명을 고용했다. 컨설턴트들은 다음과 같은 문장이 포함된 여론 조사 문항을 작성했다. "이 조사 도구의 각 항목은 생산성 중심입니다. 우선 기대되는 '학생 산출물'이 항목별로 적혀 있고, 다음으로 학구에 존재하는 '생산 시스템'이 항목별로 정리되어 있습니다." 노스캐롤라이나주 더럼에 있는 전국교육평가연구법인은 1980년에 성인의 기능적 문맹 문제를 해결하기 위해 고안된 프로그램의 성과에 관한 보고서를 준비했다. 이 보고서의 질은 여기서 사용된 문장의 예시를 보면 잘 알 수 있다. "이 평가를 위한 개념적 틀은 '종합 프로젝트'의 시행 수준에서 여러 변수를 설명하는 시행의 일련의 결정 요인을 가정한다."

이중화법은 교실과 강의실 안으로도 흘러 들어와, 교과서와 강의와 수업 자료에도 곳곳에 가득하다. 다음은 뉴욕시립대학 대학원 인류학 강의 소개문이다.

역사학자들에게 거시 과정적 해석은 점차 지역 차원 현상의 복합적 다방향성을 왜곡하는 것으로 여겨지고 있으며, 동시에 인류학에서 공동체 기반 민족지들이 점차 동일한 거시 과정 내에 자리매김됨에 따라 지난 20년간 구축되어 몇 가지 상당한 성공을 거둔 인류학과 역사학 간의 통합을 위한 이론적 틀이 깨지기 시작하고 있으며, 이는 과거의 특수주의적인 관심으로 되돌아간다 해도 해결될 수 없는 방식으로 진행되고 있다.

뉴욕주립대학 포츠담칼리지에는 '인적 서비스의 임상 기법'이라는 강좌가 있는데, "비상사태 관리, 지지 요법, 적극성 훈련, 체계적 둔감화, 인지 재구조화 등 인적 서비스의 주요한 과정과 관련된 임상 의료의 이론과 쟁점"에 초점을 맞춘다. 뉴저지주 캠던에 있는 럿거스대학의 '간호학 II' 과목 소개에 따르면, "이 과목은 건강 상태에 기본적인 변화가 있는 대상자를 대상으로 하여, 전 생애 주기에 걸친 돌봄에 초점을 맞춘다." 그리고 "다차원적 접근법을 강조하며, 대상자의 건강 상태 개선을 …… 아우른다. 건강 회복이 주요 관심사다."

적어도 세인트브레인밸리 학구 사람들은 자신들이 구사하는 이중화법을 스스로 해석할 수는 있었다. 교육계에서 이중화법을 사용하는 대다수는 자신이 무슨 이야기를 하고 있는지 짐작도 하지 못한다. 하지만 확실히 그런 말들은 대단히 그럴듯하게 들린다. 그래서 결국 당신은 무식하거나 무지해 보일까 두려운 마음에 그들이 무슨 이야기를 하는지 감히 질문을 던지지 못한다. 실제로 이중화법을 구사하는 많은 사람들은 이런 반응을 기대한다. 한 교육위원회가 수영장 신축을 위한 예산 배정을 거부하자, 고등학교 교장은 장애 학생들을 위한 '수중 치료 부서' 설립 제안서를 제출했고 결국 원하던 대로 수영장을 신축할 수 있게 되었다.

체육 과목이 있었던 옛 시절을 기억하시는지? 어느새 '체육physical education'은 케케묵은 명칭이 되었다. 지금은 '인체 동역학human kinetics'이나 '응용 생명학applied life studies'이라고 불린다. 스포츠는 '운동 실행movement exercises'이라고 불린다. 1988년 미네소타대학 체육교육학부 관계자들은 학부 명칭을 인간운동레저학부School of Human Movement and Leisure Studies로 바꾸고자 했다. 학장 마이클 웨이드는 다른 대학들은 체육교육학부를 '신체운동학부School of Kinesiology'나 '스포츠운동과학부School of Sport Exercise Science'라고 부른다고 설명하면서 명칭 변경을 지지했다.(실제로 콜로라도주립대학은 1986년 체육교육과의 명칭을 '운동스포츠과학과'로 바꾸었다.) 웨이드는 해당 학부의 낡은 명칭이 다른 학교들에서 사용하는 명칭만큼 인상적이지 않기 때문에 교수진이 지원금을 신청할 때 불리하다고 주장했다. 또 그는 해당 분야 전문가들이 읽고 높이 평가하는 '인간 운동human movement' 저널이 두 종류나 있다고 강조했다. 지난번 보도에서는 대학 이사회가 이 발상에 열의를 보이지 않았지만 웨이드는 계속 노력할 계획이었다.

대학들은 이제 더는 유명한 학자를 서로 빼 가지 않는다. "빼 간다raid는 제대로 된 표현이 아닙니다. 선택적 발전selective development이라고 해야죠." 조지메이슨대학 총장이었던 조지 존슨의 말이다. 인디애나에서는 이를 '질적 회복quality recovery'이라 부르고, 미네소타에서는 '예방적 보유preventive retention'라고 부른다. 각 대학은 신입생 수를 늘리기 위해 학생을 찾아다닌다고 말하지 않는다. 그 대신 "등록 시장에서 우리의 입지를 강화하기 위해 공격적이고 적극적인 자세를 취하"고 "적극적인 모집과 홍보 프로그램을 통해 보유 학생을 공세적으로 향상시킨다"고 말한다.

학부모들은 "영어 과목에서 결핍 성취 학생들을 위해 조정된 영어 수업이 진행될 것"이라는 말을 듣는다. 혼잣말을 하는 아이들은 "가청 언어적 자기 강화 활동에 참여하고 있"는 것이며, 수업을 방해하는 아이들은 '주의력 결핍 장애'가 있는 것으로 간주된다. 필기가 엉망인 아이들은 '글쓰기 근육 운동 표현'이 부실한 것일 뿐이다. 아이들은 이제 시험에서 부정행위를 저지르지도 않는다. 1985년 시카고 교육위원회가 내놓은 보고서에 따르면, 한 독해 시험 점수에 대해 감사를 진행하자 "우연으로는 설명할 수 없는 뭔가 변칙적인 일이 발생했음"이 드러났다.

요즘 교사들은 '교육자'나 '교실 관리자', '학습 촉진자'로서 효과적인 '교육 전달 기술'을 지니고서 '미시 교육 수업'에서 이를 보여준다. 가르치는 일은 '학습 과정'이라고 불리며, 배우는 일은 '조정된 행동'으로 정의된다. 학생들은 더는 '공부'를 하지 않는다. 학생들은 이제 '학습 환경'에서 '과업 수행 시간'을 보낸다. 학교를 빼먹는 학생들은 무단결석 학생 지도원truant officer을 걱정할 필요가 없다. 뉴욕에 사는 학생이라면 '출석 교사attendance teacher'를 걱정한다. 나의 8살짜리 의붓딸은 이미 교육계 이중화법에 깊이 물들어 있다. 그 애는 자신이 수영 강습을 받는 게 아니라고 끝까지 주장하면서 나와 엄마에게 그건 '교육

수영'이라고 정정해주었다.

  교사들은 요즘 학생들에게 시험을 보게 하지 않는다. 그 대신 그들은 "평가 프로그램을 시행"하고, "수요 평가를 수행"하며(아니면 "수요 평가 전략을 실행"하며), '평가 도구(또는 평가 기제)'를 활용해서 '(학습) 준비 기술 분석'을 준비한다. 캘리포니아주 샌디에이고의 태프트중학교에서는 학생들이 학년을 '진급'하는 게 아니라 '접합'된다. 학생들이 다음 학년에서 배우고 싶은 과목을 선택하는 것도 '접합articulation'이라고 부른다. 학생들은 '공인 청소년 교통 전문가'가 운행하는 '교통 요소'를 이용해 학교에 간다. 교사들의 캠핑은 '야외 교육 부서 간 접합 회의'가 된다. 운동부 코치들도 이중화법 사용자 대열에 합류해 스톱워치를 '상승형 시간 측정 기구'나 '하강형 시간 측정 기구'라고 부른다.

  최고의 학교들은 교육 분야의 최신 이론에 빠삭하다. 첫째, 진짜 명문 학교들은 이제 학교가 아니라 '초등 또는 중등 교육 기관'이며, '경험-합리적', '규범-재교육적' 또는 '권력-강압적' 학습 전략으로 다양한 '실행 접근법'을 통해 '상황 변수'에 대처하면서 '생태문화적 틀' 안에서 '다학제 방법론'을 고려한다. 또한 교육자들은 '콘텐츠 특수성'을 갖춘 '두뇌 기반 프로그램'을 개발한다. 헌신적인 교사들은 '과도한 수평적 직무 확장'에 부담을 느끼면서도 '삶에 대처하는 기술'에 관한 학생의 '학습 방식'을 장려하고 향상하기 위해 고안된, '고도의 상호 대화를 추구하는 학생 지향적 교사 방법론의 이중 소통 방식'으로 '건전한 접속'을 진행한다.

교사들은 교육 연구자, 행정가, 공무원들이 사용하는 이중화법을 번역하는 법을 배우고 있다. 일리노이주 고등교육위원회가 '내적 재할당', '제도적 자립', '부정적인 기반 조정', '생산성 증대', '개인 서비스' 운운할 때 교사들은 위원회가 예산을 삭감하려 한다는 것을 알아차렸다. 교사들은 또한 '재정적 비상사태'는 정리해고를 의미하며, '제도적 유연성'은 행정 담당자들이 교사들과 협의 없이 마음대로 결정을 내릴 수 있음을 의미한다는 것도 알았다. 그 결정이 학생들에게 제공되는 교육의 질에 어떤 영향을 주든 말이다. 그리고 '유지 보수 지연'이란 페인트칠이나 청소, 자잘한 수리가 필요해도 하지 않는다는 것을 의미하며, '상당한 유지 보수 지연'이란 중요한 수리조차 하지 않음을 의미했다.

뉴욕주 로체스터에서는 1983년 제535 독립 학구에 속한 모든 교사들에게 제안서가 발송되었다. "경력 변경을 고려 중이거나 검토하고 싶은" 교사를 위한 '직원 개발 워크숍'을 연다는 내용이었다. 워크숍은 정리해고를 당하는 교사들을 위한 것이면서 동시에 다른 교사들에게도 자발적으로 교직을 떠날 것을 장려하기 위한 행사였다. 과연 이런 것도 교직원 역량 개발이라고 할 수 있을까 싶지만 말이다. 오하이오주 클리블랜드 학교위원회는 1982년에 행정직 141명을 해고한 게 아니라 다만 계약을 '비갱신'했을 뿐이다.

교사들은 사방에서 이중화법에 맞닥뜨린다. 1985년 교육시험서비스(ETS)는 학생들이 어떻게 읽는 법을 배우는지에 관한 연구 보고서를 발표했다. "학생들의 전략 선호는, 자기 능력의 한계치에 가까워져서 자신이 가진 자원을 가장 효과적으로 배분할 필요가 있을 때 가장 뚜렷하게 나타났다."* 펜실베이니아대학 와튼경영대학원의 임원 교육 프로그램은 수익이 아니라 '마이너스 적자negative deficit'를 낸다. 교육 연구자들은 '지식 기반 소유자'와 '지식 기반 비소유자'에 대해 이야기한다. 1985년 텍사스주에서 'F' 학점을 받은 학생이 미식축구 같은 과외 활동에 참여하는 것을 금지하는 법률을 통과시켰을 때, '텍사스 고등학교 코치 연합' 회장인 에디 조지프는 이런 학생들은 "낙제한 게 아니라 진급 시기에 결핍 상태에 있었을 뿐"이라고 말했다.

이중화법은 사회 모든 영역에 스며들어 있기 때문에 교육이 영향을 받는 것도 이상한 일이 아니다. 그러나 교육 분야에서 이중화법 문제는 특히 더 암울하다. 누구보다도 교사들이 그 문제를 인식하고 있어야 하고, 그것에 맞서 싸울 위치에 있기 때문이다. 교사들은 학생들에게 어떻게 이중화법을 찾아낼지, 어떻게 그것에 맞서 자신을 지킬지, 어떻게 자신의 글과 말에서 그것을 없앨 수 있는지 가르침으로써 이중화법에 맞서는 싸움을 이끌어야 한다. 하지만 유감스럽게도 교육계에는 이중화법을 활용하는 것이 자신의 경력과 연봉 인상에 도움이 된다는 사실을 깨달은 사람이 너무 많다. 그들은 기꺼이 이중화법에 자신을 맡기기로 결심했다.

---

* 이중화법을 걷어내고 말하자면 이 내용은 '학생들은 힘들 때 자신이 할 수 있는 것 중에서 최선을 택했다'는 뜻이다.

의료계와 죽음의 이중화법

당신은 담낭 수술을 받지만 외과 의사에게 그것은 콜렉시스텍토미cholecystectomy다. 당신은 감기에 걸려 앓아눕지만 의사는 이를 급성 비염이나 코카타르라고 부른다. 당신 눈에 시퍼렇게 멍이 들었을 때 의사는 눈꺼풀 혈종이라고 진단한다. 이런 것들이 의료계의 이중화법일까? 아니, 전혀 그렇지 않다. 단지 의사들이 자기들만의 기술적 언어를 쓴다고 해서 그것이 곧 이중화법은 아니다. 앞서 말한 사례들은 그저 정확한 의료 용어일 뿐이며, 의사들끼리 사용하는 한 크게 문제될 것도 없다. 하지만 의료계에서도 순도 100퍼센트 이중화법에 해당하는 언어를 많이 볼 수 있다.

매사추세츠 종합병원의 연구진은 음파를 이용해 신장 결석을 부수는 기계를 개발한 뒤 그 기계에 '체외 충격파 쇄석기extracorporeal shockwave lithotripter'라는 이름을 붙였다. 그런데 정말 tripter까지 꼭 필요했을까? 〈미국 가정의학 저널〉에 실린 한 논문에서는 벼룩을 '흡혈성 절지동물 매개체'라고 지칭했다. 〈우리 개는 벼룩이 있네〉라는 노래를 이 단어로 바꿔서 불러보시라. 만약 당신이 높은 빌딩에서 뛰어내리면, 의료계의 단어로 하자면 땅에 부딪히는 순간 '급감속 외상'을 입는다.

오늘날 의학적 이중화법에서는 노화를 '세포 탈락'이나 '세포 복제 성향의 감소'라고 부른다. 이제 병원에서는 '아픈 사람'을 치료하지 않는다. 대신에 환자는 "면역 반응이 약화된 감수성 숙주compromised susceptible host"라고 불린다. 위스콘신주 매디슨에 있는 매디슨 종합병원에서는 병원 소속 성직자들이 '인간생태학과Human Ecology Department' 소속이며, 청소 관리 업무를 수행하는 이들은 '환경서비스팀'의 일원이다. 인디애나주 사우스벤드의 메모리얼 병원에서는 휠체어 수리실을 '보조 장치 자원 센터'라고 부른다. 또 다른 병원에서는 간호사 휴게실에 있는 전자레인지 위에 각 음식에 대한 '재열처리rethermalization 시간'을 적은 안내문을 붙여 두었다.

요즘 환자들은 변비에 걸리는 게 아니라 '휠체어 피로증'이나 '자가 관리 능력의 변화', 또는 '배설 상태 변화'로 고통을 겪고 있을 뿐이다. 병원에서는 이제 성병(VD, venereal disease) 또는 성 매개 질병(STD, sexually transmitted disease)을 치료하지 않는다. 대신 성 매개 감염(STI, sexually transmitted infection)을 치료할 뿐이다. 요즘은 아무도 마약에 '중독'되었다고 하지 않는다. 그냥 '약리학적 선호pharmacological preference'가 있을 뿐이다. 알코올 중독이나 약물 중독 같은 문제가 있다고 의심되면 '화학적 의존'이나 '물질 남용'이라는 용어를 쓰면 된다. 연구자들은 코카인이 유발하는 '약리학적 보상 작용'에 관해 이야기한다. 하지만 아마도 의학계에서 가장 절묘한 이중화법은 티머시 리어리*가 사용한 것일지 모른다. 리어리는 마약과의 전쟁을 '신경전달물질과의 전쟁'이라고 부르는 쪽을 선호했다.

티머시 리어리(Timothy Leary, 1920~1969) 미국의 심리학자이자 저술가. 향정신성 의약품을 옹호한 인물로 유명하다. 한국에 소개된 저서로 《플래시백》이 있다.

정신 의학도 이런 흐름에 가세하는 중이다. 심리학자와 정신 의학자의 언어는 언제나 무척 기묘하다. 게다가 그들은 보통 사람들이 자기들이 구사하는 용어를 따라잡을라치면 바로 그 용어를 바꾸어버린다. 예를 들어 '신경증'이라는 단어를 보라. 정신 의학자들은 이제 이 단어를 쓰지 않는다. 금기어라도 된 걸까? 이에 대해 로버트 L. 스피처 박사는 이렇게 말한다. "그건 아니에요. 이젠 아주 두드러진 개념이 아닐 뿐이죠." 그 대신 정신 의학자들은 '취약성'에 관해 이야기한다. 그래서 이제 우리는 단지 남들보다 '취약할' 뿐이다.

의료계의 이중화법은 종종 평범한 것을 복잡해 보이게 만드는 데 사용된다. 어쨌든 하는 일이 어려워 보일수록 진료비를 비싸게 청구하기도 더 쉬운 법이니까. 레이건 대통령에게 통상적인 건강 검진을 진행한 뒤 대니얼 루지 박사는 이렇게 말했다. "이전에 기록된 청각 예민성 저하와 콘택트렌즈로 교정한 시각 굴절 오류를 평가한 결과, 안정된 것으로 드러났습니다." 지난번 건강 검진 이후 대통령의 청력과 시력에 변화가 없고 콘택트렌즈나 보청기를 새로 맞출 필요가 없다고 말하는 것보다 이쪽이 훨씬 전문적으로 들린다.

1981년 3월 30일 레이건 대통령이 총격을 당한 뒤 수술을 집도한 벤저민 애런 박사는 "대단히 집중된 촉각의 식별력"으로 대통령의 폐에 박힌 총탄을 찾았다고 말했다. 다시 말해, 손가락으로 더듬어서 찾았다는 것이다. 1988년에 의료 검진을 받으면서 대통령은 진통제와 진정제를 투여받았다. 대통령이 검진 중에 의식이 없었는지 질문을 받자 한 의사는 아니라고 답했다. 다만 그런 경우에 환자들은 대개 "주사를 맞고 두세 시간 동안 의사 결정 불능 상태"에 있게 된다고 설명했다.

1982년 대법관 윌리엄 렌퀴스트가 의사의 처방에 따라 중증 요통을 가라앉히기 위해 플라시딜 Placidyl이라는 수면제를 복용하고 있다는 보도가 나왔다. 문제는 의사들이 수면제 용량을 줄이자 렌퀴스트에게 인지 왜곡과 환각 같은 극심한 금단 증상이 나타났다는 것이다. 하지만 조지워싱턴대학 메디컬센터의 데니스 오리어리 박사는 렌퀴스트가 약물에 중독된 게 아니라고 말했다. "알다시피 중독이란 유행어일 뿐입니다. 부정적인 함의가 담겨 있지요." 오리어리는 약물과 "신체 사이에 상호 관계가 형성되었기 때문에 급작스럽게 약을 차단하면 반작용이 생기는 상태"일 뿐이라고 했다.

의료계의 이중화법에서는 돈을 벌기 위해 운영되는 병원을 '사유물'이나 '투자자 소유' 병원이라고 부른다. 병원과 의사는 진료비를 청구하지 않고 '변제 reimbursement'를 요청한다. 영상의학과와 정형외과는 '생산 라인'이라고 불리며, 환자와 신체 접촉이 필요한 서비스는 '접촉도가 높은 제품'이라고 한다. 환자는 '소비자'라 불리고, 민간 보험으로 의료비를 지불하는 환자는 '소매 고객'이며, 환자를 유치하는 일은 '환자 축적 patient accrual'이라고 한다. 절개나 천자 같은 처치가 필요한 치료는 (수술을 위한 '침습성 시술 invasive procedure'의 경우처럼) '시술'이라고 부르고, 대화하고 생각하고 상담해야 하는 치료는 '인지 서비스'라고 한다.

심지어 요즘은 기본적인 일반 진료조차 전문 진료 분야로 간주된다.

요즘 의료계에서 중요한 단어는 '웰니스wellness'다. 어떤 의사는 사망한 환자의 병원 차트에 "환자가 자신의 웰니스 잠재력을 실현하는 데 실패함"이라고 적었다. 〈캘리포니아 버클리대학 웰니스 레터〉는 웰니스를 "최적의 신체적·정신적 건강 상태. 활기찬 삶을 위한 적극적이고 지속적인 접근. 치료 필요성을 줄이는—때로는 제거하는—예방적 생활 방식."이라고 정의한다.

이중화법은 의료인들이 인정하고 싶지 않은 냉혹한 현실을 회피하기 위해 쓰일 수 있고 실제로도 그렇게 쓰인다. '정신장애인 돌봄의 질에 관한 뉴욕주 위원회' 임시 위원장 아이린 플랫은 뉴욕의 크리드모어 정신의학센터에서 구속복을 입은 정신 질환자가 사망한 사건에 대해 환자가 '부적절한 신체 학대' 때문에 사망했다고 말했다. 적절한 신체 학대는 과연 무엇일지 궁금하지 않은가?

의료계의 이중화법은 정치적·도덕적 함의를 지닐 뿐 아니라 생과 사를 가르는 영향을 끼칠 수도 있다. 1987년에 출간한 《그리고 밴드는 연주를 계속했다: 정치, 국민, 에이즈 유행병》에서 랜디 실츠는 에이즈스피크AIDSpeak라는 용어를 소개한다. 에이즈스피크란 "공중 보건 당국자들과 불안한 동성애자 정치인, 급증하는 '에이즈 활동가' 대오가 함께 만들어낸 신조어"를 가리킨다. 실츠는 에이즈스피크가 "정치적으로는 무난하고, 심리적으로는 안심을 주기 위해" 설계된 언어라고 지적한다. 그것은 일반

대중과 정치인, 그리고 동성애자 공동체 구성원들의 도덕적·정치적 감수성을 자극하지 않기 위해 극도로 신중하게 조율된 언어다. 에이즈스피크는 에이즈 환자를 절대 피해자victim라고 말하지 않는다. 그들은 '에이즈와 함께하는 사람People With AIDS', 일명 PWA다. 불쾌감을 줄 수 있는 '문란하다promiscuous' 같은 말은 에이즈스피크에서 '성적으로 능동적이다'로 대체된다. 동성애자 정치인들이 '문란하다'라는 단어에 '도덕적 판단이 담겨 있다'고 보았기 때문이다. 에이즈스피크에서는 도덕적 판단이 담긴 듯한 말은 절대 허용되지 않는다. 에이즈스피크에서 가장 많이 사용되는 단어는 '체액'인데, 이는 '정액' 같은 골치 아픈 단어를 피하는 표현이다.

하지만 실츠에 따르면, 에이즈스피크에서 가장 치명적인 단어는 '노출되다exposed'라는 말이었다. HTLV-III* 항체를 보유한 사람은 바이러스에 '노출'되었다는 말을 들었고, 얼마 지나지 않아 전국 각지의 의료계 종사자들이 이 단어를 애호하게 되었다. 많은 문제를 피할 수 있게 해주는 단어였기 때문이다. 하지만 이 단어는 가장 심각한 이중화법에 해당한다. 어떤 바이러스의 항체를 보유한 사람들은 단순히 노출된 게 아니라 실제로 감염된 상태이기 때문이다. 샌디에이고의 미생물학자 브루스 보엘러 박사는 다음과 같이 말했다. "사람들이 '노출'이라고 말할 때면 마치 바이러스가 치자나무 향기처럼 방 안을 떠다니고, 어쩌다가

---

* 인간 T세포 림프 친화 바이러스III(Human T-cell Lymphotropic Virus-III)의 줄임말로 HIV(인간 면역 결핍 바이러스)의 옛 표현이다.

바이러스에 노출된다는 식으로 생각한다는 느낌을 받습니다. 실제로는 그렇지 않아요. 만약 당신에게 항체가 있다면 바이러스가 당신 피에 들어 있는 겁니다." 에이즈스피크는 삶과 죽음을 가르는 이중화법이다.

의료계 이중화법에 따르면, 약물에 중독된 의사는 '손상된 의사impaired physician'다. 최소한 미국의학협회(AMA)는 그런 식으로 말한다. 의학적으로 불필요하거나 처치한 적도 없는 서비스에 대해 블루실드*에 요금을 청구한 의사는 75만 달러를 "부적절하게 수령"한 것이었다. 보통 사람들은 이런 걸 절도라고 부른다. 환자들은 이제 고통을 겪지 않고 그냥 '불편'을 겪는다. 앞에서 언급한 것처럼 사람들은 이제 병원에서 사망하지 않는다. 그 대신 '부정적 환자 치료 결과'나 '최종 삽화terminal episode'나 '최종적 삶terminal living'이 존재할 뿐이다. 응급실에서는 "시스템이 붕괴한다"고 말한다. 필라델피아의 어느 병원에서 외과의가 검사를 하다가 환자의 결장에 구멍을 내서 합병증이 발생해 결국 환자가 사망했을 때, 병원은 사망 원인을 '중대한 진단 사고'라고 설명했다. 이것이야말로 의료계에서 쓰는 전형적인 죽음의 이중화법이다.

블루실드(Blue Shield) 캘리포니아주의 비영리 의료 보험 조합.

3장

소비자를 유혹하는 더블스피크의 마법

지금 당신은 안락의자에 편히 앉아 1988년 하계 올림픽 주요 경기를 시청하는 중이다. 정체불명의 해설자가 늘어놓는 흔해 빠진 공허한 해설이 끝난 뒤 광고가 나온다. 사실 2분 쉬는 동안 광고가 8개 정도 나온다. 광고 한 편이 15초 길이이기 때문이다. 텔레비전 화면에 각기 다른 8개의 제품이 춤을 추고 나면 다시 서울로 돌아간다. 여자 농구를 몇 분 시청한 뒤 다시 광고 시간이 되는데, 이번에도 역시 6~8개 제품에 포위당한다. 이런 양상이 몇 번이고 반복된다. 당신은 리모컨을 집어 들어 채널을 바꾸지만 또 다른 광고를 발견할 뿐이다. 다시 채널 바꾸기를 시도해보지만 이번에도 역시 광고가 나온다. 또 광고, 다시 광고다. 이제 절망에 빠질 지경이다. 채널 버튼을 미친 듯이 누르기 시작한다. 어떤 프로그램이든 보고 싶은데, 눈에 들어오는 거라곤 광고뿐이다. 그러다 어느 순간 광고가 아닌 프로그램이 나오는 채널을 발견한다. 조금 편하게 숨을 고르자 패닉 상태가 서서히 가라앉기 시작한다. 이제 당신은 몸을 이완시키고 다시 편하게 자세를 잡는다. 어, 그런데 가만 보니 이건 홈쇼핑 채널이 아닌가? 그래도 최소한 이 채널에는 따로 광고가 나오지 않는다.

이 묘사에는 다소 과장이 섞여 있지만 실제와 크게 다르진 않다. 만약 당신이 1988년 올림픽을 시청했다면 분명 숱하게 많은 광고를 보았을 것이다. 당신은 매시간 평균 10.2분의 광고를 보았는데, 여기에는 NBC가 자사 프로그램 홍보를 위해 내보낸 '프로모션' 광고는 포함되지 않는다. (세 방송사는 보통 황금 시간대에 평균 7분의 광고를 내보낸다.) NBC는 올림픽 중계권료로 2억 4300만 달러를 지불했고, 이 돈을 회수할 유일한 방법은 30초당 33만 달러를 받고 많은 광고(또는 NBC의 표현대로 하면 3,500개의 '상업적 꼭지')를 내보내는 것이었다. NBC는 1992년 바르셀로나 여름 올림픽 방송권도 4억 100만 달러에 입찰해 따냈다. 제작비 약 1억 달러를 더하면 다음 올림픽에서도 많은 광고를 보게 될 것임을 예상할 수 있다.

광고의 슈퍼볼

미식축구 팬이라면 누구나 수많은 광고를 보는 것이 텔레비전으로 경기를 보는 대가란 걸 안다. 더 많은 광고를 내보내기 위해 걸핏하면 경기가 중단된다. 경기장 관중석에 있는 팬들은 추위에 떨며 자리를 지키고 양 팀 선수들이 그라운드 안팎에 서 있는 동안 집에서 보는 팬들은 4~8개의 광고를 보기 시작한다.

(광고주들 입장에서) 최고의 미식축구 경기는 슈퍼볼인데, 그

이름도 아마 경기의 질이 아니라 거기서 생겨나는 광고 수입 때문에 붙였을지 모른다. 1987년 슈퍼볼에서 제품을 광고하고 싶은 이라면 60초짜리 광고 시간에 120만 달러를 지불해야 했다. 초당 2만 달러를 내고 광고를 제공하는 것이다. CBS는 슈퍼볼 경기의 광고 시간 26분을 총 3120만 달러에 판매했다. 그리고 물론 경기 전후에 진행된 쇼에도 광고가 붙었는데, 수입에 1180만 달러가 추가되어 총수입이 4300만 달러에 달했다. 하루 오후 동안 벌어들이는 것치고는 나쁘지 않다. 특히 CBS는 경기 중계권료로 고작 1900만 달러를 지불했음을 감안하면 더욱 그렇다.

적어도 이것 하나는 분명하다. 슈퍼볼은 블록버스터 TV 프로그램의 광고료와 수입이 해마다 계속 상승하고 있다는 것을 증명한다. 1983년 인기 TV 연속극 〈M*A*S*H〉의 2시간 30분짜리 특집 최종회에는 1분당 90만 달러의 광고료가 매겨졌다. 방송사는 이 한 편으로 총 1575만 달러의 광고 수입을 올렸다. 이 프로그램은 1987년 슈퍼볼이 열리기 전까지 텔레비전 역사상 가장 높은 수입을 올린 프로그램이라는 기록을 보유하고 있었다.

가끔 보면 전 세계가 광고로 채워져 있을 뿐만 아니라 광고에 지배받는 것 같다. 도저히 광고에서 도망칠 수 없다. 미국에서는 보통 24시간 내내 평균적으로 이런저런 미디어가 내보내는 상업적 메시지에 1,600차례 노출된다. 이 1,600개의 광고 가운데 시청자가 알아채는 것은 80개에 불과하며, 그중 12개만이 어떤 식으로든 시청자에게 반응을 끌어낸다. 라디오와 텔레비전, 신문과 잡지만 광고로 채워진 게 아니다. 우리 삶의 모든 영역이 광고로 가득 차 있다. 물론 우리가 구입하는 모든 제품에 광고가 붙어 있다. 하지만 그 밖에도 거대한 광고판, 건물, 트럭, 택시, 버스, 지하철 등 움직이든 움직이지 않든 모든 것에 광고가 붙어 있다. 갖가지 광고 우편물은 말할 것도 없고 수많은 쿠폰과 각종 광고 전단도 빼먹으면 안 된다. 요즘은 공중화장실 문 안쪽에도 광고가 붙어 있다. 공영 방송도 광고를 내보내는데 다만 광고라고 부르지 않고 '후원 고지'나 '일반적 지원 안내'라고 부를 뿐이다.

사실 당신은 사방이 온통 광고 천지라는 걸 이미 통감하고 있다. 그리고 광고 속에는 이중화법이 넘쳐난다는 것도 안다. 어쩌면 광고 자체가 순전한 이중화법에 불과하다고 생각할지도 모른다. 그렇다면 도대체 왜 광고의 이중화법에 관해 이야기하면서 시간을 허비하는지 의문이 들 것이다. 광고에서 그것을 찾아내는 일은 식은 죽 먹기처럼 쉽다. 정치 언어의 이중화법을 분석하는 것과 마찬가지로 너무도 명백하고 찾아내기도 굉장히 쉽다.

하지만 바로 그렇게 광고가 우리 사회에 널리 퍼져 있고 중요한 한 부분이기 때문에 그만큼 광고의 이중화법을 검토하는 일이 중요하다. 어쨌든 대기업은 광고가 통하지 않는다면, 그러니까 제품이든 어떤 생각이든 특정한 가치관이든 간에 자신들이 원하는 대로 당신이 구입하게 만들지 못한다면 광고에 수십억 달러를 쓰지 않는다. 따라서 광고의 이중화법을 검토하기 전에 광고와 광고주들의 규모와 권력, 영향력을 잠깐 살펴보는 게 좋겠다. 그래야 광고의 이중화법을 가능한 한 깊이 이해하는 일이 얼마나 중요한지 가늠할 수 있을 것이다.

최고의 광고주들

대기업들은 제품 광고에 많은 돈을 쓴다. 광고 업계에서 가장 중요한 간행물인 〈애드버타이징 에이지Advertising Age〉에 따르면, 1987년 상위 10개 광고주는 83억여 달러를 지출했고 상위 100대 광고주는 모든 형태의 광고에 총 284억 달러를 썼다. 1987년 한 해 동안 전체 광고주가 광고에 지출한 총액은 1200억 달러가 넘는다. 엄청나게 많은 돈이고 그만큼 광고도 어마어마한 수준이다.

1987년의 중대한 뉴스는 필립모리스가 24년 동안 1위를 내주지 않던 프록터앤갬블을 밀어내고 1위 광고주 자리를 차지했다는 것이었다. 1987년에 필립모리스는 전체 광고에 15억 5700만 달러(오타가 아니다)를 쓴 데 비해, 프록터앤갬블은 겨우 13억 8000만 달러를 썼다. 3위를 차지한 제너럴모터스는 10억 2400만 달러를 써서 1년에 광고비로 10억 달러 이상을 지출한 3대 기업의 반열에 올랐다. 시어스로벅이 8억 8650만 달러로 4위, RJR내비스코가 8억 3960만 달러로 5위를 차지했다. 펩시콜라는 겨우 7억 400만 달러로 6위, 이스트먼코닥이 6억 5800만 달러로 7위에 올랐다. 포드모터컴퍼니가 6억 3900만 달러로 9위, 앤하이저부시가 6억 3500만 달러로 10위에 올랐다. 미국 정부가 3억 1130만 달러의 광고비를 지출해서 100대 광고주 명단에서 29위를 차지한 것도 흥미롭다.

　100대 광고주는 공중파 방송 광고비 83억 달러 가운데 66억 700만 달러를 지출해서 3대 공중파 방송 전체 광고 수입의 75퍼센트 이상을 차지했다. 이런 광고 수입이 없으면 공중파 방송사들은 살아남지 못했을 것이다. 방송사들이 이처럼 극소수 광고주들에 의존하고 있다면 과연 방송사가 실제로 얼마나 독립적일지 의심을 품을 수밖에 없다.

기업은 왜 미디어 광고에 집중하는가?

　광고주들이 이용하는 모든 미디어 가운데 여전히 텔레비전이 가장 중요하고 가장 지배적이며 가장 영향력이 크고 비용도 가장 많이 든다. 텔레비전을 시청하는 수많은 사람들에게 다가가기 위해 광고주들은 기꺼이 큰돈을 지불한다. 〈애드버타이징 에이지〉에 따르면, 1987~1988년 시즌에 3대 공중파 방송에서 황금 시간대 텔레비전 프로그램에 30초짜리 광고를 내보내는 비용은 평균 12만 1,860달러였다(전년도의 11만 8,119달러보다 올랐다). 1987년 10월 한 달간(보통 나머지 텔레비전 시즌의 요금이 이 달에 정해진다) CBS가 3대 방송사 중 꼴찌였는데, 30초 광고당 평균 10만 3,130달러였다. ABC가 2위로 평균 11만 1,800달러였고, NBC는 계속 1위를 차지해서 평균 15만 625달러였다.

　1987년 10월에 3대 방송사는 황금 시간대 광고로 대략 4억 1800만 달러를 벌어들였고, 주간 프로그램 광고 수입이 총 9억

4600만 달러였다.(이 수치에는 월드시리즈 수입은 포함되지 않는다.) 그리하여 3대 방송사는 1987~1988 방송 연도에 황금 시간대 광고만으로 50억 달러를 벌었다. 주간 시간대 수입을 더하면 3대 방송사의 광고 수입은 100억 달러가 넘었다.

1987~1988년 방송 시즌 동안 〈코스비 쇼〉에 30초짜리 광고를 내보내는 데 36만 9,500달러가 들었는데, 광고 제작 비용은 포함되지 않은 것이다. 〈치어스〉의 30초짜리 광고비는 30만 7천 달러였고, 〈매그넘, P.I.〉에 비슷한 광고를 내보내는 비용은 14만 790달러였다. 한편 〈댈러스〉나 〈다이너스티〉 같은 프로그램의 광고료는 각각 13만 9,470달러와 11만 3,540달러였고, 〈먼데이 나이트 풋볼〉은 15만 달러였다. 혹시 궁금하신 분이 있다면 〈블루문 특급Moonlighting〉의 30초짜리 광고는 24만 9,190달러, 〈마이 애미 바이스〉의 광고는 17만 1,500달러였다.

1988년 전반기 동안 방송사 입장에서는 경기가 좋아졌다. 작가 파업에도 아랑곳하지 않고 텔레비전 광고 수입은 증가했다. 〈USA투데이〉는 1988년 전반기 동안 공중파 방송 광고 수입이 총 47억 달러라고 보도했다. 1987년 같은 기간보다 9퍼센트 이상 늘어난 수치였다. 이 시기 동안 프록터앤갬블이 방송의 주요 광고주로서 1억 7300만 달러를 지출했고, 제너럴모터스가 1억 7100만 달러를 써서 근소한 차로 2위를 차지했다. 1억 5500만 달러를 쓴 필립모리스, 1억 4천만 달러를 쓴 켈로그, 1억 1천만 달러를 쓴 크라이슬러가 3~5위를 차지했다. 텔레비전 광고와 관련해서 두 가지 분명한 사실이 있다. 해마다 광고료가 비싸진다는 점, 그리고 공중파 방송사들이 이 모든 광고로 큰돈을 벌어들인다는 점이다.

대기업들은 왜 그렇게 비싼 돈을 내고 텔레비전에 광고를 내보내는 걸까? 답은 아주 간단하다. 사람들이 거기 있으니까. 텔레비전 광고는 많은 사람들에게 노출된다. 광고주들은 1987년 슈퍼볼 경기에 30초짜리 광고를 내보내려고 기꺼이 60만 달러를 지불했다. 1억 2260만 명이 이 경기를 보기 때문이다(A.C.닐슨컴퍼니의 집계를 믿는다면 말이다. 그런데 방송사와 광고주들은 믿는 것 같다).

텔레비전이 만드는 아이들의 세상

1988년 공익과학센터(CSPI)는 연구 결과 8~12세의 어린이가 미국 대통령보다 맥주 브랜드를 더 많이 알아본다고 보고했다. 한 소녀는 맥주 브랜드 이름을 14개나 알았지만 역대 대통령 이름은 4명만 말할 수 있었다. 하지만 이 연구 결과에 크게 놀랄 필요는 없다.

A.C.닐슨컴퍼니는 미국 가정에서 하루 평균 7시간 38분 동안 텔레비전이 켜져 있다고 주장한다. 갤럽 여론 조사 결과도 비슷하다. 미국소아과학회(AAP)가 1987년에 진행한 연구에 따르면 2~12세의 아동이 일주일에 평균 25시간 텔레비전을 시청하고 있었다.(A.C.닐슨컴퍼니는 1986년에 수행한 연구에 따라 2~5세의 어린이가 일주일에 28시간 텔레비전을 시청한다고 주장했다.) 6세가 되

어 학교에 입학할 때쯤이면 텔레비전 광고를 10만 개 이상 보게 되는 셈이다. 고등학교를 졸업할 때까지 교실에서 1만 1천 시간을 보내는데 텔레비전 시청에 쏟는 시간은 1만 5천 시간이고 그동안 무려 35만 개의 광고를 보는 셈이다.

어른이 된 뒤에도 텔레비전 광고 시청에 쏟는 시간은 여전히 많다. 저술가이자 TV 비평가인 진 킬본 박사는 우리가 평생 동안 텔레비전 광고를 보는 데만 1년 6개월을 쓴다고 말한다.

아이들은 먹고 마시고 숨 쉬듯 텔레비전을 받아들인다. 많은 가정에서 신생아가 병원에서 집에 오는 순간부터 텔레비전을 켜 놓기 때문이다. 아이들이 세상에 관해 아는 것의 상당 부분은 텔레비전에서 얻은 것이다. 펜실베이니아대학 애넌버그커뮤니케이션학부의 학장 조지 거브너는 이렇게 말한다. "나는 텔레비전을 새로운 종교라고 부른다. 사람들은 텔레비전을 어떤 종교보다도 더 독실하게 대한다. …… 아이가 말을 배울 무렵이면, 읽기를 배우기 훨씬 전이어도 아이는 텔레비전을 통해 세상에 관한 방대한 정보를 흡수하게 된다. 이 정보들은 아이의 관심사를 형성하고 사실상 아이의 삶에서 기본적인 줄거리 역할을 하게 된다. …… 지금은 인류 역사상 처음으로 대다수 아이들이 부모나 교회, 학교가 아니라 멀리 떨어진 대기업들이 선택한 이야기를 전달받고 있다. …… 누가 됐든 이야기를 들려줄 수 있는 자는 곧 미래의 행동에 대해 막대한 영향력을 갖게 되는 셈이다."

아이들이 텔레비전을 통해 보는 세상은 어떤 모습일까? 1987년에 아이들은 남자가 여자보다 3배 많은 세상, 특히 만화에서는 8배 많은 세상을 보았다. 백인 중년 남성이 전체 황금 시간대 등장인물의 45퍼센트를 차지했다. 황금 시간대 프로그램에서 폭력적 행동이 시간당 8회 나왔고, 어린이 프로그램에서는 폭력적 행동이 시간당 평균 20~25회 나왔다.

거브너는 사람들이 텔레비전에서 보는 내용을 믿는지 믿지 않는지는 중요하지 않다고 말한다. 중요한 것은 텔레비전에서 보고 듣는 내용을 흡수한다는 것이다. 텔레비전은 사회의 다른 모든 것을 가늠하는 기준이 된다.

광고 시장의 주요 고객이 된 십 대

하지만 어떤 사람들은 텔레비전 광고가 어린이에게 끼치는 영향이 과장되어 있다고 주장한다. 그들은 그 근거로 십 대가 텔레비전 광고 내용에 만족하지 않는다고 주장하는 1987년 연구를 든다. 미국 전역의 12~19세까지 십 대 청소년을 대상으로 한 설문 조사에서, 응답자의 75퍼센트는 텔레비전 광고가 해당 제품에 대해 자신들이 원하는 정보를 제공하지 않는다고 응답했다. 65퍼센트는 텔레비전 광고가 자신을 얕잡아보는 듯하다고 말했다. 66퍼센트는 광고를 보지 않으려고 채널을 돌린다고 말했고, 89퍼센트는 녹화한 프로그램을 볼 때면 광고를 건너뛴다고 말했다. 이러한 결과만 보면 광고의 영향이 크지 않아 보인다. 하지만 같은 연구에서 십 대의 64퍼센트는 신제품에 관한 정보를 텔레비전에서 얻는다고 말했고, 36퍼센트는 종종 광고를 보고 제품을 구매한다고 말했다. 광고주와 광고를 만드는 이들에게 이 수치는 상당한 위안을 줄 것이다. 왜냐하면 이 연구에서 지적하는 것처럼 십 대는 시장에서 중요한 소비자 집단이기 때문이다. 십 대들은 한 해 동안 다양한 제품을 구매하면서 자기 돈 344억 달러와 부모 돈 436억 달러를 지출했는데, 그렇게 형성된 소비 시장의 36퍼센트에 해당하는 280억 달러 이상이 광고의 영향을 받아 이루어진다.

슈퍼맨은 알아도 독립 영웅은 몰라요

텔레비전과 텔레비전 광고가 발휘하는 영향력은 사실 미국만의 특별한 현상이 아니다. 다른 나라들에서 수행된 여러 연구에서도 텔레비전 광고가 허용된 나라에서는 미국과 대동소이하게 효과가 있다는 사실이 드러났다. 1981년 멕시코 국립소비자연구원(NCI)은 멕시코시티의 초등학생 1,800명을 대상으로 '텔레비전 속 현실'과 '국가 현실'에 관한 지식을 시험했다. 연구 결과는 미국에서 수행된 연구들과 크게 다르지 않다.

어린이들이 1년에 텔레비전 앞에서 보내는 시간은 평균 1,460시간으로 학교에서 보내는 920시간과 비교되었다. 텔레비전에 관한 질문에 제대로 답하는 비율은 73퍼센트였는데, 멕시코에 관한 질문에 제대로 답하는 비율은 38퍼센트에 불과했다. 예를 들어 초콜릿 케이크 광고에서 새끼 오리가 "날 기억해줘"라고 말하는 걸 아는 어린이가 92퍼센트였던 데 비해, 독립 영웅 미겔

이달고 신부가 "독립 만세 Viva la Indepencia!"라는 말을 처음 한 사람이라는 걸 아는 어린이는 64퍼센트에 불과했다. 96퍼센트의 어린이가 텔레비전 만화 주인공을 알아볼 수 있었지만 아스테카의 마지막 황제들을 알아보는 어린이는 19퍼센트에 불과했다.

98퍼센트의 어린이가 슈퍼맨을 알아보았지만 멕시코 혁명의 주역 에밀리아노 사파타를 아는 아이는 33퍼센트뿐이었다. 조사 당시 멕시코 대통령이던 로페스 포르티요를 알아보는 어린이는 74퍼센트였지만, 지역 텔레비전 방송에 나오는 인물을 알아보는 비율은 96퍼센트였다. 애덤스의 치클릿 껌의 상표를 알아보는 어린이(77퍼센트)가 혁명 기념탑을 알아보는 어린이(17퍼센트)보다 많았다. 가장 인상적인 통계는 아마 크리스마스를 비롯한 종교 축일보다 텔레비전 프로그램 방영 시간을 아는 어린이가 더 많았다는 사실일 것이다.

광고와 프로파간다

때로는 외부자의 시선이 한 사회를 가장 잘 꿰뚫어 본다. 이방인이 자신이 접한 세계의 결점에 관해 논평하는 것은 문학에서는 꽤 유서 깊은 기법이다. 이따금 우리에게는 너무도 익숙해져서 미처 알아채지 못하는 것들을 새롭게 바라보게 해줄 외부자의 관찰이 필요하다. 우리는 광고에 대해 불평하면서도 광고 없는 세상을 상상하지는 못한다. 또한 광고가 각 개인에게 그렇게 큰 영향을 끼친다고 생각하지도 않는다. 하지만 동시에 우리는 광고와 그것이 우리 자신과 사회에 끼치는 영향을 제대로 이해하지 못한다. 어쩌면 외부자의 논평에 힘입어 이런 문제를 다르게 볼 수 있을지 모른다.

1981년 〈뉴욕타임스〉는 보스턴의 사립 고등학교에서 1년간 학생을 가르친 중국 출신의 영어 전문가 후윈환의 말을 보도했다. 후윈환은 미국 텔레비전에 관해 질문을 받고 다음과 같이 말했다.

광고가 정말 끝내줍니다. 가끔 광고 제작자들을 존경하는 마음이 들기도 하죠. 이런 식으로 선전propaganda을 하는 걸 어떻게 상상할 수 있는 걸까요?

중국에서 사람들의 생각을 바꾸는 과정을 보면 텔레비전 광고와 무척 흡사합니다. 기업가가 물건을 사라고 강요하지 않지요. 다만 자기 제품을 계속 선전할 뿐입니다. 그러면 당신은 점점 이런 물건이 필요하다고 믿게 되지요.

요즘 사람들은 중국의 정신 통제에 관해 이야기합니다.

실제로는 무엇이 선이고 무엇이 악인지 믿게 만들기 위해 교육을 받는 겁니다. 기업가가 소비자를 통제하는 것보다 더 심하게 통제받는 경우는 없어요.

어떤 이들은 이런 발언에 화를 내면서 어쨌든 미국의 광고 시스템을 중국 정부의 선전 시스템과 비교할 수는 없다고 반박할지 모른다. 하지만 이 발언과 광고를 자세히 들여다보면 우리 사회에서 광고가 어떤 역할을 하는지, 우리에게 어떤 영향을 끼치는지 다시 생각하게 된다. 광고를 금지할 가능성이 없어 보이는 상황에서 우리는 광고의 선전 효과에서 우리 자신을 보호하기 위해 무엇을 할 수 있을까?

어떤 사람이 광고에 더 영향받을까?

우리는 광고로 가득한 환경에서 자라고 생활하기 때문에 이런 상황을 객관적으로 바라보기가 쉽지 않다. 앞에서 인용한 사례와 같은 연구들은 광고의 규모와 광고가 우리 삶에 끼치는 영향에 관해 많은 정보를 주지만, 우리 각자는 보통 이를 쉽사리 받아들이지 않는다. 다른 사람들은 광고에 영향을 받을지 몰라도 자신은 광고에 실제로 영향을 받지 않는다고 생각한다. 광고주들이 원하는 게 바로 이런 것이다.

1985년 뉴욕의 광고 회사인 '로젠펠드·사이로위츠&로슨'은 어떤 사람들이 광고에 영향을 받는다고 인정하는지를 알아보기 위한 연구를 의뢰했다. 이 연구에 따르면, 응답자의 14퍼센트만이 자신이 남들보다 광고에 영향을 많이 받는다고 생각했다. 연구에 참여한 사람의 절반은 자신은 남들보다 광고에 영향을 덜 받는다고 응답했고, 36퍼센트는 남들과 같은 정도로 영향을 받는다고 생각했다. 다시 말해, 대다수 사람들은 자신이 남들보다 광고에 영향을 덜 받거나 비슷한 정도로 영향받는다고 생각한다.

이 연구에서 흥미로운 점은 사람들이 여성과 젊은이와 저소득 집단 사람들이 평균적인 사람보다 광고에 더 영향을 받는다고 느낀다는 것이다. 하지만 여성과 젊은이와 저소득층은 자신과 같은 사람들이 다른 집단에 비해 광고에 더 영향을 받는다는 데 동의하면서도 개인적으로 자신은 거기에 해당하지 않는다고 생각한다. 예를 들어 여성의 80퍼센트는 여성이 대체로 광고에 영향을 많이 받는다고 생각하지만, 자신이 광고에 영향을 받는다고 생각하는 여성은 13퍼센트에 불과했다. 이런 결과는 젊은 층이나 연간 소득 2만 달러 미만 가구 구성원들의 경우도 비슷했다.

따라서 만약 당신이 광고에 영향을 받지 않는다고 생각한다면 다른 사람들과 비슷하게 생각하는 것이다. 그러면 광고를 그렇게 많이 하는 제품을 대체 누가 사는 것이며, 왜 대기업들은 제품을 사게 만들지도 못하는 광고에 그렇게 많은 돈을 허비하는 것인지 의문이 들 법하다. 이제 이 책을 계속 읽기 전에 당신 주변을 살펴보라. 당신이 사용하는 치약은 무엇이고 샴푸와 체취 제거제, 세제, 시리얼, 식기 세제는 어떤 제품을 쓰는지 확인해보라. 당신 집에는 어떤 브랜드들이 있는가? 왜 그 브랜드를 구입했는가? 그중 어떤 제품을 홍보하는 광고가 기억나는가? 다음에 쇼핑을 갈 때 의도적으로 이런 브랜드를 사지 않고 대신 다른 브랜드를 살 수 있는가?

1988년에 광고의 효과와 관련해 무척 흥미로운 상황이 벌어졌다. 크래프트주식회사는 자사의 슬라이스 치즈 제품인 '크래프트 싱글스'가 우유 5온스(약 142그램)로 만들어지며 칼슘이 풍부하다고 말하는 광고를 내보냈다. 연방거래위원회(FTC)는 이 광고가 슬라이스 치즈 한 장에 우유 5온스에 해당하는 칼슘이 들어 있다는 오해를 일으킨다고 문제를 제기했다. 자, 이제 흥미로운 부분이 나온다. 크래프트주식회사는 해당 광고를 옹호하면서 광고의 주장은 사실이며, 설령 사실이 아니더라도 소비자한테는 중요한 정보가 아니라고 말했다. 연방거래위원회가 이의를 제기한 광고 속 주장은 치즈 판매에 도움이 되지 않았으며, 따라서 어떤 소비자도 오도되지 않았고 그런 사례도 없었다는 것이었다. 물론 크래프트주식회사가 왜 효과도 없는 광고에 수백만 달러를 썼는지 의문을 품을 법하다. 광고 업계의 다른 이들은 광고 효과 자체를 부인한 크래프트주식회사의 주장에 격분했다.

다이아몬드는 영원하지 않다

광고 회사 테드베이츠에서 일한 전설적인 광고인 로서 리브스는 광고주들이 해결해야 하는 근본 문제는 실은 대부분의 제품이 대동소이하다는 것이라고 말한 적이 있다. "우리의 문제는 고객이 내 사무실에 들어와서 새로 주조된 50센트 동전 두 개를 책상 위에 던지면서 말하는 겁니다. '자, 왼쪽 게 내 동전이오. 내 게 더 좋다는 걸 증명해봐요.'" 광고는 바로 그런 일을 한다. 무에서 유를 창조하는 것이다.

1983년 힉스 B. 월드런이 에이번프로덕츠 회장으로 임명됐을 때, 그의 경력은 휴블라인코퍼레이션에서 스미노프 보드카와 켄터키프라이드치킨(KFC) 판매를 진두지휘한 것이었다. 월드런 회장은 보드카와 프라이드치킨 판매를 지휘하는 직무에서 미용 제품 판매를 지휘하는 직무로 이동하는 데 별다른 어려움이 없다고 말했다. 그가 말한 것처럼, 문제는 판매하는 제품이 아니라 유행과 스타일이다. 그는 보드카 사업을 예로 들었는데, 무색 무향에 무미인 액체가 광고를 통해 예상되는 유행 가능성에 따라 더 높은 가격에 판매된다. "광고와 제품 포지셔닝이 거의 전부입니다." 〈뉴욕타임스〉 기사에 인용된 월드런의 말이다.(특정 브랜드의 보드카를 고집하는 보드카 애호가들은 이 문장을 세 번씩 읽어야 한다.)

많은 여성이 럼에 들어 있는 칼로리를 걱정하면서 럼에서 손을 떼고 화이트와인을 마시기 시작했을 때, 바카디 럼 제조업체들은 바카디 칵테일과 와인을 비교하는 광고 캠페인에 착수했다. 광고는 바카디와 다이어트 콜라를 섞은 칵테일이 같은 양의 화이트와인과 칼로리가 똑같다는 사실을 지적했다. 이 광고 캠페인의 결과, 소비자 조사에서 보통 럼주 일반을 순한 알코올로 인식하기 시작했다는 사실이 드러났다. 바카디임포트의 마케팅 책임자 폴 넬슨은 이렇게 말했다. "우리 술이 순한 게 아니라 사람들이 그렇게 인식하게 된 겁니다." 이런 인식이 어떻게 생겨났는지는 충분히 짐작할 수 있을 것이다.

1980년 프록터앤갬블과 콜게이트-팜올리브 두 회사는 7500만 달러를 들여 자사의 기존 치약과 미백 효과나 충치 예방 효과에서 전혀 차이가 없는 '신제품' 치약들을 홍보했다. 심지어 새 이름을 붙인 것도 아니었다. 신제품 치약들은 그저 기존 제품과 맛과 색상이 달랐다. 이 광고계 거물들의 싸움을 보도한 〈월스트리트저널〉에 따르면, 개인 위생용품과 청소용품, 식품 등 대다수 경쟁 브랜드 제품들 간에는 사실상 별 차이가 없다. 따라서 제조업체들은 제품 외관이나 포장, 향, 맛, 그 밖에 제품에서 본질적이지 않은 특징에 사소한 변화를 주는 것으로 판매를 촉진하려 한다. 프록터앤갬블과 콜게이트-팜올리브는 수백만 달러를 들여 자사 치약의 맛과 색깔이 다르다고 광고하면서 무료 샘플과 가격 할인, 쿠폰, 기타 프로모션으로 소비자를 유혹했다.

프록터앤갬블은 1980년 한 해에 크레스트 치약 텔레비전 광고에만 2860만 달러를 들였고, 콜게이트-팜올리브는 콜게이트 치약 TV 광고에 1790만 달러, 에임 치약 광고에 1600만 달러를 썼다. 사실상 동일한 제품을 홍보하기 위해 이 많은 돈을 쓴 것이다. 어떤 치약을 사든 간에 이가 깨끗하게 닦이기 때문에 아무 차이가 없었다. 따라서 당신이 광고를 보고 어떤 한 치약을 골랐다면 광고주가 승리한 셈이다.

다이아몬드 카르텔을 운영하면서 전 세계 보석용 다이아몬드 공급의 80퍼센트를 좌우해 온 드비어스는 광고를 통해 아무것도 아닌 것을 무언가로 만들어내면 막대한 이윤을 창출할 수 있다는 사실을 오래전에 배웠다. 해마다 전 세계 다이아몬드 광산에서 장신구 제조에 필요한 보석용 다이아몬드(산업용 다이아몬드와 다르다) 수의 50배 이상이 생산된다. 게다가 보수적으로 계산

해도 전 세계 사람들이 보유한 보석용 다이아몬드 양이 5억 캐럿이 넘는 것으로 추산된다. 요컨대 예나 지금이나 세계에는 다이아몬드가 넘쳐난다. 그렇다면 다이아몬드는 왜 그렇게 비싼 걸까?

드비어스 경영진은 다이아몬드에는 본질적 가치가 거의 없고 그 가격은 거의 전적으로 희소성에 달려 있다는 것을 일찌감치 깨달았다. 그들은 전 세계 주요 다이아몬드 광산들의 생산을 모두 장악한 뒤, 대중의 다이아몬드 구매욕을 자극하기 위한 캠페인을 시작했다. 1938년에 드비어스는 미국에서 다이아몬드 판매량을 늘리기 위해 N.W.에이어 광고사와 계약을 맺었다. N.W.에이어는 다이아몬드가 사랑의 선물이며 알이 굵고 아름다울수록 더 큰 사랑의 표현이라는 발상을 바탕에 둔 캠페인을 고안했다. 1948년 N.W.에이어의 카피라이터 메리 프랜시스 게러티는 허니문을 즐기는 젊은 부부의 사진에 "다이아몬드는 영원히 A Diamond Is Forever"라는 글자가 박힌 광고를 내놓았다. 사실 다이아몬드는 쪼개지고 박살 나고 변색되고 불에 탈 수 있다. 하지만 미국의 다이아몬드 판매액은 1939년 2300만 달러에서 1979년 **21억** 달러(도매가)로 급증했고, 같은 시기에 다이아몬드 광고 지출이 20만 달러에서 1천만 달러로 늘어났다. 이 캠페인은 광고 역사상 가장 큰 성공작으로 여겨진다.

1976년 J.월터톰프슨 광고사는 일본에서 다이아몬드 약혼반지를 대중화하기 위한 캠페인을 개시했다. 1968년에는 결혼하는 일본 여성 가운데 다이아몬드 약혼반지를 받는 비율이 채 5퍼센트도 되지 않는 듯했다. 드비어스는 이런 상황을 바꿔보기로 결심했다. 1981년에 이르자 일본 신부의 60퍼센트 정도가 다이아몬드 반지를 손에 끼었고 일본은 세계 2위의 다이아몬드 약혼반지 시장이 되었다.

러시아 광산에서 나오는 작은 다이아몬드가 시장에 쏟아져 들어오기 시작하자 드비어스는 광고 캠페인을 바꾸었다. 여성들은 이제 약혼이 상징하는 사회적 위신과 감정적 헌신을 다이아몬드 크기와 동일시해서는 안 된다는 말을 들었다. 그 대신 중요한 것은 다이아몬드의 크기가 아니라 품질, 색깔, 연마 방식이라는 새로운 메시지가 전해졌다. 드비어스는 심지어 "영원의 반지eternity ring"를 발명했다. 러시아산 소형 다이아몬드를 여러 개 박아서 만든 이 반지는 기혼 부부의 영원한 사랑과 헌신을 상징하는 것으로 광고되었다. 이번에도 캠페인은 성공했고 새로운 시장이 탄생했다. 러시아는 드비어스 카르텔에 합류했고, 관련된 모든 이들의 수익이 상당히 높은 수준을 유지해서 평균적으로 매출액의 40퍼센트에 육박했다. 전 세계에서 과잉 공급인 상품의 수익률치고는 전혀 나쁘지 않았다. 다이아몬드 반지를 사고 싶다는 생각이 들 때면 이 사실을 떠올리길 바란다.

광고는 종종 제품에 대한 어떤 태도와 믿음을 만들어내지만, 정작 광고 자체는 대중을 오도할 수 있다. 1986년 존행콕뮤추얼생명보험은 "실제 상황에 맞닥뜨린 실제 사람들"을 내세우는 텔레비전 광고 시리즈를 내보냈다. 각 광고에 등장하는 사람은 소득, 저축, 주택 담보 대출 상환금을 비롯해 자신의 재정 상태 전반을 털어놓는다. 그러니까 이 광고들은 "실생활의 한 장면을 정확히 보여주는" 에피소드로 이루어져 있었는데, '실제 사람들'이 자신의 재정 상황과 존행콕이 어떻게 도움을 줄 수 있는지 이야기하는 형식이었다. 그 '실제 사람들' 중 한 명인 린다 풀러는 이혼한 상태에서 도서관 사서로 일하고 있었는데 매년 2만 달러의 소득이 있고 자녀 양육비로 6천 달러를 받고 있었다. 린다는 어린 아들의 대학 교육비를 감당할 수 있을지 정말 걱정이 많다고 이야기했다. 그런데 어떻게 사람들이 이처럼 자신의 경제 상황을 낱낱이 밝히게 만들 수 있었을까? 이 같은 질문을 받자 존행콕의 대변인 랠프 브루너는 그 사람들은 배우이고 "그런 의미에서는 실제 사람들이 아니"라고 말했다. 그런 말을 들으면 도리어 묻게 된다. 존행콕에서 말하는 '실제 사람'이란 도대체 무엇을 의미하는 걸까?

콘티넨털항공은 1987년 엄마와 다른 도시에 사는 딸이 전화로 대화를 나누는 라디오 방송을 내보냈다. 엄마는 딸이 독감에 걸렸다는 걸 알게 되자 콘티넨털의 맥스세이버MaxSaver 요금이 싸니까 당장 달려가서 딸과 손자들을 돌봐주겠다고 말한다. 하지만 광고 배경에서 흘러나오는 목소리가 언급하는 대로, 콘티넨털항공의 맥스세이버 요금은 탑승일로부터 최소 7일 전에 표를 사야 하고, 일단 표를 구입하면 환불이 불가능하다. 만약 딸이 일주일 뒤에도 몸이 아프면 엄마가 당장 딸이 있는 곳으로 가겠지만, 광고에서는 그렇게 사소한 세부 내용은 말하지 않는다. 콘티넨털항공의 대변인 릭 스콧은 이렇게 말한다. "TV와 라디오 광고를 문자 그대로 받아들여서는 안 됩니다. 우리 모두 그걸 알고 있죠. 일종의 창조적 허용이 존재하는 겁니다." 다른 이들은 '창조적 허용'을 거짓말을 위한 이중화법이라고 부른다.

1989년 연방거래위원회는 캠벨수프컴퍼니가 광고에서 치킨 누들 수프의 건강 효능을 "과장했다"고 고발하면서 이 광고가 "사실을 오도한다"고 규정했다. 캠벨 사가 자사의 치킨 누들 수프가 지방과 콜레스테롤 함량이 낮아 심장병 위험을 낮추는 데 도움이 된다고 광고한 것으로 보인다. 하지만 광고는 이 수프에 나트륨이 많이 들어 있다는 사실은 언급하지 않았다. 실제로 수프에는 일일 권장량의 3분의 1에 해당하는 나트륨이 들어 있었다. 연방거래위원회는 이 광고가 "캠벨 수프가 나트륨 함량이 많고, 고나트륨 식사는 심장병 위험을 높인다는 사실을 공개하지 않았다"고 비난했다. "이런 사실을 밝히지 않는 것은 기만행위다." 그다지 놀랄 일도 아니지만, 캠벨 사는 연방거래위원회의 지적에 동의하지 않았다. 캠벨 사의 홍보 관리자 데이비드 해크니는 "우리는 그 광고가 대중을 속인다고 생각하지 않는다"고 말했다. 그저 광고에서 약간의 '창조적 허용'을 구사했을 뿐이라는 것이다.

과장 광고의 기술

여러분에겐 조금 놀라운 사실일지 몰라도 미국에서 광고는 반드시 문자 그대로의 사실일 필요는 없다. 광고에서 제품 '부풀리기puffing'는 완전히 합법이다. '부풀리기'란 무엇일까? '부풀리기'는 제품에 대한 표현이 누구나 과장임을 알 수 있을 정도로 명백하게 과장된 경우를 말한다. 가장 흔한 '부풀리기' 사례는 '흥미진진한', '매혹적인', '풍성한', '완벽한'처럼 객관적으로 입증하거나 측정할 수 없는 주관적 표현을 쓰는 것이다. 하지만 광고 속 주장을 과학적으로 검증하거나 분석할 수 있는 경우에 이는 더 이상 '부풀리기'가 아니다.

텔레비전에서 광고를 보거나 라디오로 광고를 들을 때, 또는 신문이나 잡지에서 광고를 접할 때면 '부풀리기'와 드비어스, 콘티넨털항공, 존행콕뮤추얼생명보험의 광고를 떠올리길 바란다. 물론 이런 광고계 내부 정보를 알더라도 광고에 대처하기는 쉽지 않다. 당신은 제대로 대처할 수 있다고 생각하지만 실제로는 그렇지 않다. 당신은 광고의 이중화법에 관해 좀 더 알아야 한다. 광고가 어떻게 당신이 이해하고 있다고 생각하는 단어들을 사용해서 말하지 않고도 말하고, 약속하지 않고도 약속하며, 제품에 대해 아무 말도 하지 않으면서 무언가를 말하는 듯한 표현을 하는지, 한마디 말도 없이 소통하는 척할 수 있는지를 알아야 한다. 광고의 첫 번째 규칙은 보이는 게 다가 아니라는 것이다. 그리고 여기서 우리는 패리티 규칙Rule of Parity으로 들어서게 된다.

패리티 규칙

휘발유, 담배, 치약, 비누, 아스피린, 감기약, 화장품, 체취 제거제, 시리얼, 술 같은 제품을 패리티 제품parity product이라고 한다. 패리티 제품이란 브랜드와 상관없이 기능과 품질 면에서 서로 차별점이 거의 없는 제품들을 말한다. 가령 대부분의 치약은 거의 같은 성분 조합과 비슷한 제조 방식으로 만들어진다. 오늘날 시장에서 판매되는 수십 종의 치약은 본질적으로 차이가 없다. 따라서 모든 치약은 사실상 '동등'하다. 이것이 바로 '패리티'의 뜻이다. 자, 이제부터 흥미로운 부분이 시작된다. 잘 따라오길 바란다.

모든 치약이 서로 동등하기 때문에 어떤 한 브랜드가 다른 브랜드보다 우월할 수 없다. 따라서 모든 패리티 제품은 '좋은good' 제품일 뿐만 아니라 동시에 '최고의best' 제품이 될 수 있다. 즉 치약, 휘발유, 체취 제거제 같은 패리티 제품을 판매할 때는 자사 제품이 '최고 제품'이라고 광고하면서 그 주장을 입증할 필요가 없다. 하지만 어떤 패리티 제품이 다른 제품보다 '더 좋다better'고 주장한다면 이를 증명해야 한다. '더 좋다'는 것은 비교하는 말이자 우월하다는 주장인데 패리티 제품군에서는 오직 한 제품만이 다른 제품들보다 '더 좋을' 수 있기 때문이다.* 이

---

* 모두가 동등하다면(패리티 제품의 정의를 떠올려보라) 그중 하나만이 더 낫다고 주장할 수 있다. 여럿이 동시에 '더 낫다'면 동등성(parity)이 성립할 수 없기 때문이다.

말이 이해되는가? 정리하면 광고 이중화법의 세계에서 '더 좋다'는 '최고'를 뜻하지만 이때 '최고'는 단지 다른 제품들과 '같다$_{equal}$'는 뜻일 뿐이다. 그러니 나중에 최고라고 내세우는 패리티 제품 광고를 본다면, 그 광고는 해당 제품이 그 제품군의 다른 제품들만큼 똑같이 좋다는 뜻이라고 이해하면 된다. 결코 다른 제품보다 실제로 더 좋다는 의미가 아니다.

지금까지 패리티 제품들의 주장에 대해 헷갈리지 않았다고 해도 방심하지 마시라. 여기서 끝이 아니니까. 다음과 같은 험프티 덤프티식 논리*를 따라가보자. 한 제품군(예를 들어 오렌지 주스)에 속하는 모든 패리티 제품은 사실상 동일한 성분이기 때문에 서로 같다. 하지만 정의상 다른 패리티 제품군의 제품들과는 서로 다르다. 따라서 서로 다른 패리티 제품군 사이에는 비교가 가능하다. 그러니까 당신은 자사의 오렌지 주스가 비타민 알약보다 좋다고 주장할 수 있다. 오렌지 주스와 비타민 영양제는 각기 다른 패리티 제품군에 속하기 때문이다.

광고에서 '더 좋다'와 '최고'라는 단어의 의미가 재정의된 것, 또 패리티 제품이라는 개념 자체가 생겨난 원인을 전적으로 광고업계에 돌릴 수는 없다. 광고주들 뒤에 법원의 조력과 사주가 있었다. 법원이 일련의 판결들을 통해 이 모든 언어의 혼란을 법률 속에 명문화해놓았다.

---

* 루이스 캐럴의 《거울 나라의 앨리스》에 등장하는 험프티 덤프티는 말의 뜻을 마음대로 바꾸고 그것을 정당화한다. 따라서 험프티 덤프티식 논리란 말의 의미를 자기 멋대로 정의한 뒤 그것을 근거로 궤변을 늘어놓는 것을 가리킨다.

이제 당신은 패리티 주장에 관한 모든 것을 알기 때문에 다음과 같은 광고 문구에 속아 넘어가지 않을 것이다. "미닛메이드 최고의 주스" "네슬레 코코아가 최고 중의 최고" "테스트 결과, 한 구강 청결제가 입냄새 제거에 가장 효과적인 것으로 나타났습니다." 이 밖에도 "당신의 차를 위한 최고의 연료"라고 주장하는 휘발유 광고나 "최고의 면도를 선사한다"는 면도기 광고, "당신 치아를 위한 최고의 선택"이라는 치약 광고도 정말로 믿지 않을 것이다. 이 모든 주장은 각 브랜드가 다른 여느 브랜드와 똑같이 좋다는 뜻일 뿐이다. 험프티 덤프티가 앨리스에게 말한 것처럼, "내가 어떤 단어를 사용할 때, 그건 그냥 내가 선택하는 의미를 뜻할 뿐이지. 그 이상도 아니고, 이하도 아니야."

광고주들은 패리티 주장을 한껏 활용할 수 있다. 하지만 광고에서 이런 주장만 반복한다면 광고는 금세 지루해질 테고 광고주들은 어떻게 해서든 그런 상황을 피하고 싶어 한다. 따라서 광고주들은 비슷한 제품들을 서로 달라 보이게, 심지어 독특하고 특별해 보이게, 혹은 특별한 효능이 있는 듯 보이게 만들 다른 방법이 필요하다. 패리티 주장으로 부족한 경우에 광고주들이 항상 의지하는 오랜 대용품이 있다. '교묘한 말'이 그것이다.

소비자를 현혹하는 교묘한 말

광고주들이 자신들이 홍보하는 제품이 다른 비슷한 제품들과 정말로 다르다고 소비자를 설득하려 할 때 부딪치는 한 가지 문제는 이런 주장이 일부 법률에 위배될 수 있다는 것이다. 물론 관련 법률이 그렇게 많은 건 아니지만, 사기성 광고나 허위 광고를 방지하기 위해 고안된 법률이 몇 가지 있다. 레이건 대통령의 탈규제 태평성세 시절에도 연방거래위원회는 광고에서 노골적으로 거짓 주장을 하는 사례를 대대적으로 단속했다. 규제가 느슨하다고 해도 광고주들은 광고에서 제품을 홍보할 때 신중하게 언어를 구사해야 한다. 패리티 주장은 합법적이며 많은 판례에 의해 뒷받침되기 때문에 이런 상황에서도 안전하다. 하지만 광고주들에게는 패리티 주장 말고도 '교묘한 말'이 있다.

광고주들은 실제로는 아무 주장도 하지 않으면서 제품에 관해 어떤 주장을 하는 듯 보이는 교묘한 말을 구사한다. 교묘한 말weasel words은 족제비weasel가 다른 동물의 둥지에서 달걀을 찾아내서 먹어 치우는 방식에서 나온 표현이다. 족제비는 달걀에 작은 구멍을 뚫어서 내용물을 빨아먹고는 알을 둥지에 돌려놓는다. 달걀을 자세히 들여다보아야만 속이 빈 것을 알아챌 수 있다. 광고에서 구사하는 교묘한 말도 똑같다. 교묘한 말을 자세히 들여다보면 족제비가 쪽쪽 빨아먹은 달걀처럼 공허한 말임을 알 수 있다. 교묘한 말은 겉으로 보이는 것과 정반대 의미를 담은 말이나 아무 의미도 없는 말이다.

"도움이 된다" — 최고로 교묘한 말

광고 이중화법에서 최고로 교묘한 말은 'help(도움이 된다)'다. 오늘날 '도움이 된다'라는 말은 거들거나 힘을 보탠다는 뜻일 뿐

다른 의미는 없다. 정복하다, 중단하다, 제거하다, 끝장내다, 해결하다, 치료하다, 치유하다 같은 의미는 없다. 하지만 일단 광고에 '도움이 된다'라는 말이 들어가면 그 앞엔 어떤 말을 붙여도 괜찮아진다. '도움이 된다'가 뒤따르는 모든 표현의 의미를 약화하는 역할을 하기 때문이다. 이 마술의 비밀은 이것이다. 교묘한 말인 '도움이 된다' 다음에 나오는 주장은 대개 너무도 강력하고 극적이기 때문에 당신은 '도움이 된다'라는 말을 잊어버리고 오직 극적인 주장에만 집중하게 된다. 광고에서 거기 담겨 있지 않은 메시지를 읽어내는 셈이다. 특히 광고주는 당신이 광고에서 읽어낸 주장에 아무 책임이 없다. 그렇게 유도하기 위해 광고를 만들었다고 하더라도 말이다.

혹시 다음번에 "감기 증상을 빠르게 완화하는 데 도움이 된다"고 약속하는 감기약 광고를 보면 서둘러 구매하지 마시라. 이 주장이 실제로 무슨 말인지 자문해보아야 한다. '도움이 된다'는 말은 곧 이 약이 거들거나 힘을 보탠다는 뜻일 뿐임을 유념해야 한다. 무엇을 거들거나 무엇에 힘을 보태는 걸까? 감기 '증상'을 '완화'하는 데 도움이 된다는 것이다. '완화한다'는 것은 멈추거나 끝장내거나 치유하는 게 아니라 진정시키거나 누그러뜨리거나 경감한다는 뜻일 뿐이다. 게다가 이 주장은 약이 얼마나 많이 증상을 완화하는지도 말해주지 않는다. 이 광고 어디에서도 증상을 '치료'한다고 주장하지 않는다. 사실 이 광고는 약이 어떤 작용을 한다고 주장하지도 않는다. 다만 콧물이나 눈물, 두통 같은 감기 증상을 (치료하는 게 아니라) 완화하는 데 도움을 준다고 주장할 뿐이다. 다시 말해, 이 약에는 일반적인 코막힘 완화제와 아스피린 약간이 들어 있을 가능성이 크다. 그런데 '빠르게'란 무슨 뜻일까? 10분? 1시간? 하루? 한 사람이 빠르다고 생각하는 시간은 다른 사람에게는 아주 느린 시간일 수 있다. '빠르다'도 교묘한 말이다.

'도움이 된다'라는 문구는 광고에서 가장 인기 있는 축에 속한다. 어떤 광고에서는 "젊어 보이는 외모를 유지하는 데 도움이 된다"고 말하지만, 운동, 휴식, 충분한 영양 섭취, 주름살 제거 수술을 비롯해 젊은 외모를 유지하는 데 도움이 되는 건 많다. 특히 이 광고는 해당 제품이 당신의 젊음을 유지해준다고 말하는 대신, "젊어 보이게" 해준다고 말한다. 그런데 젊어 보이는 외모도 보는 사람에 따라 천차만별이다. 누군가에겐 젊어 보이는 외모가 다른 사람 눈에는 전혀 그렇지 않을 수 있다.

어느 치약 광고는 "충치 예방에 도움이 된다"고 말하는데, 실제로 충치를 예방해준다고 말하지는 않는다. 빼먹지 않고 이를 닦고, 설탕이 든 음식을 피하고, 매일 치실을 사용하는 것도 충치 예방에 도움이 된다. 어느 액체 세제 광고는 "집 안 세균을 없애는 데 도움이 된다"고 말하지만 실제로 세균을 죽인다고 말하지 않으며, 또한 어떤 세균을 죽이는지도 구체적으로 밝히지 않는다.

'도움이 된다'라는 교묘한 말은 워낙 유용하기 때문에 '싸우다'나 '제어하다' 같은 다른 동작 동사(두 동사 모두 '교묘한 말'이다)와 흔히 결합된다. "정기적으로 사용하면 비듬 증상을 제어하는 데 도움이 된다"는 한 샴푸 광고의 주장을 생각해보자. 이 말의 진짜 의미는 무엇일까? 비듬의 원인이나 비듬 자체가 아니라 비듬 증상을 (없애거나 저지하거나 끝장내거나 치료하는 게 아니라) 제어하는 데 보탬이 된다는 것이다. 비듬 증상이란 무엇인가? 광고는 의도적으로 정확히 말하지 않지만, 이 광고에서 언급되는 증상은 보통 비듬과 관련된 각질과 가려움증이다. 하지만 아무 샴푸든 사용해서 머리를 감으면 이런 증상은 일시적으로 사라지기 때문에 이 샴푸도 다른 제품과 전혀 다르지 않다. 마지막으로 이 제품의 효과를 보려면 정기적으로 사용해야 한다. '정기적으로 사용한다'는 건 무슨 뜻인가? 매일? 매주? 매시간? 다른 샴푸를 '정기적으로' 사용해도 효과는 똑같다. 이 광고의 주장 어디서도 이 특정한 샴푸가 비듬을 저지하거나 없애거나 치료한다고 말하지 않는다. 사실 이 광고는 실질적으로 아무 말도 하지 않았다. 온갖 교묘한 말을 구사한 덕분이다.

  잡지와 신문, 라디오와 텔레비전 같은 여러 매체에 나오는 광고를 듣고 보다 보면 온갖 제품 광고에 '도움이 된다'는 말이 쓰이는 걸 알게 된다. "~을 막는 데 도움이 된다", "~을 이겨내는 데 도움이 된다", "~을 없애는 데 도움이 된다", "~을 느끼는 데 도움이 된다", "~하게 보이는 데 도움이 된다"는 문구를 얼마나 자주 접하는지 확인해보라. 광고에서 '도움이 된다'라는 교묘한 말을 찾아보기 시작하면, 높은 출연 빈도에 깜짝 놀랄 것이다. 그리고 이 말을 사용하는 광고의 주장을 분석해보면, 그 광고들이 사실 아무 말도 하지 않는다는 걸 발견하게 될 것이다.

광고에서 사용되는 교묘한 말은 이 밖에도 많다. 실제로 너무 많아서 전부 나열해보면 이 책의 나머지 분량을 채울 정도다. 하지만 광고의 이중화법을 식별하고 광고 문구의 진짜 의미를 이해하려면 오늘날 광고에 사용되는 가장 인기 있는 교묘한 말들을 인식하는 데서 시작해야 한다.

"사실상 티끌 하나 없는"

교묘한 말 중에 특히 강력한 것이 '사실상virtually'이라는 단어다. 겉보기에 너무도 평범하고 무해해서 대부분의 사람들은 광고 문구에 이 단어가 쓰여도 거의 신경을 쓰지 않는다. 하지만 조심하시라. 광고에서 '사실상'은 아무 약속도 하지 않으면서 구체적이고 분명한 약속을 하는 듯 보이려 할 때 사용하는 단어다. 도대체 '사실상'이란 무슨 뜻일까? 사전에 따르면 이 말은 "실제로는 그렇지 않지만, 본질적으로 또는 실질적으로 그러한 상태"라는 뜻이다. 이 정의를 다시 잘 들여다보자. '사실상'은 사실은 그렇지 않다는 뜻이다. '거의'나 '대략 똑같은', 뭐 그런 의미도 아니다. 그리고 이 사소해 보이는 단어 하나에 굳이 관심을 쏟아야 하느냐고 무시하기 전에 사소한 말이 엄청난 결과를 불러올 수 있음을 알아 두길 바란다.

1971년 연방 법원은 피임약을 복용하던 중에 임신하게 된 여성이 제기한 소송에 판결을 내렸다. 이 여성은 제조업체인 일라이릴리앤컴퍼니를 보증 위반으로 고소했지만 재판에서 이기지 못했다. 법원은 피임약과 함께 제공된 설명서에 담긴 내용, 즉

"설명서대로 약을 복용하면 사실상 100퍼센트 피임이 보장됩니다"라는 말을 근거로 삼아 제조업체가 명시적으로든 암시적으로든 약효가 절대적이라고 보증한 적이 없다고 판단했다. 법원은 판결문에서 《웹스터 제3판 뉴인터내셔널 사전》에 따르면 '사실상'이란 '거의 전적으로'라는 뜻이고 분명 '절대적'이라는 뜻은 아니라고 지적했다('휘팅턴 대 일라이릴리앤컴퍼니' 사건, 333 F. Supp. 98). 다시 말해, 일라이릴리 사는 자사의 피임약을 설명서대로 복용한다고 해도 실제로 100퍼센트 피임을 보장하는 것은 아니라고 말했다는 것이다. 하지만 일라이릴리 사는 그런 내용을 직접 대놓고 말하고 싶지 않았다. 그러면 여성들이 자사의 피임약을 사지 않았을 수도 있기 때문이다.

다음에 이 식기 세척기 세제를 사용하면 "사실상 티끌 하나 없이 설거지를 할 수 있다"고 말하는 광고를 본다면, 광고주들이 '사실상'이라는 말의 의미를 얼마나 교묘하게 왜곡해 쓰는지 기억하길 바란다. 이 세제를 사용한 뒤 식기에 얼룩이 많이 남을 수 있지만 그래도 여전히 광고의 주장은 거짓이 아니다. 이 주장의 진짜 의미는 이 세제가 실제로 접시를 깨끗하게 닦아준다는 게 아니기 때문이다. 광고에서 '사실상'이라는 단어를 사용하는 주장을 보거나 들을 때면 실제 의미로 바꿔서 받아들여야 한다.

따라서 "사실상 고장이 나지 않는" 텔레비전은 실제로는 고장이 나지 않는 것은 아닌 텔레비전이 되고, "사실상 누구나 작동할 수 있는" 기구는 실제로는 "누구나 작동할 수 있는 것은 아닌" 기구가 되며, "사실상 AS가 필요 없는" 제품은 실제로는 간혹 AS가 필요한 제품이 된다.

'새로운'과 '개선된'

'새로운new'이 제품 포장지에 가장 자주 쓰이는 단어라면, '개선된improved'은 두 번째로 많이 쓰이는 단어다. 실제로 두 단어는 거의 언제나 같이 쓰인다. 요즘 판매되는 물건은 하나같이 '새롭고 개선된' 제품인 것 같다. 다음에 슈퍼마켓에 가면 두 단어가 얼마나 많이 보이는지 한번 세어보시라. 다만 한 코너에서만 해보는 게 좋겠다. 안 그러면 세고 있던 숫자를 까먹지 않기 위해 계산기가 필요할 테니까.

그런데 광고에 등장하는 '새로운'과 '개선된'은 무슨 뜻일까? '새로운'이라는 단어를 사용하는 것은 법규로 제한되어 있기 때문에 광고주는 일정한 요건을 충족하지 못하는 제품이나 광고에 이 단어를 사용할 수 없다. 가령 한 제품은 전국적 광고 캠페인이 진행되는 중에는 약 6개월 동안만 신제품으로 간주된다. 하지만 제한된 테스트 시장에서만 광고되고 있다면 신제품이라는 표현을 더 오래 사용할 수 있고, 어떤 경우에는 최대 2년까지도 사용된 사례가 있다.

'신'제품이란 어떤 물건을 말하는 걸까? 일부 제품은 오랫동안 판매된 것인데도 '신'제품으로 광고되는 걸 볼 수 있다. 아마 제품에 '중요한 기능상 변화'가 생겼을 때 광고주가 신제품이라는 말을 쓸 수 있는 듯하다. 이제 당신은 '중요한 기능상 변화'란 무슨 뜻인지 묻고 싶을 것이다. 좋은 질문이다. 제품에 중요한 변화가 있었다는 주장을 입증할 책임은 제조업체에 있다. 그리고 그 주장에 이의가 제기되지 않는다면, 해당 제품을 '신'제품으로 광고하는 것을 막을 수 있는 사람은 아무도 없다. 게다가 그 변화가 반드시 제품의 개선일 필요도 없다. 한 제조업체는 청소 제품에 인공 레몬 향을 첨가하고 이를 '개선된 신제품'이라고 광고했다. 레몬 향이 없으면 깨끗하게 닦이지 않는 것도 아닌데 말이다. 제조업체는 인공 향 때문에 제품의 화학식이 바뀌었고 이것이 바로 '중요한 기능상 변화'에 해당한다고 주장하며 '신'제품이라는 표현을 사용하는 것을 정당화했다.

이제 자연스럽게 '개선된'이라는 단어가 궁금해진다. 광고에서 사용되는 '개선된'이라는 단어는 '더 좋아졌다'는 뜻이 아니다. 단지 '바뀌었'거나 '전과 다르다'는 뜻일 뿐이다. 세제 제조업체가 세제 상자에 플라스틱 주둥이만 달아도 그 제품은 '개선된' 것이 되고, 그걸 계기로 완전히 새로운 광고 캠페인이 시작된다. 또는 시리얼 제조업체에서 시리얼에 과일을 더 많이 넣거나 다른 종류의 과일을 넣기만 해도 '개선된' 제품이 된다. 이제 왜 제조업체들이 제품에 끊임없이 사소한 변화를 주는지 의문이 풀렸을 것이다. 제품이 더 좋게 바뀌었다는 확신을 주기 위해 설계된 새로운 광고 캠페인들은, 실제로 제품의 피상적인 요소에 일어난 사소한 변화에 기반을 둔다. 다음에 '개선된' 제품을 알리는 광고를 보면 예전 제품에 뭔가 문제가 있었는지 자문해보자. 과연 그 제품이 얼마나 '개선'됐는지도 의문을 품어보자. 마지막으로 '개선된' 버전이 예전 것보다 더 비싼지 확인해보는 게 좋다. 어쨌든 개선된 제품의 광고에 투입된 수백만 달러를 누군가는 지불해야 하니까.

광고주들은 '개선된 신제품'이라고 주장하는 광고를 정말 좋아한다. '신제품'이란 단어를 사용하는 데는 어느 정도 규제가 따르지만 '개선된'은 주관적인 판단이다. 한 제조업체가 스틱형 체취 제거제의 모양을 바꾸었다고 치자. 모양이 바뀌는 것만으로 체취 제거제의 기능이 개선되지는 않는다. 다시 말해, 모양을 바꾸는 건 체취 제거제의 체취 완화 기능에 영향을 끼치지 않기 때문에 제조업체는 이를 '개선'이라고 부른다. 또 다른 제조업체는 액체 세제에 암모니아를 첨가한 뒤 '개선된 신제품'이라고 부른다. 암모니아 첨가는 제품의 세정 기능에 영향을 끼치기 때문에 '상당한 기능 변화'가 이루어진 것이며, 제조업체는 이제 이 세제를 '개선된 신제품'이라고 부를 수 있다. 요즘은 '개선된 신제품'이라는 교묘한 말이 포장지 곳곳에 덕지덕지 붙어 있고 수백만 달러짜리 광고 캠페인의 근거가 된다. 하지만 6개월이 지나면 '신제품'이라는 말을 쓸 수 없다. 누군가 제품에 가할 또 다른 변화를 고안해내기 전까진 말이다. 어쩌면 액체에 색상을 추가하거나 용기 모양을 바꾸거나 내용물이 흐르지 않는 주둥이를 추가할 수도 있다. '개선'은 끝이 없으며, 광고의 새로운 주장과 캠페인도 끝이 없다.

'신제품'은 광고에서 너무도 유용하고 강력한 단어이기 때문에 광고주들이 쉽게 포기하기 어렵다. 그래서 '신제품'이라는 말을 직접 쓰지 않으면서도 신제품으로 해석될 수 있는 교묘한 말을 사용한다. 선호하는 표현 중 하나는 "개선된 타이드 비누를 소개합니다", "얼룩 제거제를 소개합니다" 같은 문구에 나오는 '소개한다introducing'이다. 실제로 전자는 단순히 "이것이 우리의 개선된 비누입니다"라는 뜻이고, 후자는 "우리 세제의 새로운 광고 캠페인을 시작합니다"라는 뜻이다. 광고주가 선호하는 또 다른 표현은 "지금 사이넥스를 구입하세요" 같은 문구에 들어간 '지금now'이라는 단어다. 이것은 사이넥스 감기약을 살 수 있다는 뜻일 뿐이다. 그리고 "오늘의 쉐보레", "코감기약 드리스탄을 소개합니다", "하루를 신선하게 시작하는 방법" 같은 문구도 있다. 이런 목록은 정말 끝이 없다. 광고주들은 언제나 '신제품'이라는 말을 하지 않고도 그런 의미를 전달하는 새로운 방법을 찾고 있기 때문이다. 이 책의 2판을 찍는다면 나는 '개정 신판'이라고 부를 것이다. 독자 입장에서도 그냥 '2판'보다는 '개정 신판'을 갖고 싶지 않겠는가?

"빠르게 작용하는"

'작용한다acts'와 '효과 있다works'도 광고 분야에서 인기 있는 교묘한 말이다. 제품과 광고의 주장에 활력을 불어넣기 때문이다. "기침 조절 중추에 작용하는" 시럽 기침약 광고를 보게 되면, 그 시럽 기침약이 어떤 작용을 한다고 주장하는지 자문해보자. 그저 '작용'을 한다고, 그러니까 뭔가를 한다고 주장할 뿐이다. 그런데 정확히 어떤 일을 하는 걸까? 광고에서는 말해주지 않는다. 단지 어떤 작용을 하거나 '기침 조절 중추'에 무언가 효과가 있다고 주장할 뿐이다. 그런데 '기침 조절 중추'는 무엇이고 어디에 있는 걸까? 인체 생물학 시간에 인체의 그 부위에 관해 배운 기억이 나지 않는다.

"빠르게 작용한다", "억제 작용을 한다", "예방 작용을 한다" 같은 문구를 사용하는 광고는 사실 아무 말도 하지 않는 셈이다. '작용한다'라는 단어는 구체적인 의미가 없는 공허한 말이기 때문이다. 광고는 언제나 제품이 어떤 '작용'을 하는지 정확하게 말하지 않으려고 조심한다. 어떤 아스피린 브랜드가 자사 제품이 두통 완화에 '빠르게 작용한다'고 주장한다고 해서 그 아스피린이 다른 제품보다 더 뛰어나다는 뜻은 아니다. 그 아스피린은 어떤 '작용'을 하는 걸까? 당신은 절대로 답을 찾을 수 없다. 어쩌면 그저 빨리 녹는 것일 수도 있다. 아스피린은 패리티 제품이기 때문에 모든 아스피린은 똑같고 따라서 기능도 똑같다.

"다른 모든 것처럼 효과가 나는"

광고에서 '작용한다'라는 단어가 보이지 않으면 그 대신 '효과 있다'라는 교묘한 말을 보게 될 가능성이 크다. 실제로 두 단어는 광고에서 거의 호환된다. 어떤 제품이 "~에 효과가 있다", "~와 같은 효과", "효과가 오래 지속된다"라고 말하는 광고를 조심해야 한다. '작용한다'와 마찬가지로 '효과 있다'도 해당 제품이 어떤 효력이 있다거나 심지어 특별하거나 독특한 효력이 있다고 믿게 만들기 위해 사용되는 의미 없는 말이다. '효과 있다'는 '작용한다'와 마찬가지로 구체적인 의미가 없는 공허한 말일 뿐이다.

"마법 같은"

광고주들이 소비자가 제품 자체에 대해 생각하기를 멈추고 그 제품보다 더 크거나 더 좋거나 더 매력적인 무언가를 떠올리게 만들고자 할 때 흔히 쓰는 아주 인기 있는 단어가 '~같은like'이다. 광고주들이 구사하는 '~같은'이라는 단어는 마술사가 관객의 "시선을 돌리기" 위해 하는 행동에 해당한다. '~같은'이라는 단어를 접하는 순간 당신은 제품을 무시하고 광고주가 하는 주장에 신경을 집중하게 된다. 어느 스킨 크림 광고는 "복숭아나 크림 같은 피부를 위한" 제품이라고 주장한다. 이 문구는 실제로 무슨 주장을 하는 걸까? 광고는 이 스킨 크림을 바르면 피부가 화사하고 매끄럽게 바뀐다고 말하지 않는다. 이 주장에는 동사가 없다. 그러니까 이 제품을 구매하거나 사용하라는 말도 없는 것이다. 그런데 피부가 어떻게 '복숭아나 크림'처럼 될 수 있을까? 광고는 단어의 사전적 정의에 따라 말 그대로 정확하게 읽어야 한다는 것을 유념하시라.(일라이릴리앤컴퍼니 사건에서 '사실상'이 어떻게 해석됐는지를 기억하시라.) 이 광고는 해당 스킨 크림을 두고 어떤 약속이나 주장도 하지 않는다. 이 크림을 바르면 피부가 부드럽고 매끄럽고 젊어진다고 생각한다면 당신이 광고를 그런 의미로 읽은 것일 뿐이다.

"프랑스로 여행을 떠나는 것과 같다"고 주장하는 와인 광고는, 당신이 파리의 어느 분위기 있는 작은 식당에서 멋진 식사를 마친 뒤 대로를 거닐며 낭만적인 저녁을 보내는 모습을 떠올리게 만들고 싶어 한다. 물론 와인 하나로 정말로 프랑스로 떠날 수 있다고 믿는 사람은 없다. 하지만 이 광고의 목적은 당신이 와인의 맛이나 가격이 아니라 프랑스에 대한 기분 좋고 낭만적인 생각을 하게 만드는 것이다. '~같은'이라는 간단한 단어는 당신을 으깬 포도알에서 끌어내 당신 자신이 상상으로 만들어낸 세계로 데려간다. 어쩌면 당신은 다음에 와인을 고를 때 이 브랜드를 보고 다시 그 기분 좋은 생각이 떠올라 해당 제품을 집어 들게 될지 모른다. 아니면 아예 와인을 살 생각도 없다가 다음 쇼핑 때 무심코 한 병 집어 들게 될지도 모른다. 오오, 이것이 바로 광고에서 "~같은"의 힘이리니.

'~같은'이 들어간 광고 문구 가운데 가장 유명한 사례를 보자. "윈스턴은 맛이 좋습니다, 담배라면 그래야죠 Winston tastes good like a cigarette should." 문법적 오류는 제쳐두더라도, 여기 담긴 주장이 무엇인지 생각해볼 필요가 있다. 담배가 맛이 좋거나 나쁜 것은 주관적인 판단이다. 한 사람한테는 좋은 맛이 다른 사람한테는 끔찍한 맛일 수 있기 때문이다. 미식으로 유명한 프랑스풍 요리라 해도 누구나 달팽이 튀김을 좋아하는 것은 아니다. ("취향은 논쟁의 대상이 아니다 De gustibus non est disputandum"라는 라틴어 격언은 언제 어디서나 유효하다.) 담배라면 무엇이든 맛이 끔찍하다고 말하는 사람이 많지만, 몇 가지 담배만 제대로 된 맛이 난다고 말하는 사람도 있고, 또 담배라면 모두 맛이 좋다고 하는 사람도 있다. 누가 옳을까? 전부 다 옳다. 맛은 개인의 판단 문제이기 때문이다.

 더욱이 'should'라는 조건법 표현을 사용한 것에 주목해야 한다. 온전한 문장은 "Winston tastes good like a cigarette should taste"다. 그런데 담배가 맛이 좋아야 하는가? 이번에도 역시 개인의 판단 문제이며 아마 각자 흡연 경험에 크게 좌우될 것이다. 따라서 윈스턴 광고는 단지 윈스턴 담배는 다른 여느 담배들과 똑같다는 말일 뿐이다. 담배 맛을 좋아하는 사람도 있고 그렇지 않은 사람도 있다. R.J.레이놀즈타바코컴퍼니는 이 문구로 수백만 달러짜리 광고 캠페인을 성공적으로 수행했고, 이 광고 덕분에 윈스턴은 말보로를 바짝 추격하면서 미국에서 두 번째로 많이 팔리는 담배의 지위를 지켰다.

광고 문구 비판적으로 읽기

 광고의 이중화법을 분석하려면 광고에 담긴 모든 단어에 관심을 기울이면서 각 단어가 실제로 무슨 의미인지를 판단해야 한다. 광고주들은 실제로는 전혀 그렇지 않으면서도 구체적이고 명확하며 객관적인 사실처럼 보이게 만드는 언어로 자신의 주장을 포장하려 한다. 우리가 할 일은 광고를 주의 깊게 읽고 비판적으로 듣는 것이다. 그렇게 하면 아나운서가 "크레스트 치약은 상당한 가치가 있을 수 있습니다 Crest can be of significant value"라고 말할 때, 곧바로 이 주장이 아무 의미도 담고 있지 않음을 알아챌 수 있다. 이 광고에서 이중화법은 어디에 있을까? 두 번째 단어

(can)에서 시작해보자.

다시 말하지만, 각 단어가 실제로 의미하는 바를 봐야지, 당신이 그렇게 받아들이고 싶은 의미나 광고주가 그렇게 믿게 하려는 의미를 봐서는 안 된다. 크레스트 치약 광고는 단지 이 제품을 사용하는 것이 '상당한 가치'가 있을 수 있다고만 말한다. 이 광고는 '상당한'이라는 단어를 사용해 '가치'라는 단어에 관심이 쏠리게 만들면서 실제로는 단지 그런 가치가 '있을 수 있다'고 주장한다는 사실을 잊어버리게 만든다. 광고는 크레스트 치약이 가치가 있다고 말하지 않으며, 다만 "있을 수 있다" 즉 그럴 '가능성'이나 '개연성'이 있다고 말할 뿐이다. 'can'이라는 단어의 의미가 그런 것이기 때문이다.

우리는 이 사소한 표현 'can be'의 중요성을 놓치기 쉽다. 광고에 흔히 나오는 '최대 up to'라는 말의 중요성을 놓치기 쉬운 것처럼. 이것은 세일 광고에서 아주 인기 있는 문구다. "최대 50퍼센트 할인!" 같은 광고 문구 말이다. 그런데 이 광고의 주장은 무슨 의미일까? 그렇게 많이 할인해준다는 뜻은 아니다. 상점이나 제조업체는 몇몇 품목에서만 가격을 50퍼센트 깎아주기 때문이다. 다른 모든 제품은 할인 폭이 그만큼 크지 않거나 심지어 할인을 안 할 수도 있다. 게다가 원래 얼마인데 50퍼센트를 할인해주는지 알고 싶지 않은가? 가능한 한 가장 높은 가격인 '제조업체 권장 소비자가격'의 50퍼센트일까? 이 가격을 인위적으로 부풀린 다음 할인해주는 걸까? 다른 광고들에서는 '최대'라는 문구가 일종의 이상적 상황을 나타낸다. '최대 10배 빠르게' 효과가 나타나는 약, '최대 2배 오래가는' 배터리, '최대 2배 깨끗해지는' 비누 등은 모두 이 제품을 사용하는 이상적인 상황에 근거한 주장이다. 하지만 알다시피 우리는 절대 이런 이상적인 상황을 장담할 수 없다.

무언의 약속을 상상하게 만드는 법

광고에 쓰이는 '최대 up to' 같은 식의 표현을 '미완성 문구 unfinished words'라 한다. 배터리가 "최대 2배 오래간다"는 주장은 대개 비교 대상이 무엇인지 말해주지 않는다. 어떤 것보다 2배 오래가는 건가? 생일 초보다? 휘발유 한 통보다? 기술 발전으로 유명하지 않은 나라에서 제조한 싸구려 배터리보다? 이 문구는 해당 배터리가 다른 배터리 제조업체에서 만든 제품보다 2배 오래간다거나 광고주가 만든 이전 모델보다 2배 오래간다는 함의를 암시한다. 하지만 실제로 광고는 절대 이렇게 주장하지 않는다. 세심하게 배치된 시각 이미지의 도움을 받아서 당신이 광고에서 그런 주장을 이끌어냈을 뿐이다.

미완성 문구를 완성하는 것은 당신의 몫이며, 광고주들이 사려 깊게 광고에 넣지 않은 문구를 떠올리는 것도 당신이다. 펠멜 Pall Mall 담배는 한때 "더 길고 질 좋고 순한 담배"라고 광고되었다. 그런데 어떤 것보다 더 길고 질 좋고 순하다는 것인가? "의사들이 가장 추천하는 진통제 성분보다 2배 많은" 성분이 담긴 아스피린은 어떤 진통제 성분이 2배 더 함유되어 있는지 알려주지 않는다.(참고로 말하면 이 약은 아스피린일 뿐이다. 그렇다. 그냥 아스피린 성분이 2배 많이 들어 있다는 뜻이다. 그런데 어떤 용량의 2배인가? 기준이 무엇일까?) 파나돌Panadol은 "그 누구도 이보다 더 빠르게 열을 내리지 못한다"고 자랑하는데, 파나돌은 패리티 제품이기 때문에 이 주장은 단지 이 약이 다른 패리티 제품들과 거의 똑같다는 뜻일 뿐이다. "웨스팅하우스Westinghouse라면 믿으셔도 됩니다"라고 광고는 말하지만, 어떤 것을 믿어야 한다는 것인지는 절대 언급하지 않는다. "매그나복스Magnavox는 더 많은 걸 제공합니다"라는 문구도 어떤 것을 더 제공하는지 말해주지 않는다. 더 많은 가치? 더 많은 텔레비전? 전에 제공한 것보다 더 많이? 좋은 말처럼 들리기는 하지만, 광고주가 사용하지 않은 말을 당신이 직접 채워 넣기 전까지는 아무 의미도 없다. 사람마다 각자 광고의 주장을 다르게 받아들이기 때문에 해당 광고는 모든 사람을 만족시킬 수 있다. 하지만 실제로는 어떤 약속도 하지 않는다.

광고에 미완성 문구가 숱하게 쓰이는 것은 그 자체로 많은 것을 약속하는 것처럼 보이게 해주기 때문이다. 특히 미완성 문구가 텔레비전에서 강력한 시각 이미지와 결합하면, 실제로는 어떤 약속도 하지 않으면서 제품의 효과에 관해 뭔가 중요한 약속을 하는 것처럼 보이게 된다. 텔레비전 광고에서 진통 효과가 빠르다고 주장하는 아스피린 제품은 두통에 시달리는 사람이 약을 먹은 다음 불과 몇 초 만에 씻은 듯이 나은 모습을 보여줄 수 있다. 이런 시각 이미지는 미완성 문구에 담긴 어떤 주장보다도 강력하다. 시각 이미지는 당신을 위해 그 문구에서 빠진 의미를 그림으로 채워서 미완성 문구를 완성해준다. 그런데도 당신은 그 광고에 영향을 받지 않았다고 생각한다. 자, 그럼 지금 당신은 어떤 브랜드의 아스피린을 먹고 있는가?

몇 년 전 포드모터컴퍼니는 광고에서 "포드 LTD 700퍼센트 더 조용합니다"라고 선언했다. 이 미완성 문구로 포드가 무슨 주장을 하려고 한 것 같은가? 포드 LTD는 어떤 차보다 더 조용할까? 캐딜락? 벤츠? BMW? 연방거래위원회가 포드에 이 미완성 문구의 실제 의미를 밝히라고 요청하자 포드는 LTD 모델의 실내가 실외보다 700퍼센트 조용하다는 뜻이라고 답했다. 당신은 이 미완성 문구를 처음 보았을 때 전체 문장을 어떻게 완성했는가? 포드가 실제로 의도했다는 의미를 상상이라도 했는가?

교묘한 말 결합하기

이런저런 범주에 깔끔하게 들어맞지 않는 광고도 많다. 서로 다른 여러 장치와 단어 들을 사용하기 때문이다. 종종 각기 다른 교묘한 말이 결합되어 쓰인다. "커피메이트는 더 묵직하고 향이 좋습니다"라는 주장은 '미완성 문구'를 활용하며(어떤 것보다 '더'인가?) 또한 특정한 의미가 전혀 없는 단어를 사용한다('묵직하다'와 '향'). '맛'(윈스턴 광고에 나온 맛이 좋다는 주장을 기억하라)과 더불어 '묵직하다'와 '향'은 아무 의미가 없는 말이다. 완전히 주관적인 판단이기 때문이다. 당신에게 커피가 '묵직하다'는 것은 진하거나 검거나 쓰다는 뜻일 수 있지만 나는 이를 연한 갈색을 띤 섬세한 맛의 커피를 뜻하는 것으로 생각할지 모른다. 방금 당신이 읽은 문장을 이해했다고 생각한다면 이제 다시 한 번 읽어보자. 객관적인 정보가 담긴 말은 없고 교묘한 말만 가득할 뿐이다. '진한', '검은', '쓴', '연한 갈색', '섬세한' 같은 단어가 전부 그렇다. 각 단어에는 어떤 특정하고 객관적인 의미가 없다. 우리 각자가 서로 다르게 해석할 수 있기 때문이다.

다음과 같은 슬로건을 해석해보자. "모양도, 향기도, 맛까지 분쇄 로스트 커피처럼." 이 광고를 보고 테이스터스초이스 인스턴트커피를 사고 싶은 마음이 드는가? '모양', '향기', '맛'은 전부 특정한 의미가 없는 말이다. 당신이 어떤 뜻으로 해석하는지에 따라 달라진다. 그리고 '~처럼 like'이라는 교묘한 말이 나오는데, 이 단어는 제품이 그런 특성을 지닌 것처럼 암시할 뿐이지 실제로 그런 특성이 있다고 말하지 않는다. 게다가 당신은 '분쇄 로스트' 커피가 무엇인지 아는가? 나는 모르겠지만 그래도 확실히 뭔가 좋은 것처럼 들리긴 한다. 따라서 이 광고에 포함된 8개 단어 가운데 4개는 확실히 교묘한 말이며, 2개는 아무 의미 없는 말이며, 2개만 분명한 의미가 있다.

"의사들이 가장 추천하는 진통제 성분보다 2배 많은"이라는 애너신 Anacin 광고를 기억하는가? 이 광고에는 교묘한 말이 숱하게 들어 있다. 첫째, 이 광고에서 이야기하는 진통제는 무엇인가? 물론 아스피린이다. 실제로 '진통제'라는 단어를 사용하는 광고를 보거나 들을 때면 자동적으로 '아스피린'이라는 단어로 대체할 수 있다.(아세트아미노펜과 이부프로펜 계열 진통제 제조업체들은 자사 제품이 비아스피린계 제품임을 드러내기 위해 광고에 주의를 기울인다.) 따라서 이제 우리는 애너신에 아스피린이 들어 있다는 걸 안다. 게다가 애너신에 아스피린이 2배 많이 들어 있다는 걸 알지만, 무엇의 2배만큼인지는 알지 못한다. 일반적인 아스피린 알약보다 2배 많이 들어 있는 걸까? 만약 그렇다면 일반적인 아스피린 알약이란 무엇이고, 거기에는 아스피린이 얼마나 많이 들어 있나? 엑시드린Excedrin이나 버퍼린Bufferin의 2배인가? 초콜릿 칩 쿠키의 2배인가? '미완성 문구'가 어떻게 아무 말도 하지 않으면서 당신을 유도하는지를 기억하시라.

　마지막으로, 이 모든 것을 추천하는 의사들은 어떤가? 그들은 과연 누구인가? 얼마나 많은 의사들이 그런 추천을 하는가? 어떤 분야 의사들이고 어떤 자격증을 갖고 있는가? 누가 그 의사들에게 진통제를 추천해 달라고 요청했을까? 그 의사들이 추천하는 다른 진통제는 어떤 게 있을까? 이 밖에도 의사들을 상대로 한 이 '여론 조사'에 관해 하고 싶은 질문이 산더미처럼 많지만, 독자 여러분은 내가 지금 무슨 이야기를 하고 싶은 건지 이해하셨으리라 믿는다. 가끔 내 주치의에게 전화를 하면 아스피린 두 알을 먹고 아침에 병원으로 전화를 달라고 말한다. 혹시 애너신 광고는 이런 대화에서 아이디어를 얻은 게 아닐까?

제품 설명서를 읽읍시다

교묘한 말은 텔레비전이나 라디오, 신문이나 잡지 광고에서만 보이는 게 아니다. 제품과 관련된 어떤 언어에든 광고의 이중화법이 담겨 있다. 일라이릴리앤컴퍼니 사건과 피임약에 들어 있는 설명서에 적힌 이중화법을 기억하시라. 여기 또 다른 사례가 있다.

1983년 화장품 회사 에스티로더는 '나이트 리페어 Night Repair'라는 신제품을 발표했다. 제품에 동봉된 작은 브로슈어에는 이런 문장이 있었다. "나이트 리페어는 스위스의 에이지 컨트롤 스킨케어 프로그램의 일환으로 에스티로더 미국 연구소에서 과학적으로 제조된 제품입니다. 노화 과정을 제어하는 것은 오직 자연뿐이지만, 이 프로그램은 노화의 신호를 제어하고 피부가 더 젊어 보이게, 그리고 그렇게 느껴지게 도와줍니다." 이 두 문장을 다시 읽어보고 싶은 마음이 든다면, 그건 이 문장들이 뭔가 대단하게 들려도 실제론 아무 내용도 담겨 있지 않기 때문이다.

첫째, 제품이 회사 연구소에서 '과학적으로 제조'되었다는 점을 주목하자. 이게 무슨 뜻일까? 과학적 제조란 도대체 무엇인가? 당신은 이 회사가 무심코, 또는 기계적으로, 별생각 없이 제품을 제조했다거나 어느 날 흰색 가운을 입은 사람들이 더 좋은 방법을 찾지 못해 그냥 재료를 한데 섞었다고 말할 것으로 기대하지 않을 것이다. '과학적으로'라는 말은 해당 제품에 대해 정밀함과 효과에 대한 기대를 품게 만들지만 실제로는 근거가 없다.

하지만 구문론이나 의미론 측면에서 정말로 교묘한 것은 두 번째 문장이다. 이 문장에서 유일하게 사실과 관련된 부분은 도입부의 종속절—"노화 과정을 제어하는 건 자연뿐이지만"—이다. 광고에서 유일한 사실은 종속절에 담겨 있고 중심이 되는 주절에는 사실과 관련된 구체적인 정보가 전혀 없으며 오히려 주절은 종속절과 모순되는 주장을 편다. 새로운 '스킨케어 프로그램'(단순한 스킨 크림이 아니라 '프로그램'인 데 주목하라)은 노화 과정을 중단하거나 지연한다고 주장하지 않는다. 그렇다면 약 23.7그램 한 병에 35달러(1983년 기준)가 넘는 나이트 리페어는 어떤 작용을 하는가? 이 브로슈어에 따르면 아무 작용도 하지 않는다. 단지 '도와줄' 뿐이다. 얼마나 많이 도움이 되는지도 알려주지 않는다. 더욱이 '제어'하는 데 '도움'이 되고, 노화 자체가 아니라 '노화의 신호'를 제어하는 데 도움이 될 뿐이다. 또한 피부가 젊어지는 게 아니라 젊게 '보이게, 그리고 그렇게 느껴지게' 도와준다. 특히 이 브로슈어에는 젊음의 기준에 관해 아무 말도 없다. 나이트 리페어를 비롯해 어떤 화장품이든 많은 돈을 쓰기 전에 먼저 설명서를 주의 깊게 읽고 자신이 구매하는 물건이 제값을 할지 판단해야 한다.

광고 이중화법이 계속되는 이유

광고주들이 사용하는 이중화법은 끝이 없다. 이 장 앞부분에서 로서 리브스가 설명한 광고의 기능에 관한 설명을 기억해 보라. 광고란 무에서 유를 창조하는 것이다. 이때 가장 좋은 방법은 언어를 이용하는 것이다. 텔레비전과 잡지와 신문에는 시각 이미지가 많이 사용되지만, 모든 광고주는 대중의 의식에 새겨질 인상적인 문구를 만들어내고 싶어 한다. 어느 연구에서 'relief(편안함)'라는 단어의 철자를 빠르게 써보라는 요청을 받은 아이들이 "r-o-l-a-i-d-s"*라고 쓰고는 뿌듯해했다는 일화를 접했을 때, 광고사는 순수한 기쁨을 감추지 못했을 게 분명하다.

광고에 사용되는 이중화법의 변이와 결합과 치환은 끝없이 계속 이어진다. 수사적 질문("뷰익이 있으면 정말 좋지 않을까요?" "프레스톤을 믿지 못하겠다면 누구를 믿을 수 있겠습니까?")에서부터 칭찬으로 사람을 구슬리는 것("숙녀에게는 취향이 있습니다" "시가 애호가는 특별한 사람입니다" "당신은 성공했어요")**까지 다양하다. 물론 우리는 이런 질문에 어떻게 대답해야 하는지 알고 있으며, 이런 칭찬이 제품의 판촉으로 이어질 뿐이라는 것도 안다. 하지만 이런 업계의 술책이 너무 빤하다고 무시하기 전에 이 모든 발언과 질문이 큰 성공을 거둔 광고 캠페인의 일부라는 것을 기억

---

* 롤레이즈(Rolaids)는 1954년 미국에서 출시된 제산제 브랜드명이다. 이 약은 광고 첫 화면에 "How do you spell relief?('편안함'의 철자를 어떻게 쓰나요?)"라는 문장을 보여주고 곧이어 사람들이 등장해 "Rolaids"라고 글자를 써서 보여주거나 직접 "롤레이즈"라고 발음하는 텔레비전 광고를 내보냈다.
** 첫 번째는 1973년 이브 담배의 광고 문구이고, 두 번째는 1970년 엘프로둑토 시가의 광고, 세 번째는 1968년 필립모리스가 여성 흡연자를 대상으로 내보낸 광고 문구이다.

해야 한다.

더 교묘한 접근법은 실제로는 그 제품만의 고유한 특성이 아닌데 고유한 특성이라고 선언하는 것이다. "굿이어라고 표시되어 있지 않으면 그건 폴리글래스가 아닙니다." 참 그럴듯하게 들리지 않는가? '폴리글래스'는 굿이어에서만 팔 수 있다. 굿이어가 상표권을 가지고 있기 때문이다. 다른 타이어 제조업체는 똑같은 타이어를 만들 수는 있어도 이를 '폴리글래스'라고 부르지 못한다. 상표권 침해가 되기 때문이다. '폴리글래스'는 굿이어가 만든 유리 섬유 강화 타이어의 제품명일 뿐이다.

과학과 기술은 제품 판매에서 대단한 호소력을 발휘한다. 광고주들은 자사 제품을 홍보하기 위해 주저 없이 과학의 언어를 동원해 이중화법을 구사한다. 온갖 종류의 제품에 수많은 묘약과 첨가제, 과학적 물약, 신비로운 혼합물이 첨가된다. 휘발유에는 'HTA', 'F-310', '플랫포메이트Platformate' 등 화학적 분위기를 물씬 풍기는 첨가제가 들어 있지만, 광고 어디서도 이런 첨가제에 관한 실질적 정보는 제공하지 않는다.

샴푸, 체취 제거제, 구강 청정제, 감기약, 수면제, 그 밖에 수많은 제품에는 놀라운 효능을 내는 특별한 화학 성분이 들어 있는 것 같다. "서츠*에는 발포성 렛신Retsyn 한 방울이 들어 있습니다." 뭐라고? 도대체 '렛신'이 뭘까? 무슨 작용을 하는 건가? 그게 왜 그렇게 특별한가? 제품에 비밀스러운 성분이 들어 있지

---

* 서츠(Certs)는 구강 청정제 브랜드이다.

않더라도 광고주들은 과학적 타당성을 주장할 방법을 찾는다. "실제로 부비동 두통에 시달리는 연구 과학자가 만든 제품인 시나레스트 Sinarest"도 있다. 이 과학자는 어떤 연구를 하는 사람일까? 이비인후과 전문가인지 어떻게 알 수 있나? 게다가 이 광고는 약 자체에 대해, 그리고 이 약에 어떤 효능이 있는지 아무것도 말해주지 않는다.

광고 이중화법 간단 퀴즈

이제 광고 이중화법에 관한 당신의 관심을 테스트해볼 시간이다. (지금까지 설명을 읽고 그냥 잊어버리게 둘 거라고 생각한 건 아니겠지요?) 다음은 몇 가지 친숙한 광고의 문구들이다. 각 광고가 실제로 어떤 말을 하는지 알아보시라.

도미노 피자 - "배달은 우리가 일등."
시뉴탭 - "통증을 멈출 수 있습니다."
텀스 - "더 강력한 제산제."
맥시멈 스트렝스드리스탄 - "심한 코감기에 약효가 센 약을."
리스터민트 - "입속을 깨끗하게 만드세요."
캐스케이드 - "사실상 티끌 하나 없는 식기를 원한다면 캐스케이드만 한 게 없죠."
뉴프린 - "작고. 노랗고. 다르고. 더 좋은 약."
애너신 - "더 좋은 진통제."
슈다페드 - "빠르게 코 막힘을 완화하면서 졸음을 유도하지 않아요."

애드빌 - "최신 진통제."

폰즈 콜드 크림 - "폰즈의 세정력은 비누와 비교 불가."

밀러 라이트맥주 - "맛 좋고 배부르지 않은."

필립스 마그네시아유 - "필립스 마그네시아유보다 좋은 소화제는 없음."

바이엘 - "경이로운 작용을 하는 경이로운 약."

크래커 배럴 - "최고로 평가받음."

크노르 - "오로지 맛을 추구하는 기업."

애누졸 - "진통이 필요하면 애누졸을 기억하세요."

다임탭 - "감기만큼이나 아이를 진정시킵니다."

리퀴드 드라노 - "드라-노라는 이름에 걸맞은 하수구 세정제."

존슨앤존슨 베이비파우더 - "피부에 마법이 일어납니다."

퓨리탄 - "인생 식용유로 쓰세요."

팜 - "역시 팜이죠. 요리하는 재료만큼 요리하는 방법도 중요하니까요."

아이보리 샴푸 앤 컨디셔너 - "아이보리처럼 깨끗한 머리카락을 위해."

타이레놀 젤-캡스 - "캡슐이 아닙니다. 더 좋은 겁니다."

알카-셀처 플러스 - "겨울철 감기에 신속하게 작용하는 진통제."

능동적이고 비판적인 소비자 되기

광고의 세계에서 사람들은 틀니가 아니라 '의치dentures'를 끼고, 변비가 아니라 '간헐적 배변 불순occasional irregularity'을 겪으며, 땀이 아니라 '신경성 다한증nervous wetness' 때문에 체취 제거제를 바른다. 휴지가 아니라 '욕실 화장지bathroom tissue'를 사용하며, 머리를 염색하는 게 아니라 '색조를 더하거나tint' '헹군다rinse'. 광고는 조금도 민망해하지 않으면서 '진짜 인조 다이아몬드'를 선전하거나 '진짜 인조가죽'이나 '진짜 비닐'로 만든 제품을 자랑한다.

광고의 세계에서 거들은 '체형 교정복body shaper', '체형 보정복form persuader', '보정 의상control garment', '보정복controller', '겉옷 받침옷outerwear enhancer', '체형 의상body garment', '처짐 방지 팬티anti-gravity panties' 등이 되며, '인스테드The Instead', '프리스피릿The Free Spirit', '바디브리퍼The Body Briefer' 같은 상표로 판매된다.

몇 년 전 진행된 한 연구에서는 미국 TV 광고에서 다음과 같은 단어가 가장 많이 사용되는 것으로 밝혀졌다. 'new', 'improved', 'better', 'extra', 'fresh', 'clean', 'beautiful', 'free', 'good', 'light'. 그와 동시에 영국 TV 광고에서는 다음의 단어들이 가장 많이 사용되었다. 'new', 'good-better-best', 'free', 'fresh', 'delicious', 'full', 'sure', 'clean', 'wonderful', 'special'. 이 단어들이 광고에서 가장 자주 등장하고 광고는 교묘한 말들로 가득 차 있겠지만, 여기서 언급한 단어들만이 아니

라 광고에서 사용되는 모든 단어를 주의 깊게 살펴보아야 한다.

광고에 담긴 모든 단어는 이유가 있어서 쓰인 것이다. 어떤 단어도 허투루 쓰이지 않는다. 당신이 할 일은 각 단어가 광고에서 정확히 어떤 기능을 하는지 알아내는 것이다. 즉 광고주가 의도하는 의미가 아니라 각 단어가 실제로 의미하는 내용을 알아내는 것이다. 광고는 당신이 어떤 제품을 사게 만들려는 것이며, 따라서 법이 허용하는 선에서 모든 장치와 속임수, 기교를 활용해서 제품을 최대한 보기 좋게 부각하려 한다. 광고에 맞서 자기 자신을 지키는 유일한 방법은(달에 가서 살지 않는 한) 비판적으로 읽고 듣고 보는 능력을 키워서 활용하는 것이다. 항상 광고가 실제로 말하는 내용을 자문해보라. 텔레비전에서 광고를 볼 때 화면과 시각 이미지에 현혹되어서는 안 된다. 이 광고는 제품에 관해 어떻게 말하는가? 이 광고는 무슨 말을 하지 않는가? 광고에 나오지 않는 정보는 무엇인가? 광고에 대해 능동적이고 비판적인 소비자가 되어야만 이중화법의 숲을 헤치고 광고가 실제로 말하는 내용을 찾아낼 수 있다.

애리조나주립대학의 델 켈 교수는 우리의 요구를 충족하고 우리의 문제를 해결하는 광고의 힘을 고찰하기 위해 〈시편〉 23편을 개작한 바 있다. 이 장을 이 새로운 〈시편〉으로 마무리하는 게 적절한 듯하다.

광고쟁이 〈시편〉 23편

광고쟁이는 나의 목자시니,

내게 부족함 없어라.

나를 카멜Camel 담배를 찾아 1마일을 걷게 하시며

크리스털 워터Crystal Waters 옆 쿠어스Coors의 고지대로 이끄시고

페리에Perrier로 나에게 다시 새 힘을 주시고, 맘몬(부富)을 위하여 말보로 컨트리Marlboro Country로 나를 인도하신다.

내가 비록 졸리 그린 자이언트Jolly Green Giant의 골짜기로 다니며, 암내와 입냄새와 소화 불량과 두통과 치질의 그늘에 있을지라도, 올스테이트Allstate와 아리드Arid와 스코프Scope와 턴스Turns와 타이레놀Tylenol과 프레퍼레이션Preparation H가 나와 함께 계시고, 내게 위안을 주시니, 내게는 두려움이 없습니다.

스타우퍼Stauffer는 내 모든 식욕이 보는 앞에서 TV 앞에 잔칫상을 차려주시고, 내 머리에 브릴크림Brylcream을 부으시니, 내 디카페인 잔이 넘칩니다.

진실로 과잉과 안전이 내가 대도시 생활을 하는 날 동안 나를 따르리니, 나는 콘티넨털 홈Continental Home으로 돌아가 영원히 대출을 갚으며 그곳에서 살겠습니다.*

아멘.

* '쿠어스'는 미국 서부의 록키 산맥 고지대인 하이컨트리에 본사를 둔 유명 맥주 브랜드이다. '페리에'는 프랑스의 생수 브랜드이고, '졸리 그린 자이언트'는 미국의 대표적인 식품 브랜드 그린 자이언트(Green Giant)의 마스코트 캐릭터이다. '올스테이트'는 미국의 대형 보험사이고, '아리드'는 유명한 체취 제거제 제조업체이다. '스코프'는 프록터앤갬블이 생산하는 대표적인 구강 청결제이고, '프레퍼레이션 H'는 미국의 유명한 치질 치료제이다. '스타우퍼'는 미국 네슬레에서 판매하는 냉동식품 브랜드이고, '브릴크림'은 남성용 헤어 스타일링 제품이다. '콘티넨털 홈'은 메사추세츠주 내슈아에 본사를 둔 홈 인테리어 브랜드이다.

4장

해고하지 않으면서 해고하는 법

쇼핑하느라 힘들었지만 이제 거의 끝났다. 몇 개만 더 사면 집으로 돌아갈 수 있다. 무거운 짐을 잔뜩 들고 마지막 가게에 힘겹게 들어선다. 눈앞에 '안내 데스크'가 어렴풋이 보인다. "고객님의 편의를 위해, 모든 짐은 데스크에서 직접 확인해주시기 바랍니다"라는 단호한 문구가 적힌 표지판이 붙어 있다. 줄을 서서 기다리다가 '고객 서비스 담당자 Customer Service Representative'에게 모든 짐 꾸러미를 넘긴다. 담당자는 카운터 뒤에 당신 짐을 쌓아놓고 보관 번호표를 준다. 필요한 물건 4개 중 2개를 간신히 찾아서 계산대 줄에서 한참을 보낸 뒤에야 맡겨놓은 짐을 되찾아 교통 정체를 뚫고 집까지 지친 몸을 끌고 온다.

그런데 집에서 짐을 풀다가 뭔가 빠졌다는 걸 알아챈다. 반자동 햄버거 뒤집개를 사서 짐 속에 챙긴 건 분명히 기억난다. 마지막에 들른 가게에서 맡긴 짐을 되찾을 때 뒤집개가 든 꾸러미를 빼고 준 게 분명하다는 생각이 퍼뜩 든다. 결국 다시 교통 체증과 싸우며 가게로 간다. 당신의 편의를 위해 당신이 직접 확인했던 짐을 찾으러. 그러다 문득 당신이 짐을 맡기고 직접 확인하는 건 결코 당신의 편의를 위한 일이 아님을 깨닫는다. 사실 직접 확인하는 건 아주 불편한 일이다. 당신은 가게의 편의를 위해 짐을 확인한 것이다. 또한 당신에게 직접 짐을 확인하게 한 건 가게의 '재고 손실'을 관리하기 위해서였다. 결코 고객 서비스를 제공하려는 것이 아니었다.

당신은 이제 막 비즈니스 이중화법의 세계에 들어왔다. 기업의 경제 활동으로써 비즈니스가 우리 삶의 거의 모든 영역에 침투해 있기 때문에, 비즈니스 이중화법은 심각하고 광범위한 영향을 끼칠 수 있다. 하지만 너무 흔하게 쓰이다 보니 우리는 그것을 무시하는 경향이 있다. 그러다 결국 부지불식간에 무지의 대가를 치르게 된다. 직함 같은 비즈니스 이중화법은 대개 눈에 잘 띄고 우스꽝스러운 데 비해 다른 것들은 미묘하고 심각하다. 다른 이유가 아니라 우리 자신의 경제적 생존을 위해서라도 비즈니스 이중화법을 인식해야 한다. 계속 바쁘게 확인할 것이 많이 있다.

요즘 은행들은 임대 부동산에 대해 '2차 담보 대출second mortgage'을 제공한다고 말하지 않고 그 대신 '비거주용 부동산 자기 자본 회수non-owner occupied equity recovery'를 제공한다고 말한다. 한 해에 보험사가 예상한 것보다 보험 가입자가 적게 사망하면 '긍정적인 사망률 경험positive mortality experience' 덕분에 예상한 수준보다 많은 수익을 거뒀다고 보고한다. 윌슨스포츠용품사가 야구 글러브를 제작하는 미국 공장을 폐쇄하는 대신에 외국산 글러브를 수입하기로 결정했을 때, 회사는 "글러브 수요를 국외소싱 foreign-source하기로 결정했다"고 발표했다. 시어스로벅은 1986년 제품 카탈로그에서 '영국에서 수입한 미국산' 도자기 머그를 소개했다. 금융 회사들은 이제 채권 추심국이나 청구 부서 대신 '이행 부서 Fulfillment Office'를 둔다.

사이키델릭의 1960년대를 지나 조용한 1970년대를 거친 뒤, 탐욕의 1980년대를 맞았다. 많은 돈을 버는 게 사회적으로나 도덕적으로 정당화되었을 뿐만 아니라 오히려 요구되는 시대였다. 열심히 일해서 큰돈을 벌어 멋진 차와 옷, 거주지를 차지한 여피족이 〈뉴스위크〉 표지를 장식했다. 영화 〈월스트리트〉에서 마이클 더글러스는 "탐욕은 좋은 것"이라고 말했는데, 우리 모두 그 말의 의미를 알았다. 평화봉사단이 사라지고 경영대학원과 투자은행이 성행했다. 그러다가 1987년 10월 '사사분기 주가 하락'*이 닥쳤다.

우리 삶의 다른 많은 영역과 마찬가지로 비즈니스 세계에서도 언제나 이중화법이 사용되어 왔다. 하지만 비즈니스가 대중적으로 인기를 끌면서 이중화법이 널리 퍼졌을 뿐만 아니라 그 양이 극적으로 증가하기도 했다. 제너럴모터스 이사회 의장 토머스 머피가 1980년 〈미트 더 프레스〉에 출연했을 때, 진행자가 왜 자동차 산업에 불경기가 심한지 질문했다. 머피는 조금도 주저하지 않고 대답했다. "우리는 지금 마이너스 경제 성장기를 겪고

---

* 여기서 '사사분기 주가 하락'이란 말은 1987년 10월 19일 뉴욕 증시에서 하루 만에 주가가 22.6퍼센트나 폭락한 사건을 에둘러 표현하는 이중화법이다.

있습니다." 불황기 동안 수많은 노동자가 정리해고를 당한 탓에 제너럴모터스의 새 차를 살 여력이 있는 사람이 줄었다고 이런 식으로 말한 것이다. 그리고 1981년 GAF코퍼레이션이 자회사를 절반 가까이 매각한다고 발표했을 때 월스트리트의 어느 투자 은행가는 회사가 '기업 구조 조정 enterprise restructuring'을 한다고 치켜세웠다. 이전에 많이 쓰던 '감량 경영 downsizing'보다 훨씬 어감이 좋은 용어였다.

회피의 이중화법

기업은 이중화법을 통해 자신들이 피하고 싶은 주제를 논할 수 있다. 퍼시픽가스전기(PG&E)는 이제 더는 고객들에게 매달 청구서를 보내지 않는다. 이제 회사는 '에너지 문서 Energy Documents'를 발송한다. 유나이티드파슬서비스(UPS)에서는 어떤 배송 기사도 최악의 기사가 아니다. 대신 '선호도가 가장 낮은' 기사라고 한다. CBS 방송에서는 검열을 담당하는 부서를 '프로그램 실행과 Program Practices Department'라고 한다. 미국은행연합회 ABA의 커크 윌리슨은 1988년 은행 신용 카드의 이자율이 너무 높다는 사실을 부정했다. "이자율이라고 하면 안 됩니다. '서비스 요율'이라고 하세요. 그냥 신용 카드가 아니라 '지불 메커니즘'이고요." 윌리슨이 항의하며 한 말이다. 1982년 연방 정부가 심장 박동기 산업에 만연한 부정행위를 조사하는 과정에서 불법 뇌물을 '환급액'이나 '제품 테스트 수수료'로 부른다는 사실이 드러났다.

1984년 530만 달러 규모의 리콜을 피하려 한 제너럴모터스는 "차량의 뒷바퀴와 액슬이 분리되어도 위험하지 않다"고 연방 정부를 설득하려 했다. 록웰인터내셔널은 1984년에 5년여의 연구와 1200만 달러 상당의 공학 기술을 투입하고도 우주 왕복선 화장실이 작동하지 않는 사소한 문제를 겪었다. 우주로 나간 11번의 비행 중 10번이나 화장실이 제대로 작동하지 않았다. 하지만 록웰인터내셔널은 화장실이 고장 난 게 아니라 '다수의 상이한 문제'를 겪고 있을 뿐이라고 주장했다. 텍사스주 오스틴에 사는 마크 카터에게 저축대부조합이 구사한 이중화법은 경제적 고통을 안겨주었다. 카터는 강도에게 총으로 위협당해 현금자동입출금기(ATM) 카드와 비밀번호를 건넸고 강도는 500달러를 인출했다. 그런데 텍사스연방저축대부조합의 임원들은 이것을 '승인된 거래'로 규정했다. 그들은 카터에게 보낸 편지에서 "텍사스연방저축대부조합은 ATM 강도를 승인된 거래로 간주하는 정책을 수립한 바 있습니다"라고 말했다. 악명 높은 은행 강도 윌리 서튼이 참 좋아할 만한 소리다.

더 근사하게, 더 모호하게

대기업들은 이중화법을 구사해서, 제품 개발에 단 한 푼도 쓰지 않은 채 자신들이 판매하는 제품과 서비스를 바꾼 것처럼 보이게 만든다. 홀마크는 이제 더는 평범한 인사 카드를 만들지 않는다. 요즘 홀마크는 '사교적 감정 표현 제품'을 만든다. 1985년 〈월스트리트저널〉 보도에 따르면, 퀘이커스테이트정유사 임원들은 기자들에게 자사를 정유 회사라고 설명하는 대신 '자동차 애프터마켓* 분야의 소비자 마케팅 회사'라고 불러 달라고 요구했다. 옛날 옛적에 노스아메리칸밴라인은 포장 이사moving 업체였지만, 1988년에는 '북아메리카 재배치 서비스North American Relocation Services'가 되었다. 네 음절로 된 'relocation'이 두 음절인 'moving'보다 더 인상적으로 들리지 않는가?

이제는 폐차장이란 말도, 심지어 자동차 중고 부품이라는 말도 쓰지 않는다. '자동차 해체 및 재활용업체'에서 '해체 전 소유 이력이 있는 부품'을 판매한다. 뉴저지의 고물상 기사 리처드 몬탈도는 목소리를 높였다. "우리는 폐지업체가 아닙니다. 2차 섬유secondary-fiber 업체죠." 하지만 캠던 도시계획 지구 조정위원회 관리들에게 "2차 섬유 업체는 폐지업체이고, 폐지업체는 곧 고물상"이었다. 뉴저지주 벌링턴의 무덤 파는 사람인 뉴턴 존슨은 트럭에 '매장 땅파기 Internment Excavation'라는 문구를 붙였는데, 자신은 무덤을 파는 게 아니라 '준비'한다고 주장했다.

때로 기업들은 자사가 실제로 어떤 일을 하는지 사람들이 알기를 원치 않는다. 그럴 때 이중화법이 도움이 된다. 켄터키주 루이빌의 뉴클리어엔지니어링컴퍼니는 방사능과 화학 폐기물을 처리하는 회사인데, 1981년에 'US에콜로지 주식회사U.S. Ecology,

---

* 애프터마켓(aftermarket)은 관련된 부품 시장, 서비스 시장을 말한다.

Inc.'로 사명을 바꾸었다. "사람들이 편하게 받아들일 수 있는" 이름을 원했기 때문이다.

전략적 거짓말

경영대학원도 이중화법에 한몫한다. 펜실베이니아대학 와튼경영대학원은 전 세계 대기업 중역들에게 집약적 교육을 제공하는 '와튼 고위 경영진 교육 프로그램'을 운영한다. 물론 학비도 꽤 비싸다. 이 프로그램은 수익을 낼까? 그렇지는 않고 대신 '마이너스 적자'를 낸다.

1979년 〈월스트리트저널〉의 보도에 따르면, 하버드경영대학원(여기서는 커리큘럼을 '학습 기술'이라고 부른다)에서 개설한 '경쟁력 있는 의사 결정' 과목을 수강하는 학생들은 현실 세계에서 벌어지는 교섭에는 '전략적 허위 표현strategic misrepresentation', 즉 거짓말이 포함된다고 배웠다. 학생들은 일부 사실을 숨기거나 부풀리거나 심지어 노골적으로 거짓말을 하는 식으로 종종 더 나은 거래를 확보한다고 배웠다. 이 과목을 개설한 취지는 학생들에게 거짓말(또는 '전략적 허위 표현')을 가르치는 게 아니라 거짓말에 당할 수 있다는 걸 가르치는 것이다.

〈하버드 비즈니스 리뷰〉도 다음과 같은 글을 실어서 이중화법에 일조하고 있다.

적시 참여형 경영 방식을 통해 경쟁 우위를 확보할 수 있다면,

수익 중심 조직은 새로운 글로벌 기술을 위한 네트워크를 구축하면서 성과 공유 시스템을 좀 더 효과적으로 촉진할 수 있다. 예를 들어 내가 일하는 회사에서는 식별된 손실이 일반적인 틈새 불연속성과 보완적인 문화 적응 산출 함수 사이에서 변동하고 있다.

만약 이런 글이 미국 대기업 고위 경영진 사이에 널리 퍼진 명료한 사고를 반영한 것이라면, 우리가 외국과 경쟁에서 지는 건 시간문제다. 우리가 이런 문장 앞에서 허둥거리는 동안 그들이 우리를 간단히 해치워버릴 테니까.

자동차 내과 의사와 출입 관리자

헨리 루이스 멩켄이 《미국어 The American Language》에서 언급한 것처럼, 미국인들은 언제나 자기가 하는 일이 실제보다 품격 있고 중요하며 명망 있고 복잡한 것처럼 보이려고 애를 쓴다. 고용주와 피고용인 모두 직업을 설명하거나, 이름을 붙이거나, 분류하기 위한 이중화법을 만들어내는 데 협력한다. 그 결과 직업과 관련된 새로운 이중화법이 우리가 따라잡을 수 없을 만큼 빨리 만들어지고 있다.

관리인 janitor은 이제 더는 관리인이라고 불리지 않는다. 대신 '수호인 custodian'이나 '건물 감독관 building superintendent'이라고 한다. 한 걸음 더 나아가면 요즘 병원에는 '환경서비스부'에서 일하는 '환경 기술자'들이 있다. 병원 사무실에서 환자 보험 서류를 처리하는 사람은 '환자 재정 계좌 분석 부장'이라고 한다. 자동차 판매인은 요즘 '신차 회계사'라고 불리며, 자동차 수리공은 '자동차 내과 의사'라고 한다. 일부 주유소는 심지어 '석유 이송 엔지니어'를 고용한다.

요즘 술집들에는 기도 대신 '도어맨'이나 '엔터테인먼트 코디네이터'가 있고, 아파트 건물에 있던 도어맨은 이제 '출입 관리자 access controller'라고 불린다. 경호원은 '개인 경호 전문가'라고 하며 '중역 경호 에이전시'에서 일한다. 백화점 경비원은 '손실 예방 전문가 Loss Prevention Specialist'라고 불리며, 다른 업종의 경비원은 '예방 서비스 노동자'라고 한다. 야간 경비원은 '야간 출입 감독자'라고 한다. 한때 이발사 hairdresser라고 불리던 미용사 beautician는 요즘은 '미용 전문가 esthetician'라고 하고, 손톱 관리사는 이제 '네일 테크니션'이라고 부른다. 일부 해충 구제업자는 요즘 '위생 전문가'라는 이름을 달고 건물에서 '벌레를 제거한다'. 신문 배달원도 '미디어 운반원 media courier'으로 지위가 올라갔다. 예전의 감자칩 배송 트럭 기사는 요즘은 '스낵 경로 컨설턴트 Executive Snack Route Consultant'라고 한다.

수리 기사는 '서비스 기술자'나 '현장 서비스 담당자'가 되었고, 간호사는 '환자 돌봄 전문가'라고 한다. 이제 비서는 없고, '중역 보조원'이나 '사무실 자동화 전문가'만 있다. 요즘은 사무실에서 일하는 모든 사람이 어시스턴트나 어소시어트, 이그제큐티브 뭐 그런 직함을 하나씩 달고 있는 듯하다.

주식 판매인은 주식 중개인이 되었다가 지금은 '포트폴리오

매니저'나 '등록 대리인'이라고 불린다. 보험 판매인은 '현장 인수 심사자field underwriter'가 되었고, 수금원은 '포트폴리오 관리자'나 '미수금 자산 관리 전문가'라고 한다. 국세청은 서기 대신 '양식 조력자forms facilitator'를 고용하며, IBM은 판매 대리인이 아니라 '자문 마케팅 대리인'을 채용한다. 일부 회사는 영업 사원을 '영역 매니저'라고 부른다. 텔레비전 기상 캐스터는 '기상학자'라고 불리는 것을 선호한다. 오하이오주 메리즈빌에 있는 혼다 자동차 공장에는 '피고용인employee'은 한 명도 없고 2천 명이 전부 '어소시에트'다.

실제로 오늘날 많은 회사들이 '직원'이라는 단어를 쓰지 않으려 한다. 요즘 기업의 뜨거운 주제는 '참여 경영'이기 때문에 온갖 부정적인 함의가 담긴 employee라는 단어로는 충분하지 않다. 따라서 피고용인을 의미하면서도 그 표현을 직접 쓰지 않는 단어를 찾고 있다. '어소시에트'가 가장 인기 있는 표현이지만 '파트너' '주니어 파트너' '팀원' '내부 고객internal customer' '이해 당사자stakeholder' 등도 쓰인다. 몇몇 회사는 자사 직원을 통칭할 때 '가족'이나 '사람들'이라고 말한다.

도미노피자는 이런 용어도 쓰지 않는다. 도미노피자에는 '팀원' '팀 리더' '코칭스태프'만 있다. 피고용인이라는 단어는 절대 사용하지 않는다. 도미노피자는 전체 30개의 '커미서리commissary'로 조직되어 있는데, 각 커미서리는 공장, 창고, 유통 시스템으로 이루어져 있다.

손실을 수익으로 바꾸는 회계 이중화법

회계는 말이 아니라 숫자를 다루기 때문에 이 분야에는 이중화법이 존재하지 않는다고 생각하기 쉽다. 천만의 말씀이다. 회계가 가치와 무관하며 정확하고 객관적인 과학이라고 생각하는 사람이라면 주식 시장에 얼씬도 하지 않는 게 좋다. 회계 분야에서 가장 창의력이 발휘되는 영역 중 하나가 회계 업계의 자부심인 기업 연례 보고서이기 때문이다.

기업의 연례 보고서는 흔히 회사의 재정 상태나 건전성을 분명하고 정확하게 보여준다고 여겨진다. 어쨌든 숫자는 거짓말을 하지 않으니까. 더욱이 기업의 연례 보고서는 공개하기 전에 외부 회계 법인의 검토를 거쳐 정확성을 확보한다. 그러니까 연례 보고서는 한 기업의 재정 상태를 정확히 보여주는 안내서여야 마땅하다. 만약 당신이 이 말을 믿는다면, 나한테 플로리다에 은퇴용 땅이 좀 있고 애리조나에 휴가용 부지가 하나 있으니 당신한테 팔고 싶다. 그리고 거기까지 타고 가시라고 성자 같은 우리 할머니가 일요일마다 교회에 갈 때만 몰았던 자동차도 함께 팔고 싶다.

기업 보고서에 담긴 숫자는 정확성을 담고 있지 않으며 현실을 보여주지도 않는다. 세상은 기업 보고서의 숫자가 말하는 대로 돌아가지 않는다. 애덤 스미스가 저서 《슈퍼 머니Super Money》에서 말한 바에 따르면 이 숫자들이 실제로 보여주는 것은 풍부한 상상력의 산물, 즉 기업 중역들과 고액 연봉을 받는 아주 똑똑한 회계사들의 상상력이 낳은 결과물이다. 회계사들은 정말 두둑한 연봉을 받는다. 외부 회계 법인이 기업의 보고서를 검토하고 오류가 없음을 인증하는 것은 곧 회계 법인이 기업의 장부를 검토했으며 장부가 '일반적으로 인정되는 회계 원칙Generally Accepted Accounting Principles'에 맞게 작성되었다고 명시하는 것일 뿐이다. 스미스가 말했듯이 "한 세대 동안 그 누구도 이 네 단어가 무슨 뜻인지 몰랐다고 말해도 과언은 아니다."

스미스는 미국 최대 규모이자 가장 명망 있는 회계 법인인 아서앤더슨앤컴퍼니의 시니어 파트너이자 명예 회장인 레너드 스페이섹의 말을 인용했다. 스미스에 따르면 여기서 스페이섹은 '일반적으로 인정되는 회계 원칙'에 관해 할 말이 있다.

우리 직종이 어떻게 이런 허구를 용인하면서 대중의 눈을 똑바로 바라볼 수 있는지 도무지 이해할 수가 없습니다. 내가 보기에 포커 게임에 생계가 달린 사람은 포커페이스를 쉽게 습득할 수 있다는 사실에 답이 있어요. 우리 직종은 재무제표를 일반 투자자를 위한 룰렛 휠로 간주하는 것 같습니다. 우리가 회계 보고서에 주입하는 위험을 이해하지 못한다면 그 사람은 운이 아주 나쁘겠지요.

회계 분야의 이중화법은 기업의 재정 상태를 보고하는 데 다양한 방식을 제공한다. 재무제표에 기록하는 방식에 따라 같은 1달러 수입이 50센트가 되거나 1.5달러가 될 수 있다. 감가상각 방식을 가속법에서 정액법으로 바꾸거나, 재고 자산의 평가 기준을 바꾸거나, 연기금 납입액을 조정하거나, 신규 프로젝트에 들어간 비용은 수익이 발생할 때까지 회계상 반영을 미루거나, 연구비를 비용이 아니라 자산으로 처리할 수도 있다. 이런 방법은 무궁무진하다. 연례 보고서에 담긴 숫자는 보이는 그대로가 아닐 수 있다. 확실히 회계사 가운데는 창의력이 좋은 작가가 약간(또는 많이) 있다.

1981년 O.P.M리싱서비스라는 기업이 파산했다. 창립자인 모디카이 와이스먼과 마이런 S. 굿맨은 장기 징역형을 선고받았다. 1971년 창립부터 1980년 종말을 맞을 때까지 O.P.M리싱서비스는 자금이 거의 없었고 해마다 손실이 났지만 성장을 계속하면서 막대한 돈을 차입했다(한꺼번에 5억 달러를 빌리기도 했다). 어떻게 이런 일이 가능했을까? 좋은 회계 법인과 계약을 맺고 연례 보고서를 맡긴 덕분이었다. 굿맨은 '유연한' 회계 법인을 찾아 곳곳을 뒤졌다고 말했다. 장밋빛 미래를 그리는 재무제표를 인증하면서 회사가 벌이는 리스 사기는 탐지하지 않을 회계 법인을 찾아 헤맨 것이다. 그러다 마침내 전국 12대 회계 법인 중 조건에 맞는 법인을 하나 찾아냈고 그 법인은 기적처럼 손실과 적자를 수익과 양수의 순자산으로 바꿔놓았다. 하지만 소문에 따르면 약간의 격려가 필요했다고 한다.

처음에 회계 법인은 O.P.M리싱서비스에 대해 큰 손실과 마이너스의 순자산을 보여주는 재무제표를 내놓았다. 다시 말해, 회사는 손실을 보고 있었고 자산 가치보다 빚이 더 많았다. 굿맨은 이에 아랑곳하지 않고 회계사들에게 "처음부터 다시 시작해서 수익을 보여줄 방법을 찾아보라"고 말했고, 회계사들은 그렇게 했다.

규모가 큰 여러 기업이 상환 능력과 수익성 있음을 보여주는 연례 보고서를 발표한 직후에 파산하자, 많은 사람들이 그런 보고서를 인증한 회계 법인들의 관행을 우려하게 되었다. 회계 법인들도 자신들에 대해 우려하게 되었다. 가령 1986년 회계 법인 레벤설앤호워스는 회계 감사를 거친 재무제표가 백 퍼센트 정확하지는 않다고 대중에게 알리는 소책자를 발행했다. '중요한 총액'만큼은 틀리지 않았다는 것이었다. 이 소책자에 따르면, 회계 감사관들은 고객에게 무엇을 보고할지 말해주지 않는다. 단지 '유의미한' 회계를 만들기 위해 협조할 뿐이다. 레벤설앤호워스의 소책자는 회계 감사를 통해 '중대한 사기의 경우에만' 탐지할 수 있다고 경고한다. 2억 2500만 달러에 육박하는 O.P.M리싱서비스의 사기는 탐지할 만큼 중대하지 않았나 보다.

어떤 사기가 '중대한 사기'인지는 좋은 질문이다. 1989년 연방주택대출은행위원회(FHLBB)는 미국의 대형 회계 법인 몇 곳을 상대로 소송을 제기했다. 이 법인들이 몇몇 저축대부조합의 회계 감사를 진행하면서 대규모 손실과 사기, 부실 경영을 적발하지 못했고, 이는 결국 여러 조합이 파산하는 결과로 이어졌다. 어떤 경우에는 회계 법인이 저축대부조합의 회계를 감사하고서 '적격 의견'을 제출했다. 잘못된 부분을 발견하지 못했고 해당 조합이 작성한 재무제표가 조합의 재무 상태를 정직하게 반영하고 있다는 뜻이었다. 그러나 회계 감사가 끝나고 며칠 뒤에 그 조합이 도산해서 연방주택대출은행위원회의 구제를 받아야 했다. 몇몇 조합은 거의 20억 달러에 달하는 손실을 보았다. 하지만 20억 달러 규모의 사기도 감사를 통해 걸러낼 만큼 충분히 '중대한 사기'는 아니었던 모양이다.

은행과 계약 불이행 자산

은행들은 확실히 회계 이중화법을 사용하는 데 반대하지 않는다. 요즘 은행들이 악성 대출을 다루는 방식만 보아도 알 수 있다. 사람들이 은행에서 돈을 빌릴 때는 이자까지 쳐서 은행에 상환해야 한다. 은행은 그런 식으로 돈을 번다. 사람들이 은행에서 돈을 빌린 다음 갚지 않으면 은행은 손실을 입는다. 사람들이 빌린 돈을 상환하지 않으면 은행에 악성 대출이 쌓이는 걸까? 그렇지 않다. 회계사라면 '악성 대출bad loan'이나 '악성 채무bad debt' 같은 부정적인 표현은 절대 쓰지 않을 것이다. 시카고의 퍼스트 내셔널뱅크는 1986년 요르단의 한 환전 및 금 거래업체로 인해 약 2300만 달러의 당좌 차월*이 발생했을 때 사사분기 재무제표에서 이를 '계약 불이행 자산nonperforming assets'으로 분류했다. 과연 그 '계약 불이행 자산'이 계약 이행을 재개할 가능성이 있을까? 1982년 미국에서 여섯 번째로 큰 금융 지주 회사인 콘티넨

---

* 당좌 차월(overdraft)이란 은행 계좌에 예금된 잔액을 초과하여 인출하는 것을 허용하는 금융 상품 또는 서비스를 가리킨다.

털일리노이코퍼레이션이 '계약 불이행 신용'이 사사분기에 44퍼센트 늘어나 6억 5300만 달러가 되었다고 보고했을 때, 실제로는 회사에 6억 5300만 달러의 악성 대출이 발생했고 이 돈을 전혀 회수하지 못할 것이라고 보고한 것이었다.

1985년 〈뉴욕타임스〉에 기고한 글에서 존 케네스 갤브레이스는 은행들이 구사하는 이중화법에 관해 언급했다. 옛날에는 전액을 갚지 않은 대출은 채무 불이행in default이라고 했다. 그런데 이제 이런 대출을 '상환 연장rolled over'이나 '상환 기간 조정rescheduled', '문제 대출problem loans' 또는 기껏해야 '계약 불이행 자산'이라고 부른다. 갤브레이스는 계속해서 개인적인 이야기를 하나 덧붙였다. 어느 은행가의 아들이 가족 소유 자동차로 큰 사고를 냈다. 아들은 은행가 아버지한테 차가 전파된 게 아니라 "영구적 기능 불이행 상태가 되었다"고 보고했다. 이런 식의 이중화법을 사용하면 대단히 불쾌한 현실을 그대로 보고하지 않아도 되고 심지어 주주들의 분노가 악성 대출을 야기한 은행 간부들에게 쏟아지는 것을 막을 수 있을지 모른다. 어쩌면 은행들은 대기업 고객들에게서 이런 이중화법을 배웠을지도 모른다. 알다시피 대기업들은 절대 적자를 보지 않는다. 다만 '마이너스 현금 흐름negative cash flow'이 있을 뿐이다.

창의적이고 마술적인 회계

회계 이중화법 덕분에 대기업들은 갖가지 경이로운 일을 할 수 있다. 1985년 텍사스의 유명한 부자인 헌트 형제가 소유한 석유 회사 펜로드드릴링컴퍼니는 1억 달러의 손실을 발표하고도 돈을 벌었다. 1986년 테네코는 회계 방식을 변경해서 9억 8800만 달러를 이전 몇 년간의 수입에 대한 비용으로 처리하겠다고 발표했다. "사실을 오도하는 게 아니라 시간을 영리하게 조정하는 겁니다." 월스트리트의 투자 은행 겸 증권사인 베어스턴스앤컴퍼니의 회계사 리 사이들러의 말이다. "아주 창의적인 회계 방식이고, 다른 석유 회사들도 선례를 따르려고 할 겁니다." 전국적 회계 법인인 언스트앤휘니의 파트너인 노먼 스트라우스의 말이다.

현재의 비용을 과거의 수입에 부과하는 게 깔끔한 회계 트릭이라고 생각한다면 다음 사례를 주의 깊게 살펴보시라. 1986년에 발표된 한 연구에 따르면, 어떤 4년 동안 10개 대기업이 미국 내에서 벌어들인 수익이 모두 합쳐 396억 7천만 달러에 이르렀지만, 이들은 소득세를 전혀 내지 않고 오히려 15억 달러의 세금 환급을 받은 것으로 밝혀졌다. 그 많은 돈을 벌고도 세금을 한 푼도 내지 않은 10대 기업 중 하나는 AT&T였는데, AT&T는 자신들이 세금을 전혀 내지 않았다는 결론에 이의를 제기했다. AT&T는 세법의 특별 조항에 따라 성장 중인 기업은 세금 납부를 몇 년 뒤로 유예할 수 있다고 지적했다. 따라서 계속 성장 중인 회사는 세금 납부를 영원히 미룰 수 있다.(AT&T는 1899년에 공식 창립했고 그 후로 줄곧 성장하고 있다.) AT&T는 유예된 세금 또한 실제로 납부한 세금으로 간주해야 한다고 주장했다. 자, 참으로 깔끔한 트릭 아닌가? 세금을 내지 않고 마치 납부한 것처럼 비용으로 간주할 수 있다니.(마술사들이 라스베이거스 무대에서만 트릭을 구사한다고 생각하지 마시라.) AT&T는 다른 많은 대기업도 다양한 회계 방식을 사용한다고 지적하면서 자신들의 회계 관행을 옹호했다. 주주와 정부 기관에 제출하는 각기 다른 보고서에서 기업들은 때로 미납 세금을 납부한 것처럼 처리한다. 다시 말해 AT&T는 장부를 두 개 작성한다. 주주들에게 보여주는 장부에서는 세금을 납부한 것으로 기록하고, 정부에 제출하는 장부에서는 세금을 미납 처리한다. 창의적 회계가 과연 못할 게 뭐가 있을까?

이에 질세라 미국 최대의 민간 군사 업체인 제너럴다이내믹스는 1972년부터 1986년까지 연방 소득세를 한 푼도 내지 않았다. 이 기간 동안 회사는 20억 달러가 넘는 수익을 벌어들인 것으로 보고했다. '공사 완성 기준 회계 completed contract accounting'라는 회계 방식을 채택한 제너럴다이내믹스는 연방 소득세를 모두 피할 수 있었을 뿐만 아니라 주주들에게 1억 달러가 넘는 배당금을 안겨주었다. 과세도 되지 않는 배당금이었다. 정말로 창의적인 회계는 무척 수익성이 좋다.

당신은 미처 깨닫지 못했겠지만, 국세청 규정과 저 유명한 '일반적으로 인정되는 회계 원칙'에 따르면 AT&T나 제너럴다이내믹스 같은 기업들은 수익을 두 가지 방식으로 보고할 수 있다. 국세청에는 최대한 낮게 보고하고 주주와 대중에게는 최대한 높게 보고하는 것이다. 물론 이런 회계 마법이 안겨주는 효과는 줄어든 세금 청구서와 장밋빛 연례 보고서다. 그야말로 진정한 이중화법이다.

1984년 증권거래위원회(SEC)는 국세청의 동료들보다 한술 더 떠서 '사실상의 무효화(채무 변제)in-substance defeasance'라는 창의적인 회계 기법을 승인했다. 이 방식을 사용하면 기업은 높은 이자를 지급하는 신규 채권을 소액 발행한 다음, 마술적 회계를 통해 대차 대조표상의 추가 수익을 보고해서 많은 양의 오래된 저비용 채무를 상환할 수 있다. 이런 식으로 채무를 '무효화'한다.

기업들은 종종 자신들의 행동을 설명하기 위해 — 즉 설명해야만 할 때 — 회계 이중화법을 사용한다. 퍼시픽가스전기(PG&E)가 1982년 4월 모든 고객에게 발송한 통지문에서 무엇을 숨기려고 하는지 찾아보시라.

최근 캘리포니아 공공사업위원회 Public Utilities Commission가 퍼시픽가스전기에 승인한 요금 인상 항목 중 1억 7740만 달러에 달하는 비용은 레이건 대통령의 1981년 경제회복조세법에 따른 것입니다. 이 법에 따라 공공사업위원회는 현재 연방 정부에 납부되지 않았으며 앞으로도 납부되지 않을 가능성이 있는 세금에 대한 비용을 납세자들에게 청구할 수 있습니다. 이 비용은 향후 늘어날 수 있습니다.

이 내용을 이해할 수 있다면 당신은 경제계, 아니 회계 쪽으로 진출하는 것을 고려해야 한다. 크게 될 인물이니까.

폐업 수순이 '좋은 성과'가 되는 마법

기업들이 실적이 좋지 않은 해를 맞거나 뭔가 잘못되면 기업의 연례 보고서는 이중화법으로 가득 찬다. 워너커뮤니케이션에게 1982년은 다사다난한 해였지만, 회사의 연례 보고서만 보면 그런 점을 전혀 알아차릴 수 없다. 어찌 된 일인지 워너는 고위 임원 한 명이 증권 사기 사건으로 유죄 판결을 받았고 1981년에 다른 임원이 유죄를 인정했다는 사실을 언급하지 않았다. 왜 이런 작은 세부 사항들이 연례 보고서에 담기지 않았는지 질문을 받자 워너 대변인은 이렇게 말했다. "우리는 그런 일이 회사 운영과 무관하다고 생각합니다."

맨빌코퍼레이션은 1982년 기업 보고서를 준비하는 과정에서 가장 큰 도전에 직면했다. 맨빌은 연방파산법 제11장에 따라 채권자 보호를 신청했다. 자사가 제조한 제품과 관련된 질병인 석면증 피해자들로부터 수천 건의 소송을 당하자, 이에 법적으로 대처하기 위한 전략이었다. 이제 맨빌은 주주들에게 자신들이 실제로 파산한 게 아니라 파산한 척하는 것임을 설명할 방법을 찾아야 했다. 보고서에서 맨빌은 1982년은 '중대한 변화와 성취'를 이룬 한 해였다고 언급한 뒤 계속해서 이렇게 말했다. "다음에 나오는 자본 원천*과 유동성에 대한 논의는 많은 파산 서류 정리와 통상적으로 관련된 문제와 비교해 자금 가용성에 대한 다

자본 원천(capital resource) 다른 재화를 생산하는 데 사용하는 재화, 공장, 건물, 설비 등을 가리킨다.

소 이례적인 입장을 보여준다."

1984년 콜게이트-팜올리브는 주당 수익이 2.42달러에서 86센트로 급락했고 운전 자본working capital이 크게 줄었으며 자기 자본과 장부 가치 또한 1979년 이래 최저 수준으로 떨어졌다. 회사는 이 나쁜 소식을 보고서에서 어떻게 다뤘을까? 간단하다. 최고 경영자 루번 마크는 주주들에게 보낸 편지에서 크고 굵은 글씨로 먼저 다음과 같이 주장했다. "콜게이트-팜올리브는 현재 135개국에서 3천 개가 넘는 제품을 판매하고 있습니다." 계속해서 마크는 그와 비슷하게 (나쁜 소식과 별 관련이 없는) 자화자찬하는 발언을 잔뜩 늘어놓아 읽는 이를 질리게 만든 다음 여섯 번째 문단에서야 작고 가는 활자로 재앙 같은 소식을 밝혔다.

정말로 나쁜 소식이 있을 때 기업의 연례 보고서는 이중화법을 구사하면서 정면으로(!) 대응한다. 1985년 보고서에서 피츠버그의 코퍼스컴퍼니는 3천만 달러의 손실을 설명해야 했다. 주당 가치가 79센트에서 마이너스 3.72달러로 떨어졌을 뿐만 아니라 세전 수입에 대해 1억 3800만 달러의 비용이 발생했다. 코퍼스컴퍼니 회장 찰스 R. 풀린은 간단히 설명했다. "언뜻 보면 좋은 소식에 못 미치는 것처럼 보이겠지만 장기적으로는 결국 주주들에게 최고의 소식이 될 겁니다. (투자 실패로) 우리 자원을 수익성 높은 부문에 재배치하는 기회가 생긴 것을 고려하세요."

당신의 돈을 조금이라도 지키려면 기업 보고서에 담긴 이중화법의 진짜 의미를 읽어낼 줄 알아야 한다. "1984년에 콘티넨털일리노이는 새로운 출발을 맞게 됐습니다." 연례 보고서에 담긴 말이다. 정말 그랬다. 시카고의 이 금융 회사는 11억 달러의 순손실을 보았고, 이사 5명을 포함한 고위 임원을 다수 해임했으며, 도산을 막기 위해 연방 규제 기관이 개입했다. "AM인터내셔널은 1986년 회계 연도에 의미심장한 성과를 누렸다"고 보고서는 자랑했다. 그런데 1년 만에 수입이 2550만 달러에서 570만 달러로 떨어진 걸 '의미심장한 성과'라고 할 수 있을까? 샘보 레스토랑 체인은 1981년 연례 보고서에서 회사가 "전국적인 명성과 홍보 효과를 달성했다"고 자화자찬했다. 확실히 그랬다. 전국 언론에서 이 회사가 연방파산법 제11장에 따라 파산을 신청했다고 보도했으니까.

불황기에는 기업 보고서마다 이중화법이 넘쳐난다. 주주를 위해 능동적이고 역동적이며 공세적으로 행동하는 존재로 묘사되던 기업들이 이런 시기에는 통제 불능의 경제적 힘 앞에 놓인 무기력하고 불운한 희생자가 된다. 이렇게 완벽하게 합리적이고 이해할 만한 통제력 상실과 함께, 연례 보고서에 담긴 나쁜 소식에 대한 책임도 사라진다. 기업은 불황의 '타격'을 받았고, '높은 금리라는 환경' 속에서 '미래가 불투명하다'. 하지만 경영진은 여전히 '신중하게 희망을 품고' 있고, 해당 연도의 '성과'(여기서 이 말은 사실상 수익의 이중화법 표현이다)도 '불황이라는 환경'을 감안하면 '합리적'이고 '수용 가능'하며 '만족스럽다'. 회사가 전년도에 비해 수익이 엄청나게 떨어졌거나 심지어 손실을 입었더라도 상관없다.

미로코퍼레이션은 1981년 연례 보고서에서 '획기적인 한 해'

를 보냈다고 주장했다. 실제로 그랬다. 미로는 120만 달러의 손실을 보았고, 회사의 절반 이상을 매각한다는 계획을 발표했다. 똑같이 획기적인 해를 한 번만 더 겪으면 회사는 폐업할 것이다. 세코코퍼레이션은 1981년 보고서에 따르면 순수입이 "(1980년에) 달성한 기록에 이어 두 번째로 높아서 …… 다시 한 번 성과가 좋은 해를 누렸다". 실적이 13퍼센트 감소했다는 말을 이런 식으로 한 것이다. 인디애나폴리스전력조명회사(IP&L)는 1981년 실적이 주당 2.81달러에 '도달했다'고 자랑스럽게 밝혔다. 다시 말하자면 전년도의 주당 3.68달러에서 '하향 도달'한 것이다. 페어차일드인더스트리는 1981년 보고서에서 다음과 같이 언급했다. "불황의 냉랭한 분위기가 많은 미국 기업에 영향을 끼쳤는데도 페어차일드는 미래 성장을 위한 입지를 유지하고 많은 경우에 오히려 향상하는 데 성공했습니다." 달리 말해 페어차일드는 돈을 한 푼도 벌지 못했다.

뉴저지의 퍼블릭서비스전기가스(PSE&G)는 1981년에 실적이 좋지 않았지만, 이는 경영진의 잘못 때문이 아니라 "고인플레이션과 고금리를 동반한 경제 약화가 공익사업에 지속적으로 큰 타격을 주었기 때문"이었다. 어떤 이유에서인지 유타전력조명(UP&L)과 미네소타전력, 콜로라도의 퍼블릭서비스컴퍼니 등은 이런 타격을 받지 않아서 전부 실적이 좋았다. 하지만 퍼블릭서비스전기가스는 "암울한 경제 환경과 1980년에 받은 요금 인상 허용 조치의 실효성 약화" 때문에 실적이 감소했다. 퍼블릭서비스전기가스는 "고인플레이션과 고금리가 공익사업 전반을 계속

괴롭히고" 있지만 "불리한 경제 환경이 지속되는 상황"에 대처하기 위해 노력하겠다고 약속했다.

이런 연례 보고서들을 보면 기업은 유리한 경제 환경에서만 수익을 낼 수 있는 것 같다. 이런 보고서에 담긴 메시지는 기업이 돈을 버는 것은 경영 수완 덕분이지만, 손실을 보는 것은 경영진이 제어할 수 없는 외부 요인 때문이라는 것이다.

연례 보고서는 보통 겉보기에는 인상적이지만 실제로는 아무런 의미도 없는 언어로 가득하다. 이중화법 가운데 난해하고 장황한 관료적 언어에 해당한다. 스탠더드오일컴퍼니(오하이오)의 1982년 연례 보고서에는 다음과 같은 문장이 수두룩하다. "1982년의 현실뿐 아니라 지속적인 계획 과정에서 불가피하게 발생하는 통상적 변화들 때문에 정제 과정을 일부 조정해야 했다. 이것이 아마 더 정확한 설명일 텐데, 그 세부 조정은 시점과 정도에 관한 것으로 과거의 사고방식에서 중대한 이탈을 의미하지는 않는다." 레이놀즈메탈컴퍼니가 같은 해에 내놓은 보고서에는 아무 의미도 없는 산문의 백미가 담겨 있다. "실제로 우리는 회사 전체 차원에서 공격적이고 창의적인 시장 개발 노력을 지속적으로 강조하고 있습니다. 알루미늄의 독보적 이점 덕분에 우리가 경쟁 우위와 최적의 수익 기회를 차지할 수 있는 시장 부문을 목표로 삼는 것입니다. 또한 우리의 연구 개발 활동도 재편되었으며 제품 및 공정 개발은 전략적 계획과 밀접하게 연계되어 진행되고 있습니다."

이중화법 없는 연례 보고서

모든 기업의 연례 보고서가 이중화법으로 가득한 것은 아니다. 많은 보고서는 회사의 재정 상태와 사업 현황을 꽤 솔직하게 설명한다. 일부 보고서는 명료함, 정직함, 솔직한 언어의 모델로 삼을 정도다. 위스콘신주 밀워키에 있는 금융 지주 회사인 마셜 앤일슬리가 1982년에 내놓은 보고서에 따르면 회장 J. A. 퓰리처는 주주들에게 보내는 편지에서 간단히 말했다. "여러분의 회사는 1982년에 아주 좋은 해를 보냈습니다. 어느 정도는 행운이 따른 덕분이기도 하고, 훌륭한 계획과 경영 덕분이기도 합니다. 여러분이 숫자와 그림을 보고 만족하시면 좋겠습니다." 그야말로 완벽한 편지다.

명료하고 간단하며 직설적이고 이중화법이 없는 연례 보고서를 쓰기는 쉽다. 하지만 주주들에게 나쁜 소식을 전해야 할 때 그런 보고서를 쓰는 것은 전혀 다른 문제다. 이중화법 없이 나쁜 소식을 밝힌 보고서 중에 가장 좋은 예로 1986년 테라다인의 보고서를 들 수 있다. 홍보 담당 부사장 프레더릭 밴 빈이 작성한 보고서는 다음과 같이 시작한다. "테라다인의 지난 26년은 대부분 아주 좋았고, 많은 연도가 눈부셨습니다. 좋지 않다는 걸 성장이 전무한 해로 정의한다면, 몇몇 해—정확히 말하자면 5년—는 좋지 않았습니다. 1986년은 분명 좋지 않은 해입니다." 보고서는 계속해서 직설적인 언어로 회사가 안고 있는 문제들을 말했다. "전반적으로 판매고가 9퍼센트 정도 감소했는데, 언뜻 보면 그렇게 나쁘지 않습니다. 다만 1985년 14퍼센트 감소에 이어 처음으로 2년 연속 감소했습니다. 우리의 경쟁사 대부분이 훨씬 좋지 않았다는 사실은 다소 위안이 됩니다. 하지만 솔직히 말하자면 큰 위안은 아닙니다."

계속 보고서를 읽어보자. "줄곧 달러로 성과를 기록해야 한다고 믿어 왔고, 순이익이 99퍼센트 감소한 해에 밝은 표정을 짓기란 쉽지 않습니다. …… 'F학점은 개탄스럽지만 생존 가능한 건 분명하다'는 평가를 붙일 수 없는 손익 계산서입니다." 보고서는 또한 테라다인이 일본에서 15년간 노력을 기울였는데도 성장이 더디다고 언급했다. "언어가 큰 문제입니다. 유럽에서는 미국인이 최소한 도로명 표지판을 읽을 수 있고, 고등학교 시절에 배운 프랑스어나 독일어의 기억을 쥐어짤 수 있습니다. 일본에서는, 말하자면 사방에 고대 그리스어만 보이는 셈입니다." 많은 기업들이 흔히 늘어놓는 변명과 달리, 이 보고서에는 일본에서 자사의 성장이 더딘 이유를 외국의 경쟁 기업을 국내 시장에서 밀어내려는 일본의 시도 탓으로 돌리는 내용이 전혀 없다. "이런 결과를 우리를 배제하려는 일본의 음험한 음모 탓으로 돌리기는 쉽지만, 진실은 훨씬 복잡합니다. 특히 일본은 경쟁에 유능합니다. …… 다른 모든 이들이 무능하다면 사는 게 한결 단순할 겁니다."

테라다인의 보고서는 명료한 언어로 설명할 수 없을 만큼 전문적인 주제는 없다는 것을 잘 보여준다. 이 보고서는 또한 좋지 않은 재무 소식을 단순하고 명확하면서도 우아하고 위트 있는 문체로 전할 수 있음을 보여준다. 기업 보고서에 이중화법이 넘쳐나는 것은 보고서를 작성하는 사람이 부정적인 소식을 긍정적으로 보이게 만들고, 책임을 전가하며, 정보를 감추고, 실제로는 소통을 피하면서 소통하는 척하려 하기 때문이다.

보험사는 '이익'이라 말하지 않는다

보험 회사의 회계 관행은 실로 거대하고 놀라운 수수께끼다. 많은 돈을 버는 동시에 손해를 보는 일이 가능한 업종은 거의 없다. 하지만 보험 업계에서는 가능하다. 보험 업계의 회계 방식을 이해하는 일과 비교하면, 아인슈타인의 일반 상대성 이론을 이해하거나 에트루리아어 문서를 번역하거나 마야 문자를 판독하는 건 어린애 장난에 불과하다.

1980년대 초 손해 보험과 상해 보험 회사들은 손실이 생기고 있다고, 그것도 엄청난 손실을 보고 있다고 주장했다.(이 회사들은 가입자의 재산이 손상되거나, 가입자가 절도를 당하거나 다른 사람에게 해를 입혔을 때 보상하는 보험사이다.) 의료 과실 보험료(상해 보험)가 급등해 일부 의사들이 개업을 포기할 정도였다.

어린이집이나 소도시, 중소기업은 더는 책임 보험을 감당할 수 없었다. 모두 보험 회사들이 엄청난 손실을 보고 있다고 말할 때 벌어진 일이다. 실제로 손해 보험과 상해 보험 업계는 1985년에 총 56억 달러의 손실을 보았다고 주장했다. 그러면서 큰 폭으로 보험료를 인상하는 게 정당할 뿐만 아니라 업계의 생존을 위해 절대적으로 필요한 일이라고 주장했다.

따라서 수년간 손실을 본 끝에 손해 보험과 상해 보험 회사들은 1986년부터 다시 돈을 벌어들이기 시작했다. 하지만 과거에 얼마나 많이 손실을 보았고 지금 얼마나 많은 실적을 올리고 있는지는 이익을 어떻게 계산하는지에 따라 달라진다. 이익 같은 경우는 알아내기가 쉽다고 생각할지 모른다. 모든 비용을 치르고 남는 게 이익이니까. 그런데 보험 회사를 운영하면 이야기가 달라진다.

보험 회사들은 '이익'에 관해 이야기하지 않는다. 그보다는 '영업 수입'을 선호하는데, 여기에는 보험료 수입 전체에 투자로 벌어들인 배당금과 이자까지 포함된다.* 보험 회사는 이 액수에서 자신들이 지불한 보험금과 일반 비용, 세금, 주주에게 지급한 배당금을 뺀다. 이렇게 이익을 결정하는 방식에 따르면 손해 보험과 상해 보험 업계 전체는 1986년에 영업 이익이 45억 달러였다. 1985년에 업계가 겪은 56억 달러의 영업 손실에 비하면 반가운 수치였다.

하지만 이익 계산에 관한 한 회계를 다루고 있음을 기억할 필요가 있다. 당신이 생각하기에 단순하고 명확한 것도 회계에서는 결코 그렇지 않다. 특히 보험 업계의 회계에서는 더더욱 그렇

---

* 일반 제조업, 소매업 회계에서 '영업 수입(operating income)'은 순수하게 본업 활동으로 벌어들인 매출액에서 원가와 비용을 뺀 나머지를 말한다. '이익(profit)'은 영업 수입에다 '영업 외 수입'(예를 들어 주식 배당 수익)을 더하고 '영업 외 비용'(예를 들어 대출 이자)과 '세금'을 모두 뺀 나머지를 가리킨다. 본문에서 저자는 보험 업계의 회계 방식이 이와 다름을 지적하고 있다.

다. 만약 보험 회사들이 다른 방식으로 이익을 계산한다면 수익성의 그림이 완전히 달라질 수 있다.

순수입 net income, 또는 요즘 우리가 자주 듣는 저 유명한 최종 결산액 bottom line은 기업의 장부와 주주들에게 발송하는 보고서에 기록되는 최종 손익 수치다. 보험 회사의 순수입은 연방세를 제한 영업 이익에 추가로 실현된 자본 이익을 더해서 결정된다. 예를 들어 보험사가 주당 10달러에 주식을 샀는데 지금 주가가 20달러라면 회사는 주당 10달러의 자본 이익을 얻은 셈이다. 하지만 이 이익은 보험사가 주식을 팔아서 실제로 주식 판매로 번 돈을 챙겨야만 '실현된' 이익이 된다. 회사가 주식을 팔 때까지 이 이익은 '실현되지 않은' 것이다. 회사 수중에 있는 것은 주식일 뿐 현금이 아니기 때문이다.(주식의 가치는 수시로 오르내리기 때문에 보험 회사는 주식 이익을 고려하지 않는다. 주식을 팔기 전에는 주식으로 얼마나 많은 이익을 얻을지, 또는 손해를 볼지 알 수 없기 때문이다.)

이제 1986년 손해 보험과 상해 보험 업계의 순수입을 계산하면서 실현된 자본 이익까지 포함한다면, 이익은 45억 달러가 아니라 115억 달러가 된다. 같은 방식을 적용하면 손해 보험과 상해 보험 업계는 1985년에 56억 달러의 손실을 보기는커녕 19억 달러의 이익을 낸 것이 된다. 자, 회계 이중화법이 무엇을 할 수 있는지 보라. 이익을 손실로 바꾸고 손실을 이익으로 바꾼다. 회계 이중화법은 현존하는 가장 강력하고 영향력 있는 (게다가 수익성까지 좋은) 이중화법이다.

회계사들의 어휘력

1981년의 경제회복조세법은 특정 유형의 신규 공장과 설비에 투자하는 기업에 각종 세금 감면 혜택을 제공했다. 이 법의 목적 중 하나는 생산성 증대와 경기 부양을 위해 기업 투자를 장려하는 것이었다. 깊은 불황에 빠진 경제를 구하기 위한 조치였다. 그런데 회계사들은 이 법을 손에 넣은 뒤 자기들만의 창의적인 방식으로 고객을 위한 세금 계산에 착수했다.

1982년, 명료한 언어의 보루라 할 수 있는 국세청은 회계 법인 언스트앤휘니가 고의로 "허위적이고, 사실을 오도하며, 기만적인" 용어를 사용해서 '말장난, 즉 교묘한 속임수'를 구사했다고 고소했다. 국세청이 민사 법원에 제기한 소송에 따르면, 해당 회계 법인은 "신축 건물 일부에 대해 부당하게 투자 세액 공제 대상의 자격을 부여하기 위해" 다음과 같은 용어들을 사용했다. 화재경보기를 '연소 알림 장치'라고 지칭하고 문을 '이동 가능한 파티션'이라고 지칭했으며, 맨홀은 '설비 접근 통로'가 되었고, 창문은 '장식 고정물', 목재로 덮은 벽은 '삼나무 장식', 칸막이 화장실은 '이동식 파티션-프라이버시 공간'이 되었다. 마지막 문구는 계속 잠가 두는 문에도 사용되었다. 하지만 언스트앤휘니의 회계사들은 그 정도에서 그치지 않았다. 포장도로에 '화물 차량 접근로'라는 이름이 붙었고, 약 15미터 높이의 쇼핑센터 간판은 '식별 장치'가 되었으며, 냉장 창고 전체가 '냉동고'가 되었고, 자갈 32톤과 표토 약 70세제곱미터가 '화분'이 되었다. 그

화분이 걸려 있었다는 창문—그러니까 '장식용 고정 장치'—이 어떤 모습일지 정말 구경하고 싶지 않은가?

언스트앤휘니는 국세청의 고소에 대해 법정에 제출한 답변서에서 이 어휘들을 사용한 것은 "고객에게 좋은 인상을 줄 수 있게" 하려는 것이었으며, 그러지 않으면 '무신경하게 선택된 단어나 문구'를 국세청이 근거로 삼아 "세액 공제 청구권을 거부할 수도 있기" 때문이라고 말했다. 연방 판사 로버트 H. 홀은 소송을 각하하면서 이 문제는 법원을 통하는 대신 국세청 내부에서 행정적으로 해결해야 한다고 말했다. 자, 잠깐 그 의미를 생각해보자. 읽기 어려운 수많은 양식, 소책자, 규정을 만들어내는 국세청이 이제 회계 법인에게 명료한 언어를 사용하도록 지침을 주라는 주문을 받은 것이다.

주식 시장의 이중화법

기업 연례 보고서의 주요한 취지는 매력적인 방식으로 회사를 소개해서 당신(이하 '투자자')이 회사 주식을 사게(또는 '투자하게') 만드는 것이다. 하지만 연례 보고서만으로는 어떤 회사의 주식을 사게 만들지 못하기 때문에 이중화법이 무척 중요해진다.

투자자들은 언제나 회사를 긍정적으로 보아야 하므로, 아무리 나쁜 소식이더라도 회사는 거기서 투자자가 긍정적으로 볼 수 있는 무언가를 찾아낸다. 어쨌든 당신이 이미 그 주식을 갖고 있다면 회사는 당신이 팔기를 바라지 않고, 당신이 그 주식을 살까 생각하는 중이라면 회사는 당신이 그 돈을 저축 예금 같은 다른 곳에 넣지 않기를 바라기 때문이다. 투자 이중화법에서 중역들은 절대 회사 돈을 '쓰지' 않는다. 공장과 설비에 '투자'를 하거나 시장 점유율이나 경쟁력 있는 입지를 유지하려고 필요한 곳에 '지출'한다. 언뜻 보면 '적자 확대'가 있을 수 있지만, 기업 임원들은 자신들이 개발 중인 프로그램이 결국 '긍정적인 현금 흐름'에 기여할 것이라고 전적으로 확신한다. 기업 경영진이 자사의 '생산 가치'나 "예외적으로 높은 제조 기준"에 대해 자부심을 드러낼 때 항상 주의해야 한다. 그런 표현은 대개 제품 가격이 너무 비싸거나 손실을 내고 있거나 판매가 부진하다는 뜻이기 때문이다.

1982년 월스트리트의 증권사 겸 투자 은행 '스미스바니해리스어펌앤컴퍼니'는 〈경제 투자와 전략 XXI, No. 32〉라는 보고서를 발표해 투자자를 위한 주옥같은 조언을 늘어놓았다. "현재 가장 중요한 기술적 문제 가운데 하나는 지금과 같은 부정적 하락 폭의 다이버전스*입니다." 당장이라도 뛰어나가서 주식을 사고 싶은 생각이 들지 않는가? 사실 증권사들은 투자자에게 주식을 팔라고 추천하는 미묘한 문제에 조심스럽게 접근한다. 어떤 중개인도 특정 주식에 대한 매도 권유로 투매를 유발했다는 비난을 받고 싶어 하지 않으며, 특정 주식을 과대 포장했다는 비난도 원치 않는다. 또한 어떤 중개인도 허위 정보 제공으로 고소당하는

다이버전스(divergence) 주가가 주식의 기술적 분석과 다른 방향으로 움직이는 현상을 가리킨다.

것을 원치 않는다. 따라서 고객은 중개인들이 주식을 논할 때 사용하는 언어를 스스로 해석할 줄 알아야 한다. 담당 중개인이 어떤 주식을 '소극적 보유 권고weak hold'라고 평가한다면, 돈 잃는 걸 좋아하지 않는 사람이라면 아마 최대한 빨리 주식을 팔아야 할 것이다. 또 중개인이 어떤 주식에 대해 "상승 잠재력이 제한적"이라고 말한다면 플로리다의 신규 금광같이 수익 전망이 더 좋은 부문에 돈을 넣어야 할지 모른다.

투자 이중화법은 거의 순전히 운에 좌우되는 사안을 마치 확실성이 있는 듯 보이게 만드는 언어다. 하지만 더 중요한 점은 투자 이중화법은 결국 판매의 언어라는 것이다. 누군가 당신에게 무언가를 팔고 싶을 때 쓰는 언어. 중고차나 보험, 진공청소기를 판매하는 사람이 하는 말을 신뢰하는 만큼만 투자 이중화법을 믿어야 한다.

1982년 11월 〈애리조나 리퍼블릭〉 신문은 다음 해 투자 전망에 관해 두 경제학자가 심사숙고 끝에 내놓은 견해를 인용했다. 첫 번째 학자는 투자자들에게 다음과 같이 설명했다.

1983년에는 경기가 완화되는easing off 속도가 늦춰질easing up 것이라고 분명히 말씀드릴 수 있습니다. 다른 말로 하자면, 둔화가 지체될 겁니다slowing up of slowdown. 덧붙이자면, 둔화의 지체는 하락 시기의 상승만큼 좋지는 않습니다. 하지만 둔화의 가속화나 하강의 완화보다는 훨씬 좋지요. 지금은 이 재조정을 다시 조정하기에 적절한 시기가 되었다고 말하고 싶습니다.

이런 말을 이토록 진지하게 할 수 있다는 게 참으로 놀랍다. 다른 경제학자는 이런 조언을 내놓았다.

지표들은 하락세가 멈추고 바닥을 따라 기고 있는 상태를 가리킵니다. 그 뒤에는 전반적인 회복세가 이어지다가 좀 더 빠른 회복세가 나타나고, 이어서 회복세가 저하되다가 결국 다시 정체 상태가 되겠지요. 어쨌든 다시 하락하지 않는다면 1983년 어느 시점에는 회복세가 나타나는 것이 대략 맞는 분위기일 겁니다.

투자 회사들이 내놓은 자료를 읽어보면 다음과 같은 투자 이중화법이 가득하다는 걸 쉽게 알 수 있다. "조만간 긍정적인 결정이 이루어진다면 주가가 현재의 2배 수준에 접근할 수 있다. 하지만 이런 긍정적인 뉴스가 없더라도 현재 주가는 비싸지 않다. 현재 주가에는 주요한 프로젝트의 수익 잠재력이 거의 반영되어 있지 않다." 이 이중화법을 분석해보면, 주가가 오를 수도 있고 내릴 수도 있지만, 어느 쪽이든 당신은 돈을 잃지 않는다는 내용이다. 그렇다면 다음 문장은 어떠한가? "과거 선례를 볼 때 1달러 배당금은 취약하지만 주당 순이익이 10달러가 된다면 배당금이 유지될 것이라고 믿는다." 다시 말해, 회사가 실적이 좋지 않기 때문에 배당금이 줄어들 수 있지만 순이익이 조금만 더 높아진다면 배당금이 줄어들지 않을 거라는 말이다.

시장 분석가들이 아무 말도 하지 않으면서 확실한 발언을 하는 듯 보이고 싶을 때, 즉 단지 명백한 사실을 말하거나 무언가를 은폐하려 할 때 투자 이중화법은 특히 유용하다. "은은 현재 불황기에 보이는 통상적인 공급 과잉 상황"이라는 말은 불황 때문에 구매자보다 은의 공급이 더 많다는 뜻이다. "구리는 가격이 72센트 이하에 근접하지 않으면 82센트 수준까지 갈 수 있다"는 말은 구리 가격이 올라가거나 내려갈 수 있다는 뜻이다. "하락 리스크가 상승 잠재력보다 훨씬 작다"는 설명은 주가가 상승하거나 하락할 수 있다는 뜻이다. "사업이 심하게 침체됐지만 선호도가 높은 제품 구성 덕분에 여전히 돈을 벌고 있다." 여기서 기업이 정말 하고 싶은 말은 이것이다. "뭐가 불만이냐? 최소한 우리는 아직 파산을 선언하지 않았다." 마지막으로 어떤 회사는 이렇게 말했다. "우리는 단기적 약세와 장기적 강세를 예측했습니다. 단기적 약세는 실현됐지만 장기적 강세는 아직 실현되지 않았습니다." 자기네가 틀렸다는 말이다.

이런 사례들이 보여주는 것은 성공적인 투자자가 되고 싶다면 투자 이중화법을 능수능란하게 해석할 줄 알아야 한다는 것이다.

노동자를 해고하지 않으면서 해고하는 법

요즘은 해고되는 사람도 없고 정리해고당하는 사람도 없다. 대기업의 조직 서열에서 높은 자리에 있는 사람이라면 "일신상의 사유로 사임"한다.(실업자가 되는 경우도 없다. 단지 "경력 변경 사이에 깔끔한 이행" 과정에 있을 뿐이다.) 대기업 권력의 우뚝 솟은

봉우리에서 한참 아래쪽에 있는 이들도 해고나 정리해고를 당하지 않는다. 노동자를 해고하는 것은 요즘 같은 '구조 조정'과 '감량 경영'의 시기에 너무 큰일이기 때문에 다른 기업이 노동자를 해고하는 것을 도와주는 기업도 존재한다. 가령 마이클 맥키는 코퍼릿컨설턴트의 회장이다. 그는 '감축 활동 reduction activities'을 벌이는 기업을 위한 '계약 해지 및 전직 termination and outplacement 컨설팅'을 주 업무로 한다. 다시 말해 노동자를 해고하거나 정리해고하는 법을 조언한다.

　기업들이 해고나 정리해고를 하는 방식들을 하나씩 짚어보자. 어떤 회사는 '노동력 조정 workforce adjustment' '인원 감축 headcount reduction' '소극적 직원 보유 negative employee retention' 등을 한다. 필라델피아의 한 방송사는 저녁 뉴스를 진행하는 앵커를 해고하지 않았다. 단지 "앵커진 구성을 재조정"했을 뿐이다. 1985년 손꼽히는 규모의 회계 법인인 피크마윅미첼앤컴퍼니는 자사의 많은 파트너들이 "조기 퇴직을 요청받았다"고 밝혔다. 과거에는 1년에 15명 정도의 파트너가 이런 방식으로 회사를 떠났지만, 이번 해에는 '요청받은 퇴임'이 증가할 예정이었다. 어느 거대 석유 회사에서는 부사장이 직원회의에서 '정리해고'를 언급하지 않았다. 다만 '인력 감축'이란 말을 했는데 500명, 즉 전체 인원의 20퍼센트를 정리해고한다는 뜻이었다. 부사장의 말에 따르면 이 '감량 경영'의 이점은 "운영 역량을 선별적으로 개선할 기회가 생긴다"는 것이었다.

　정리해고는 언제나 회사에 좋은 일이며, 회사에 문제가 생겼다는 신호가 절대 아니다. 호텔 체인 라마다가 수많은 노동자를 정리해고 했을 때 한 임원은 이렇게 말했다. "이런 변화를 일으키는 목적은 조직을 간소화하고 사업의 우선 영역에 인적 자원을 집중하려는 것입니다." 선오일컴퍼니의 대변인 커트 밴 블랜드런은 회사가 본사 인원 500명을 정리해고할 예정이라는 것을 부정했다. "우리는 이를 정리해고로 규정하지 않습니다. 우리는 인력 자원을 관리하는 중입니다. 간혹 상향 관리하고 때로는 하향 관리하기도 하지요." 축하합니다! 당신은 이제 막 하향 관리되었습니다. 인력 자원, 당신 말이에요.

일부 기업은 정리해고를 발표할 때 다른 기업들만큼 정교하게 이 중화법을 사용하지 않는다. 모빌오일코퍼레이션은 "정비공 27명을 잉여 인력으로 처리"했다고 발표했으며, AT&T는 "AT&T, 인력 관리 계획 Force Management Plan 발표"라는 제목의 통지문을 발송했다. 그런데 '인력 관리 계획'이란 무엇일까? 이는 일부 부서에 '잉여'가 있음을 확인하고, 현재 존재하는 '인력 불균형'을 바로잡기 위해 새로운 '인력 관리 계획'을 시행하겠다는 계획이다.(독자 여러분, 여기까지 잘 따라오고 계신가요?) '잉여 관리자들'에게는 퇴사 장려책으로 '이별 수당 separation payments'이 주어질 것이다. 이런 장려책을 시행한 뒤에도 '잉여'가 존재한다면 "다른 관리자들에게 추가로 퇴직을 위한 이별 수당을 지급할 것이다". 대규모 해고를 이렇게 발표하다니, 이 얼마나 정교한 이중화법인가?

정리해고 이중화법은 때로 도무지 이해하기가 어렵다. 보통 그 말에 가려진 현실이 특히 불편한 경우에 그렇다. 1987년 제너럴모터스는 다음과 같은 성명을 발표했다. "제너럴모터스는 오늘 '쉐보레-폰티악-캐나다(CPC) 그룹 프레이밍엄(매사추세츠)' 조립 공장에서 생산량과 관련된 생산 일정 조정을 보고했습니다." 이 문장은 제너럴모터스가 자동차 조립 공장 전체를 폐쇄한다는 뜻이었다. 경쟁사에 뒤질세라 크라이슬러도 위스콘신주 커노샤에 있는 아메리칸모터스 공장에서 노동자 5천여 명을 해고하면서 이렇게 발표했다. 단지 "경력 전환 향상 프로그램을 개시"했을 뿐이라고.

기업들이 노동자를 해고할 때 이중화법을 구사하는 이유는 그런 언어가 분명한 경제적 이익을 가져다주기 때문이다. 1983년 콘티넨털항공에서 파업이 벌어졌을 때, 사측은 파업 참여 노동자들을 정리해고하고 있다는 것을 부정했다. 회사 대변인 브루스 힉스는 "파업 노동자들은 해고되지 않았다"고 말했다. 하지만 콘티넨털항공은 직무에 복귀하지 않은 파업 정비공들 대신 '영구 대체 인력'을 채용하기 시작했다. 정비공들은 복귀하지 않으면 다른 인력으로 대체될 것이라는 경고를 받은 상태였다. LTV코퍼레이션은 1985년 펜실베이니아주 앨리퀴파에 있는 철강 공장의 노동자 600명을 해고하지 않았다고 주장했다. 회사는 정리해고를 '무기한 휴업'이라고 불렀다. 명목상 공장을 완전히 폐쇄한 것이 아니었기에 일자리를 잃은 노동자들에게 퇴직 수당이나 연금을 줄 필요가 없었다. 이처럼 이중화법은 회사에는 이익이 되지만 정리해고나 해고를 당한 노동자에게는 이익이 되지 않는다.

우리가 당신에게 판 차는 고장 차량입니다

자동차 리콜 통지는 미국인의 삶에서 흔한 일이 되었다. 이따금 신문에서 작은 기사를 보게 된다. 바퀴가 빠지거나 연료 탱크가 폭발하거나 다른 사소한 문제가 생길 수 있기 때문에 몇백만 대의 차량을 리콜한다는 내용이다. 이런 리콜 통지서를 받아본 적이 없다면 인생에서 가장 당혹스럽고 황당한 경험을 할 기회를 놓친 셈이다.

자동차 회사들이 하도 오래전부터 차량을 리콜했기 때문에 지금쯤이면 차량에 무슨 문제가 있고 어떻게 수리할 것인지 제대로 설명하는 편지쯤은 쓸 줄 알 것이라고 생각할지 모른다. 하지만 리콜 통지서를 읽어보면 자동차 회사들의 글쓰기 솜씨가 자동차 만드는 기술만큼이나 형편없다는 것을 알 수 있다. 《1986년 토러스 세이블 자가 정비 서비스 가이드》에 나오는 다음과 같은 경이로운 문장을 보라. "소비자에게 드리는 안내: 본 서비스 가이드에서 설명하는 장비가 표준인지 옵션인지 확인될 수도 있고 안 될 수도 있습니다." 소비자들은 이런 식의 문장을 읽고 정비는커녕 아무것도 할 수 없겠지만, 어쩌면 그게 바로 의도일지 모른다.

간혹 회사들은 말하고자 하는 것보다 더 많은 이야기를 한다. 1985년 전국고속도로교통안전국(NHTSA)은 거의 50만 대의 포드 소형 트럭을 조사하는 중이라고 발표했다. 트럭 뒷바퀴가 빠질 수도 있다는 이유에서였다. 포드는 곧바로 자사 트럭 바퀴의 안전성이 "다른 제조업체들의 수준과 동일하다"고 답변했다. 이런 해명을 들으면 과연 어떤 회사의 트럭이든 마음 놓고 살 수 있을까?

1982년 회계감사원(GAO)은 차량 구매자에게 발송하는 안전 결함 통지서에 "우회적 표현이나 완곡어법, 전문 용어를 사용하지 말라"고 자동차 제조업체들에 권고했다. 이런 권고에 응답하듯, 전국고속도로교통안전국은 "자동차 제조업체들과 협력해서 업체들의 글쓰기 기술을 개선하도록 하겠다"고 말했다.(자동차 회사 중역들을 위한 리콜 통지서 글쓰기 보충 강의를 하겠다는 건가?) 전국고속도로교통안전청은 "다양한 유형의 통지서가 얼마나 효과가 있는지 확인하기 위해 통제 실험을 실시해야 한다"고 말했다. 아마 회계감사원은 포드모터컴퍼니가 1972년에 토리노 모델과 머큐리 몬테고 모델의 리콜을 진행하면서 발송한 통지서를 읽은 뒤 권고에 나섰을 것이다.(그 통지서는 1장에서 다루었다.)

전국고속도로교통안전국이 어떤 '통제 연구'를 진행했든 간에, 그런 연구들이 리콜 통지서 수준을 나아지게 만들지 못한 건 확실하다. 어쩌면 모든 자동차 회사 중역들이 리콜 통지서 글쓰기 교정 과목에서 낙제했기 때문일지 모른다. 예를 들어 1988년 제너럴모터스 뷰익 사업부가 일부 차량 소유자에게 발송한 통지서를 보시라.

뷰익 소유자 귀하

이 통지서는 전국교통및자동차안전법의 요건에 따라 발송됩니다.

리콜 사유:

제너럴모터스는 1988년형 르세이버 일부 차량이 안전벨트 조립 사용에 관한 연방자동차안전기준 제209호를 충족하지 못한다고 판정했습니다.

차주의 매뉴얼 정보에는 뒷좌석 안전벨트 시스템의 적절한 사용법에 관한 지침이 포함되어 있지 않습니다.

제조사가 할 일:

이 누락 부분을 바로잡기 위해 각 차량에 차주를 위한 새로운 매뉴얼을 제공할 것입니다.

소유자가 할 일:

제공되는 새로운 차주 매뉴얼을 차량 '글러브 박스(보관함)'에 넣어주십시오. 기존 매뉴얼은 폐기하거나 딜러에게 가져가 무상으로 교체를 받으십시오.

본 서비스에 관한 지침을 해당 지역 뷰익 딜러에게 발송했습니다. 새로운 차주 매뉴얼을 설치하는 시간은 대략 오(5) 분입니다.

딜러의 도움을 받기로 결정하신다면, 제공된 차주 매뉴얼과 본 통지서를 딜러에게 보여주면 즉시 필요한 서비스를 받으실 수 있습니다.

담당 뷰익 딜러는 최대한 신속하게 차량을 수리할 수 있도록 부품을 확보하고 서비스를 제공하는 데 최적화되어 있습니다. 하지만 딜러가 당일 또는 오(5)일 안에 현 상태를 바로잡지 못하면 뷰익 고객지원부에 연락하시기 바랍니다. ……

담당 딜러와 뷰익 본사에 연락한 뒤 합당한 시간 안에 최선을 다해 이 문제를 처리하는 데 만족하지 못하신다면, 전국고속도로 안전국에 문의하시기 바랍니다. ……

이 긴 글을 몇 번 읽어보면, 뷰익이 당신에게 원하는 것은 지금 있는 차주 매뉴얼을 새롭게 발송해주는 것으로 바꾸라는 것임을 알게 된다. 그런데 만약 그렇게 하기 어려우면 뷰익 딜러에게 가면 정비공이 매뉴얼을 교체해줄 거라는 말이다.

뷰익 대변인은 해당 통지서의 문구가 연방 규정에 따른 것이라고 설명했다. "우리 법무팀에 따르면, 모든 안전 관련 항목에는 일정한 문구를 사용해야 합니다. 연방 규정에서 그렇게 정해놓았습니다." 연방 기관의 한 대변인도 여기에 동의했다. 이 통지서는 이중화법을 만들어내는 가장 강력한 3가지 세력—기업 임직원, 정부 관료, 변호사—이 힘을 합쳤을 때 어떤 문장을 쓸 수 있는지 보여주는 전형적인 사례다. 이 셋이 뭉치면 정말 무시무시한 이중화법의 괴물이 만들어진다. 이제 우리에게 필요한 건 이 통지서에 쓰인 언어를 리콜할 수 있는 권한을 지닌 기관이다. 아니면 이 언어 괴물을 창조한 이들에게 명료하고 간단한 언어로 글을 쓰도록 강제할 힘을 지닌 기관이면 충분하다. 리콜 통지서 글쓰기 교정 과목을 이수한 뒤 100번 정도 쓰게 하면 될 것이다.

아마도 자동차 제조업체가 보내는 통지서에서 가장 효과적인 이중화법은 애초에 소비자가 볼 수 없는 이중화법일 것이다. 1986년 제너럴모터스는 자사 딜러들에게 1984년형 자사 차량 중 2.5리터 4기통 엔진을 장착한 모든 차종이 "엔진 고장을 경험"할 수 있다고 말한 사실을 인정했다(부디 의미심장한 경험이 아니기를 바란다). 하지만 제너럴모터스는 차량의 엔진 블록에 금이 가고 냉각수가 누출되면 결국 차량당 최대 2천 달러에 달하는 수리 비용이 들 수 있다는 사실을 고객에게 밝힐 생각이 없었다. 제너럴모터스는 딜러들에게 배포한 내부 공문에서 "이 특별한 방침에 관해 차주들에게 통지서를 발송하지는 않을 것"이라고 분명히 언급한 사실을 인정하면서도 "이 특별한 방침을 비밀에 부치지는 않았다"고 주장했다. 제너럴모터스는 성명에서 다음과 같이 말했다.

그건 사실입니다. 우리는 엔진 블록 누수 문제를 발견한 직후에 딜러 공고문을 내보냈습니다. 하지만 이 방침을 비밀에 부치지는 않았습니다. 모든 관련 딜러들이 이 문서를 갖고 있습니다. 1983년 이래 각 신차의 글러브박스에 있는 정보를 보면, 고객들은 어떻게 딜러에게 이 방침(딜러 서비스 공고문)을 알아내거나 GM에 직접 주문할 수 있는지를 알 수 있습니다. 절대 비밀이 아닙니다.

자동차안전센터의 클래런스 디틀로는 이렇게 물었다. "어떤 문제가 있는지를 모르는데 그 문제에 관해 어떻게 물어볼 생각을 할 수 있겠습니까?" 이게 바로 이중화법이다.

뉴코크와 코카콜라 클래식

주식 시장 투기꾼이 한 회사의 주식을 대량으로 사들여서 회사를 차지하겠다고 위협한 다음, 회사 이사회로부터 돈을 받고 물러나는 경우를 가리켜 '그린메일(greenmail, 주식 매점)'이라고 한다. 경제적 블랙메일(blackmail, 갈취)보다는 좋게 들린다. 기업 사냥꾼 corporate raider은 '인수 예술가 takeover artist'라고 불리고, 권모술수 전문가 wheeler-dealer는 '거래 메이커 deal maker'가 되었다. 기업에서 '방출한 잉여 노동력'은 '탈고용자 disemployed'나 '비자발적 유한 집단'이 된다. 몇몇 회사는 '공격적 현금 관리', 즉 부정직한 거래를 통해 돈을 번다. 1983년 폭스바겐코퍼레이션의 사장 칼 한은 자사의 펜실베이니아 공장이 적자를 내고 있다는 사실을 인정하지 않았다. 하지만 "수입품으로 얻는 수익이 현재 제조 부문이 안고 있는 부담을 어느 정도 상쇄해준다"고 말했다. 폭스바겐은 이후 공장을 폐쇄했다. 손실이 너무 크다는 게 이유였다.

1985년 보스턴의 퍼스트내셔널뱅크는 외국 은행들과의 현금 이체 1,163건, 거래액 12억 2천만 달러에 달하는 거래를 보고하지 않은 혐의로 기소되었다. 해당 이체는 불법적 활동으로 벌어들인 돈을 세탁하는 데 사용되었다는 혐의를 받았다. 은행은 '알면서도 의도적으로' 현금 이체를 신고하지 않았다는 중범죄 혐의에 대해 유죄를 인정하고 벌금 50만 달러를 냈지만 신고 누락은 단지 '시스템 오류', 즉 '내부 행정상 사소한 문제'일 뿐이라고 말했다. 은행의 해명에 신뢰가 가지 않는가? 어쨌든 12억 2천만 달러쯤은 무심코 놓치기 쉬운 액수 아닌가?

샌프란시스코의 크로커내셔널뱅크도 1985년에 비슷한 문제를 겪었다. 1980년에서 1985년 사이에 40억 달러에 육박하는 대규모 현금 거래를 신고하지 않아 연방 정부에 225만 달러라는 기록인 벌금을 낸 것이다. 부사장 겸 법무 자문 위원인 해럴드 P. 라이시월드는 벌금이 아니라 '합의금'이라고 말했다. 재무부 최고 집행관(CEO) 존 M. 워커는 이렇게 말했다. "은행 자체가 의도적으로 돈세탁에 관여했다는 증거는 없지만, 크로커의 신고 누락은 체계적이고 광범위한 문제였다." 은행이 돈세탁에 관여하지 않았다면 누가 한 걸까? 어쨌든 조사 결과 크로커내셔널뱅크는 은행비밀유지법을 7,877차례 위반한 것으로 밝혀졌다. 엄청나게 많은 신고 누락이다.

이중화법을 사용하면 나쁜 소식도 마법처럼 좋은 소식으로 바꿀 수 있다. 장난감 회사 마텔이 1986년보다 1987년 실적이 낮다고 보고했을 때, 회사는 실적 감소를 나쁜 뉴스가 아니라 좋은 뉴스로 간주했다. "금년도 상반기보다 3분기 판매 성장세가 완화된 것은 장난감의 연중 수요를 지속적으로 늘리고 생산과 배송 일정을 한층 균형 있게 조정하려는 우리의 노력이 성공하고 있다는 증거입니다." 이런 식의 '좋은 소식'이 조금만 더 나오면 회사는 파산 신청을 해도 되겠다.

1986년 허벌라이프인터내셔널은 영양제와 다이어트 제품 홍보에서 허위 주장을 했다는 혐의를 받았다. 당국의 지적에 따라 85만 달러를 내는 데 동의하고 홍보 내용을 일부 수정하는 데 합의하면서 마크 휴스 회장은 조금도 당황하지 않았다. 그는 다음과 같은 보도 자료를 냈다.

오늘은 허벌라이프에 하나의 이정표가 되는 날입니다. 주와 연방 규제 기관들이 발표한 성명으로 오늘 우리는 다시 얻은 신뢰 위에 확고한 토대를 세웠습니다. 식품의약국, 캘리포니아주 법무장관, 캘리포니아주 보건부와 1년 반 이상 논의하고 협상한 끝에 이들 세 기관 모두 허벌라이프 제품이 예나 지금이나 미국인에게 안전하다고 각각 독립적으로 판단했음을 알려드립니다. 더불어 저희의 모든 제품 관련 주장, 라벨, 마케팅 자료는 연방법과 주법의 조문뿐 아니라 그 정신에도 완전히 부합하게 되었습니다.

이 보도 자료를 곧이곧대로 믿는다면 연방 당국 및 주 당국과 몇 번만 더 회동하면 허벌라이프는 성자가 될 것 같다.

그래픽스캐닝코퍼레이션은 보도 자료를 통해 이렇게 발표했다. "그래픽스캐닝은 회사의 고유한 가치를 더욱 높이기 위해 핵심 시장을 중심으로 하여 무선 호출기 사업을 통합하는 일련의 거래를 추진하고 있습니다. 이로써 해당 사업 부문의 시장 지배력과 현금 흐름이 향상되었습니다." 깊은 인상을 받으셨는지? 하지만 이 보도 자료 3쪽에 이르러 이 회사가 1986년에 4990만 달러의 순손실을 보았다는 사실을 발견하면 생각이 달라질 것이다.

코카콜라컴퍼니는 기존 콜라를 새로운 레시피의 콜라로 교체하려다 참담한 실패를 겪고 이를 해명하기 위해 많은 이중화법을 구사했다. 대중이 새로운 콜라를 압도적으로 거부한 것을 두고 회사는 소비자들이 예전 브랜드에 "예상치 못하게 강한 충성심을 보여주었다"고 표현했다. 자신들의 실수를 바로잡는 과정에서 회사는 기존 콜라를 코카콜라 클래식 Coca-Cola Classic이라는 새로운 이름으로 재출시했고, 뉴코크 New Coke는 이제 더는 자사의 '주력 브랜드'가 아니라 '메가 브랜드' 안에서 '경쟁하는 브랜드'라고 선언했다. 다만 코카콜라의 전체적인 마케팅 계획에서 '전략적 버팀목'의 특성을 지닐 뿐이라는 것이었다. 코크의 원료인 시럽만큼이나 걸쭉한 문장이다.

1985년 12월 제너럴일렉트릭컴퍼니는 "제너럴일렉트릭 멀티베이퍼 제품과 수은등 사용자들께 드리는 중요 메시지"라는 제목의 편지를 발송했다. 작은 글자로 1쪽 반에 걸쳐 쓰인 이 메시지에는 다음과 같은 내용이 들어 있었다.

 이러한 유형의 전등은 와트 수에 상관없이 시스템 오류나 연결 불량 같은 내부 원인이나 부적절한 사용 같은 외적 요인 때문에 예기치 않게 아크 튜브가 파열될 가능성이 있습니다. 이런 일이 발생하면 아크 튜브를 감싸고 있는 유리 외피가 깨져서 튜브에 들어 있는 고열의 석영 조각과 유리 파편이 기구 내부 그리고/또는 그 주변 환경으로 배출되어 사람이 부상을 입거나 화재가 날 위험이 있습니다. 사용자는 금속 핼라이드 램프와 수은등이 위험성이 전혀 없는 건 아님을 인지하셔야 합니다. 오늘날 업계에서 위험성이 전혀 없다고 주장할 수 있는 제품은 거의 없습니다. 하지만 그렇다고 해서 이런 제품이 '안전하지 않다'고 간주되어선 안 됩니다.

이 편지에서 그나마 명료한 문장이 쓰인 부분을 골라본 것이다.

죽음을 부르는 말

이중화법은 기업에 손해를 입힐 수 있으며, 때로는 엄청나게 많은 금전적 손실로 이어지기도 한다. 1981년 미국 제6 연방순회항소법원은 한 대출 계약서에 대해 거기에 적힌 '해독 불가능한' 언어, 특히 다음과 같은 문장 때문에 공정대부법(TILA) 위반에 해당한다고 판결했다. "상환 지연에 대해 연체료가 부과될 수 있습니다. 연체료는, 첫 번째 연체된 분할 상환 만기일 직후 일반 금융 수수료의 해당 부분과 동일한 금액을 분할 상환 기간에 첫 번째 연체된 분할 상환 만기일 이후 연체된 개월 수를 곱한 금액입니다." 이 문장을 이해할 수 있다면, 당신은 변호사이거나 수학자일 가능성이 높다.

때로는 기업이 이중화법을 이용해 대금 지불을 피하려다가 들통나기도 한다. 자궁 내 피임 기구인 다이콘실드Daikon Shield를 개발한 A.H.로빈스컴퍼니는 여성들에게 소송 청구 기한을 알리는 안내문을 간결하게 고치라는 명령을 받았다. 미국 연방지방법원 판사 로버트 머히지는 이 안내문이 변호사에게는 적절할 수 있으나 영어를 모국어로 사용하는 여성들에게는 적절하지 않다고 판단했다. 다음은 그 안내문의 일부 내용이다.

1985년 12월 30일 이후 제기되는 청구권은 인정되지 않습니다. 청구권 증명을 제기해야 하나 1985년 12월 30일까지 이를 행하지 않는 개인이나 단체는 의결이나 분배 목적의 채권자로 간주되지 않으며, 이런 개인이나 단체의 청구권은 영원히 차단됩니다. 하지만 파산법 502(g)조와 502(h)조에 서술된 대로, A.H.로빈스컴퍼니가 회피 가능한 양도를 거부한 탓에 A.H.로빈스컴퍼니에 대해 발생한 청구권에 대한 청구 증명은 1985년 12월 30일이나 그 전에, 그리고 미이행 계약이나 기간이 만료되지 않은 임대의 거부를 승인하는 명령이 내려지고 30일 뒤나 양도를 회피하는 명령이나 판결이 내려지고 30일 뒤에 제기해야 합니다.

또 때로는 이중화법이 돈보다 더 중요한 대가를 치르게 만들기도 한다. 1979년에 배브콕앤윌콕스컴퍼니의 발전 사업부 책임자인 D. F. 홀먼이 스리마일섬 핵발전소에서 일하는 직원들에게 쓴 사내 공문이 발송되었다. 공문은 발전소의 오작동 가능성에 대해 직원들에게 경고하려는 것이었지만 워낙 글이 엉망이라 효과가 없었다. 공문에서 그는 "저압 과도 전류 발생 시 HPI 시스템 사용에 대한 배브콕윌슨의 철학에 변화"가 생겼다고 말했다.

"기본적으로, 일단 HPI를 개시하면 RCS* 압력에 대해 포화 온도보다 열관의 온도가 화씨 50도 이상 낮다는 것이 확인될 때까지 HPI 펌프 작동을 계속할 것을 권고한다. 원자력서비스부는 이 방식으로 RCS(가압기 포함)를 고체화할 수 있다고 본다."

무엇이 '고체화'된다는 것인지 짐작할 수 있겠는가? 이 알쏭달쏭한 기술 문장 하나가 스리마일섬 사고 수습 비용 약 30억 달러로 이어졌다. 이중화법은 일부 사람들에게는 돈을 벌게 해줄 수 있을지 모르지만, 다른 누군가에게는 막대한 금전적 손실을 안길 수 있으며 심지어 목숨까지 앗아갈 수 있다.

---

* HPI는 '고압 주입(High Pressure Injection)'의 약어로 RCS(Reactor Coolant System, 원자로 냉각재 계통)의 압력이 높은 상태에서 고압으로 냉각수를 주입하여 원자로 핵심을 빠르게 냉각시키는 장치를 말한다. RCS는 원자로에서 생성된 열을 증기 발생기로 전달하는 핵심 열전달 시스템이다.

5장

언어 조작의 기술자들

이따금 궁금해진다. 어떻게 그 많은 나라의 정부 관리들이 똑같은 말을 하는 걸까? 세금 인상을 설명하는 문제에 맞닥뜨리면 세계 곳곳의 정치인들은 하나같이 이중화법으로 말을 돌린다. 다음은 최근에 세금을 6.5퍼센트 인상한 사실을 설명하는 어느 정부 보고서의 일부이다. 어느 나라인지 맞춰보시라.

지방 정부는 현재 지출을 억제하고, 생산성을 높이며, 지역 사회에 대한 서비스 수준을 개선하리라는 기대 속에 운영되고 있다. 그와 동시에 세율 고정과 축소되거나 종료되거나 물가 상승률과 보조를 맞추지 못하는 차입금의 부하 등 주 정부에서 가하는 여러 제약에 맞서야 한다. …… 그러나 의회는 이러한 제약을 해결할 수 없는 문제로 간주하기보다는 자원 관리와 서비스 제공의 효율성과 효과성을 높이는 기회로 삼아야 한다. 이 과제를 해결하기 위해 시의회는 경영 시스템과 조직 구조를 개선하고 기존의 전통적인 수입원을 보완하기 위해 기업가적인 여러 창의적인 시도도 함께 추진하고 있다.

오스트레일리아 윌러비 시 의회의 연례 보고서에 나온 이 문장들은 이 문제에 관한 한 미국이나 다른 수많은 나라의 정치인들이 예산 삭감과 공공 서비스 감축을 정당화하며 늘어놓는 말과 똑같이 들린다.

이중화법은 미국의 독특한 현상이 아니다. 투키디데스 시대의 그리스나 카이사르 시대의 로마에 이중화법이 있었던 것처럼, 오늘날 전 세계의 다른 나라들에도 이중화법이 존재한다. 현대 커뮤니케이션의 속도와 범위를 감안하면 모스크바와 런던, 프리토리아, 워싱턴 D.C.에서 발화되는 이중화법은 순식간에 전 세계로 퍼져 나간다. 영어는 사용자가 무척 많기 때문에(추산치는 7억 5천만 명에서 10억 명에 달하며, 그중 절반 정도가 영어를 모국어로 사용한다) 영어 이중화법 또는 다른 언어에서 영어로 번역된 이중화법은 미국 국경을 훌쩍 넘어서 확산되면서 상당한 영향을 끼칠 수 있다.

미국의 이중화법처럼 외국의 몇몇 이중화법도 비교적 투명하고 심지어 재미를 주기도 한다. 캐나다 밴쿠버의 엑스포86 공무원들은 놀이공원에 있는 일부 놀이기구가 굉장히 자극적이어서 '간혹 흘리는 단백질 유출물'(토사물을 뜻한다)에 대비한 계획을 세워놓았다고 말했다. 놀이공원에는 또한 '보안 호스트 security host'와 '고객 관계 시설 guest relations facilities', 즉 경비원과 공중화장실도 있었다. 오스트레일리아 멜버른의 랠프맥케이주식회사의 설명을 보면, 자회사인 미국 오하이오주 클리블랜드 소재 엠파이어플라우컴퍼니 Empire Plow Company는 쟁기가 아니라 '토양 관리 장비'를 만든다. 한편 오스트레일리아 정부는 세금 인상을 '세입 기반 확대'라고 지칭한다. 심지어 바티칸도 은행을 '종교 사업 기관 Instituto per le Opere di Religione'이라고 명명하면서 한몫 끼었다.

중국과 러시아에는 성매매 여성이 없다. 러시아 정부는 오래전부터 성매매를 일소했다고 주장해 왔기 때문에 성매매를 금지하는 법규가 아예 없다. 성매매가 있을 수도 있다는 걸 인정하지 않으면서도 정부 관리들은 '사랑의 여사제'나 '밤에 슬그머니 접근하는 여자' '헤픈 여자' '팁 받는 여자' 들이 모스크바를 비롯한 여러 도시의 거리를 활보한다는 사실은 인정한다. 중국에서 성매매 여성을 가리키는 이중화법은 '웃음 파는 여자'다.

하지만 몇몇 나라의 이중화법은 투명하면서도 한결 심각하다. 북한의 주정길 박사는 자기 나라에는 범죄가 없기 때문에 교도소가 존재하지 않는다고 단호하게 주장했다. 하지만 '이데올로기 재교육을 위한 노동 개조소'는 몇 군데 있다고 인정했다. 동독의 국가평의회 의장 에리히 호네커에 따르면 베를린 장벽은 장벽이 아니라 '반파시즘 보호 성벽'이다. 한편 서독의 방첩 기관의 공식 명칭은 '헌법보호청'이다. 필리핀에서는 유괴범에게 몸값을 지불하지 않으며 '유괴 비용 기부금'을 준다. 튀르키예는 1974년에 키프로스 침공을 '평화 작전'이라고 지칭했다. 그리고 소련군이 1956년 헝가리 반란을 진압한 뒤 베이징의 라디오 방송은 이렇게 논평했다. "(이 일로) 헝가리 인민들은 인민민주주의 국가에 대한 소련의 정책이 정복과 침략, 약탈이 아니라 진정으로 평등과 우애, 상호 원조임을 알 수 있을 것이다."

외국 정부들이 사용하는 이중화법은 종종 무척 심각하다. 보통 우리가 다른 나라에 관해 정보를 얻는 통로는 라디오와 TV 뉴스 프로그램, 신문이다. 뉴스 매체는 뭔가 흥미롭고 이례적인 일—전쟁, 폭동, 혁명, 정치적 위기, 핵 사고, 홍수나 지진 같은 자연재해 등—이 벌어질 때에만 다른 나라에 관심을 기울이기 때문에 우리가 접하는 외국의 이중화법은 대개 심각한 문제와 관련이 있으며, 종종 생과 사의 문제와 관련된다. 다른 나라들로부터 전해지는 정보가 대개 이중화법뿐인 이유는 그 나라 정부들이 외국의 여론을 오도하거나 자국에서 실제로 벌어지는 일을 은폐하려 하기 때문이기도 하다. 세계에서 정말로 어떤 일이 벌어지고 있는지를 알려면 이중화법을 파악해야 한다.

캐나다의 청년 고용 전략

1985년 캐나다 정부는 고용 및 직업 훈련 프로그램에 기억하기 쉬운 명칭을 붙이기 위해 여론 조사에 8,500달러를 썼다. 그 전까지 '노동 시장 전략'이라고 알려진 프로그램이었다. 여론 조사를 통해 나온 "가장 선호하는 모든 단어를 하나로 통합한" 새로운 명칭은 '캐나다 일자리 전략: 국민을 위한 노동 기회'다. 이에 질세라 온타리오주 서드베리 세무서의 회계 감사들에게 발송된 한 보고서는 "할당된 작업량과 관련해서 조정한 실체적 양"

일 경우에는 할당량을 할당량이라고 해서는 안 된다고 설명한다. 지방 정부 차원에서 보면, 샬럿타운의 한 시의원은 시내 거리를 떠도는 알코올 중독 노숙자들을 '화학적으로 불운한 사람들'이라고 표현했다.

캐나다 정부 공무원들은 정말로 중요한 사안에 대해 이중화법을 구사할 수 있도록 비교적 사소한 문제부터 연습하며 감각을 익힌다. 1984년 캐나다 총리 브라이언 멀로니의 수석 보좌관인 프레드 두세는 총리 관저의 관리 직원 11명 중 1명인 엘리자베스 맥도널드가 멀로니의 세 자녀를 돌보는 보모가 아니라고 말했다. 맥도널드는 단지 '습관적으로 아이들과 대면하는' 직원들 중 하나일 뿐이라는 것이었다. 이런 이중화법 훈련을 거친 정부는 캐나다와 미국의 무역 협정이라는 본격적인 사안으로 나아갈 준비가 되었다. 많은 국민들이 협정에 반대했기 때문에 캐나다 정부는 '자유 무역'이라는 정치적으로 뜨거운 문구를 회피하고, 처음에는 '무역 증진'이라고 하다가 '접근성 확보'와 '더 자유로운 무역', 그리고 마지막으로 협정의 목적이 "관세 및 비관세 장벽을 단계적으로, 그러나 사실상 완전히 제거하는 것"이라고 말하는 지경에 이르렀다.

이런 언어는 실제로 하는 일을 은폐하기 위해 언어를 활용하려는 정부의 내적 충동과 일치한다. 브리티시컬럼비아주 환경장관 스티븐 로저스는 정부의 새로운 '특수 폐기물' 처리 전략을 발표했다. '위험 폐기물'보다 한결 부드럽게 들리는 말이다. 캐나다 천연자원부는 온타리오주의 삼림을 '다용도 통합 자원 관리'하겠다고 제안했는데, 이는 벌목 회사나 광산 회사들과 함께 캠핑족들도 숲을 사용할 수 있다는 뜻이다. 이 부서는 또한 '나무 농장 면허'를 발행하는데, 이는 국유지의 나무를 '수확'할 수 있는 면허다. 그것도 한두 그루가 아니라 숲 전체, 즉 '성숙기가 지난 목재' 전체다.

뉴브런즈윅주 노동장관은 자신이 제시한 청년 고용 전략이 "노동력 연결 labor force attachment을 이루는 데 어려움을 겪고 있는 청년들에게 평가, 상담, 고용을 제공할" 것이라고 설명하는 임기응변을 보여주었다.

노동력 연결을 바라는 이들을 위한 일자리

노동력이 연결되기를 원하는 청년 중에는 공공서비스위원회가 홍보하는 '원주민 참여 프로그램 책임자' 자리에 지원하고 싶은 이도 있을 것이다. 이 직책은 "원주민의 의미 있는 경력 개발을 이끌어낼 적극적 조치를 정부 부처와 기관이 도입하도록 인도할" 수 있는 "최고 수준의 운영자"를 요구하는 듯 보인다. 또한 "정부와 원주민 단체 사이의 고용 관계에 도움이 되는 분위기를 조성"하고 "원주민 참여 프로그램의 건전한 결정을 확보하기 위한 데이터"를 수집하는 업무도 요구한다. 적어도 대면 기술이나 대인 관계 기술을 요구하지는 않는다.

만약 노동력 연결을 바라는 이들이 이 직책에 지원할 자격이 부족하다면 '수석 프로젝트 담당관' 직책은 어떨까? 공고에 따르면 이 직책의 직무는 정말로 무척 단순하다.

여러 프로젝트 팀을 지휘해서 지부별 계획을 실행한다. 부문 간 개발 계획의 기능 조정자로서 선별된 수평적 행정 활동과 행위를 조정한다. 부문 산업에 영향을 끼치는 수평적 쟁점들에 대응해서 지부 정책 형성에 조력한다. 부문 발전 과정에 영향을 끼치는 전략적 쟁점들을 확인한 뒤 이를 다루기 위한 전략과 계획을 정식화하고 권고한다. 지부의 발전을 촉진하기 위해 부서 프로그램을 따라 각종 프로젝트를 개발하고 실행하고 관리하고 감독한다. 부문 투자와 무역 발전을 장려하기 위해 투자, 마케팅, 무역 임무, 박람회, 홍보 활동에 참여한다.

이 직책이 무슨 일을 해야 하는 건지 알 수 있다면 채용은 따 놓은 당상이다.

노동력 연결을 바라는 이 모든 청년들이 그 자리에 걸맞은 자격이 없다면(누가 있겠는가?) 언제든 브리티시컬럼비아주 밴쿠버 광역구의 '건물 유지 보수 조정관'이라는 유명한 자리에 지원할 수 있다. 이 직무는 다음과 같은 조건을 요구한다. "레크리에이션 시설의 유지 보수 프로그램의 사전 계획을 진행할 수 있도록 건물 서비스 감독관과 성공적으로 협력할 수 있는 사람." 어쩌면 우리는 노동력 연결을 바라는 이들의 협의 능력을 발전시키는 데 집중해야 할 것이다.

노동력 연결을 바라는 청년들은 밴쿠버 사람들이 그 직업을 뭐라고 부르든 간에 건물 관리인 일은 원하지 않을 것이다. 그렇다면 위니펙건강과학센터에는 '품질보증과 발생 심사 업무 조정관(Co-ordinator, Occurence[sic] Screening, Quality Assurance Department)'이라는 흥미롭고 도전 의식을 북돋는 자리가 있다. 그런데 '발생 심사관'은 무슨 일을 하는 걸까?

발생 심사는 의료 기록을 실시간으로, 그리고 사후적으로 검토하여, 의료 분야에 발생한 최적에 미달하는 치료 사례들을 발견하고 표시하고 확인하고 분석하고 보고하기 위해 객관적으로 기준을 두어 검토하는 일입니다. 품질 관리 책임자의 전반적 지시를 따라 해당 직무자는 발생 심사의 다학제적 통합 시스템을 개발하고 실행하며 유지하고, 환자 관련 사고 데이터를 평가하고 검토하며, 발생 심사를 수행하는 데 필요한 기존의 그리고/또는 새로운 자원을 발견하는 업무를 지원합니다.

'의료 분야'에 발생한 '최적에 미달하는 치료'에 책임이 있는 '환자 관련 사고 데이터'를 보고하는 발생 심사라는 흥미진진한 세계에 들어가보시라. 그러면 불편한 사실과 충격적인 현실을 세심하게 회피하는 완전히 새로운 언어를 배우게 될 것이다.

멜 쿠블리어, 이중화법의 왕자

곤란한 질문에 직면했을 때 캐나다 정치인들이 얼마나 능숙하게 이중화법을 구사하며 간단한 질문을 회피하는지를 보여주는 좋은 사례가 있다. 브리티시컬럼비아주 재무장관 멜 쿠블리어는 엑스포86 부지 매각에 부동산 취득세를 부과할 것인지 아니면

면제할 것인지 질문을 받자 이렇게 대답했다. "협상이 여러 조합과 변형을 거친 까닭에 제가 아는 한 취득세가 부과될 것임을 의원님께 말씀드릴 수 있습니다. 조금 더 시간이 지나면 기쁜 마음으로 이를 확인할 겁니다. 일단 자료를 검토하겠습니다."

이 정도는 그리 나쁘지는 않다. 하지만 쿠블리어는 준비 운동만 했을 뿐이다. 세금을 계산할 기준 매각가를 묻자 쿠블리어는 이렇게 대답했다.

제가 주저하는 부분이 바로 그겁니다, 의장님. 어쨌든 제 기억으로는 이 문제에 관한 특별한 조처는 없었습니다. 존경하는 의원님께서는 예전 경력을 고려할 때 본 의사당에 계신 모든 분들 중에서 가장 잘 알고 계실 거라고 생각합니다. 그 부지의 사용 가능성을 확보하는 데 막대한 비용이 들었습니다. 질문을 하신 존경하는 의원님께서는 본인의 특별한 지식 덕분에 그 필수적인 작업의 방대한 규모를 잘 아실 겁니다. 따라서 가격 책정, 조건, 필요성 같은 문제는 이 매각의 이례적인 요소들을 반드시 반영해야 했습니다. 대체로 이런 정보의 많은 부분은 비교적 최근 몇 년 사이에 밝혀진 것이며, 질문하신 의원님은 제가 설명한 문제의 복잡성을 가장 잘 이해할 수 있는 분 중 하나일 것입니다.

다른 질문들에서도 이런 식의 이중화법으로 답변하자 의원들이 답변을 구체적으로 설명해 달라고 요구했다. 그러자 쿠블리어는 이렇게 대답했다. "존경하는 의원님은 제가 지금껏 설명드린 지극히 명료한 답변을 따라잡는 데 조금 어려움을 겪고 계신 듯합니다."

이런 대화를 읽고 나면 이중화법이 국경을 넘어 확산되는 전염병인지, 세계 곳곳의 정치인들이 어디서 같은 이중화법 강좌라도 듣는 것인지, 아니면 이중화법이 모든 정치인의 타고난 언어인지 궁금할 수밖에 없다.

그는 죽지 않았다, 비생존 상태였을 뿐

캐나다의 이중화법은 서스캐처원강처럼 끊임없이 흘러간다. 브리티시컬럼비아주 보건부는 '성전환 수술'을 '성 재지정 수술'로 바꾸었고, 앨버타주 스트래스코나 소방청의 의료 서비스 조정관 빌 키선은 응급 인력이 "비생존 상태, 맥박이 없고 호흡을 할 수 없는" 피해자를 발견했다고 말했다. 그야말로 굉장한 비생존 상태다. 브리티시컬럼비아주 교육부의 한 관리는 교사를 교사라고 부르지 않고, 그 대신 '학생 학습 현장 조력자'라고 지칭했다. 덕분에 캐나다 각지의 교사들이 감사를 표했다. 특히 오랫동안 자신이 교사라고 착각했던 영어 교사들이 감사를 전했다. 한편 일부 캐나다 학교에서는 모든 수업에서 '반사회적 행동' 때문에 쫓겨난 학생들을 '학업이 어려운 학생'이라고 부른다.

일부 캐나다 사람들은 이중화법이 현실을 한결 낫게 보이게 해준다는 걸 잘 안다. 엘리엇레이크 시장 로저 테일러는 도시에서 가까운 곳에 저준위 방사성 폐기물 영구 폐기장을 짓는 데 반대하지 않는다고 말했다. 폐기장이 아니라 '봉쇄 계획containment initiative'이기 때문이다. 〈토론토 선〉은 신문 광고 판매 직원을 '광고 상담사Ad Counsellor'라고 부르며, 밴쿠버의 ABN은행에는 대출 담당자 대신 '관계 관리자Relationship Manager'가 있다. 밴쿠버의 세차 서비스업체 에스피릿오토디테일링은 '차량 외관 전문가' 집단으로서 절대 자기네 업무를 세차라고 부르지 않는다. 연방 보건장관 제이크 엡은 오염된 홍합 추출물을 주사한 "쥐 가운데 극히 일부가 사실상 죽었다"고 말했다. 주사한 쥐는 6마리였는데 6마리가 모두 죽었다. 100퍼센트라 할지라도 어쨌든 6은 작은 숫자긴 하다. 1987년 미스터유니버스 아마추어 부문에서 우승한 스티브 스트렁크는 근육 증강제인 아나볼릭 스테로이드를 '약학적 훈련 보조제'라고 지칭했다.

감축해서 개선하는 우편 서비스

캐나다우편공사가 소도시의 우체국을 폐쇄하고 도시의 우체통 수를 줄여서 지출을 줄이겠다고 결정했을 때 공무원들은 자연스럽게 이중화법에 의지했다. 공무원들은 밴쿠버에서 우편물 수거를 '간소화하고 향상'할 계획이라고 발표하면서 신문에 광고를 내보냈다. 도시 우체통을 5분의 1 정도 없애고, 남은 우체통에서 하루에 수거하는 우편물 수를 줄이는 것을 "더 많은 곳에 편지를 보낼 수 있다"고 포장한 것이다. "우체국을 폐쇄하는 게 아닙니다. 더 좋은 것으로 대체하는 겁니다." 캐나다우편공사의 농촌 서비스 책임자 질 허버트가 5천 개가 넘는 농촌 우체국이나 우편 취급국을 폐쇄하거나 대체한다는 계획을 발표하면서 한 말이다. 게다가 캐나다우편공사는 새 집으로 이사하는 사람들이 가정용 우편함 대신 멀리 떨어진 곳에 잠금 장치가 있는 우편함, 즉 '슈퍼 우편함'을 사용하도록 하는 식으로 도시의 우편 서비스를 '개선'했다. 이와 같은 개선이 계속되면 캐나다 사람들도 미국우편서비스만큼이나 매끄러운 우편 서비스를 누릴 것이다.

셰익스피어의 후예들

아, 영국. 제프리 초서와 윌리엄 셰익스피어, 존 밀턴과 존 키츠와 찰스 디킨스가 태어난 나라. 위대한 작가의 전통이 있다고 해서 영국이 이중화법에서 자유로운 것은 아니다. 미국에 '국내 세입 서비스Internal Revenue Service'(국세청을 지칭한다)가 있다면 영국에는 '국내 세입부Internal Revenue Department'가 있는데, 둘 다 '징세관tax collector'이라는 무시무시한 용어는 회피한다. 〈런던타임스〉 독자들은 영국에서 발견한 이중화법 사례들을 보고했다. 아름다운 영국에서는 쓰레기장을 '공공 폐기물 수용 센터'로, 체육관을 '인적 자원 실습실', 청소부를 '환경 위생 관리자', 배관공을 '환경물리학자', 트레이싱지를 '투명 시뮬레이터'라고 부른다. 런던 동물원에는 이제 '행동 풍부화 연구원'이 있는데, 동물들의 지루함을 해소하는 일을 한다. 보통은 '차량 파손이나 도난을 책임지지 않음'이라는 간단한 표지판으로 충분하다고 생각하는데, 런던의 대영박물관 관리자들은 그렇게 생각하지 않는 게 분명하다. 박물관 주차장 표지판에는 이렇게 적혀 있다. "본 주차장을 사용하거나 입차하는 사람이나 차량 및 기타 재산의 안전에 어떠한 책임도 지지 않습니다. 이런 사실을 인지하고 스스로 위험을 감수하면서 입차하고 사용하는 사람만 주차가 허용됩니다."

BBC에서 인터뷰한 사람에 따르면 영국 사람들은 실업을 걱정하지 않는다. "미래를 걱정하는 사람이 더 많죠." BBC 직원들에게 발송된 한 공문에는 "비이용률이 매우 높은 탓에" 토요일 저녁에 전화 교환실 문을 닫게 되었다고 했다. 한 제과점에서 제빵사 17명이 연좌 농성을 벌이자 회사 측은 경비견을 동원해서 제빵사들을 쫓아냈다. 회사 상무이사는 경비견으로 겁을 줘서 제빵사들을 쫓아냈다는 사실을 부정하면서 이렇게 말했다. "민간 경비 회사에서 셰퍼드 5마리를 데려온 건 제빵사들에게 상황의 심각성을 인식시키기 위한 조치였고, 이 점에서 큰 성공을 거두었습니다."

영국우편공사는 언어 구사력이 대단하다. 엑서터의 한 주민이 아주 가까운 마을에 사는 지인과 주고받는 편지가 늦게 온다고 불만을 토로하는 편지를 우편공사에 보냈다. 그 주민은 증거로 실제 편지 봉투 한 장도 동봉했다. 몇 주 뒤 그는 우편공사 사장에게서 답장을 받았다. "철저하게 조사한 결과 귀하의 편지가 늦게 도착한 것은 운송 체계의 지연 때문으로 밝혀졌습니다." 우편 노동자들의 연금 기금에서 거액이 사라진 사실이 밝혀지자 우편공사는 이 불일치를 아주 쉽게 해명했다. "7억 2500만 파운드가 '사라진' 게 아니라는 점을 지적하고 싶습니다. 이는 장래의 연금 책임을 충족하기 위해 찾아내야 하는 자산 대비 과도한 부채 전망을 나타내는 보험 통계 결손일 뿐입니다."

영국의 전국소비자협회와 '쉬운 영어 쓰기 캠페인'은 해마다 최고의 이중화법 사례를 찾아내서 골든불 상 Golden Bull Award 을 수여한다. 1983년 뉴어크의 정부 기관이 복지 주택 세입자들에게 발송한 편지로 골든불 상을 받았다. "귀하에게 지급된 주택 수당 안에는 일정 금액의 '이전 추가금'이 포함되어 있었습니다. 이는 수당 감소율 변경과 비부양 수수료 인상을 보상하기 위해 지급된 것입니다." 1988년 보건사회보장부는 연금 관련 문의를 한 어느 부인에게 다음과 같이 답변한 공로로 골든불 상을 받았다.

사망한 배우자의 납입금 전부 또는 일부에 기초한 기본 퇴직 연금은 그 혜택을 받고 있는 미망인에게 전액 지급되지 않습니다. 부인은 전쟁 미망인 연금을 공제하고 남은 기본 퇴직 연금 잔액과 퇴직 연기에 따른 인상분, 또는 순수하게 본인의 납입금에 기초한 기본 퇴직 연금의 일부와 퇴직 연기에 따른 인상분 중 더 유리한 금액만 지급받을 수 있습니다.

영국 기업들도 다른 나라 기업들과 마찬가지로 이중화법을 능숙하게 구사한다. 잉글랜드 크루에 있는 롤스로이스 공장을 방문한 사람들은 이런 말을 듣는다. "우리 차는 고장 나지 않습니다. 단지 앞으로 나가지 않을 뿐입니다." 브리티시가스가 발행한 주식 안내서는 투자자들에게 다음과 같이 말한다. "주주님이 받을 수 있는 다른 모든 권리를 침해하지 않는 한, 주주님은 매입 신청 수락 이후에는 무고한 설명 부실에 대해 어떠한 철회 구제 수단도 행사할 수 없다는 데 동의합니다." 스푸너스낵주식회사가 감자칩에 보라색 칩이 들어 있다고 항의한 소비자에게 보낸 편지도 있다. 스푸너의 선량한 사람들은 이렇게 말했다. "껍질에 색소가 함유된 감자 품종이 색깔이 다른 것은 주피(周皮) 세포액에 용해된 안토시아닌과 말초 피질 세포 때문입니다." 이로써 보라색 감자칩의 수수께끼가 멋지게 해결되었다.

영국 재계의 일부 인사들은 조지 오웰이 《1984》에서 보여준 교훈, 즉 초콜릿 배급량을 줄이면서도 오히려 늘렸다고 선전하는 방식에서 얻은 교훈을 잊지 않았다. 로이드은행 브리스톨 존 루이스백화점 지점장인 R. A. 맥클라우드는 고객들에게 보낸 편지에서 이렇게 말했다. "경쟁이 치열한 시장에서 고객 서비스를 개선하려면 몇 가지 변화가 필요하고 이는 바람직합니다." 맥클라우드는 계속해서 설명한다. "이미 좋은 우리의 서비스를 개선할 뿐만 아니라 우리 고객들이 사업 거래를 하는 데 더 나은 환경을 제공하기 위해서 지점 변경이 이루어질 것입니다." 이 모든 구체적이지 않은 개선을 이루는 변경이란 도대체 무엇일까? 바로 은행 영업 시간을 줄이는 것이다. 영국인들이 말솜씨를 잃어버렸다고 누가 말했을까?

1982년 아르헨티나와 영국이 포클랜드-말비나 전쟁을 벌이는 동안 영국 정부와 언론은 영국군을 영웅으로 묘사하고 아르헨티나군을 악당으로 묘사하는 동시에 전쟁의 참화를 완화하기 위해 이중화법을 얼마나 효율적으로 구사할 수 있는지를 보여주었다. 유니언잭은 '자유의 깃발'이었고, 영국군 병사들은 '우리의 용감한 사내들'이었으며, 영국 특공대원은 '우리의 억센 남자들'이었다. 영국군 사상자는 '승리의 대가'였다. 영국 항공기는 '실종'되거나 '격추'된 반면, 아르헨티나 항공기는 '하늘에서 폭발했다'. 영국의 '용감한 비행기'들은 공중 폭격을 수행하거나 적함에 폭격을 가한 반면, 아르헨티나 비행기들은 '절망적 자살 임무'나 '무자비한 공중 공격'을 감행했다. 아르헨티나 군함들은 '산산조각으로 폭파된' 반면, 영국 군함들은 '실종'되거나 '가라앉았다'. 침몰한 한 영국 함선은 '작지만 용감한 프리깃함'이라고 불렸다. 오웰은 영국에서 번성하는 언어 전통인 전쟁의 이중화법을 너무도 잘 알았다. 그리고 그 전통은 여전히 영국에서 번성하고 있다.

러시아의 특별한 사전

1982년 미국 정부가 러시아에서 천연 가스 수송관을 부설하는 데 사용될 수 있는 장비의 수출 금지령을 내렸을 때, 러시아 정부는 이 조치가 가스관 부설에 지장을 주지 않을 것이라고 발표했다. 소련 관료들은 노동자들이 생산 목표를 달성하기 위해 "새로운 사회주의적 의무를 받아들였다"고 말했다. 다시 말해 가스관 노동자들은 초과 근무를 해야 했다. 1983년 대한항공 007편 격추에 관한 공식 성명에서 소련 정부는 "대공 방어용 요격 전투기가 항공기를 멈추라는 지휘 본부의 명령을 수행했다"고 말했다. 확실히 멈춰 세우기는 했다. 이런 이중화법은 분명 러시아에서 새로운 언어가 아니다.

리비아 주재 러시아 대사 올레크 페레시프킨은 체르노빌 핵발전소 사고에 대해 설명하면서 이렇게 말했다. "우리는 이 사고가 통상적인 사고이며, 비정상적인 것은 아무것도 없다고 말할 수 있습니다." 어떤 공장이나 발전소에서도 "기술적 사고는 일어나게 마련입니다". 그가 왜 리비아 주재 대사인지 알 법하다. 소련에 있는 핵발전소에서 최대한 먼 곳으로 이 친구를 보내고 싶었을 테니까. 하지만 이 사고에 관한 한 소련 각료 회의의 공식 성명도 그리 낫지는 않았다. 전 세계 핵발전소 업계 종사자들과 마찬가지로 각료 회의의 성명도 사고의 여파를 누그러뜨리고 은폐하기 위해 작성된 것이었다. 성명은 체르노빌 사고가 '방사성 물질의 일정한 유출'로 이어졌다고 밝혔다. 계속 성명을 읽어 보자. "사고의 영향에 대응하기 위해 우선적 조치가 취해졌습니다. 방사능 상황은 …… 이제 안정되고 있습니다." 보아하니 그렇게 심각한 사고가 아니고, 더구나 모든 상황을 통제하고 있다는 것이다.

체르노빌 사고에 관한 공식 보고서에서 소련 관료들은 원자로 노심 노출에 따른 대규모 폭발을 '급속한 연료 재배치 rapid fuel relocation'라고 설명했다. 재배치된 것은 맞다. 방사능이 동유럽과

서유럽 전역, 결국에는 전 세계로 이동했으니까. 얼마 뒤 스웨덴 핵발전소 소장은 체르노빌 사고에서 유출된 방사능의 원천을 언급하면서 이렇게 말했다. "이곳에서 동쪽, 그러니까 핀란드 동쪽입니다. 무슨 말인지 아시겠지요."

러시아 출판사들이 《옥스퍼드 학생용 현대 영어 사전》 러시아 특별판을 만들면서 몇몇 정치적 용어의 정의를 바꾸었다. 재정의된 단어들 일부를 소개하면 '공산주의' '제국주의' '마르크스주의' '파시즘' '볼셰비즘' '국제주의' '사회주의' '자본주의' 등이 있다. 가령 러시아판은 자본주의를 "사적 이윤을 위해 작동하는 생산 수단의 사적 소유와 인간에 의한 인간의 착취에 기반을 두며, 봉건제를 대체하고 공산주의에 선행하는 경제·사회 체제"라고 정의한다. 러시아판은 또한 사회주의를 "자본주의를 대체하는 중인 사회·경제 체제"라고 정의한다. 비교 삼아 보자면 《옥스퍼드 소사전》은 다음과 같이 정의한다. "자본주의: 자본을 소유하거나 생산에 사용하는 상태. 이에 근거한 사회 체제. 사적 자본의 지배." "사회주의: 생산 수단, 자본, 토지, 자산 등을 공동체 전체가 소유하고 지배하며, 만인의 이익을 위해 행정과 분배를 관리하는 것을 옹호하는 이론이나 정책." 한 단어의 실제 의미를 알아내려면 참 많은 사전을 찾아봐야 할 것 같다.

이중화법의 달인, 일본 정치인

제2차 세계대전 당시 일본군은 절대 후퇴하지 않는다는 게 방침이었다. 하지만 전황이 불리해지자 일본군도 후퇴할 수밖에 없었다. 그렇지만 후퇴를 후퇴라고 말할 수는 없는 법. 1944년 압도적으로 불리한 전황에 맞닥뜨린 한 사령관은 휘하 부대에 다음과 같은 명령을 내렸다. "일본군 병사는 오로지 결사항전밖에, 일본 정신에 부합하는 전투밖에 알지 못하지만 이제 다른 방법이 필요할 수도 있다." 이 사령관이 채택한 다른 방법 중에는 후퇴도 있었다. 1945년 일본 천황은 항복을 발표하면서 이렇게 말했다. "전황이 반드시 일본에 유리하게 전개된 것은 아니다." 이중화법의 역사와 열심히 일하고 제품을 개발하는 일본인의 유명한 능력을 생각하면 일본인들은 다른 많은 영역에서처럼 이중화법의 세계 시장을 점령할 날이 멀지 않았는지 모른다.

일본인들은 이중화법에 너무도 익숙하며 특히 정치인들은 자유자재로 이중화법을 구사한다. 하지만 많은 미국인들과 마찬가지로 일본의 보통 사람들도 정치인들이 구사하는 몇몇 이중화법의 의미를 이해하지 못한다.

일본 정치에서 이중화법이 숱하게 사용되고 일본 국민들이 이를 제대로 이해하지 못하는 탓에 이노우에 카즈히사 의원은 의회 토론에서 사실을 오도하는 언어를 추방하기 위해 언어학자를 비롯한 연구자들로 위원회를 구성할 것을 정부에 요청했다. 이노우에는 일본 정치인들이 흔히 구사하지만 보통 사람들은 이해하지 못하는 표현을 51개의 목록으로 취합했다. 더욱이 이노우에는 일본 관리들이 외국 정부와 교류할 때에도 이런 구절을 사용해서 심각한 국제적 오해를 일으킬 수 있다고 걱정했다.

일본의 어느 장관이 "노력하겠습니다"라고 말하면 의원을 포함한 다른 정치인들은 그 말이 사실 아무 일도 하지 않겠다는 뜻임을 안다. 또는 장관이 "가급적 조속히" 실행하겠다고 말하는 것은 실은 가능한 한 천천히 하겠다는 뜻이다. "필요한 구체적 조치를 취하겠다"고 말하는 관료들이 있다. 물론 여기서 말하는 '구체적(concrete, 콘크리트)'은 모래를 섞지도 않은 것이고 쏟아 붓지도 않을 일이다. 일본 기업인이 "생각해보겠습니다"라고 말하면 그는 사실상 "거절합니다"라고 말하는 것이다.

1969년 일본 총리 사토 에이사쿠가 미국을 방문해서 일본산 섬유가 물밀듯이 수입되는 것에 대한 미국 정부의 분노를 달래려 했다. 사토 총리와 회담 중에 닉슨 대통령이 일본에 수출 제한을 촉구하자 사토 총리는 "전력을 다하겠습니다ぜんしょします"라고 대답했다. 통역자는 충실하게 말 그대로 "최선을 다하겠습니다"라고 통역했다. 물론 사토 총리의 속뜻은 "어림도 없습니다"였다. 하지만 닉슨 대통령은 사토 총리가 일본의 대미 섬유 수출을 제한한다는 데 동의했다고 생각했다. 일본이 섬유 수출을 제한하지 않자 닉슨 대통령은 격분해서 사토 총리를 거짓말쟁이라고 비난했다고 한다.

이런 배경을 고려할 때, 이와 같은 언어를 근절하려는 이노우에 의원의 캠페인이 성공을 거둘 가능성은 얼마나 될까? 오부치 게이조 내각관방장관 겸 정부 대변인은 이노우에 의원의 제안에 관한 논평을 피했다. 하지만 이는 좋은 징후다. 오부치 장관이 그건 어렵겠다고 말하고자 했다면 정말로 "됐습니다"라고 말했을 것이기 때문이다.

그들은 '침략'을 '진출'이라 부른다

일본 정치인들이 거리낌 없이 이중화법을 구사하는 것처럼 일본 문부성도 거리낌이 없다. 1982년 문부성은 교과서 출판사들에게 일본의 1931년 중국 침략에 관한 서술을 '갱신'하라고 지시했다. 새로 나온 교과서에서 일본의 중국 침략은 일본의 '진출'로 바뀌었다. 1937년 난징 함락 당시 일본군이 중국의 남녀노소 30만 명을 학살하고 강간, 약탈, 방화를 저지른 사건은 모든 교과서에서 삭제되었다. 1910년 조선 병합은 일본군 '진출'과 '총독부' 설치가 되었고, 일본의 점령에 맞선 1919년 3·1운동은 '폭동'이 되었다. '개정판' 일본 교과서에서 한글 불법화는 '일본어 교육'이 되었고, 일본군을 위한 한국 민간인 징용은 '자발적 노동자'로 지칭되었다. 조선의 마지막 왕은 그냥 '물러났다'. '개정판' 교과서들은 한국의 젊은 여성 수천 명을 강제로 전선에 끌고 가서 일본군 '종군 위안부'로 활용한 사실을 전혀 언급하지 않았다.

이런 공식적인 역사 수정이 알려지자 한국과 중국의 정부는 강력히 항의했다. 많은 논의 끝에 일본 정부는 수정된 역사 서술을 일부 수정하겠다고 발표했다. 수정된 교과서들은 이제 '이른바 난징 대학살'이라 부르면서 수많은 병사와 민간인이 살해된 '광란의 혼돈 사태'의 한 일화라고 소개한다. 이런 사건들에 관한 '갱신된' 서술을 작성할 때 아마 일본 역사학자들은 미국의 캄보디아 '급습'과 그레나다 '구출 작전'을 떠올렸을지도 모르겠다.

남아공과 아파르트헤이트의 이중화법

이중화법을 구사하는 세계 각국의 정부 가운데서도 남아공 정부가 유독 돋보인다. 실제로 남아공 정부가 알거나 사용하는 유일한 언어는 이중화법뿐인 것 같다. 아파르트헤이트* 정책을 정당화하기 위해서만이 아니라 표현, 언론, 집회의 자유를 없앤 것을 합리화하기 위해서도 이중화법을 구사한다. 이 나라의 남아공방송사(SABS)는 1974년 이렇게 발표했다. "우리가 비틀스를 금지했다는 건 사실이 아닙니다. 그저 그 그룹의 음반을 틀지 않을 뿐입니다."

남아공의 이중화법은 "단결은 힘"이라는 이 나라의 국가적 모토에서 시작되어 아파르트헤이트를 주관하는 정부 부처 '협력발전부'까지 이어진다.(이 부서의 이전 명칭들로는 '원주민부' '비유럽인부' '다자관계부' '반투족 행정발전부' 등이 있다.) 하지만 남아공에는 아파르트헤이트가 존재하지 않으며 정부의 공식 언어로 '자결권'이 존재할 뿐이다. 정부에 따르면 '백인 소수 정권'이라는 용어는 정확하지 않다. 흑인이 다수라는 함의가 있기 때문이

---

* 1948년에 남아공의 백인 극우 정권에 의해 법률로 공식화된 인종 차별 정책을 말한다. 1994년에 완전 폐지되었다.

다. 남아공 정부에 따르면 흑인 다수는 존재하지 않으며 그저 수많은 '흑인 소수'가 있을 뿐이다.

그리고 정보차관(이 직함 역시 이중화법의 전형적 사례다) 루이스 넬은 1986년 기자들에게 이렇게 말했다. "제가 볼 때 검열이란 모든 보도가 사전에 승인을 받아야 하는 겁니다. 우리 나라에는 검열이 없습니다. 그저 신문이 보도할 수 있는 내용에 제한이 있을 뿐이죠." 넬 차관은 오세아니아(조지 오웰의 《1984》의 무대)에 가면 마음이 편할 듯하다.

남아공의 이중화법에 따르면, 경찰이 케이프 동부에 있는 그라프레이넷 감리 교회에 예배 중에 난입해서 흑인 2명을 살해한 사건은 '실랑이'에 불과했고 8일간 흑인 54명이 사망한 것은 '고립된 사건'일 뿐이었다.

검열이 없다는 넬 차관의 입장은 남아공 언론에 어떤 영향을 끼쳤을까? 언론 공식 브리핑에서 관료들은 기자 회견을 "법적 정보 전달의 장으로" 활용하지 않겠다고 말했다. "여러분 자신이 던지는 질문도 보도해서는 안 됩니다." 남아공 신문인 〈스타〉와 〈위클리메일〉은 금지된 인용이나 논평이 실려야 할 지면을 공백으로 내보냈다. 남아공 당국은 나중에 신문사들에 공백 지면은 '국가 전복 시도'가 될 수 있다고 경고했다.

하지만 몇 달 뒤 남아공 정부는 검열이 없다는 위선을 전부 포기하고 언론의 자유를 지키기 위해 언론의 자유를 금지할 것이라고 발표했다. 정보차관 스토펠 반 데르 메르베는 이렇게 말했다. "혁명의 전체 전략은 민주주의의 자유를 활용해서 민주주의를 파괴하는 것입니다. 따라서 혁명 세력이 민주적 기관을 활용하지 못하게 막아야 합니다." 프리토리아 정보국장 데이브 스튜어드도 반 데르 메르베의 의견에 동조했다. "국가는 반정부 급진파가 언론을 이용해서 결국 언론의 자유를 파괴하는 사태를 막을 권리, 아니 의무가 있습니다." 자유를 포기하지 않으면 자유를 누릴 수 없는 셈이다. 남아공의 언론의 자유에 관해서는 이쯤 말하도록 하자.

이중화법 덕분에 남아공 정부는 실제로는 아파르트헤이트 정책을 전혀 바꾸지 않으면서도 바꾸었다고 발표할 수 있었다. 1986년 정부는 흑인 타운십(흑인 거주 지구)을 강제 철거하는 정책을 중단하겠다고 공식 발표했다. 사실 정부는 이 지역을 '타운십township'이 아니라 '지구location'나 '지역 사회community'라고 지칭한다. 하지만 정부가 흑인 타운십을 백인 동네에서 멀리 떨어진 곳으로 옮기기를 원한다면 흑인 동네를 '선언 취소deproclaim'나 '설치 철회disestablish'하기만 하면 된다. 그렇게 하면 이제 이 동네가 더는 존재하지 않는다는 뜻이다. 그러면 정부는 멀찍이 떨어진 곳에 새로운 타운십을 세우는데 흑인들은 그곳으로 이주해야 한다.

이중화법을 구사하면 변하는 것처럼 보이거나 오히려 더 나빠진다. '대학교육확장법Extension of Universities Act'은 흑인과 '유색인'과 '인도인'의 기존 대학 입학을 막는 법이다. '통행증 폐지법Abolition of Passes Act'은 실제로 흑인들에 대한 통행증 제도를 더 강화했다. '집단 영역법Group Areas Act'은 각기 다른 인종 집단별로 토지를 할당함으로써 거주 영역을 분리한다.

여기서 '집단'이라는 단어는 인종 집단을 가리키는 이중화법인데, 아파르트헤이트에 토대를 둔 집단 구분을 공공연하게 언급하지 않고 인종 분리를 유지하는 용도다. 그리하여 협력발전 장관 게릿 빌조엔은 1986년에 이렇게 말할 수 있었다. "집단의 안전과 집단의 보호가 없으면 우리는 수용 가능한 개혁을 이룰 수 없습니다."

1985년 P. W. 보타 대통령은 아파르트헤이트를 '협력적 공존'으로 대체하겠다는 계획을 제안했다. 그는 '지리적·집단적 토대'에 따라 다양한 단위를 만들고, '권력 공유'를 추진하겠다고 했다. 이 제안에 감춰진 이중화법을 번역하자 계획의 의도가 분명해졌다. 보타 대통령은 다수 흑인에게 백인의 권력과 경제적 특권을 침해하지 않는 복잡한 정부 형태를 제안한 것이었다.

보타 대통령은 계획을 밀어붙였고, 1986년 정부는 아파르트헤이트가 종식되었다고 선언했다. 하지만 신생아를 인종(백인, 흑인, 유색인)에 따라 등록하도록 규정한 1950년의 인구등록법은 계속 유지되었다. 집권당인 국민당의 정보부장 콘 보타는 1987년 이렇게 말했다. 인구등록법은 "각 집단을 식별하기 위한 필수 요소입니다. 이 나라의 인종 구성에 관한 우리의 전반적인 철학적 방법론의 본질적인 요소입니다."

한편 흑인들이 도시 지역에 지정된 타운십으로 이동할 수 있는 권리를 제한하는 통행법은 공식적으로 '유입 통제 조치'로 불린다. 헌법기획발전 장관 크리스 휴니스는 과거에 남아공 정부가 설치한 '부족 자치령 tribal homelands' 때문에 시민권을 상실한 흑인 수백만 명에게 시민권을 다시 부여해야 하는지를 논의하면서, 흑인의 시민권을 복원한다고 해서 "남아공에서 흑인이 정치적 권리를 행사할 수 있다는 뜻은 아니"라고 말했다. 남아공 아파르트헤이트의 이중화법은 이렇게 이어졌다.

이스라엘과 팔레스타인

'점령'(또는 '행정') 지역에서 이스라엘과 팔레스타인 '시위대'(일부는 '폭도'라고 부른다) 사이에 계속되는 '분쟁'(일각에서는 '전쟁'이라고 한다)을 논할 때는 단어 선택이 매우 중요하다. 아랍 지역에서 벌어지는 '소요'는 보도하는 주체에 따라 '혁명' '격변' '소란' '시위' '폭동' 등으로 불린다. 이스라엘 정부의 보도 자료에서 아랍 젊은이들은 '청년'이라고 불리고 이스라엘 젊은이들은 '어린이'라고 불린다. 또한 이스라엘인들은 '살해'당하는 반면 팔레스타인인들은 '죽음'을 맞는다. 팔레스타인인들은 사망한 팔레스타인인을 언제나 '순교자'라고 부른다. 팔레스타인 언론은 '1967년 전쟁'이라고 하는 반면, 이스라엘 언론은 '6일 전쟁'이라고 한다. 어느 아랍 신문 편집인은 "우리는 우리가 심각한 패배를 당한 사실을 강조하고 싶지 않다"고 설명했다.

중동에서는 한쪽에서 '테러리스트'로 불리는 이들이 다른 쪽에서는 '특공대원'이나 '게릴라'나 '자유의 전사'로 불린다. 어떤 이들은 '총잡이'라는 단어를 사용한다. 어떤 이가 '테러 공격'

이라고 말하는 것이 다른 이들에게는 '군사 작전'이다. 누군가에게는 죽은 여성과 어린이가 '사상자들'이지만, 다른 이들에게는 '살해된 희생자'다. 팔레스타인에 설치된 이스라엘 '정착촌'에는 '정착민'이 살고 있다. 팔레스타인인들은 '정착민'을 '민간인'이 아니라 '전투원'이라고 부른다.

이스라엘 정부의 공식 용어에서 요르단강 서안은 '유대와 사마리아 지방'이며, 서안과 가자 인구의 98퍼센트를 이루는 아랍 주민들은 '소수자'로 지칭된다. 이스라엘 정착촌은 확장되거나 팽창하는 게 아니라 '밀도화된다'. 병합은 '이스라엘 법률 적용'이라고 하며, 아랍인이 소유한 토지는 몰수되는 게 아니라 '폐쇄'된다. 라디오이스라엘은 PLO나 PFLP 같은 약칭만 사용하며 팔레스타인해방기구나 팔레스타인해방인민전선 같은 정식 명칭은 절대 사용하지 않는다. '해방'이라는 단어에는 이스라엘이 자기네 영토로 간주하는 땅에 대한 팔레스타인의 정당한 소유권 주장이 함축되어 있기 때문이다. 이스라엘의 레바논 침공은 '갈릴리 평화 작전'이라는 명칭이 붙었고, 메나헴 베긴 총리는 "이스라엘은 어떤 나라도 침공하지 않았다"고 말했다. 하지만 나중에 이스라엘은 자국의 대레바논 정책을 '철권 정책'이라고 불렀다.

민간 버스를 소총으로 공격해서 이스라엘 민간인 5명을 살해하고 아랍인과 유대인 18명에게 부상을 입힌 팔레스타인 무장 세력은 이후 이스라엘 보안군에게 사살되었다. 동예루살렘의 영어 신문인 〈알파즈르〉는 이 싸움에 관한 기사에 다음과 같은 제목을 달았다. "이스라엘, 특공대원 사살."

라디오이스라엘의 영어 뉴스 서비스는 1985년 7월 짧은 보도를 내보냈다. "경찰이 텔아비브 지역에서 벌어진 두 건의 폭탄 공격과 한 건의 수류탄 공격을 수사하는 중입니다. 두 차례의 폭탄 공격은 테러리스트의 소행으로 의심되며, 야파의 하산베크 모스크에서 벌어진 수류탄 공격은 유대인들이 저지른 것으로 여겨집니다."

1986년 민간인 승객이 가득한 버스를 공격한 혐의를 받던 아랍인 2명이 정보기관 신베트의 '심문에서 살아남지 못한'(이후 조사에서 2명이 구타를 당해 사망했음이 밝혀졌다) 뒤 이스라엘 대법관 모셰 란다우가 이끄는 조사위원회는 용의자를 심문할 때 특정 상황에서는 '물리적 압박' 행사가 정당할 수 있다는 보고서를 발표했다. 이후 이스라엘 내각은 이스라엘 정보 요원들이 게릴라 활동을 한 혐의를 받는 팔레스타인인을 심문할 때 '물리력'을 얼마나 사용할 수 있는지를 검토하는 위원회를 구성했다. 무바라크 아와드가 이스라엘 점령지에서 팔레스타인인들이 벌이는 비폭력 저항 운동을 옹호하자 이스라엘의 한 관료는 이렇게 말했다. "이런 비폭력은 이스라엘의 폭력을 유도해서 봉기를 유도하려는 잔머리 전략이다." 중동에서는 단어가 중요하다. 전쟁과 평화, 삶과 죽음이 어떤 단어를 쓰느냐에 따라 갈린다.

독재자의 언어

1973년 선거로 뽑힌 살바도르 아옌데 고센스 정부를 전복하고 권력을 잡은 칠레의 군사독재자 아우구스토 피노체트는 1984년 계엄령을 선포하면서 이렇게 말했다. "지금 어느 때보다도 우리를 통치하는 제도적 질서를 군건하게 수호해야 하는 것은 민주주의와 자유를 지키기 위해서입니다." 계엄령하에서 경찰은 기소나 영장 없이 용의자를 체포할 수 있고, 외부와 연락을 차단한 채 용의자를 무기한 구금하며, 재판도 무기한 연기할 수 있었다. 누군가 그 스스로 밝힌 정치 사상에 위배되는 문제에 관해 질문하자 훌륭한 장군은 이렇게 말했다. "우리는 사상에 반대하지 않습니다. 그런 사상을 퍼뜨리는 사람들에 반대하지요."

피노체트는 민주주의를 보호하기 위해 민주주의를 전복하고, 민주주의를 구하기 위해 민주주의를 파괴하는 자들의 오랜 전통을 이어 나갔다. 수많은 통치자들이 자신이 통치하는 국민들이 민주주의를 시행할 준비가 되어 있지 않고, 오직 비민주적 정부 형태로만 민주주의를 유지할 수 있다고 생각하는 듯하다. 심지어 민주주의 수호를 목표로 내세우는 통치자들조차 기묘한 방식으로 이를 실행한다.

1979년 주앙 바프티스타 피게이레두 장군은 브라질의 차기 대통령으로 선출된 직후 이렇게 말했다. "나는 이 나라에서 민주주의를 활짝 열 생각이며, 이에 반대하는 사람은 누구든 감옥에 처넣고 분쇄할 겁니다." 아이티의 야당 지도자를 사실상 전부 투옥하거나 추방한 뒤, 종신 대통령 장클로드 뒤발리에는 대통령궁 발코니에서 대중 연설을 하며 호기롭게 선언했다. "민주주의 만세. 인권 만세." 필리핀 대통령 페르디난드 마르코스는 1981년 계엄령을 선포해 시민의 자유를 제한한 조치를 이렇게 옹호했다. "내가 계엄령을 선포한 것은 인권을 보호하기 위해서였습니다." 파키스탄의 군사 통치자 무함마드 지아 울하크는 1983년 언론 검열 폐지를 발표하면서, 신문사가 절제하면서 자기 검열을 계속해야 한다고 경고했다.

간혹 독재자와 권위주의·전체주의 정부의 이중화법은 아예 노골적이다. 쿠데타 시도가 실패한 뒤 기니의 란사나 콩테 대통령은 실패한 쿠데타 지도자들을 공정한 재판에 회부한 다음 총살할 계획이라고 말했다. 그는 한마디 덧붙여야 했다. "누구든 인권이라는 미명을 내세워 탄원하려면 오늘 하는 게 좋겠습니다. 내일은 너무 늦을 테니까요." 우루과이 정부는 최고의 보안을 자랑하는 정치범 교도소를 지어서 '자유 교도소Penal Libertad'라는 이름을 붙였는데, 여기에 갇힌 죄수들은 나중에 수감 기간만큼 숙식 비용이 청구되었다.

독재자들은 비밀경찰을 동원해서 지배를 유지하면서 이를 은폐하는 데 이중화법을 잘 구사한다. 1981년 한국의 전두환 대통령은 중앙정보부 명칭을 '국가안전기획부(안기부)'로 바꾸었다. 그레나다의 에릭 게어리는 총리 시절 무장 조직을 동원해서 모든 반정부 세력을 분쇄했다. 이 집단은 처음에 '비밀경찰'이었는데 '야간 매복대 Night Ambush Squad'로 바뀌었다가 '기본적 자유 수호를 위한 자원대 Volunteers for the Defense of Fundamental Liberties'가 되었다. 우간다의 독재자 이디 아민은 비밀경찰을 '국가조사국 State Research Unit'라고 명명했다.

정부는 이중화법을 이용해서 시민을 살해하면서도 동시에 그들의 인권을 존중할 수 있다. 외신이 엘살바도르 군대가 북부 지역의 소도시 세 곳에서 여성과 아동을 포함해 민간인 100여 명을 총살했다고 보도했을 때, 군사령관은 병사들이 "군사 작전 중 전복 세력에 …… 100명의 사상자를 발생시켰다"고 인정했다. 엘살바도르 국방장관 호세 가르시아는 텔레비전 인터뷰에서 이렇게 말했다. "우리 정부는 인권을 존중하지만 그렇다고 인권 침해가 없다는 말은 아닙니다." 1981년 엘살바도르 대통령 호세 나폴레온 두아르테는 정부군이 한 해에 민간인 1만여 명을 살해했다는 비난에 대해 당당하게 해명했다. "보안군이 권력을 남용한 사례가 일부 있었다는 건 부정하지 않겠습니다."

옹호할 수 없는 것을 옹호하기

정치 지도자들이 자신의 입장을 변호하려 할 때, 또는 오웰이 말한 것처럼 "옹호할 수 없는 것을 옹호"하다 보면 종종 결국 황당한 이중화법을 내세울 수밖에 없다. 1982년 캄보디아의 노로돔 시아누크 왕자는 어떻게 키우 삼판과 동맹을 맺을 수 있느냐는 질문을 받았다. 키우 삼판은 폴 포트 통치기에 캄보디아 국민 수백만 명을 학살한 크메르 루주* 파벌의 지도자였다. 시아누크 왕자는 이렇게 답변했다. "캄보디아 사람들은 베트남이나 소련 세력에게 몰살당하느니 크메르 루주 손에 죽는 걸 더 선호합니다."

어쨌든 독재자들은 자국민 수천 명을 학살해도 그건 살해당한 이들이나 살아남은 이들을 위해 필요한 일이라고 믿는 경향이 있다. 그 결과 살인을 정당한 행위로 합리화하는 이중화법으로 이어진다. 이란의 국영 언론은 1981년 수천 명을 처형한 사실을 보도했는데, 아야톨라 루홀라 호메이니는 이렇게 말했다. "예언자의 전쟁은 민족을 정화하기 위한 것이며, 도덕적 정화를 가로막는 이들은 제거해야 합니다. 언뜻 보면 대량 학살 같겠지만 실은 인간성의 장애물을 없애는 겁니다. 이란은 가능하면 그런 장애물을 정화하지만 그게 불가능하면 제거합니다."

"전쟁은 평화다"

이중화법을 구사하면 적대 세력끼리 서로를 죽이면서도 자신들의 유일한 관심은 평화라고 단호하게 주장할 수 있다. 1975년 팔레스타인 정치인 야세르 아라파트는 팔레스타인해방기구가 이스라엘을 파괴하려 한다는 비난에 이렇게 대꾸했다. "그건 틀린 말입니다. 우리는 어떤 사람들도 파괴하려 하지 않습니다. 우리가 그토록 많은 피를 흘린 것은 공존을 원했기 때문입니다."

---

* 1967년 캄보디아의 마르크스주의자들이 결성한 급진 좌파 조직.

1982년 이스라엘 외무장관 이츠하크 샤미르는 파리에서 암살당한 이스라엘 외교관의 장례식에서 이렇게 말했다. "우리는 살기 위해, 평화롭게 살기 위해 그들(PLO)을 가차 없이, 끝까지 공격할 것입니다."

조지 오웰이 말한 대로 전쟁은 평화다.

6장

전쟁도 죽음도 없는 전쟁

일을 하는 데는 세 가지 방법이 있다. 미군의 오랜 속담을 비틀어보자면 올바른 방법, 그릇된 방법, 군대식 방법이 그것이다. 따라서 이중화법에 관한 한 군대는 다른 이중화법 사용자들이 범접할 수 없는 재간이 있다. 오직 군대만이 텐트를 '프레임으로 팽팽하게 지탱하는 구조물 frame-supported tension structure'이라고 부르며, 낙하산은 '기체 역학적 개인 감속기 aerodynamic personnel decelerator', 구명조끼는 '개인 보호용 부력 장치 personal preservation flotation device', 지퍼는 '맞물림 슬라이드식 잠금장치 interlocking slide fastener'라고 부를 수 있다. 군대에서는 칫솔이 아니라 '목재 치간 자극기 wood interdental stimulator'를 사용하며, 연필이 아니라 '휴대용 수기 통신기기 portable, hand-held communications inscriber'로 글을 쓴다. 보통 폭탄이라고 부르는 것을 군대에서는 '수직 전개 대인 장치 vertically deployed anti-personnel device'라고 한다.

군대의 이중화법이 민간 세계로 흘러나오는 일은 종종 있지만, 가장 기가 막힌 이중화법이 민간에 노출되는 경우는 드물다.

'군사용 설명서'라는 지루하고 무미건조한 문서들 속에 주로 숨어 있기 때문이다. 독자 여러분은 군대 계약서를 정기적으로 읽을 수 없기 때문에 군대가 만들어내는 최고의 이중화법을 접하기가 쉽지 않다. 이런 문서에서는 '섬유 간 마찰 결속기 interfibrous friction fastener'나 '다방향 충격 발생기 multi-directional impact generator', '수동 구동식 결속기 충격 장치 manually-powered fastener-driving impact device' 같은 말이 넘쳐난다.

군대는 무언가를 사야 할 때 근처에 있는 마트에 가서 물건을 집어 들지 않는다. 정의상 모든 군용 물품은 '특수'하기 때문에 특별히 제조해야 한다. 군대는 일반적으로 판매되는 규격품을 사용하지 않는다. 마치 군 전체가 맞춤 제작되는 것처럼 생각하면 된다. 그래서 군대에서 구매하는 모든 물품에 대해 자세한 '군용 규격 설명서'가 필요하다. 지난 수십 년간 이런 식으로 설명서가 늘어났다. 1951년 공군이 록히드에 신형 화물기 설계를 요청했을 때 설명서는 총 8쪽이었다. 그런데 1980년에는 록히드에 화물기를 요청하면서 건넨 설명서가 2,750쪽에 달했다. 물론 설명서가 두툼해질수록 사업 진행이 느려졌다. 1943년 록히드가 미국의 첫 번째 제트기를 설계하고 건조하는 데 143일이 걸린 반면, F/A 호넷은 개발에 9년이 걸렸다.

군용 규격 설명서는 마치 옷장에 철사 옷걸이가 늘어나는 것처럼 계속 두툼해지며 그만큼 말도 안 되게 복잡해지고 있다. 티셔츠 설명서는 24쪽에 달하고, 껌 설명서는 15쪽, 우스터소스 설명서는 17쪽, '쥐덫' 설명서는 22쪽, '플라스틱 호루라기' 설명서는 16쪽인데 호루라기 설명 중에는 다음과 같은 문장도 있다.

> 호루라기는 중간 혹은 높은 호흡의 압력으로 입으로 불 때 가청도가 높은 특유의 소리를 낼 수 있어야 한다. 공기 통로의 중심선은 일체형 호루라기의 경우 13/33인치 라인 반지름에 접하고, 분리형 호루라기의 경우 내부 챔버의 7/16인치 라인 반지름에 접하도록 해서 호루라기를 과도하게 불어도 내부의 공이 계속 회전하고 소리가 감소 또는 중단되거나 음정이 현저하게 변하는 일이 없도록 해야 한다.
> 주: 과도하게 분다는 것은 흥분 상태에서처럼 호흡 압력을 최대로 높여 기본 음색보다 높은 음조를 내는 것을 의미한다.

군용 타코셀에도 똑같이 이해하기 어려운 설명서가 첨부되어 있다.

펜타곤 스타일로 과일 케이크 굽기

크리스마스가 다가오면 과일 케이크를 먹을 날도 멀지 않다. 크리스마스 쇼핑을 하면서 슈퍼마켓에서 과일 케이크 한두 개를 집어 들고는 그쯤에서 만족할 수도 있고 정말로 의욕이 넘친다면 직접 과일 케이크를 구울 수도 있다. 하지만 군에서 복무 중이라면 슈퍼마켓에 가지 못하며 분명 직접 과일 케이크를 굽지도 못한다. 대신에 과일 케이크 설명서를 보고 따라할 수 있다.

18쪽짜리 설명서는 도표도 여러 개고, 다른 간행물을 상호 참조하며 수정한 내용도 4쪽이나 된다. 내가 가진 요리책을 전부 뒤져도 가장 복잡한 과일 케이크 레시피가 1쪽을 채 채우지 못한다. 그런데 군의 연구개발기술사령부에 있는 사람들은 어떻게 군용 과일 케이크를 만드는 설명서를 깨알 같은 글씨로 전부 열거해서 18쪽짜리로 만들 수 있는 걸까? 음, 펜타곤 할머니가 승인한 공식 과일 케이크 레시피를 몇 개 살펴보자.

1980년에 수정된 군용 규격 설명서 MIL-F-1499F를 보면, 설탕에 졸인 오렌지 껍질을 "설탕과 옥수수 시럽으로 완전히 탈지하고 가공해서 72퍼센트 이상의 용해성 고형분"으로 만들어야 한다. 또한 펜타곤 할머니의 레시피에는 건포도를 "뭉치지 않도록 필요한 만큼" 불리고, 설탕에 졸인 파인애플을 1/4인치 크기로 자르고, 씨를 제거해서 설탕에 졸인 체리를 1/4~1/2인치 크기로 잘라 사용하고, '제철' 견과류와 "100시간 이상 안정성"이 있는 쇼트닝을 사용하라는 지침도 있다. "바닐라 향료는 순수 또는 인공 바닐라를 사용하는데, 감각적으로 감지 가능하면서도 확연히 느껴지지는 않을 정도의 양을 사용한다."(바닐라 맛이나 향이 나지만 과일 케이크의 맛과 향을 압도해서는 안 된다는 뜻이다.) "과일 케이크 반죽은 〈표 1〉에 표시된 케이크 반죽 무게와 〈표 2〉에 표시된 과일과 견과류 블렌드 무게를 동일한 부분으로 혼합하는데, 3.5의 요건을 충족하는 방식으로 섞는다."

이 재료들을 섞으면 구울 준비가 된 셈이다. "정해진 무게의 케이크가 되도록 미리 정해진 과일 케이크 혼합 반죽을 떠지와 원판이 있는 캔에 넣고 캔 뚜껑을 느슨하게 닫아 가공 중에 나오는 수분과 기체가 빠져나가도록 한다. 또는 종이 원판과 띠지 대신 내부에 적절한 제품 방출 특성이 있는 법랑 캔을 사용해도 되는데, 캔 내부에 들러붙는 반죽이 제품 중량의 5.0퍼센트 이하가 되도록 한다. …… 반죽 부분이 전체적으로 균일하게 가열되어 익지 않거나 끈적하거나 젤라틴화되지 않은 부분이 없도록 밀봉하고 굽는다."

이제 결정적인 부분이다. "차갑게 식힌 제품을 예리한 칼로 수직, 수평으로 절단했을 때 부서지지 않으며, 압축 줄무늬와 젤리화된 중심부와 눅눅한 부분이 보이지 않아야 하고, 너무 마르거나 과도하게 가열된 흔적이 없어야 하며, 전체적으로 균일한 알갱이 구조를 보여야 한다." 설명서는 완제품이 "굽는 과정에서 뚜껑에 닿지 않아야 하고 어떤 부분에서도 캔 옆면에서 3/4인치 이상 상단 뚜껑에 가까워서는 안 되며 …… 캔이나 캔 띠지의 내부 윤곽과 딱 맞아떨어져야 한다"는 당혹스러운 요구 사항으로 마무리된다.

이 설명서에서 남은 유일한 문제는 누가 그릇을 핥아먹고 누가 주방을 청소해야 하는가 정도일 것이다. 펜타곤에서 과일 케이크를 굽는 데 필요한 게 이 정도라면 신형 항공모함의 설명서는 어느 정도이겠는가?

지난 수십 년간 군용 규격 설명서가 이렇게 두툼해진 이유는 무엇일까? 한 가지 가설은, 장교들을 바쁘게 만들 만큼 입대 장병의 수가 많지 않기 때문에 장교들에게 뭐라도 할 일을 주어야만 한다는 것이다. 1945년 7월 미군에서 현역 복무 중인 인원 12,055,884명 가운데 장교가 1,260,109명이었고, 입대 장병과 장교의 비율이 9 대 1이었다. 하지만 1983년 5월 31일을 기준으로 보면 현역 장병이 2,114,341명, 장교가 293,026명이었고 장병과 장교의 비율은 6 대 1이었다. 일부 비판자들은 장교단이 국방의 모든 측면을 체계적으로 지나치게 복잡하게 만들어 스스로 할 일을 만드는 데 몰두하는 자기 영속적 관료 조직이 되었다고 지적한 바 있다. 방대한 설명서를 작성하는 것 말고 이 모든 장교들을 바쁘게 만들 수 있는 방법이 또 있을까? 아니, 어쩌면 모든 문제를 복잡하게 만드는 것이 군대의 본성일지 모른다.

핵무기 조달을 위한 이중화법

하지만 펜타곤이 조달 절차라 부르는 물품 구매 과정에서 자신들이 만들어낸 엄청난 문서 더미와 미로와도 같은 이중화법에 무감하지는 않다. 그래서 1986년 펜타곤은 대대적인 홍보와 자화자찬을 늘어놓으면서 '국방부 계약 간소화 시험 프로그램'에 착수했다. 계속 책을 읽기 전에 이 간소화 프로그램이 어떤 결과를 낳았을지 한번 예측해보시라. 이보다 더 쉬운 질문이 있을까?

〈과학과 정부 보고서〉라는 회보의 편집인 겸 발행인인 대니얼 그린버그는 〈뉴욕타임스〉에 이 간소화 프로그램에 참여한 경험을 기고했다. 발송된 프로그램 통지문에는 15쪽짜리 문서 양식이 들어 있었다. 간소화 프로그램 이전에 그가 완성해야 했던 통상적인 5쪽짜리 양식보다 10쪽이나 길었다. 그런데도 그린버그는 펜타곤이 정말로 업무를 간소화하기를 기대하면서 기꺼이 프로그램에 도전했다. 우리가 사는 냉소적 세계에서 이런 순진한 태도가 아직도 남아 있는 걸 보면 나는 언제나 감동을 받는다. 어쨌든 그가 채워 넣어야 하는 예전의 양식에는 다음과 같은 지시가 있었다. "재소자 노동 APR 19(4) FAR 52.222-3"에 관한 "FAR/DOD Far Sup" 조항을 위해 "DD Form 1155r, Para Nr. 7을 삭제하시오." 이런 문장도 있었다. "블록 10 'Delivery to FOB Point by'에 '출간된 대로'라는 주석이 붙으면, 이 제안은 주문 날짜 블록 3으로부터 18개월 동안만 유효함." 그린버그는 뭐든 기존 양식보다는 낫겠다고 순진하게 생각해서 새로운 양식을 만드는 일에 뛰어들었다.

새로운 양식은 "계약자 모집과 계약을 간소화하고 정부 계약에 따르는 계약자의 행정적 부담을 일부 완화하려는 시도"라고 설명했다. 하지만 출발부터 순조롭지 않았다. "협상 방식의 계약에서 '입찰'과 '입찰자'는 '응찰'과 '응찰자'를 뜻하는 것으로 해석된다. 비공개 입찰 취득에서 '응찰'과 '응찰자'는 '입찰'과 '입찰자'를 뜻하는 것으로 해석된다."

이렇게 간소화된 설명 뒤에는 58개의 질문과 요구 사항이 이어졌다. 요구 사항 중 하나는 다음과 같았다. "미니어처와 실제 기구의 볼베어링이 포함되는 경우에 DOD FAR SUP 52.208-7000의 조항이 적용되며 이 조항은 그 결과로 이루어지는 모든 계약에 참조 형태로 포함된다."" 3000옴-센티미터 이상의 저항률 값을 지닌 N형이나 P형으로 정의된 고순도 실리콘"에 대한 비슷한 요구 사항도 있었다. "회수 물자 인증"절에서는 "'연방 취득 규정'의 23.402편에 규정된 대로 회수 물자는 적용 가능한 설명의 요건(IAW FAR 23.405)에 따라 사용"되어야 한다는 내용도 있었다.

간소화 프로그램은 '50만 달러 이하'에 해당하는 계약자들에게 한 가지 혜택을 주었다. '원가 회계 기준 통고 및 인증(국방) (1984년 4월) FAR 52.230-1' 면제를 적용한 것이다. 하지만 이 혜택도 조건이 있었다. "이에 따라 응찰자는 4 CFR 331.30 (b) (7) 조항에 따라 CAS 요건의 면제를 주장하고, '원가 회계 기준' 조항이나 '원가 회계 관행의 공시와 일치' 조항이 포함된 모든 주요 계약 및 하청 계약으로 받은 납품 품목에 대해 최종 수락 통지를 받았음을 증명한다."

그린버그는 새롭게 간소화된 계약서로 무엇을 했는지 밝히지 않았지만, 그가 펜타곤에 새로운 계약서에 대해 무슨 말을 하고 싶었을지는 추측할 수 있을 것이다. 우선 잠시 동안 상상력을 발휘해서 이 간소화된 계약서를 파일 케이크 설명서와 결합하면 무엇을 만들어낼 수 있을지 생각해보시라. 그리고 간소화된 계약서를 신형 대륙 간 탄도 미사일에 관한 군용 규격 설명서와 결합해보시라. 상상도 못할 정도이지 않은가? 펜타곤이 쓸모없는 수많은 물건을 만들어내는 게 과연 놀라운 일일까?

펜타곤의 조달 이중화법은 군용 규격 설명서와 계약 양식에 그치지 않는다. 웨스팅하우스전력회사와 계약을 체결한 것을 발표하면서 펜타곤은 다음과 같은 성명을 발표했다.

(국방부는 웨스팅하우스와) 검증된 위협 시나리오에 대응하기 위한 적절한 이동 표적 표시기를 지원하는 동시에 용이한 전력 관리를 위해 광범위한 펄스 폭과 반복 속도로 작동하는 데 필요한 수준의 전술 레이더 송신기에서 펄스 대 펄스 안정성을 유지하는 기법을 시연하기 위한 고급 개발 모델을 설계, 개발, 제작, 테스트하는 3,317,467달러의 확정 고정 가격의 완성형 계약을 체결했습니다.

이 모든 문장을 간단히 말하면 공군이 신형 레이더를 개발하려 하는데 이를 위해 더 나은 송신기가 필요하다는 것이다.

군사 이중화법을 이해하기 위한 좋은 출발점은 합동참모본부에서 출간한 《국방부 군사 용어 및 관련 용어 사전》이다. 이 책을 훑어보면 몇 가지 매혹적인 용어와 정의를 알게 된다. '릴래터럴 텔 relateral tell'이라는 용어가 무슨 의미일지 짐작해보시라. "릴래터럴 텔—(미 국방부·나토) 제3의 시설을 이용하는 시설 간 정보 중계. 이러한 유형의 텔 tell은 통신 환경이 저하된 상황에서 자동화된 시설들 사이에 적합하다. →트랙 텔링* 참조." 가

트랙 텔링(track telling) 미 국방부와 나토(NATO)에서 쓰는 군사 용어로, 목표물 추적 정보(track data)를 하나의 지휘·통제 시설에서 다른 시설로 통신을 통해 전달하는 행위 또는 절차를 말한다.

뜻이나 골치 아픈 독자 여러분을 생각해서 '트랙 텔' 그리고 '블랙 텔' '크로스 텔' '포워드 텔' '래터럴 텔' '오버랩 텔' 같은 용어의 정의는 생략하겠다. 사전에서는 또한 '핵 부수적 피해nuclear collateral damage'를 "아군 핵무기의 영향으로 생겨난, 원하지 않은 피해나 인명 사상"이라고 정의한다.

하지만 캔자스주 포트레븐워스에 있는 미육군지휘참모대학의 편람에 실린 다음과 같은 교과 과정 설명에서 알 수 있듯이, 군은 '부수적 피해'를 최소화하면서 핵무기를 사용할 수 있도록 장교들을 훈련시킨다.

A154. 핵무기 사용.

범위: 본 과목은 사관생도에게 전술적 맥락에서 핵무기를 효과적으로 사용하는 방법을 배울 수 있는 기회를 제공한다. …… 본 교육은 사관생도들이 사단-군단 작전을 지원하기 위해 효과적으로 핵무기 사용을 계획하는 전투 모의 훈련으로 이어진다. …… 본 선택 과목은 이전에 핵무기 사용 경험이 없거나 훈련을 받지 못한 사관생도를 위해 설계된 것이다.

1985년 국방부가 개발을 추진하는 신형 '배낭' 원자폭탄(여행용 가방에 들어갈 정도로 작은 원자폭탄)의 필요성을 말해 달라는 요청을 받은 무기 전문가 리처드 와그너는 의회에서 다음과 같이 말했다. "특수 원자 파괴 탄약Special Atomic Demolition Munitions은 충돌 확대 수준에서 신중한 양적 변화를 일으킴으로써 억지와 방어적 특징을 유지하는 고유한 능력을 지니고 있습니다." 소형에 은폐가 쉽고 운송이 용이한 원자폭탄을 만드는 이유로 충분하지 않은가? 이런 폭탄은 '부수적 피해'의 위험성도 그렇게 크지 않다고 확신하고 싶다.

전쟁부와 국방부

군사 이중화법은 국방부 Department of Defense라는 최상층의 명칭에서부터 시작된다. 미국이 건국된 때부터 전쟁부 Department of War가 존재했다. 그러다 1947년, 군이 20세기 최고의 이중화법 쿠데타를 일으켰다. 1947년 7월 27일, 해리 트루먼 대통령은 미군을 완전히 재편하는 법안인 '1947년 국가안보법'에 서명했다. 이 법의 제2편에는 '국가 군사 기구 설립 Establishment of the National Military Establishment'이라는 제목이 붙어 있으며, 202조는 국방장관직 신설, 205(a)조는 전쟁부 폐지에 관한 것이다. "이제 전쟁부는 육군부로 지칭되며, 전쟁장관직은 육군장관으로 바뀐다." 그리하여 전쟁은 '국방'이 되었다.

언뜻 보면 이런 변화가 그렇게 대단한 것 같지 않지만, 잠시 숨을 고르고 이런 언어상의 변화의 함의를 검토해보자. 이제 우리는 수백억, 수천억 달러를 전쟁이 아니라 '국방'에 쓸 수 있다. 이제 의원들은 전쟁이 아니라 '국방' 지출을 늘리라고 캠페인을 벌일 수 있다. 이제 공직 후보자들은 상대방이 전쟁 예산이 아니라 국방 예산 3천억 달러를 삭감하려 한다고 비난할 수 있다. 이제 리처드 체니, 프랭크 칼루치, 캐스퍼 와인버거 같은 이들은 전쟁장관보다 한결 온화한 '국방장관'일 수 있다. 그리고 이제 '국방' 예산이기 때문에 와인버거는 1982년에 '국방' 예산은 "연방 정부가 책임 져야 하는 가장 중요한 사회 복지 프로그램"이라고 말할 수 있었다. 전쟁 예산이 연방 정부가 책임 져야 하는 가장 중요한 사회 복지 프로그램이라고 말하는 것보다 한결 좋게 들린다.

1986년 국무부와 나사가 미국의 동맹국들에게 우주 정거장 건설에 참여할 것을 권유했을 때, 그들은 이 정거장이 평화적 목적으로만 사용될 것이라고 강조했다. 하지만 나중에 펜타곤은 이 우주 정거장을 스타워즈* 연구에 활용하려 했다는 사실을 밝혔다. 나사 관리들이 이 프로젝트에 참여하는 동맹국들이 반발할 것이라고 우려하자, 한 공군 관료는 다른 나라들이 우주 모험 사업을 '평화적 목적'으로 제한한다는 방침을 비군사적이라는 뜻으로 잘못 해석했을 수 있다고 말했다. "우리는 우주 공간 사용을 평화적 목적에만 제한하지 않을 것입니다. …… 우리의 철학은 국방부를 포함해서 미국이 하는 것은 무엇이든 평화의 이름으로 행해진다는 것입니다." 이 문장에서 '국방'이라는 단어를 '전쟁'으로 바꿔보라. 얼마나 설득력이 유지되는지 생각해보라. 국방부가 하는 것은 무엇이든 평화를 위한 일이기 때문에 존 타워 상원의원은 1982년에 신형 핵 추진 항공모함 USS칼빈슨호의

---

* 1983년 레이건 대통령이 발표한 전략 방위 구상(SDI)의 별칭.

취역식에서 이 신형 전함의 목적은 '평화를 증진하는' 것이라고 말할 수 있었다.

국방부 명칭을 원래대로 전쟁부로 되돌리면 몇 가지 실질적 이점이 있다. 첫째, 이렇게 변경하면 이 정부 부처에 역사적으로 정확한 명칭을 돌려주게 된다. 보수주의자라면 분명 명칭 변경을 지지할 것이다. 둘째, 원래의 명칭이 이 부서의 기능을 정확하게 반영한다. 원래 이 부서는 전쟁을 대비하고 필요한 경우에는 전쟁을 수행하는 곳이기 때문이다. 셋째, 원래의 명칭으로 돌아가면 의회와 국민들이 '국가 군사 기구'에 책정된 예산에 더 많은 관심을 기울일 것이다. 하지만 당신이 이 정부 기관의 명칭으로 '전쟁' 대신 '국방'을 받아들인다면 일관성을 지키기 위해 몇 가지 다른 명칭 변경에도 동의할 것이다. 1914~1918년과 1939~1945년의 불편한 사태는 '제1차 세계 국방World Defense I'과 '제2차 세계 국방World Defense II'이라 불릴 테고, 톨스토이의 위대한 소설은 《국방과 평화》가 될 것이며, 윌리엄 테쿰세 셔먼 장군의 명언은 "국방은 지옥이다"로 바뀔 것이다.

육각 회전형 표면 압착 부품 혹은 너트

이중화법의 한 가지 중요한 기능은 현실을 감추고 실제로 벌어지는 일을 은폐하는 것이다. 이중화법을 구사하면 무기는 고장 나는 법이 없고 값비싼 물품은 언제나 매우 복잡해서 비싼 값을 충분히 한다. 이따금 군사 이중화법은 그 많은 돈을 다 어디에 쓰는 것인지 희미하게라도 알려주지 않는다. 펜타곤의 이중화법에서는 흔히 쓰는 평범한 강철 너트가 '육각 회전형 표면 압착 부품hexiform rotatable surface compression unit'으로 변신한다. 그래야 1개당 2,043달러라는 가격이 정당화되기 때문이다. 또한 이 사소한 이중화법 명칭 덕분에 "2천 달러짜리 육각 회전형 표면 압착 부품에 치명적인 스트레스 관련 축 분리가 발생한 사실 때문에" 이 장비의 "유효 작동 수명이 극적으로 저하되었다"고 말할 수 있다. 13센트짜리 너트가 부러져서 장비가 작동하지 않는다는 말보다 한결 그럴듯하게 들린다. 우리가 흔히 손전등이라고 부르는 물건을 공군은 '비상 탈출등Emergency Exit Light'이라고 부른다. 그래야 가격을 214달러로 매길 수 있으니까.

구두쇠라면 소파 1개와 2인용 안락의자 1개, 식탁의자 20개에 31,672달러(또는 가구 하나당 거의 1,500달러)가 꽤 많은 금액이라고 생각할지 모르지만 해군처럼 발상을 바꾸면 생각이 달라진다. 이 모든 돈은 구축함 USS키드호의 '거주 환경 개선habitability improvements'을 위해 쓴 액수다. 그렇게 고액을 들여 개선한 뒤에야 정말로 거주할 만한 곳이 되는 함정임이 분명하다.

굿이어에어로스페이스가 설계한 '생존 지속형 대피호Survivable Enduring Shelter'(SES)도 있다. 30구경의 '발사체projectile'(총탄을 뜻하는 펜타곤의 이중화법)를 막을 수 있는, 탑재량이 약 2,268킬로그램 이상인 장갑 차폐물과 '침입 탐지 시스템'(도난 경보 장치를 뜻하는 이중화법)을 갖춘 SES는 "핵 사태가 발생할 시에 생존하기 위한 가장 절박한 기술적 요건을 충족하기 위해" 고안된 것이다. 이 펜타곤의 이중화법을 해석하자면, 원자폭탄 공격에서 살아남기 위해 만든 장비라는 뜻이다. SES는 기본적으로 기존 트럭 차대에 탑재하는 '입체형 전자 밀봉 구조물tactile electronics enclosure'(이건 도무지 무슨 뜻인지 모르겠다)이다. 어떤 이들은 SES를 펜타곤이 개발한, 원자폭탄에도 끄떡없는 캠핑용 자동차atomic-bomb-proof camper라고 말한다. 펜타곤은 SES가 핵폭탄으로 폐허가 된 풍경을 돌아다니면서 정확히 어떤 일을 한다는 것인지 제대로 설명하지 못한다. 이중화법으로도 못하는 게 있는 모양이다.

국방부 사전에 '실패'란 말은 없다

펜타곤은 이중화법을 구사해서 크루즈 미사일이 캐나다에서 시험 비행 중 통제 불능이 되어 세 동강이 나 추락한 사실도 설명할 수 있다. 공군에 따르면, 미사일은 단지 "너무 이르게 지상에 충돌했을" 뿐이다. 미군에 뒤질세라 캐나다군 관계자도 시험 비행이 단지 "계획보다 5분 일찍 종료되었다"고 말했다. 폭탄을 탑재하지 않은 미니트맨3 대륙 간 탄도 미사일이 발사 이후 문제가 생겨서 지상에서 무선 조종으로 폭파해야 했을 때 공군은 간단하게 사정을 발표했다. "비행 중에 이상 현상이 발생해서 조기 종료를 했습니다." 빅아이Bigeye 공중 투하 신경 가스탄은 20년 넘도록 도면 판에 그려져 있지만 아직도 작동하지 않는다. 펜타곤에 따르면, 1982년 시험 투하 중에 폭탄이 고장 나서 "폭탄 내부 성분 강제 방출forcible ejection of the internal bomb components"사태가 벌어졌다. 다시 말해, 폭탄이 폭발했다.

이중화법을 구사하면 미사일이 표적을 맞추지 못해도 시험은 성공일 수 있다. "우리는 표적을 포착했지만 명중하지는 못했습니다. …… 그러나 우리는 목표를 달성했습니다." 엘긴 공군 기지 공대지 유도 무기국에 소속된 짐 키팅어의 말이다. 〈디펜스뉴스〉에 따르면, 이 테스트는 12회로 예정된 테스트에서 다섯 번째 연속 실패였다.

하원 군사위원회가 여러 문제점 가운데서도 '제품의 완결성이 최저 수준'이고(유도 시스템이 작동하지 않아 미사일이 표적을 명중하지 못했다는 뜻이다) 일부 시험 결과가 조작되었다는 이유로 MX 미사일의 유도 시스템을 비판했을 때, 이 프로그램을 감독한 찰스 메이 준장은 시험 결과를 둘러싸고 하원 위원회와 벌인 논쟁은 "데이터베이스의 뉘앙스를 다루는" 문제였다고 말했다 (위원회는 그릇된 시험 데이터를 믿지 않았다). 신형 MX 미사일 시험 5회 중 2회에서 미사일이 "현재의 정확도 요건에 부합하지" 못했다. 다시 말해 미사일이 표적을 명중하지 못했는데, 이는 핵무장 대륙 간 탄도 미사일을 다루는 데서 문제가 조금 생겼다는 뜻이었다. 메이 장군은 공군이 정확도를 높이는 "방향으로 되짚어 가는" 중이라고 말했다. 정확도의 방향으로만 나아가는 게 아니라 미사일을 고쳐서 표적을 명중할 수 있기를 바랄 뿐이다. 그러지 않으면 하원 군사위원회의 한 위원이 지적한 것처럼 모스크바를 타격해야 하는 MX 미사일이 그 대신 뉴저지주 뉴어크에 떨어질 수도 있다.

제대로 작동하지 않는 미사일을 계속 건조하고자 한 펜타곤은 하원에 이런 식으로 실패한 미사일에 계속 예산을 투입해야 한다는 보고서를 제출했다. "성공 기록이 제한적이거나 전혀 성공하지 못한 프로그램을 유지하느냐 아니면 부정적 결과에 대응해서 프로그램을 취소하느냐의 선택에 직면할 때, 프로그램의 미래를 고려하려면 두 가지 바람직하지 않은 결과를 완화할 수 있는 가능한 대안을 전면적으로 검토해야 합니다." 군사 이중화법에서는 모든 무기가 작동하고, 어떤 무기도 실패하지 않으며, 그 대가가 아무리 터무니없더라도 모든 무기는 펜타곤이 대가를 치를 만한 가치가 있다.

'추락'이 아니라 '경착륙'입니다

펜타곤에서는 아무것도 간단하지 않다. 새롭게 설계한 총검조차 '무기 시스템'이 되며, 《미 공군 전투기 무기 리뷰》에 따르면 공군 전투기의 조종석은 요즘 '임무 승조원 배치석 Missionized Crew Station'이라고 불린다. 새로운 차량으로 지프차를 대체할 필요가 있다고 결정한 육군은 '고기동성 다목적 차륜 차량 high mobility multi-purpose wheeled vehicle'을 설계했다. 위성 요격 무기는 '운동 에너지 요격 발사기 kinetic kill vehicle launcher'가 되고, 연막탄에 사용되는 연막은 '범용 차폐제 universal obscurant'가 된다. 병사들의 애호품인 야전 식량, 일명 C레이션은 이제 'MRE', 즉 '즉시 섭취 가능한 식사Meal, Ready to Eat'가 되었다. 하지만 단순한 것을 복잡하게 표현한다고 해서 그 기능이 바뀌지 않는 것처럼, C레이션의 이름을 바꾼다고 맛이 더 좋아지는 건 아니다.

1982년 남녀 혼성 기초 훈련 중대를 폐지하기로 결정했을 때, 육군은 남녀 두 집단의 기초 훈련을 개선하기 위해 부대 편성을 바꾼다고 말하지 않았다. 그렇게 말하면 너무 단순하기 때문이었다. 대신에 육군은 "육군 강화 목표를 촉진하고 병사화 과정을 향상하기" 위해 부대 편성을 변경한다고 말했다. 병사 100명에게 신형 군화를 신기고 장애물 코스 훈련을 진행하는 식으로 신형 군화 디자인을 테스트할 때도 마찬가지였다. 육군은 이를 '인체 공학' 테스트라고 했다. 이에 질세라 해군은 육군의 수준 높은 이중화법을 쉽게 따라잡을 수 있음을 증명했다. 1982년, 전함 USS아이오와호를 재취역시킨 해군은 작업자들이 현역 투입을 준비할 수 있도록 다른 부두로 전함을 이동시켜야 했다. 간단한 작업으로 보이지 않는가? 해군한테는 그렇지 않아서, 해군은 "사전 활성화 과정pre-activization process을 촉진하기 위해" 아이오와호를 이동시킨다고 발표했다. 육군이 훈련에서 사용하는 소련 전투차량 복제품은 실제 소련 차량과 "동일한 시각적 특징"을 갖추었다고 장교들은 말했다. 그냥 똑같이 생겼다는 뜻이다.

이중화법은 사고를 설명하거나 최소한 얼버무리고 넘어가는 데 특히 효과적이다. 공군 안전 책임자인 한 대령은 편지에서 약 136톤이 넘는 로켓 부스터가 "지면에 충돌할 때는 이에 노출된 인체에 생리적 손상을 초래하는 과잉 압력 임계값을 초과하는 폭발력이 있다"고 말했다. 다시 말하자면, 136톤짜리 부스터 로켓이 당신 위에 떨어지면 생존을 보장할 수 없다는 것이다. 1985년 퍼싱 II 미사일의 1단 추진체를 차량에서 내리던 중에 갑자기 점화되면서 병사 3명이 사망하고 16명이 부상을 입었다. 마이클 그리펀 소령은 폭발은 없었고 다만 "계획되지 않은 고체 연료의 급격한 점화"가 발생했다고 설명했다.

당신이라면 1984년 캠프러준에서 훈련을 진행하던 중에 헬리콥터가 추락했다고 말할 것이다. 어쨌든 해병대원 6명이 사망하고 11명이 중상을 입었다. 하지만 군 관료들이 볼 때는 추락이 아니라 '경착륙 hard landing'이었다. 중상을 입은 수병이 의료 처치를 위해 다른 함정으로 이송되었을 때, 해군 군의관은 수병의 상태가 "구조 불능 not salvageable"이라고 말했다. 수병은 사망했다. 1983년 레바논 막사 폭격으로 사망한 미군 해병대원 241명은 공식적으로 사고사로 기록되었다.

전쟁과 죽음의 이중화법

군용 규격 설명서, 계약서, 작동하지 않는 무기와 관련된 이중화법이 간혹 유머러스하고 대개 충격적인 반면 전쟁과 죽음의 이중화법은 그렇지 않다. 군은 자신의 존재 이유가 전쟁을 벌이는 것이며, 전쟁이란 사람을 죽이는 것이고 또한 미군 병사의 사망을 의미한다는 사실을 잘 안다. 전쟁의 현실과 그 결과는 너무도 가혹하기 때문에 군은 전쟁을 이야기할 때 거의 본능적으로 이중화법에 의지한다.

전쟁의 이중화법에서 장교들은 야간에 병사들을 후방으로 후퇴시키는 법을 배우지 않는다. 그들은 대신에 '가시성이 제한된 상황에서 소총 중대 후방 기동'에 관해 배운다. 존 레먼은 해군 장관 시절에 전쟁이 벌어질 경우에 미국 항공모함들이 소련 근해로 이동해서 소련 항구를 타격해야 한다는 전략을 제안했다. 이에 대해 국방차관 리처드 딜라우어는 이런 전략은 '표적이 풍부한 환경'에 항공모함을 배치하는 결과를 낳을 뿐이라고 말했다. 미국육군대학원의 교관은 약간 다른 맥락에서 이 문구를 유용하게 설명했다. 러시아가 유럽을 공격하는 가상 축소 모형도를 가리키면서 교관은 이것이 '표적이 풍부한 환경'을 보여주는 러시아식 공격의 고전적인 형태라고 언급했다. 그러고는 한마디 덧붙였다. "다른 식으로 말하자면 적군이 우리보다 훨씬 많다는 뜻이지요."

베트남 전쟁 시기에 우리는 다음과 같은 말을 배웠다. 용병은 '비정규 민간 방위군'이고, 피란민은 '사방에 돌아다니는 비전투원'이며, 폭격 후 생존한 적군 병력은 '차단된 비항복 병력', 가라앉은 삼판*은 '수상 병참 선박', 고엽제 '에이전트 오렌지'로 수백만 제곱미터의 초목을 오염시킨 일은 '고엽'을 야기하는 '자원 통제 프로그램'일 뿐이었다. 미군 전투기는 '유효 탄약 투하'로 '단기 방어적 대응 타격'을 수행했다. 미군 병력이 공격을 하

삼판(三板) 중국과 동남아시아에서 사람과 물건을 실어 나르는 작고 갑판이 없는 배.

는 것은 '선제 반격'이나 '공세적 방어'였다. 한 지역에 기관총을 난사하는 것은 '총격 정찰 reconnaissance by fire'이었다. 때로 미군은 '사방에 있는 적과 교전해서'(매복 공격을 당해서) '전술적 재배치'를 해야 했다(후퇴했다). 미군이 적군을 매복 공격하는 것은 '주도적 반격 proactive counterattack'이었다.

군사 이중화법에서 '우발적 총포 발사'나 '아군의 총포 공격'으로 일어난 '아군에 의한 사상 friendly casualties'은 미군의 폭탄이나 포탄으로 미군이 사망했다는 뜻이다. 공군에서 말하는 '자책골'은 아군 항공기를 격추하는 것을 의미한다. '외상 절단'은 병사의 팔다리가 날아간 경우이며, '알루미늄 이동 컨테이너'는 임시관(棺)이다. 페르시아만에 주둔한 미군은 1987년에 '임박한 위험 수당'을 받았는데, 이는 전투 수당과는 다르다. 전투 수당은 '적군의 공격'을 받는 병력에게 주는 것이기 때문이다. 전쟁 중에 사망하거나 부상당한 민간인은 단순히 '부수적 피해'다. 1984년 레바논에서 미 해병대가 철수했을 때, 펜타곤은 이를 '증원 인력 후방 이동 back-loading of augmentation personnel'이라고 말했다.

미군은 공격하는 게 아니라 "공세적 태세를 취한다"고 하는데 이는 보통 '치명적 개입', 즉 전쟁 중에 이루어진다. '공중 매개체 airborne vector'는 공군에 의한 세균전을 의미하며, '무력화 작용제 사용 employment of incapacitory agents'은 신경가스를 사용하는 것이다. '자원 집중 지역 위치 확인 locating areas for concentration of resources'은 폭격 표적 확인을 의미하며, '주민 의지 잠식 eroding the will of the population'은 민간인 폭격을 뜻한다. '특수 무기'는 원자폭탄이다.

오늘날 군대에서는 적을 죽이는 게 아니라 '표적을 처리한다'.

저강도 분쟁 또는 폭력적 평화

펜타곤은 전쟁의 강도에 따라 척도를 가지고 있는데, '저강도 분쟁 low-intensity conflict'에서 시작해 '고강도 전쟁', 즉 핵전쟁에 이르기까지 다양하다. 군사 계획에서 현재 뜨거운 쟁점은 '저강도 분쟁'인데, 군 관계자들은 'LIC'라는 약어를 더 좋아한다. 군사 계획가들은 미군이 유럽의 대규모 무장 포격전에 과도하게 치중해서 중미 지역에서 일어나는 대게릴라전 같은 '저강도 분쟁'에는 전략적 관심과 훈련이 부족하다고 말한다. 후자의 경우에는 '부수적 피해'를 피하기 위한 포병 인력 훈련이 필요하다.

'저강도 분쟁'에 대비한 펜타곤의 현재 계획은 전 세계의 '자유 투사'를 지원하는 것을 포함한다. 중앙정보국(CIA)과 국무부, 펜타곤이 1천 쪽, 두 권 분량으로 작성한 보고서 〈합동 저강도 분쟁 기획〉에서는 "저강도 분쟁은 전쟁도 아니고 평화도 아니"라고 말한다. "이는 마치 보려고 할 때마다 나타났다 사라지면서 조롱하는 웃음만을 남기는 《이상한 나라의 앨리스》의 체셔 고양이처럼 실체를 파악하려는 노력을 괴롭히는, 이질적인 현상들의 개연성 없는 집합체다." 보고서는 테러리즘을 향후에 활용할 만한 '저강도 분쟁'의 한 유형으로 설명하면서 '저강도 분쟁'에는 또한 제3세계에서 벌어지는 거의 모든 폭력 행위도 포함된다고 말한다. 국내 소요, 마약 밀매, 정치적 암살에서부터 인질극,

게릴라 반란, 혁명, 내전 등 모든 게 저강도 분쟁이라는 것이다.
    펜타곤이 주관한 '저강도 전쟁 low-intensity warfare'에 관한 회의에서 퇴역 장군 폴 F. 고먼은 "미국인들에게는" 이 유형의 분쟁이 "본래 혐오스럽다"고 말했다. "저강도 분쟁에는 무고한 사람들이 연루되며, 비전투원을 살상하는 게 공공연한 목표가 되기 때문이다." 1985년 3월 미 육군 저널인 〈군사평론〉에 쓴 글에서 리처드 브라운 중령은 이렇게 말했다. "저강도 분쟁은 전면적인 정치적 지지를 얻지 못한 전쟁, 즉 필수적인 정치적 의지가 결여된 전쟁의 별칭이다." 미 해군은 감히 흉내 낼 수 없는 이중화법을 구사하며 저강도 분쟁 개념을 '폭력적 평화'라고 불렀다.

비즈니스가 된 전쟁

    1986년 미국 전역의 신문에 다음과 같은 구인 광고가 등장했다.

    갑판원. 급속하게 확장 중인 국제 해양 기구에서 즉시 채용. 이사 비용 전액 지원, 실무 훈련, 양호한 급여, 훌륭한 복지 혜택, 세계 여행. 17~34세. 고등학교 졸업장 필수. 건강 양호해야 함.

    미 해군, 일명 '국제 해양 기구'의 신병 모집 광고였다.
    이 광고는 군 조직이 스스로를 국방이라는 제품을 생산하는 기업을 자처하면서 사업체의 언어를 사용하는 병무청 캠페인의 한 사례다. 이런 언어는 이 기업이 실제로는 전쟁을 수행하고,

타인을 죽이며 구성원 자신이 죽거나 다치는 조직이라는 현실을 회피한다.

군은 기업 세계의 언어—일자리, 급여, 훈련, 복지 혜택, 승진, 경험, 경력 개발—를 사용하면서 군대 생활의 고통스러운 측면을 단지 받아들일 만한 수준이 아니라 오히려 바람직한 것으로 묘사한다. 군사 기업의 세계에서 전투는 마케팅이나 판매 같이 기업의 한 기능으로 간주된다.

육군 소책자 〈전투병과〉의 소개에 따르면, 현대 군사 기업에서 전투는 살인이나 죽음과 관련되는 게 아니라 "당신의 힘과 지구력, 정신력을 시험"하고 "강렬한 모험심"을 충족하는 "도전"이다. 이 도전에 맞서기 위해 당신은 "한낮에 브래들리 보병전투차를 박차고 나와 돌격하거나 헬리콥터에서 뛰어내릴" 것이다. "정면으로 맞서기 위해서". 당신은 "적을 죽이"거나 심지어 "표적을 제거"하는 게 아니라 "상대에 맞설" 것이다. 마치 상거래를 협상하거나 고객을 상대로 한 판촉 활동에서 경쟁사를 물리치는 것처럼. 이 소책자는 기술과 용기, 지구력, 정신력, 팀워크, 정보, 자신감 등을 강조하지만 고통과 고난, 살인, 죽음 등은 한마디도 언급하지 않는다. 이 소책자에서 전쟁은 고용주가 추구하는 목표를 달성하기 위해 일하는 기업 직원인 병사들이 수행하는 것이다.

해병대의 한 홍보물은 전투 경험이 민간 생활 준비에 좋다고 묘사하며, 군 생활을 기업의 관점에서 홍보한다. '현장'(군대의 소책자는 절대 '전장'이라고 하지 않는다)의 해병대원은 자신을 죽이려 하는 적군을 만나는 대신 '도전'에 직면한다. 보병대는 '전위'로서, 야전포병대에서 복무하거나 탱크를 몰거나 상륙 돌격 차량을 운전해 해안으로 해병대를 수송하면서 당신을 훈련시켜서 '전투 엔지니어'로 만들어줄 것이다. 이 모든 직무는 당신에게 '최고 직종에 걸맞은 자격'을 부여할 뿐만 아니라 '공학과 건설' 분야 훈련을 받고서 민간인 생활로 복귀하게 만들어줄 것이다.

군은 줄곧 군 복무가 일반 직업과 전혀 다를 게 없고 다른 많은 직업보다 훨씬 좋다고 광고해 왔다. "당신이 될 수 있는 모든 것이 되세요"라고 군은 광고한다. 하지만 때로는 당신이 될 수 있는 모든 것에 죽은 사람이 포함될 수 있다는 사실은 절대 언급하지 않는다. 군사 기업은 살인을 주요 업무로 삼고 죽음과 파괴라는 상품을 만드는 기업이다. 군대는 이중화법을 통해서만 군대가 우리 사회에서 어떤 기능을 하는지에 관한 이야기를 회피할 수 있다.

펜타곤의 프로파간다

해마다 3월에 의회 예산 청문회 시기가 다가오면, 펜타곤은 미국의 위신과 힘이 위험할 정도로 쇠퇴하고 있다는 경고장을 내놓는다. 군이 너무도 오랫동안 무시되어 왔다거나, 국방이 심각하게 훼손되어 국가 안보가 중대한 위험에 처해 있다거나, 무기 경쟁의 몇 가지 주요 영역에서 미국의 우위가 급속하게 저하되고 있다거나, 취약성의 창문이 열렸거나 이제 막 열릴 참이라거나, 이런저런 식의 격차가 확대되고 있다거나, 군사적 균형이 되돌릴 수 없을 정도로 미국에 불리하게 기울고 있다는 경고도 빼먹지 않는다. 그리고 해마다 펜타곤은 자신이 발견한 쇠퇴나 격차, 구멍에 대해 똑같은 처방전을 제안한다. 국방비를 대대적으로 증액하자는 것이다.

이와 같이 국방비 증액 연례 캠페인의 일환으로 펜타곤은 1981년 〈소련의 군사력 Soviet Military Power〉이라는 소책자 시리즈를 발간하기 시작했다. 소련의 군사력을 평가한다는 취지로 소개되었지만 사실상 선전물이었다. 180쪽짜리 1987년판 소책자 수십만 부가 세계 곳곳의 언론 종사자들과 그 밖의 관계자들에게 무상으로 배포되었다. 세금 약 100만 달러가 쓰였다. 이 소책자는 공식적인 정보 출처로 활용되었지만 사실 왜곡, 소련 무기의 수량과 역량 과장, 은폐된 전제 등으로 가득하다. 군사력 비교를 허술하게 하면서 현실을 오도하기 위한 시도다.

1987년 저서 《소련의 군사력: 펜타곤의 선전 문서 주석과 정정 Soviet Military Power: The Pentagon's Propaganda Document, Annotated and Corrected》에서 톰 저바시는 이렇게 지적한다. "모든 중요한 비교 지표로 볼 때, 미국은 줄곧 전략적 우위를 유지했으며 현재도 계속 유지하고 있다." 하지만 펜타곤은 이 사실을 가지고 무엇을 할 수 있을까? "펜타곤은 (《소련의 군사력》에서) 사실을 언급하지 않거나 왜곡하거나 종종 그냥 거짓말을 한다." 예를 들어 많은 간행물이 소련의 AS-15 장거리 공대지 미사일의 3천 킬로미터

사거리에 관한 펜타곤의 허위 보고를 따른다. 사실 그 사거리는 1,200킬로미터를 절대 넘지 않는데 말이다.

저바시는 방대한 양의 증거를 모아서 펜타곤의 여러 주장에 담긴 사실을 평가할 수 있었다. 펜타곤이 펴낸 소책자는 물론 자신의 관점만 제시하며 이를 반박할 만한 내용은 모조리 무시한다. 소련의 폭격기가 "알래스카 연안 80킬로미터" 거리까지 접근한다고 설명하지만, 소책자는 미국 폭격기가 "그 연안을 바로 넘어서 소련 영공에 넘나든다"는 사실은 언급하지 않는다. 펜타곤 소책자에는 소련이 "서반구에 무기와 적대적 활동"을 흘려보낸다고 언급되었지만, 미국이 "모든 반구에 있는 100여 개국에 '무기를 흘려보내는'(수출하는)" 사실은 언급하지 않는다. 소책자는 또한 왜곡된 지도와 삽화, 통계표로 가득하다.

시셀라 보크가 《거짓말: 공적 삶과 사적 삶의 도덕적 선택 Lying: Moral Choice in Public and Private Life》에서 경고한 것처럼, 사회 "구성원들이 진실한 메시지와 기만적 메시지를 구분하지 못한다면 그 사회는 붕괴한다". 개인의 선택과 생존은 "말과 행동에 일정한 진실성"이 존재한다는 신뢰에 의존하기 때문이다. "새뮤얼 존슨이 말한 것처럼 심지어 지옥의 악마조차 서로에게 거짓말은 하지 않는다. 모든 사회가 그렇듯이 지옥의 사회도 진실 없이는 유지될 수 없기 때문이다."

전쟁의 기억을 검열하는 사람들

조지 오웰이 지적한 것처럼, 우리는 현재의 필요에 맞게 역사를 다시 쓸 수 있고 종종 다시 쓴다. 베트남 미군 사령관을 지낸 윌리엄 웨스트모어랜드 장군은 역사 자체를 약간 고쳐 쓰려고 했다. 특히 베트남 전쟁 당시 찍힌 유명한 한 사진이 장군이 믿고 싶어 하는 전쟁과 맞지 않았기 때문이다.

1973년 6월 8일, 남베트남 항공기들이 실수로 한 마을에 네이팜탄을 떨어뜨렸다. 〈AP통신〉 소속의 사진기자 후인꽁웃(닉 우트)이 공교롭게도 폭격 당시 마을 바로 밖에 있었고, 부상을 입은 채 불타는 마을에서 뛰쳐나오는 민간인들을 찍었다. 그가 찍은 한 사진에는 남베트남의 7세 소녀 판티낌푹이 벌거벗은 채 심한 화상을 입고 비명을 지르며 불길과 연기의 장벽을 뚫고 뛰어오는 모습이 담겨 있었다. 이 사진은 1973년 퓰리처상을 받았다.

1986년 1월 15일, 웨스트모어랜드 장군은 플로리다에서 기업인들을 대상으로 한 연설에서 그 소녀가 네이팜탄 때문에 화상을 입었다고 믿지 않는다고 말했다. 그러면서 조사 결과 숯불 화로 사고로 화상을 입은 것으로 결론이 났다고 말했다.

기자들이 웨스트모어랜드 장군이 연설에서 언급한 조사 결과 사본을 육군에 요청하자, 육군은 그런 조사 기록은 찾을 수 없다고 답했다. 연설 이후 〈마이애미헤럴드〉와 한 인터뷰에서 웨스트모어랜드 장군은 어느 정도 규모로 조사가 이루어졌는지 기억나지 않으며, 소녀가 네이팜탄 화상을 입은 게 아니라고 말해준 사람이 누구인지도 기억나지 않는다고 말했다. "그 여자애가 오두막에 떨어진 네이팜탄에 화상을 입었다 하더라도 매일 그런 일이 벌어진 건 아닙니다. 그렇게 자주 벌어진 일도 아니에요." 하지만 장군들은 병사들과 같은 방식으로, 또는 두 군대 사이에 낀 민간인들이 경험하는 방식으로 전쟁을 경험하지 않는다.

미래에 어떤 식으로든 전쟁이 벌어진다면, 우리는 전쟁을 지휘한 장군들의 잘못된 기억을 만족시키기 위해 전쟁이 끝난 뒤 역사를 다시 쓰는 문제를 걱정할 필요가 없을 것이다. 적어도 웨스트모어랜드 장군의 뜻대로 한다면 그런 걱정을 할 필요가 없다. 1982년 이 훌륭한 장군은 장래에 미국이 어떤 전쟁에 개입할 경우에 뉴스 매체를 검열해야 할 것이라고 말했다. 장군은 그 이유를 이렇게 설명했다. 대중의 지지를 확보하려면 검열이 필요할 것이다. "검열이 없으면 국민의 마음속에서 엄청난 혼란이 생길 수 있거든요."

국방장관 캐스퍼 와인버거는 1985년에 기억을 지워버리는 말의 놀라운 기술을 보여주었다. 캐나다 방송과 한 인터뷰에서 와인버거 장관은 앞으로 크루즈 미사일 방어 체계를 개발할 경우에 발사대를 캐나다에, 그러니까 저공비행하는 소련 크루즈 미사일이 미국에 도달하려면 지나야 하는 경로 아래 배치할 것인지에 관한 질문을 받았다. "방어 기지를 어디에 배치할지는 나도 아직 모릅니다." 와인버거가 대답했다. "우선 가장 효과적인 방식으로 배치해야겠지요. 하지만 제가 볼 때 우리가 하려는 건 방어 최적지에 배치하는 것입니다. 이곳일 수도 있고, 미국일 수도 있고, 해상일 수도 있습니다. 기술적으로 가장 효과적인 위치가 어디인지에 달려 있는 거죠."

"이곳일 수도 있다"는 말이 캐나다의 신경을 건드렸기 때문에 펜타곤은 문제를 바로잡으려 하면서 와인버거 장관의 발언이 "심각하게 오해되었다"고 말했다. 펜타곤 수석 대변인 마이클 브루크는 기자들에게 이렇게 말했다. "전문을 전부 읽게 해드리겠습니다. 장관님이 말한 내용을 볼 수 있게요." 하지만 펜타곤에서 오타와 주재 미국 대사관에 발송한 사본에는 "이곳일 수도 있다"는 거슬리는 문구가 빠져 있었다. 오타와 주재 대사관의 정보보좌관인 캐럴 델라 펜타는 "그건 순전히 실수로 빠진 것"이라고 말했다. 그러면서 원고를 다시 타이핑하는 과정에서 이 문구가 누락되었다고 해명했다.

미사일은 추락하지 않았다, 단지 비행을 중단했을 뿐

와인버거 장관은 크루즈 미사일 때문에 많은 곤란을 겪었다. 크루즈 미사일에 관한 그의 발언은 자주 고쳐 써야 했다. 1985년 상원 외교관계위원회에서 한 증언에서 와인버거 장관은 이렇게 말했다. "소련은 며칠 전 핀란드로 날아가던 자국의 미사일 한 기를 격추함으로써 크루즈 미사일 방어 능력을 보여주었습니다." 몇 시간 뒤 와인버거는 자신의 주장을 반복했다. "소련은 어떤 이유에서인지 자국에서 발사된 크루즈 미사일을 격추함으로써 방어 방법을 보여주었습니다." 그러나 다시 몇 시간 뒤 펜타곤 대변인 마이클 브루크는 와인버거의 발언을 수정해야 했다. 브루크는 와인버거가 "미사일이 격추되었다는 의미로 말한 게 아니"라고 밝혔다. "소련은 미사일을 격추하지 않았습니다. 미사일이 비행을 중단한 겁니다." 웨스트모어랜드 장군의 구상이 성공했다면 이들은 장래에 전쟁이 벌어지는 동안 뉴스를 검열하겠다고 나설 것이다. 국민들이 끔찍한 혼란에 시달리지 않도록 말이다.

와인버거 장관은 필요할 때마다 이중화법을 구사해서 국민을 오도했다. 와인버거가 맹렬하게 옹호한 스타워즈 방어에서 가장 결정적인 요소는 핵폭발, 즉 원자폭탄을 동력으로 삼는 엑스선 레이저다. 하지만 원자폭탄을 지상에서 폭발시키는 것은 미·소 핵실험 금지 조약에 위배된다. 따라서 와인버거는 의회 청문회에서 스타워즈에 관해 증언하면서 '핵 사건 nuclear event'만을 언급했을 뿐이다.

그레나다 침공을 둘러싼 왜곡의 언어

1983년 미군의 그레나다 침공은 수많은 이중화법을 낳았다. 처음에는 침공이었고, 이내 '구조 임무'가 되었고, 결국 펜타곤의 불후의 표현으로 '여명 전 수직 투입'이 되었다. 한층 더 매혹적인 사실은 이 투입을 수행한 것이 미국 육군이나 해군, 해병대, 공군이 아니었다는 것이다. 그레나다에 투입된 것은 공식 명칭으로 '카리브해 평화유지군'이었다.

무척 어려운 투입이었다. 그리하여 미군은 투입에 관여한 미군들에게 8,612개의 훈장을 수여했다. 그레나다에 상륙한 장교와 병사는 고작 7천 명이었는데 말이다. 해명을 요구받은 미군은 훈장이 "부대의 사기와 단결심을 고취하는 귀중하고 효과적인 리더십 도구"라고 말했다.

투입 이후 미군 사령관들은 그레나다에 관한 첩보 정보가 왜 그렇게 부족했는지 질문을 받았다. 존 위컴 장군은 이 섬에 관한 군사 첩보가 크게 부족한 것은 작전 시점 때문에 군이 "인적 첩보 구조를 확충하지" 못했기 때문이라고 답했다.

하지만 웨슬리 L. 맥도널드 제독은 한결 단호하게 말했다. "왜 군사 첩보가 그렇게 부족했는가?"라는 질문을 받은 맥도널드 제독은 이렇게 답했다. "우리는 대략 그 시기가 될 때까지 그레나다를 첩보 차원에서 세세하게 관리하지 않았습니다." 어디서나 용감하게 싸운 남자들의 심장을 뒤흔드는 구절이다. "아직 싸움을 시작도 하지 않았다"고 한 존 폴 존스*, "우리는 적을 만났고 이제 적들은 우리 차지다"라고 한 올리버 해저드 페리*, 바스토

존 폴 존스(John Paul Jones, 1747~1792) 미국 독립전쟁 당시 대륙 해군에서 활약한 해군 장교. '미국 해군의 아버지'로 불린다. 이 말은 1779년 잉글랜드 플램버러곶 전투 당시 영국군이 항복을 요구하자 존 폴 존스가 했다고 전해지는 말이나 출처는 확인되지 않는다.
올리버 해저드 페리(Oliver Hazard Perry, 1785~1819) 1812년 미영전쟁에서 활약한 미국 해군 사령관. 이 말은 1812년 이리호 해군 전투에서 승리한 뒤 지상군에게 보낸 전문이다.

뉴에서 독일군이 항복하라고 요구하자 "어이가 없군Nuts"이라고 내뱉은 앤서니 맥콜리프* 장군에 맞먹는다. 하지만 맥도널드 제독의 발언은 오늘날 미군의 상태를 가장 정확히 보여주는 말인 것 같다.

그레나다 투입이 완료된 뒤, 섬에 주둔한 82공수사단장 잭 패리스 준장은 좌파 혁명 세력이 다시 권력을 잡지 못하도록 경찰력을 구축하려고 했다. 패리스 장군은 미국인들이 구축한 광범위한 경찰 첩보 시스템의 도움을 받아 섬에 남아 있는 좌파 세력을 등록해서 추적하기 위해 정교한 컴퓨터 시스템을 도입했다고 말했다. "인적 첩보 네트워크를 개발해서 그레나다 전역의 경찰과 첩자를 거느리고 누가 악당인지 알아내는 겁니다." 그런 다음 "수천 명에 달하는 자들에 관한 데이터베이스를 구축하고 전부 잡아들여 악당을 골라낸 다음 심문해야 합니다. 전부 데이터베이스에 집어넣고, 이런 식으로 밟아 뭉개면 되는 겁니다."

패리스 장군은 쿠데타 당시 살해당한 모리스 비숍* 총리가 광범위한 지지를 받았다고 언급했다. "비숍은 아주 인기 있는 인물이었습니다. …… 비숍 정권에 대한 풀뿌리 지지층이 있었지요." 하지만 패리스 장군은 비숍 정부가 인기가 있기는 했지만

앤서니 맥콜리프(Anthony McAuliff, 1898~1975) 제2차 세계대전 말인 1944년 12월 독일군이 반격에 나설 당시 벨기에 도시 바스토뉴를 포위한 미 육군 101공수사단장.
모리스 비숍(Morris Bishop, 1944~1983) 그레나다의 공산주의 혁명가. 1979년 그레나다의 총리였던 에릭 게어리를 몰아내는 쿠데타를 일으켜 인민혁명정부를 수립했다. 혁명 후 공산주의 실현에 미온한 태도를 보이자 쿠바와 소련의 지원을 받은 급진파가 쿠데타를 일으켰고, 비숍은 곧 처형되었다.

또 다른 혁명 지도자가 그레나다에서 집권하는 사태를 막을 필요가 있었다고 언급했다. "이 나라에는 풀뿌리 지지가 존재하지 않습니다. 우리는 다시는 그런 일이 벌어지는 걸 막아야 합니다."

아마 패리스 장군은 자신이 개발하려 한 경찰과 첩자의 '인적 첩보 네트워크'를 '사상 경찰'이라고 부를 수도 있었을 것이다. 그리고 '애정부Ministry of Love'를 설치한 다음 그레나다 시민을 전부 윈스턴 스미스*라고 불렀을 것이다.

이란항공 655편에 무슨 일이 벌어졌나?

1988년 7월 3일, 페르시아만의 미국 순양함 USS빈센스호가 290명이 탑승한 민간 항공기인 이란항공 655편을 격추했다. 미 해군은 이 사건을 공식 조사한 뒤 발표한 보고서에서 빈센스호의 승무원들이 여러 실수를 하기는 했지만, 여객기를 격추한 데 대해 미국 군인은 아무도 책임이 없다고 밝혔다. 국방장관 프랭크 칼루치와 윌리엄 크로 제독, 그리고 조사 보고서를 작성한 윌리엄 포가티 해군 소장은 이중화법을 구사하면서 사고의 책임을 이란에 돌렸다. 그들이 빈센스호가 여객기를 격추할 수밖에 없게 만들었다는 것이었다.

여객기 격추 사고에 관한 미 해군 조사 보고서의 제목은 "조사 보고서: 1988년 7월 3일 이란항공 655편 격추를 둘러싼 정황

---

* 조지 오웰의 소설 《1984》의 주인공.

에 관한 공식 조사"였다. 보고서를 공개하고 논의하는 공식 기자 회견이 1988년 8월 19일 열렸다. 보고서와 기자 회견 모두 은폐와 왜곡, 모순과 기만으로 가득했다.

한 기자는 이 "심각하게 검열된 보고서"를 "핵심 조각이 빠진 거대한 직소 퍼즐"이라고 표현했다. 보고서가 불완전하고 실망스러운 그림을 보여주었기 때문이다. 보고서는 USS빈센스호의 전 함장을 비롯해 거의 모든 관계자의 이름 같은 상당한 양의 정보를 생략했을 뿐만 아니라 관계자들의 발언과 함선의 컴퓨터에 기록된 모든 데이터 등 원천 정보가 빠져 있었다. 보고서는—대기와 해상 온도, 풍속과 풍향, 상대 습도, 기화 덕트* 고도, 지상 기압, 가시도 추정치, 격추 당시 항공기 상승 한도 등의 정보를 제공함으로써—자세하고 완전한 척했지만 빈센스호와 자매함들, 이란 여객기, 이란 경비정들의 시간대별 항로 지도같이 기초적이고 중요한 내용은 담겨 있지 않았다. 한 기자가 지적한 것처럼 이런 지도가 있었다면 "여객기가 빈센스호 쪽으로 정면으로 비행했는지 여부, 또는 최후의 순간에 순양함을 향해 선회해서 마치 전투기가 공격 태세를 취하는 것처럼 해석될 수 있었는지" 같은 중요한 세부 내용을 한눈에 확인할 수 있었을 것이다. 하지만 국방장관 프랭크 칼루치는 간단히 답했다. "지금까지 알 수 있는 사실은 모두 보고서에 명확하게 담겨 있습니다. …… 우리는 아무것도 숨기지 않았습니다."

---

* 해상에서 전자파 전파 경로에 영향을 끼치는 특수한 대기권을 가리킨다.

보고서를 공개하고 논의하기 위해 열린 기자 회견에서 윌리엄 크로 제독은 "여러 실수가 있었다"고 말했다. 첫째, 빈센스호 함장 윌 로저스는 이란 여객기가 정해진 공중 회랑* 중간선에서 약 5, 6킬로미터 벗어나 있었다는 사실에만 집중했다.(이 정도의 항로 이탈을 감안해야 한다는 규정을 무시한 셈이었다. 더욱이 보고서에서 밝혀진 것처럼, 순양함의 레이더는 민간 공중 회랑의 중간선을 실제 지점보다 서쪽으로 잘못 표시했다. 여객기는 실제로 원래 항로를 벗어나지 않았다.) 둘째, 여객기는 하강 중이라고 보고되었지만, 빈센스호의 레이더는 실제로 여객기가 상승 중임을 보여주고 있었다. 셋째, 여객기에서 F-14 전투기 식별 신호를 보내고 있다고 보고되었지만, 실제로 순양함의 장비에서는 그런 신호가 전혀 나오지 않았으며 줄곧 민간 여객기임을 확인하는 신호만 송신했음을 보여줬다. 넷째, 로저스 함장을 직접 보좌하는 전투정보센터(CIC) 장교가 해당 항공기가 민간 여객기일 가능성이 있다고 보고했지만 아무 조치도 취해지지 않았다. 마지막으로, 빈센스호는 여객기와 반다르아바스공항 관제탑 사이에 지속적으로 이루어진 통신을 모니터링하지 않았고, 655편이 그 시각에 비행 중임을 보여주는 민간 여객기 비행 일정을 확인하지 않았으며, 여객기가 공격에 필요한 레이더 신호(사격 통제나 미사일 유도 등)를 전혀 발신하지 않은 것을 감지하지 못했거나 무시했다.

〈타임〉에서 이를 "승조원들이 저지른 실수 목록"이라고 지칭

---

* 항공기가 타국 상공을 지날 때 반드시 지켜야 하는 항로.

하고, 크로 제독도 "대응 과정에서 로저스 함장에게 주어진 일부 정보가 정확하지 않았음이 입증되었다"고 인정했지만, 칼루치 장관은 "이런 오류나 실수"가 여객기를 격추하기로 한 결정에 "결정적이지 않았다"고 말했다. 계속해서 칼루치는 "문제는 실수가 있었는가 하는 게 아니"라고 말했다. "문제는 그 실수들이 결정적이었는가, 그리고 그것이 책임을 물을 수 있는 과실에 해당하는가 하는 점이며, 조사 결과는 그렇지 않다는 것입니다." 크로 제독은 "실수가 있었다고 말한다고 해서 반드시 책임이 있음을 뜻하는 건 아니"라고 주장했다.

한 기자가 물었다. "이 실수들이 여객기 격추에 아무 책임도 없다는 말인가요? 장관님은 '결정적'이라는 단어를 사용하지만 이 일에는 일정한 책임이 있습니다. 이 실수들이 격추에 아무 책임이 없다는 건가요?" 칼루치 장관이 대답했다. "기자님 질문은 이 실수들이 없었더라면 사태가 다른 방향으로 전개됐을 거라는 건데요. 분명 그 질문에 누구도 확답을 할 순 없습니다. 이건 사건을 조사한 사람들의 판단입니다. 저는 크로 제독의 판단을 받아들입니다. 실수들이 결정적으로 작용하지 않았다는 판단 말입니다."

다른 기자가 말했다. "장관님은 이 실수들이 결정적인 게 아니라고 말하시는데요. 실수들이 쌓여서 결정적 작용을 한 것 같습니다." 칼루치가 대답했다. "어떻게 그렇게 말할 수 있는지 모르겠습니다."

한 기자는 앞서 이지스 레이더 시스템을 가동하는 승무원들의 훈련에 관해 회계 감사원이 내놓은 보고서의 결론을 언급했다. "스트레스가 없는 탓에 이지스에 유리한 쪽으로 결과가 편향되었고, 현실적인 환경에서 실제 어떤 역량을 발휘할지는 알 수 없었다." 하지만 누군가 공식 보고서에서 "스트레스가 …… 이 사건에서 주요한 역할을 했을 수 있다"고 언급했다고 지적하자 칼루치 장관은 "훈련은 적절하게 이루어졌다"고 받아쳤다.

크로 제독은 또한 "시스템과 운용자 모두를 개선하기 위한 일련의 권고가 포함되어 있다"고 말했다. 하지만 한 기자가 "그래서 장비 자체와 절차가 실제로 벌어진 실수에 기여했다"고 말하자 크로 제독은 대꾸했다. "아닙니다, 장비는 설계대로 작동했습니다. 장비에서는 어떤 오류도 발견하지 못했습니다." "그러면 설계가 잘못된 게 아닌가요?"라고 한 기자가 묻자 크로 제독은 대답했다. "설계가 잘못되었다는 뜻은 아닙니다. 어떤 무기 시스템이든 경험해 가면서 설계를 개선한다는 말입니다."

칼루치 장관이나 크로 제독, 또는 보고서 자체도 당시 약 29킬로미터 거리에 있던 미 해군 호위함 사이즈호의 사령관이 로저스 함장이 입수한 것과 사실상 똑같은 정보를 바탕으로 하여 해당 항공기가 민간 여객기임을 곧바로 확인했다는 사실은 언급하지 않았다.

크로 제독과 칼루치 장관이 보증한 공식 보고서에 따르면, 여객기 격추라는 결과는 빈센스호 승무원들의 실수 때문만이 아니었다. 실제로 보고서는 빈센스호에 탑승한 어느 누구도 책임이 있다고 말하지 않았다. 그 대신 보고서와 크로 제독은 피해자를 탓하는 최고의 전통을 이어받아 빈센스호가 여객기를 격추하게 만든 책임을 이란에 돌렸다.

보고서는 '의견들'이라는 절에서 이렇게 주장했다. "이란은 자국 민간 여객기가 교전 지역과 근접한 지역에서 상대애적으로 [relaatively, 원문 그대로] 낮은 고도의 항로로 비행하도록 허용해서 위험에 빠뜨렸기 때문에 비극의 책임을 공유해야 한다." 이 발언은 여객기가 이륙 후 격추당하는 시점까지 꾸준히 정해진 고도로 상승했다고 언급한 보고서 앞부분의 내용과 모순된다.

보고서를 승인하며 첨부한 메모에서 크로 제독은 다음과 같이 말했다. "나는 이란인들의 행동이 이 사고의 근접 원인이라고 보며 그들이 이 비극에 주된 책임을 져야 한다고 본다."

한 기자가 크로 제독에게 질문했다. "이란인들에게 부분적인 책임이 있다고 말하셨습니다. 반다르아바스 공항이 빈센스호와 이란 고속 순찰 경비정 간에 전투가 벌어지고 있다는 걸 알고 있었다는 말인가요?" 크로 제독이 대답했다. "이란인들이라고 말할 때 우리는 반다르아바스 공항에서 일하는 사람들과 교전 중인 함정을 조종하는 사람들을 구분하지 않습니다."

다른 기자가 크로 제독에게 질문했다. "그들이 합동 작전을 함께 벌였다고 가정하는 겁니까? 정말 그런 겁니까?" 제독은 대답했다. "그렇든 그렇지 않든 간에 요점은 그들이 전부 이란인이라는 겁니다."

국제민간항공기구(ICAO)가 구성한, 항공 전문가들로 구성된 국제 협의체의 후속 보고서는 재난의 책임이 미 해군에 있음을 명확히 밝혔다. 보고서는 이란 항공사 조종사들은 모든 절차를 올바르게 수행한 반면, USS빈센스호 승무원들은 많은 영역에서 실패했음을 발견했다. 펜타곤은 오직 이중화법을 통해서만 민간 여객기 격추 책임을 피할 수 있었다. 하지만 이제 펜타곤은 이중화법을 능수능란하게 구사한다.

방사선 강화 무기의 비밀

백미러를 '후방 반사경'이라고 부르고, 민간인 정비사 정리해고를 '비근무, 무급 지위'로 배치한다고 표현하며, 비겁함을 '철학적으로 환멸을 느끼는' 상태라고 말하고, 상대를 심하게 야단치는 것을 '구두 상담'이라고 말하는 군사 이중화법은 그렇게 심각하게 대중을 오도하지 않으며 막대한 영향력을 끼치지도 않는다. 하지만 우리는 군대에서 사용하는 다른 많은 이중화법을 파악할 수 있어야 한다. 아주 심각한 영향을 끼칠 수 있기 때문이다. '마크 12A 재진입 시스템 Mark 12A re-entry system'이 실은 대륙간 탄도 미사일의 핵탄두이고, 국방장관 프랭크 칼루치가 이야기하는 '물리학 패키지'는 유럽에 배치된 중거리 탄도 미사일의 핵탄두이며, 와인버거 장관이 '무력 구조의 대규모 확장'을 요구할 때 그가 원하는 것은 육군 전투 사단 수를 늘리는 것임을 알아야 한다.

펜타곤은 15년 동안 중성자탄을 '방사선 강화 무기 radiation enhancement weapon'라고 부르면서 의회로부터 예산을 받았다. 1977

년 펜타곤은 중성자탄 생산을 본격화하고자 다시 의회에 '방사선 강화 무기' 생산 예산을 요청했다. 〈워싱턴포스트〉 기자 월터 핑커스가 중성자탄의 실제와 이 폭탄을 사용하려는 펜타곤의 계획을 폭로했을 때, 의회는 이 신무기를 위한 예산을 승인하려는 만반의 준비를 마친 상태였다. 상원 세출위원회의 한 상임 위원은 '방사선 강화'라는 이중화법 때문에 일부 의원들이 "그 의미를 제대로 파악하지 못했다"고 말했다. 하지만 '방사선 강화 무기'가 무엇이고 어떤 작용을 하며 어떤 용도로 개발된 것인지를 설명하는 월터 핑커스의 기사 때문에 이제 의회는 마음을 바꿔 중성자탄 생산을 승인하지 않기로 결정했다.

'방사선 강화 무기'는 무엇이며, 펜타곤은 이를 어떻게 사용하려 했는가? 펜타곤은 이 폭탄에 대해 건물은 그대로 두고 인명만 살상함으로써 "우호적 지역에 최소한의 피해를 주면서 적을 제거하는 효율적인 핵무기"라고 설명했다. 이제 우리는 펜타곤이 진정으로 중요하게 여기는 것이 무엇인지 알 수 있다. 다음번 전쟁에서는 "부동산을 구하라!"가 전쟁 구호가 될 것이다. 중성자탄은 중추신경계를 공격하는 식으로 작동한다. 몸에 경련이 일고, 사지가 떨리며, 신경계가 마비되어 호흡 같은 자율적 신체 기능이 정지된다. 호흡 정지나 뇌 조직 부종으로 48시간 이내에 사망한다.

펜타곤은 자국 영토에 침입한 적군을 상대로 사용하기 위해 중성자탄을 개발했다. 펜타곤의 한 관료는 "필요한 경우에 우리 영토에도 사용할 것"이라고 말했다. 샌프란시스코, 로스앤젤레스, 뉴욕, 시카고, 보스턴, 디트로이트, 시애틀, 호놀룰루 등지의 영토를 말하는 것이다. 중성자탄을 '쿠키 틀cookie cutter'이라고도 부르는 펜타곤은 인근에 있는 연합군 병사와 민간인에게 해를 가하지 않은 채 반경 약 1.2킬로미터 안에 있는 사람만 죽일 것이라고 주장했다. 적 점령군이 민간인을 이 반경 바깥으로 이동시킬 만큼 사려 깊을 것으로 가정한 것이다. 의회가 마음을 바꿔 중성자탄 생산 예산을 승인한 뒤인 1981년 펜타곤은 이를 '강화된 방사선 장치enhanced radiation device'라고 지칭했다. 1984년 펜타곤은 다시 명칭을 바꿔서 '확장된 방사선enlarged radiation' 무기라고 부르기 시작했다.

1982년 백악관에서 MX 미사일에 새로운 매력적인 명칭을 찾기 위한 회의가 소집되었다. 누군가 '피스메이커Peacemaker(평화 제조기)'라는 명칭을 제안하자 결국 이 명칭으로 정해졌는데, 레이건 대통령의 국가안보보좌관 로버트 맥팔레인은 이렇게 말했다. "위도메이커widowmaker(과부 제조기)는 안 되겠죠?" 나중에 레이건 대통령은 실수로 이 미사일을 '피스키퍼Peacekeeper'라고 언급했는데, 지금까지도 이 이름으로 불린다. 군사 이중화법에서는 당신이 모르거나 이해하지 못한 것이 결국 당신을 죽일 수 있다.

7장

더블스피크의 정치학

뉴욕 주지사 넬슨 록펠러는 대통령 선거 운동을 하던 중에 베트남 전쟁에 관한 입장을 밝히라는 질문을 받자 이렇게 말했다.

베트남에 관한 제 입장은 아주 간단합니다. 저는 이렇게 생각합니다. 제가 이 문제에 관해 말을 아낀 건 당시에 제가 크게 기여할 수 있는 게 없다고 느꼈기 때문입니다. 국민의 한 사람으로서 우리의 사고와 우리의 행동이 변화하는 상황에 발맞추지 못했습니다. 그래서 우리가 취한 행동은 이 분쟁에서 우리가 직면하는 문제의 규모와 복잡성이라는 현실에 전혀 적절하지 못합니다.

"그게 무슨 뜻입니까, 주지사님?" 한 기자가 물었다. "방금 말한 그대로입니다." 록펠러 주지사가 대답했다.

정치 이중화법은 종종 그럴듯하게 들리지만 실제로는 아무것도 말하지 않는 언어다. 조지 오웰이 말한 것처럼, 이는 "오징어가 먹물을 뿜어대듯" 의미를 흐리게 한다. 난해한 관료적 어법은 정치와 정부 이중화법에 공통된 형태다. 이런 언어는 발화자는 머리가 좋아서 어렵고 복잡한 주제를 다룰 수 있는 사람처럼 보이게 만들면서 동시에 듣는 사람은 화자가 말하는 내용을 이해하기에는 너무 멍청하다는 암시를 준다. 록펠러 주지사가 넌지시 암시한 것처럼 그는 완벽하게 분명히 말했으며, 기자가 멍청해서 그의 발언을 이해하지 못했다 하더라도 어쩔 수 없었다. 다시 말해, 만약 우리가 혼란스럽다면 잘못은 우리에게 있는 것이지 이중화법을 구사하는 정치인들에게 있는 게 아니다.

정치 이중화법을 구사하는 화자는 아무 내용도 없는 말을 하면서도 진지하고 관심이 있고 사려 깊은 척할 수 있다. 어느 유권자가 상원의원 데이비드 듀런버거에게 편지를 보내 니카라과의 콘트라 반군* 지원에 반대해 달라고 촉구했을 때, 상원의원은 다음과 같이 답장을 보냈다.

미국과 민주주의 동맹국들은 중앙아메리카에서 민주주의와 평화, 경제 발전과 개혁을 장려할 책임이 있다는 데 당신도 동의하실 것이라 생각합니다. 이 정책은 니카라과와 같은 좌파 정권에 적용되는 것만큼이나 파나마 같은 우파 정권에도 적용되어야 합니다. 아시다시피 저는 이 지역의 포괄적 정책, 즉 정치적·군사적 사건에 대한 단편적 대응이 아닌 뚜렷한 목표를 갖춘 정책을

---

* 1979년부터 1990년대 초반까지 집권했던 공산주의 성향의 '산디니스타 민족해방전선'이 세운 정부에 대항하는 반군 활동을 벌인 조직. 친미, 우익, 반공주의 성향을 띠었고 미국 정부로부터 재정적 지원을 받았다.

통해서만 이 중요한 목표를 실행할 수 있다고 여러 차례 언급했습니다.

만약 이 발언이 니카라과의 콘트라 반군 지원에 대한 듀런버거 상원의원의 진심을 반영한다면, 미네소타주 출신의 훌륭한 상원의원은 곤죽이 되도록 끓인 옥수수죽과 비슷한 사고 과정을 가진 게 분명하다. 더 모욕적인 것은 그가 자신의 이중화법을 정당한 언어로 받아들이기를 기대한다는 점이다.

유감스럽게도 이런 이중화법은 이른바 미국의 정치 담론에 흔해빠져서 국민들이 대통령 입에서도 이중화법이 나올 것으로 예상하기에 이르렀다. 1981년 대통령 당선인 로널드 레이건은 이란의 미국인 인질을 석방하기 위한 합의 조건에 동의하느냐는 질문을 받자 이렇게 말했다. "제가 이해하는 바, 그러니까 제가 이해했다고 들은 바가 사실이라면, 네, 그게 타당하다고 생각했습니다." 이런 언어를 구사하는 사람이 조만간 대통령 취임 선서를 하게 된다는 사실에 아무도 신경 쓰지 않았다.

레이건 대통령은 재임 중에, 특히 이란-콘트라 사건*에 직면했을 때 이중화법 실력이 더욱 향상되었다. 1987년 3월 19일 열린 기자 회견에서 대통령은 질문을 받았다. "대통령님, 명령에

---

* 1986년 11월 3일, 레이건 행정부와 중앙정보국이 무기 거래 금지국이었던 이란에 비밀리에 무기를 판매하여 얻은 대금으로 니카라과 정부와 싸우는 콘트라 반군을 지원한 사건. 미 국무부는 미국-이란의 관계 개선과 미국인 인질 석방을 위한 해법을 모색하기 위해 이란을 방문했다고 해명했지만 사실이 아닌 것으로 밝혀져 큰 충격을 주었다.

따르도록 훈련받은 장교 2명이 권력을 잡고 중대한 외교적 조치를 취하면서도 대통령님이 매일 정보 보고를 받는 상황에서 아무 보고도 하지 않은 게 가능한 일인가요? 아니면 두 장교가 대통령의 뜻을 따른다고 생각한 건가요?" 레이건 대통령이 답했다. "모르겠습니다. 단지 제가 아는 건 바로 그런 이유 때문에 저도 진상을 알고 싶다고 거듭 말했다는 겁니다. 저도 진상을 파헤쳐서 지금까지 벌어진 일의 전모를 알아내기를 바라며, 여태까지 제가 아는 모든 걸 말씀드렸습니다. 알다시피 문제의 진실은 꽤 오랫동안 제가 말씀드린 게 여러분이 아는 전부라는 겁니다." 듀런버거 상원의원의 발언이 곤죽이 된 정신 상태를 반영한다면, 이런 발언을 내뱉는 사람의 정신 상태는 뭐라고 말할 수 있을까?

당시 부통령이었던 조지 H. W. 부시는 난해한 관료적 어법을 구사하면서 입장을 밝히지 않고 자기 행동―또는 행동하지 않는 것―에 책임을 지는 것을 피할 수 있음을 여러 차례 보여주었다. 1987년 부시는 이란에 무기를 판매한 정책에 대해 자신의 견해를 이렇게 설명했다.

논란의 여지가 있다고 생각하며, 겉으로만 보면 잘못된 일이라고 주장할 수 있다고 생각합니다. 그렇긴 하지만 전체 정책을 살펴보고 이란의 지정학적 위치와 이란이 직면한 문제들을 보면, 만약 소량의 화물을 보내 온건한 집단과 접촉을 하고 이런 접촉이 장래에 이란-이라크 전쟁의 해결로 귀결된다면 옳은 일이었다고 주장할 수 있다고 생각합니다. 표면적으로 보면 국가가 나서서 테러를 후원하는 나라에 무기를 파는 것은 분명이 그릇된 일이라고 주장해야 하겠지만, 가끔은 예외가 규칙을 증명하기도 하지요.

부시 부통령은 이중화법을 활용해서 확고한 입장을 취하지 않으면서 무기 판매에 찬성하면서도 반대하고 록펠러 주지사만큼이나 듣는 이들을 당혹스럽게 만들 수 있다. 하지만 록펠러와 달리 부시는 대통령에 당선되었다.

이중화법을 구사하는 정치인들은 유권자를 오도해도 아무 문제가 없다고 여긴다. 전 대통령 리처드 닉슨에 따르면, 대통령 스스로가 믿지 않는 말을 한다고 해도 언제나 "부도덕한 의미에서 거짓말"을 하는 것은 아니다. 1982년 〈뉴욕타임스〉 기사에는 닉슨의 말이 인용되어 있다. 후보자가 되면 "위장해야 합니다. …… 정치인의 삶에는 위선 같은 게 허다하지요. 공직에 들어가고 공직에 복귀하기 위해서는 다 필요한 일입니다." 우리 정치 지도자들이 시민 앞에 진실하고 명료하게 말하기를 기대하는 건 무리다.

옛날 옛적에(실제로는 1912년에) 머나먼 어느 땅에서(실제로는 생각만큼 그렇게 멀지 않은 뉴욕에서) 한 유권자가 자신이 찍은 후보가 취임하자마자 선거 운동 중에 했던 약속을 죄다 무시하는 것을 보고 격분했다. 유권자는 화가 난 나머지 정치인이 구두 계약을 어겼다고 고소했다. 환멸을 느낀 유권자는 어쨌든 선거 운동 중에 정치인이 한 약속은 유권자들과 한 약속이 아니냐고 따져 물었다. 바로 그런 구두 약속은 후보자와 유권자 사이의 구두 계약이 아닌가? 유권자가 표를 주는 대가로 후보자는 자신이 당선되는 경우에 어떤 일을 하겠다고 약속한 계약이라는 논리였다.

유감스럽게도 이 일은 뉴욕에서 벌어졌는데, 이곳은 진실하고 정직한 동화 속 왕국이 아니라 현실 세계다. 뉴욕에서 판사는 다음과 같이 판결했다. "공직에 출마한 후보가 일반적으로 선거 전에 유권자들에게 한 약속은 계약의 근거가 될 수 없다. 따라서 유권자가 약속을 한 후보자에게 해당 약속을 위반하지 못하도록 법적으로 제지할 권리는 없다." 다시 말해 정치인이 당선된 뒤에 유권자가 정치인에게 약속 이행을 강제할 수 있는 법적 방법은 없으며, 따라서 정치인은 선거 운동 중에 마음대로 아무 말이나 떠들고 일단 공직에 취임한 뒤 마음대로 행동할 수 있다. (O'Reilly v. Mitchell, 85 Misc. 176, 148 N.Y.S. 88 [Sup.Ct. 1914].)

아마 공직 후보자 중에 뉴욕 법원의 이 판결을 아는 이는 거의 없을 것이다. 사실 후보자들은 이중화법을 구사하는 재능을 너무도 자주 보여준 탓에 거의 이중화법 구사 능력이 공직 출마자의 중요한 자질이라고 생각하는 것 같다. 알렉산더 헤이그는 국무장관 시절 엘살바도르에서 미국인 여성 4명이 살해된 사건을 정당화하는 이중화법을 탁월하게 구사한 것으로 유명하다. 헤이그는 대통령에 출마하고도 이중화법 습관을 버리지 못했다. 1988년 공화당 대통령 후보 예비 경선 중에는 이렇게 말했다. "하나의 국가로서 미국은 이제 상대적으로 우리의 문제를 완전히 처리하는 것은 고사하고 무능력과 부정 행위에서 살아남을 수 있는 인구학적 자산도 갖고 있지 못합니다." 헤이그의 선거 운동은 오래가지 못했다. '인구학적 자산'이 경선에서 그에게 표를 주지 않았기 때문일 것이다.

대통령 선거 운동 중에 팻 로버트슨 목사는 자신이 '텔레비전 복음 설교자'가 아니라 '기독교 방송인'이자 '독실한 방송인', '기독교 사업가'라고 목소리를 높였다. 로버트슨 목사는 심지어 NBC 뉴스 진행자 톰 브로코가 그를 '전직 텔레비전 복음 설교자'라고 소개하자 '종교적 편견'이라고 비난했다. 하지만 로버트슨 목사는 여느 대통령 지망자 못지않게 이중화법을 구사할 수 있음을 입증했다. 주빌리(희년)를 선포해서 채무를 무효화하는 식으로 재정 적자를 해결한다는 자신의 구상을 설명해 달라는 요청을 받은 목사는 이렇게 말했다. "콘드라티예프 장기 파동 순환*이라는 용어를 사용하자면, 우리가 경제적으로 부딪히게 될 문제는 우리 나라에서 현재 10조 달러에 달하는 채무 축적의 순환입니다. 기하급수적으로 대략 54년, 56년, 58년마다 부채가 늘어납니다." 정치인들이 이런 식으로 말하는 법을 배우려고 학교에 다니는지, 아니면 오징어가 먹물을 내뿜듯이 그냥 이중화법 구사력을 타고나는 것인지 궁금해질 뿐이다.

---

* 주기가 50~60년에 이르는 장기 파동을 이르는 말.

정치 광고는 어떻게 거짓말을 하는가

정치인들이 텔레비전에 내보내는 광고도 믿을 수 없다. 이런 광고에서는 이중화법만이 아니라 영상 자체도 의심해야 한다. 카메라는 거짓말을 하지 않는다고 생각한다면 달에서 치즈를 채굴하는 회사 주식을 사라는 말도 믿을지 모른다.

뉴욕의 내셔널비디오센터의 선임 편집자인 론 해리스에 따르면 "요즘 정치 광고에는 특수 효과가 넘쳐난다". 해리스 본인이 1988년 뉴햄프셔주 예비 경선 당시 공화당 대권 주자였던 로버트 돌(밥 돌)이 여러 쟁점에 대해 어정쩡한 입장을 취한다고 비난한 조지 H. W. 부시의 유명한 광고에서 특수 효과를 담당한 후반 작업 편집자였기 때문에 이런 사실을 잘 아는 게 당연하다. 돌 상원의원의 미디어 보좌관들도 이 광고가 부시의 선거 운동에 불길을 당기는 계기가 되었다고 인정한다. 어떤 특수 효과였는지 궁금하지 않으신가?

정치 광고는 후보자가 화성에서 온 침략자들과 전투를 벌이는 장면을 보여주지는 않지만, 일부 광고에서 사용하는 특수 효과는 SF 영화에서 흔히 발견되는 것만큼 특수하다. 부시의 광고는 부시의 사진과 여러 쟁점에 대해 뚜렷해 보이는 그의 입장을, 광고에서 말하는 대로 여러 쟁점에 대해 '어정쩡한 입장을 취하는' 돌의 사진과 대비해 보여주었다. 언뜻 보면 아주 명확한 정치 광고인 것 같다. 하지만 론 해리스가 어떤 마법을 부렸는지 좀 더 자세히 들여다보도록 하자.

부시의 광고에서 해리스는 미묘하고 거의 무의식적으로 영향을 끼치는 다양한 기법을 사용했다. 돌의 사진은 좌우 반전되어서 머리 가르마가 반대쪽에 있고 얼굴도 어색해 보인다. 또한 "이건 돌이 잘 나온 사진이 아니"라고 해리스는 말했다. "거의 배를 한 방 얻어맞은 것처럼" 보인다. 반면 부시의 사진 속 표정은 기분이 좋아 보일 뿐만 아니라 사진이 화면에 나올 때마다 머리 뒤에서 희미하게 후광이 비친다. 돌의 사진에는 그런 후광이 전혀 없다.

'대통령다운 기질'이라는 제목의 또 다른 부시 광고를 보면 부시의 멋진 발언과 대비되는 돌의 실언이 교차해서 나온다. 볼륨을 꺼도 부시가 더 강한 후보처럼 보인다. 부시의 발언에는 항상 파란색 배경이 깔리는 반면 돌의 발언에는 검은색 배경이 깔리기 때문이다. 심지어 부시를 둘러싼 사람들은 색색의 옷을 입은 반면 돌의 배경에 선 사람들은 색이 바래 보인다.

또 다른 광고에서 부시는 열광적인 군중 앞에서 연설을 한다. 부시가 한마디 할 때마다 여지없이 환호성과 휘파람, 박수가 쏟아진다. 하지만 시청자가 환호성을 듣는 바로 그 순간에 카메라는 입을 꾹 다물고 가만히 앉아 있는 관중들이 모인 강당을 훑으면서 보여준다. 환호성은 모두 녹음테이프를 튼 것이다. 론 해리스는 배경 효과음을 편집해서 넣지 않았더라면 광고가 "너끈히 30퍼센트는 효과가 약해졌을" 것이라고 주장한다.

부시가 내보낸 모든 광고에 이런저런 기술적 연출이 사용되었다. 돌의 말이 텔레비전 화면에 등장할 때마다 론 해리스는 어김

없이 성질 급한 빨간색으로 강조한 반면, 부시의 말은 언제나 냉정하고 침착한 파란색으로 강조했다. 부시는 또한 파란색 옷을 입거나 배경에 파란 커튼이 쳐져 있거나 파란색 배경 틀 안에 담겨 있었다.

요청만 받으면 론 해리스가 부릴 수 있는 다른 마법도 있다. 머리 한 올 흐트러지지 않게 만들거나 반짝이는 탈모 부위를 없앨 수 있다. 필요하면 후보의 코를 작게 만들 수도 있다. 이 모든 '특수 효과'는 정치 광고에 이런 기만이 개입되어 있다는 인식조차 없이 사용되고 있다. 따라서 다음에 후보자의 텔레비전 광고를 보게 되면 이런 '특수 효과'가 숨어 있는지 주의 깊게 살펴보시라. 요즘은 카메라가 줄곧 거짓말을 하기 때문에 눈에 보이는 게 다가 아니다.

'프로세스'와 '이니셔티브'의 속뜻

오래전부터 정치인들은 아이디어가 없거나 무슨 일이 벌어지는지 몰라서 할 말이 없을 때면 '프로세스process(과정)'라는 간단하면서도 유용한 이중화법 단어에 의존하곤 했다. '캠프데이비드 프로세스' '콘타도라 프로세스*' '평화 프로세스' 등이 대표적

---

* 1970년대부터 군사 독재 정권의 폭압과 미국의 냉전 개입으로 니카라과, 엘살바도르, 과테말라, 온두라스 등 중앙아메리카에서 벌어진 반정부 투쟁과 내전 사태를 해결하기 위해 1980년대 초에 멕시코, 콜롬비아, 파나마, 베네수엘라가 추진한 평화 교섭.

이다. 하지만 '프로세스'라는 표현이 점차 빛을 잃자 의미 없으면서도 멋져 보이는 다른 단어를 찾아야 했다. 이중화법의 천재들은 '이니셔티브 initiative(구상)'라는 단어를 찾아냈다. 아직 눈치 채지 못했을 수도 있지만, 지금은 이니셔티브의 시대(시기? 10년? 해? 달? 순간?)다. 정치인들에게 '이니셔티브'는 사실보다는 목표에 가깝다. 현실보다는 희망에 가까우며 실체보다는 광고에 가까운 온갖 계획을 이야기할 때 사용하는 바로 그 단어가 되었다.

이란-콘트라 사건 청문회 내내 누구든지 입만 열면 '니카라과 이니셔티브' '무기 이니셔티브' '평화 이니셔티브' 등등 숱하게 많은 이니셔티브에 관해 이야기했다. 놀랍도록 모호한 이 단어의 뜻을 누구도 제대로 설명하지 않았지만 이 단어 덕분에 불완전하고 불성실하며 실패한 행동, 사기에 가깝거나 재앙과도 같은 행동에 대해 언뜻 정확한 것 같은 논의가 가능했다. 하지만 이 단어를 그토록 부정확하면서도 자유롭게 쓰는 이들은 워싱턴에서 가장 인기 있는 표현이 된 단어를 나란히 사용했다. "기억나지 않는다"는 문장에 포함되어 뻔질나게 쓰이는 '기억(recall)'이라는 단어가 그것이다.

정치인들은 어떻게 이니셔티브를 하는 걸까? 그 방식이 몇 가지나 되는지 따져보자. 물론 '전략 방위 이니셔티브 Strategic Defense Initiative'가 있지만, 국방부는 또한 '전략 컴퓨터 이니셔티브 Strategic Computer Initiative'와 '공중 방위 이니셔티브 Air Defense Initiative'도 발표했다. 레이건 대통령은 '초전도체 이니셔티브 Superconductivity

Initiative'를 발표했고, '카리브해 연안 이니셔티브Caribbean Basin Initiative' '국제 청소년 교류 이니셔티브International Youth Exchange Initiative' '미소 교류 이니셔티브US-Soviet Exchange Initiative'도 이어 나갔다.

이 모든 이니셔티브만으로 모든 사람을 분주하게 만들 수 없다면 국립공원관리청(NPS)에는 '공원 이니셔티브' 담당 특별 보좌관이 있고, 노동부에는 '품질 관리 이니셔티브국'이 있으며, 국방군수국(DLA)에는 '국방 예비품 이니셔티브부'가 있다. 이에 질세라 상원의원 샘 넌은 '재래식 방위 이니셔티브Conventional Defense Initiative'를 제안했다.

정치인들이 아이디어나 해법이 동이 나거나 무엇을 해야 할지 전혀 모르면서도 뭔가 하고 있는 것처럼 보이고 싶을 때 보통 갖가지 이니셔티브를 내놓는다. 이니셔티브는 시작만 될 뿐 완료되는 법이 없다. 그동안 중동 평화 이니셔티브가 숱하게 많이 나왔는데도 중동에 실질적 평화가 이루어지지 않은 것도 이 때문이다. 사방 어디에나 이니셔티브가 넘쳐나지만 성공은 보이지 않는다.

이중화법, 정부의 언어

정치인들은 종종 입장을 밝히거나 책임을 회피하기 위해, 또는 거짓말을 하거나 사실을 오도하기 위해 이중화법을 사용하지만 정부 관료들은 단지 이중화법 말고는 아는 언어가 없어서 이중화법을 구사한다. 그들은 정말로 이중화법을 통해 메시지를 전달한다고 생각한다. 하지만 정부 발표를 듣는 사람들은 정치인의 말을 듣는 순간만큼이나 어리둥절하고 당황스러울 뿐이다.

'연방재난관리청 산하 연방보험청, 위험평가국, 기술운용과, 생산관리부'(아는 사람만 아는 용어로는 'FIA/ORA/TOD/PCB/FEMA'에서 일하는 직원은 4명뿐이다) 같은 명칭이 붙은 정부 기관에서 일하는 사람들이 명료한 언어를 사용할 것으로 기대한다면 아마 합리적인 희망은 아닐 것이다. 하지만 복잡한 명칭을 명료하게 바꾸려고 노력하는 사람들이 워싱턴에 가끔 등장하기는 한다. 예를 들어 보훈청 소속 윌리엄 H. 맨리는 1988년 '보급부Supply Service'가 '취득·물자관리서비스국Office of Acquisition & Material Management Service'으로 바뀌었다고 발표하는 보고서를 발송했다. 워싱턴 사람들이 명칭을 간소화하기 위해 얼마나 열심히 일하는지 보라. 계약서 언어를 간소화하는 펜타곤 직원들이 떠오르는 일화다.

정부 기관 사람들은 연방 정부 간행물인 〈커머스 비즈니스 데일리〉(1988년 6월 27일)에 실린 입찰 공고 같은 문서를 쓴다. "현재 위치에 있는 규격화 사격 훈련 기구*를 해체해서 상설 위치에 재조립하는Deinstallation of Institutional Conduct of Fire Trainer from present location and reinstatement of its permanent location" 작업에 대한 입찰을 실시한다는

---

* M1 에이브럼스, M2 브래들리 등의 전차를 운용하는 포병이 포 사격을 훈련하는 모의 기구.

공고다. 또 다른 공고는 건물의 'outsulation*' 입찰을 실시한다는 내용이다. 에너지부는 1983년에 다음과 같은 새로운 규정을 제안했다. "이 규정의 어떤 조항도 장관이나 그 대리인이 본 규정에 구체적으로 명시되지 않은 정보를 기밀 해제된 통제 핵 정보로 지정하는 것을 금지하지 않습니다." 이 규정이 에너지장관이나 그가 검열 권한을 인계하는 하급 관리가 오랫동안 공개된, 기밀로 분류되지 않은 정보를 포함해서 어떤 정보든 금지할 수 있다는 뜻이냐고 묻자 정부 관료들은 대답할 수 없었다. 그들 자신도 이 규정이 무슨 뜻인지 확신하지 못했기 때문이다. 이는 생각이 없는 언어, 사고 능력을 전혀 작동시키지 않은 채 만들어진 언어다. 하지만 문제는 이런 언어가 우리 삶에 영향을 끼친다는 것이다.

정부 기관이 평범한 시민들과 소통하려 할 때, 즉 정부의 이중화법을 이해하지 못하는 사람들과 소통할 때 혼란은 더욱 커진다. 우리의 가련한 납세자는 연방 인사위원회에서 보낸 이 편지가 무슨 뜻인지 짐작조차 할 수 없었다.

　　이 통지서는 귀하에게 발송한 두 번째 (수정된) 세금 명세서가 정확함을 보장합니다. …… 귀하에게 발송한 원래 계산서에는 귀하의 퇴직 적립금 초기 잔액이 과소 계상되었습니다. 두 번째 명세서는 이 오류를 정정한 것입니다. …… 본 통지서는 정확하게

---

* 사전에도 없는 이 단어는 '건물 외부에 단열 처리insulation를 한다'는 뜻이다.

수정된 명세서를 받은 모든 연금 수령자에게 발송됩니다. 일부 연금 수령자에게 실수로 수정된 명세서를 발송했기 때문입니다.

또 다른 납세자는 백악관 예산관리국에서 다음과 같은 문장이 마지막에 담긴 편지를 받았다. "데이터는 정제된 시행 지침 문제에서 핵심이고 입법 때문에 시행이 미뤄지고 있기 때문에 귀 단체가 수집하고 있는 데이터를 검토하여 이런 의도하지 않은 결과가 발생하는 것을 방지하는 것이 바람직하다고 봅니다." 이 문장을 이중화법이라고 여기기보다는 당신이 내는 세금이 어떻게 쓰이는지를 보여주는 또 다른 사례로 생각하는 게 좋겠다.

세금 인상이 아니라 세입 증대

왜 그런지 모르겠지만 세금과 관련되면 언제나 정치인들과 국세청(IRS)은 이중화법을 구사한다. 실제로 징세 기관의 이름—Internal Revenue Service(국내 세입 서비스)—을 보라. 아주 멋들어진 이중화법이다. 국세청이 매년 4월마다 당신한테 어떤 서비스를 해주는지를 상기시키는 명칭이다.

한때 세금은 정부가 제공하는 서비스에 대해 당연히 내는 비용이라고 여겨졌다. 어쨌든 누군가는 경찰, 소방, 도로, 학교, 쓰레기 수거와 처리, 하수 처리, 그 밖에 정부가 제공하는 모든 공공 서비스의 비용을 내야 한다. 하지만 요즘은 세금Tax이 입에 올리기도 끔찍한 'T' 단어가 되어 각급 정부의 정치인들이 두려움에 떨면서 피하고 있다. 허나 우리는 세금이 필요하다는 걸 안다. 그래서 정치인들은 세금과 세금 인상에 관해 말할 때 이중화법을 구사한다. 이중화법을 활용하면 세금도, 세금 인상 따위도 존재하지 않게 만들 수 있기 때문이다.

만약 당신이 캘리포니아에 산다면 1988년에 주세(州稅)가 인상될 것으로 착각했을지 모른다. 주 예산에 10억 달러의 '구멍'이 생기자 조지 듀크미지언 캘리포니아 주지사와 재무장관 제시 허프는 세법을 개정하기는 해도 이를 세금 인상으로 해석해서는 안 된다고 목소리를 높였다. 비록 일부 사람들은 현행 세법에 비해 세금을 더 많이 내게 되었는데도 말이다. "이건 세금 인상이 아닙니다." 허프의 말이다. "올해의 뜻밖의 횡재를 조정하는 겁니다." 자, 기분이 좋지 않은가? 세금은 조금도 더 내지 않고 그냥 뜻밖의 횡재를 조정할 뿐이다.

레이건 대통령은 자기가 살아 있는 한 세금 인상은 없을 것이라고 말하며 출마했기 때문에, 대통령의 주검을 밟지 않고 세금을 인상하기 위해 이중화법이 활용되었다. 하지만 세금 인상을 말하지 않으면서 세금 인상을 설명하는 이중화법을 찾아내려면 약간의 노력이 필요했다. 의회가 사회보장 생계비 자동 인상 중단을 거부하자 레이건 대통령은 부유층의 사회보장 연금에 과세하는 안을 고려하겠다고 말했다. 로버트 돌 상원의원은 대통령의 제안을 '연금 회수'라고 지칭한 반면, 백악관 대변인 래리 스피크스는 이 계획을 '세입 재배치 replacement of revenues'라고 규정했다.

레이건 행정부가 세금 인상에 대해 즐겨 사용한 이중화법은 '세금 증대'를 대체한 '세입 증대'였다. 〈뉴욕타임스〉에 따르면, 예산관리국 수석 경제학자 로런스 A. 커들로는 1981년에 특히 30억 달러의 세금 인상을 제안하면서 저 끔찍한 'T' 단어(tax)를 입에 올리지 않기 위해 자신이 이 문구를 고안했다고 인정했다. 그는 또한 자신이 '수령액 강화receipts strengthening'라는 문구도 제안했지만, 이 이중화법은 기각되고 '세입 증대'가 최종 선택되었다고 자랑스럽게 덧붙였다. 누군가 '세입 증대' 같은 문구를 쓰는 이유를 질문하자 커들로는 이렇게 말했다. "완곡어법을 쓰는 것보다 경제학 이론을 홍보하는 더 좋은 방법은 없습니다." 언뜻 보면 정직하게 인정하는 것 같은 커들로도 세금 인상안을 '경제학 이론'이라고 부름으로써 이중화법을 구사한 셈이다. 레이건 대통령은 '세입 증대'라는 이중화법을 동원해서 하원 제4961 법안을 승인할 수 있었다. '1982년 조세 평등과 재정 책임 법Tax Equality and Fiscal Responsibility Act of 1982'이라는 이중화법 명칭이 붙은 이 법으로 세입이 990억 달러 인상됐지만, 여전히 레이건은 자기가 살아 있는 한 세금 인상은 없다고 주장할 수 있었다. 로버트 돌 상원의원은 이 법안을 '세금 인상 법안이 아니라 개혁 법안'이라고 지칭했다. 얼마나 쉬운가? 당신은 세금을 더 많이 내는 게 아니다. 단지 세법을 개혁하고 정부 세입을 증대시킬 뿐이다.

세금 없는 나라

모든 사람이 '세입 증대'라는 이중화법 배후에 숨은 진짜 의미를 알아보는 데는 긴 시간이 걸리지 않았기 때문에 '조세 기반 확대' '조세 기반 잠식 제어' '세입 메커니즘 갱신' 같은 다른 문구가 등장하기 시작했다. 레이건 행정부가 1982년에 연방 유류세를 갤런당 5센트 인상해서 고속도로, 교량, 도로, 대중교통 등을 개선하는 데 사용한다는 계획을 내놓았을 때 백악관 부대변인 래리 스피크스는 유류세가 아니라고 잡아떼면서 '자동차와 휘발유를 사용하는 사람들'에게 부과되는 '이용 요금'이라고 말했다. 더욱이 이 돈을 사용하는 대상은 공공사업 프로그램이 아니라 '필요한 작업을 위한 건설 프로그램'이었다. 그리하여 레이건 대통령은 세금 인상과 공공 일자리 제공을 위한 예산 지출에 반대한다는 입장을 번복하지 않은 셈이었다.

'세금 인상'을 대체하는 '이용 요금'이라는 용어를 발견하자 세금을 인상하지 않고도 세입을 늘릴 수 있는 온갖 기회가 생겨났다. 1987년 1월 재무장관 제임스 베이커는 레이건 행정부의 예산안에 일부 선별적인 세금 인상이 포함되어 있다는 사실을 인정했다. 상원 예산위원회에 출석해서 한 발언에서 베이커는 1988년 예산에는 "61억 달러의 수령이나 세입—뭐라고 부르든 간에—이 존재한다"고 말했다. "공정하게 말하자면 (인상된) 세금을 나타낸다고 해야겠지요." 하지만 베이커는 이런 선별적 세금 인상이 레이건 대통령의 확고한 증세 반대 원칙에 위배되는 것은 아니라고 주장했다. 왜냐하면 레이건 대통령은 전반적인 세금 인상에 반대하기 때문이라는 말이었다. 워런 레드먼 상원의원은 베이커에게 담배 같은 품목에 매겨지는 소비세가 미국에 들어오고 나가는 항공권에 '요금' 1달러를 부과하자는 행정부의 제안과 어떻게 다른 것이냐고 물었다. "소비세는 소비세지요. 그건 세금입니다." 베이커가 답했다. 그러면서 정부 서비스에 대한 '이용 요금'을 세금으로 여겨서는 안 된다고 말했다. 그러자 로턴 차일스 상원의원이 대기업 합병에도 '이용 요금'을 부과하자고 제안했다. 베이커가 민간 거래가 아니라 정부 서비스에 이용 요금을 적용하는 것이라고 이의를 제기하자 차일스 의원이 대꾸했다. "지금 나는 (법무부) 반독점국의 예산을 마련하기 위한 이용 요금을 이야기하고 있는 겁니다."

하지만 한 달 뒤인 1987년 2월 예산국장 제임스 밀러는 예산안에 세금 인상이 아니라 '수령액 증대 increased receipts'와 '상계 수입 offsetting collections'이 포함되어 있다고 주장했다. 이 둘은 세금 인상 아닌가요? 밀러가 단호하게 답했다. "굳이 답하자면 '아니오'라고 하겠습니다." 미국을 오가는 항공권과 크루즈선 티켓 1매당 1달러는 미국관광청(USTTA) 운영비에 충당되는 '이용 요금'이다. 누군가 이 이용 요금이 해당 기관에 필요한 액수보다 2배나 많아서 남는 돈이 재무부로 들어갈 것이라고 지적하자 밀러는 남는 돈은 '투자'라고 생각하자고 답했다.

'조세 개혁'을 조심하세요

그런데 '이용 요금'이라고 이름 붙이더라도 세금 내는 걸 좋아하는 사람은 없다. 그리고 누구나 세법이 끔찍하게 혼란스럽고 복잡하다고 느끼고 불만을 토로한다. 원래의 소득세법은 16쪽 분량이었지만 세월이 흐르면서 1만 6천 쪽이 훌쩍 넘었고 다음과 같은 조항도 들어 있다. "'과세 대상 증여 taxable distribution'라는 용어는 643(b)편의 의미에서 세대를 건너뛸 신탁에서 다른 어떤 젊은 세대 수혜자의 세대 배정보다 젊은 세대에 배정된 젊은 세대 수혜자에게 신탁 수입이 아닌 금액을 증여하는 것을 의미한다." 세법에 이러한 이중화법이 넘쳐나는 상황에서 납세자들은 점차 의회에 세법과 법률의 언어를 명료화하고 간소화하라고 요구했다. 하지만 펜타곤을 비롯한 정부 기관들처럼 의회는 법률 용어를 간소화하려 할 때마다 오히려 상황을 복잡하게 만든다.

1986년 세제개혁법은 명칭 자체가 탁월한 이중화법이다. 1,489쪽에 달하는 이 간소화된 세법에는 다음과 같은 간소화된 언어가 담겨 있다. "(3)절의 목적상, (2)절에서 서술하는 단체에는 501편(c)(3)절에 서술된 단체라면 (2)절에 서술되는 501편(c)(4)절이나 (5), (6)절에 서술된 단체가 포함되는 것으로 간주해야 한다." 이 법안에는 오류가 너무도 많아서 의회는 모든 오류를 해설하고 정정하는 446쪽 분량의 법안을 통과시켜야 했다. 의회가 계속 세법을 간소화한다면 개정 세법을 인쇄하는 데만도 연방 예산의 큰 부분을 차지할 것이다.

1986년 세제개혁법은 닭장과 돼지우리를 '단일 용도 농업 구조물single-purpose agricultural structure'이라고 정의하여 농민들에게 다른 사업체와 달리 감가상각 공제를 제공한다. 이 법은 또한 돈 타이슨*과 제수 바버라 타이슨이 '가족 농장'을 운영한다고 선언한다. 두 사람의 '농장'은 2만 5천 명의 직원을 거느리고 연간 17억 달러의 매출을 올리지만, 개정 세법에서 '가족 농장'으로 분류했기 때문에 1억 3500만 달러의 세금 감면 혜택을 받는다. 타이슨 일가만 의회로부터 특별한 선물을 받은 게 아니다. 〈필라델피아 인콰이어러〉의 연속 기사에서 탐사 언론인 도널드 발릿과 제임스 스틸은 개정 세법에 포함된 이런 기만적 구절 수백 개와 이 구절들 때문에 대기업과 영향력 있는 부유층이 수십억 달러의 조세 감면을 받는다는 사실을 폭로했다. 모두 이중화법을 사용한 덕분이다.

발릿과 스틸이 지적한 조항 수십 개 가운데 하나는 다음과 같다.

1986년 5월 1일에 과세 연도가 시작되는 파트너십의 경우에 해당 파트너십이 해당 과세 연도의 첫날에 시작되어 1986년 5월 29일에 끝나는 기간 동안 순 자본 이득을 실현하는 경우에 1986년 5월 6일자 면책 계약에 따라 해당 파트너십은 각 자산과 관련해 파트너십이 실현한 자본 이득이나 손실의 분배분의 비중에 따라 파

돈 타이슨(Donald John Tyson, 1930~2011) 미국 최대의 육가공업체 타이슨푸드의 최고경영자.

트너십 당사자들이 분배하는 것으로 각 자산을 처리하도록 선택할 수 있다.

이 조항은 월스트리트 투자 은행 중개사인 베어스턴스앤컴퍼니의 파트너들에게만 적용되어 800만 달러의 세금을 감면해주었다. 1986년 570만 달러의 현금 보상을 받은 베어스턴스앤컴퍼니 회장은 월스트리트 상장 증권사 가운데 이미 가장 많은 급여를 받는 중역이었다.

발릿과 스틸은 또한 세제개혁법이 기업에 큰 타격을 주는 것처럼 홍보되었지만 실제로 기업 세금 인상은 미미한 수준이라고 지적했다. 1940년 기업은 정부가 징수하는 전체 소득세의 57퍼센트를 부담한 반면 개인은 43퍼센트를 부담했다. 1985년에는 개인이 85퍼센트를 차지하고 기업은 15퍼센트만을 부담했다. 1986년 세제개혁법이 시행된 뒤에도 기업은 전체 소득세의 17퍼센트만을 차지했는데, 이는 1980년의 21퍼센트 수준에도 미치지 못했다. 이 세제개혁법의 이중화법은 당신이 마주하게 될 가장 강력하고 값비싼 언어일 것이다. 따라서 다음에 정치인이 '조세개혁'이나 '세금 간소화' 같은 이야기를 하면 지갑을 단단히 움켜쥐시길. 훨씬 많은 이중화법을 동원해서 세법을 복잡하게 만들고 당신의 세금을 인상하려는 술책이니까.

불법적 또는 임의적 생명 박탈에 대하여

얼마나 좋은 일자리인가? 만약 당신이 1976년 워싱턴 D.C. 주변을 어슬렁거렸다면 국무부 소비자 문제 조정관 자리에 지원할 수 있었다. 이 직책에 관한 설명에 따르면 "국무부 계획은 두 가지 목적을 지니고 있다. 국무부에 영향을 끼치는 소비자 권익에 대한 국무부의 민감성을 확인하고 강화하는 것, 그리고 국제적 대화와 인식의 유지 및 확대와 관련하여 소비자 권익을 증진하고 소통하는 데 필요하고 실현 가능한 조치를 취하는 것"이다. 설명은 계속해서 조정관의 직무는 기존의 "소비자 의견 수렴 메커니즘 인풋, 스루풋, 아웃풋을 검토하고 '소비자 소통 채널'을 통해 이러한 연계를 개선할 방법을 모색하는 것"이라고 말한다. 물론 이 설명은 명료하고 구체적이지만 직무의 가장 중요한 자격 요건은 빠져 있다. 헨리 키신저와 아는 사이여야 한다는 것이다. 키신저의 한 친구를 위해 특별히 만들어진 직책이었기 때문이다. 회고록에서 폭탄과 총탄을 '소모품'이라고 말한 바로 그 헨리 키신저다.

알렉산더 헤이그 국무장관은 탁월한 이중화법 구사력으로, 아니 최소한 창의적인 단어 사용으로 명성을 얻었다. 상원의 한 위원회에 출석해서 한 증언에서 헤이그는 존 글렌 상원의원에게 "당신이 설정한 맥락에 따라서는in the way you contexted it " 답변할 수 없다고 말했다. 그러면서 한마디 덧붙였다. "의원님, 제 답변을 보류할 수밖에 없습니다." 헤이그는 또한 소련이 "양국이 지켜야 하는 상호 자제를 악화하는" 일은 하지 않기를 바란다고 했고, "미묘한 차이가 있으면서도 근본적으로 날카로운 이탈"과 "미묘한 차이가 있는 차이 nuanceal difference"에 관해 이야기했다. 그는 또한 "통계의 울타리에 갇히지" 않기 위해 조심했고, "해답을 명확히 규정하는 행동 자체"가 문제를 일으킬 수 있다고 지적했다. 하지만 이 모든 발언은 다음과 같은 발언의 워밍업에 불과했다. "이건 제가 전에 겪지 않았던 경험은 아닙니다." 그는 또한 1982년 상원 외교관계위원회에 출석해서 한층 높은 고지에 올라섰다. 미국이 계속 무기를 증강하는 것은 "유의미한 무기 감축에 대한 우리의 희망에 절대적으로 필요합니다."

헤이그의 언어는 국무부와 딱 들어맞는다. 국무부에서 사용하는 용어 '비문서 non-paper'는 작성자를 명시하지 않은 토의 문서다. 또한 '비회의 non-meeting'에서 '비문서'를 논의한다. 1981년 엘살바도르 경찰이 가정집에서 남성 23명을 끌고 나와 살해하고 추가로 주택 안에서 7명을 살해했을 때, 국무부 대변인은 "경찰이 아마 과잉 대응한 것 같다"고 말했다. 1988년 국무부는 부다페스트 주재 대사관 직원들에게 다음과 같이 경고했다. "쉽게 구할 수 있는 현지 여성 동반자는 헝가리 정부 보안 기관에 소속돼 있거나 협력한다고 가정해야 한다." 다시 말해, 현지 성매매 여성은 헝가리 정부의 첩자일 가능성이 있다는 것이다. 국무부 사람들은 말재간이 대단한 게 분명하다.

국무부는 이중화법을 구사해서 국제사법재판소를 수용하면서 동시에 거부할 수 있다. 미국은 이미 니카라과에서 미국을 상대로 제기한 제소에 대해 국제사법재판소의 관할권을 수용하지 않겠다고 발표했는데도 미국 대표들은 법정에 출석했다. 법정에 출석한 이유를 묻자 국무부 법률 고문 데이비스 로빈슨은 이렇게 말했다. "우리가 여기 온 건 국제사법재판소와 법치에 지속적으로 충실하다는 것을 보여주기 위함입니다."

국무부는 또한 이중화법 덕분에 전쟁에서 한쪽 편을 선택하면서도 중립 정책을 설명할 수 있다. 미국은 이란-이라크 전쟁에서 공개적으로 중립을 표방하면서도 이라크에 '전장 관련 정보'를 제공했다. 이 지원이 행정부가 공언한 중립과 어떻게 양립하는지 설명해 달라고 하자 국무부 대변인 필리스 오클리는 이렇게 말했다. "우리는 결과에 대해 중립을 지킵니다." 양쪽이 몽둥이를 들고 있는데 한쪽에 총을 주고는 싸움의 결과에 대해 중립을 지킨다고 주장하는 셈이다.

1982년 의원 4명이 1979년에 군사 정부가 집권한 뒤 시작된 엘살바도르 내전*의 휴전과 협상을 호소했을 때, 국무부 대변인 딘 피셔는 이렇게 말했다. "우리는 게릴라 집단이 제안한 권력 분점 협상이 자국 정부의 성격을 결정할 수 있는 엘살바도르 국민의 권리를 강탈하는 행위라고 생각합니다." 하지만 나중에 국무부는 니카라과 게릴라 집단이 정부에 참여할 권리를 주장하자

---

* 1979년 공산주의 게릴라 단체 '파라분도 마르티 민족해방전선'이 엘살바도르 군부 정권의 인권 침해와 탄압에 대항하여 일으킨 내전. 중앙아메리카의 반공주의 정권을 지원하던 로널드 레이건 미국 대통령은 엘살바도르 정부의 요청에 따라 경제적·군사적 원조를 제공했다.

이를 지지했으며, 자국 정부의 성격을 결정할 수 있는 니카라과 국민의 권리를 강탈한다고 여기지 않았다.

'자유의 투사'가 된 반군

우선 국무부는 니카라과 게릴라 집단에 적절한 명칭을 부여하고, 그 명칭에 올바른 정의를 부여함으로써 그들을 정당화해야 했다. 그래서 국무부는 그들을 게릴라 집단이라고 부르는 대신 콘트라 반군Contras이라고 지칭했고, 레이건 대통령이 사용한 '자유의 투사들Freedom Fighters'이라는 단어로 다시 바꿨다. 하지만 간혹 이중화법이 사태를 앞지르기도 한다. 〈UPI통신〉의 짐 앤더슨에 따르면, 국무부에서 펴내는 《국제 관계 용어 사전》1987년 판에 잘못된 정의가 실린 탓에 리콜 사태가 벌어졌다. 국무부는 '콘트라 반군'이라는 용어의 정의에 오류가 있다고 말했다. "소모사파*의 국민방위대National Guard 전 대원과 산디니스타 출신 반정부 우익 세력, 미스키토 원주민** 소수 부족으로 구성된 …… 반혁명" 집단이라는 정의였다. 이 집단들은 우리가 보통 생각하는 '자유의 투사'와 일치하지 않았기 때문에 국무부는 의회와 국

---

* 니카라과의 제19대 대통령이자 친미 성향의 독재자였던 아나스타시오 소모사 가르시아(Anastasio Somoza García)를 지지하거나 그의 이데올로기를 따르는 사람을 일컫는 말. 반민주적이고 권위주의적인 성향을 지녔거나 친미적 독재를 지지하는 사람을 일컫는 부정적인 어조가 담겨 있다.
** 니카라과와 온두라스 지역에 사는 원주민 집단. 1980년대에 '산디니스타 민족해방전선' 정부와 자치권 문제로 갈등을 빚어 정치적 탄압을 받았다.

민들에게 소개하고자 하는 게릴라의 이미지에 부합하는 다른 정의를 작성했다. 특히 탁월한 이중화법에 따르면, 미국이 자금을 대는 게릴라 집단이 니카라과를 상대로 벌이는 '비밀' 전쟁의 감독을 지휘한 것은 국무부의 '인도적 원조 기구 Agency for Humanitarian Assistance'였다.

자신의 목적에 맞도록 단어의 정의를 바꾸는 것은 국무부가 새롭게 개척한 분야가 아니다. 그레나다 침공 몇 주 뒤, 미군은 침공에 반대하는 혐의를 받는 그레나다인과 외국인 1,100여 명을 체포했다. 미군은 이 섬나라에서 누구든 체포할 수 있는 법적 권한이 없었기 때문에 국무부는 아무도 체포되지 않았다고 간단하게 부정했다. "우리는 사람들을 구금하고 있습니다." 한 국무부 관리의 말이다. "그들은 피구금자로 불려야 합니다." 미국 경찰이 국무부의 이중화법을 구사하는 일이 없기를 바랄 뿐이다.

국무부는 전 세계 163개국의 인권 실태에 관해 매년 정식 보고서를 의회에 제출해야 한다. 하지만 미국이 지지하는 몇몇 정부가 자국 시민의 인권을 체계적으로 유린하자 국무부에 문제가 생겼다. 특히 남아공, 과테말라, 엘살바도르, 이란, 칠레처럼 정부가 자국 시민을 살해하는 경우에 그런 나라들의 인권 현황에 관해 긍정적인 보고서를 내놓기는 쉽지 않다. 이 문제를 약간 덮어주기 위해 국무부는 1,485쪽에 달하는 1984년 보고서에서 이제부터는 보고서에 '살해'라는 단어를 사용하지 않겠다고 발표했다. 대신에 '불법적 또는 임의적 생명 박탈 unlawful or arbitrary deprivation of life'이라는 문구를 사용한다는 것이었다. "우리는 '살해'라는 용어가 너무 포괄적인 단어라고 판단했고, 장황하기는 해도 더 정확한 '불법적 또는 임의적 생명 박탈'이라는 표현으로 대체했습니다." 당시 국무부 인권 담당 차관보 엘리엇 에이브럼스의 말이다. 국무부는 이중화법만 잘 구사하면 한결 쉽게 다룰 수 있는 세계―와 의회와 미국 시민―를 발견한다.

　때로 국무부 이중화법은 사실을 오도하기 위해 고안된 기만 언어라기보다 그냥 노골적인 거짓말이다. 미주 문제 담당 차관보 엘리엇 에이브럼스는 이란-콘트라 사건 청문회에서 한 증언에서 "니카라과 반군에 대한 외국 원조를 파악했으면서도 세 차례 의회를 오도했다"고 인정했다. 의회에 거짓말을 한 이유에 대한 변명은 "진실을 말할 수 있는 승인을 받지 못했다"는 것이었다. 나중에 상원 외교관계위원장 클레이번 펠 의원은 에이브럼스가 의회에서 증언하는 것을 허락하지 않았다. "(에이브럼스가) 1986년 10월에 위원회에 제공한 정보가 사실과 어긋난다"는 점이 밝혀졌기 때문이다. 에이브럼스는 의회에 보낸 편지에서 이렇게 변명했다. "10월에 의회에서 이 문제에 관해 한 발언―제 생각에는 100퍼센트 진실입니다만―이 부정확하다고 밝혀져서 유감입니다." 혹시라도 당신이 에이브럼스와 이야기를 하게 된다면 반드시 "진실을 말하도록 승인을 받았는지" 물어보시라. 그렇지 않으면 그가 하는 모든 말이 "부정확했다"고 밝혀질지도 모른다.

정부가 환경을 보호하는 방법

연방 정부는 마치 일본이 자동차를 만드는 것처럼 이중화법을 양산한다. 온갖 기능에 맞는 갖가지 형태와 크기로 끊임없이 콸콸 쏟아낸다. 이중화법은 정부의 주요 생산물일 뿐만 아니라 정부의 필수 연료이기도 하다. 정부라는 엔진이 굴러가게 만드는 가스이자 기름이다. 이중화법이 없으면 연방 정부가 작동할 수 없기 때문이다. 간혹 이중화법이 없으면 정부도 존재하지 않을 것처럼 느껴진다.

농무부가 '저온 냉각 닭고기'와 '기계 분리육'을 우리에게 선사한 사실이 기억날 것이다. 이 정부 기관은 1981년에 학교 급식 프로그램에서 균형 영양식에 필요한 두 채소 중 하나로 케첩을 사용할 수 있다는 기발한 규정을 내놓기도 했다. 농무부는 매달 펴내는 사료 전망 보고서에서 소, 돼지, 닭을 비롯한 가축을 '곡물 소비 동물 단위grain-consuming animal unit'라고 지칭할 뿐만 아니라 백인 농부를 '비소수자'로 분류하기도 한다.

농무부는 농민들에게 '판매 주문'을 내는데, 이 주문은 농민이 가공업체에 판매할 수 있는 농산물의 양을 엄격하게 제한한다. 즉 농무부는 농민이 얼마나 많은 양을 재배하는지와 상관없이 농민에게서 시장으로 가는 농산물의 양을 통제함으로써 소비자가 지불하는 가격을 통제한다. 1981년 농무부는 이런 관행이 소비자 '가격을 높이는 효과'를 낸다고 인정하면서도 관행을 옹호하면서 바꾸지 않았다.

역시 1981년에 농무부는 소매점에서 '체크 달걀Checks', 즉 껍질이 깨진 달걀의 최대 허용 기준을 완화하겠다고 제안했다. 농무부 식품안전품질서비스(FSQS) 책임자 도널드 L. 휴스턴은 이렇게 해명했다. "이번 변경은 현재 달걀 생산과 판매 관행상 이미 벌어지고 있는 현상을 좀 더 정확히 반영하기 위해 '체크 달걀' 허용량을 조정하는 것일 뿐입니다." 다시 말해 현재의 기준이 준수되지 않기 때문에 농무부가 그냥 기준을 바꾸겠다는 것이다. 다음에 마트에 가면 깨진 달걀이 하나도 없는 달걀 한 판을 찾아보시라.

내무장관 시절 제임스 와트는 이렇게 말한 적이 있다. "나는 공화당원과 민주당원이라는 단어를 절대 사용하지 않습니다. 그냥 진보주의자와 미국인일 뿐이죠." 이런 언어 용법과 일관되게 와트 장관은 이렇게 말하기도 했다. "사실상 제가 지금까지 내린 모든 조치는 환경을 보호하기 위한 전략의 일부입니다." 환경을 보호하는 전략의 일환으로 와트 장관은 자연 보호 구역 보호법안을 지지했다. 그는 이 법안이 2000년까지 대부분의 자연 보호 구역에서 석유와 가스 개발을 금지할 것이라고 주장했다. 하지만 법안은 2000년 이후에는 폐쇄된 자연 보호 구역을 개방하고, '국가적 비상사태'가 생기면 2000년 이전에도 대통령이 자연 보호 구역을 개방할 수 있도록 했다. 법안에는 '국가적 비상사태'가 규정되어 있지 않았다.

환경을 보호하기 위해 와트 장관이 취한 다른 조치 중에는 노천채광국(노천채광 매립법을 집행하는 부서) 직원을 1천 명에서

600명으로 줄인 것도 있다. 또한 연안 석유 시추를 확대하고, 1960년대 이래 처음으로 알래스카 내륙에서 석유와 가스 개발 임대를 시행했으며, 태평양 해역 분지 4곳을 캘리포니아 연안 임대 매각에 추가하고(이 4곳은 캘리포니아에서 가장 소중히 여기는 해변에서 멀지 않은 귀중한 어업 해역에 있지만, 석유 매장량은 12일치 뿐이다), 몬태나주의 밥 마셜 자연 보호 구역에 대한 석유와 광물 탐사를 지지했으며, 내무부의 주요 정책 목표에서 환경의 질을 제외할 것을 제안했다. 와트 장관이 환경을 보호하는 방식 중 불과 몇 개만 나열한 것이다.

와트 장관의 이중화법은 동료 관료들 사이에서도 잘 어울렸다. 1983년 주간통상위원회(ICC)의 프레더릭 안드레는 위원회가 트럭 업계의 뇌물 관행을 걱정할 필요가 없다고 말했다. 뇌물은 "자유 시장이 작동한다는 것을 보여주는 분명한 사례 중 하나"이기 때문이다. 다른 위원들이 뇌물은 잘못된 것이라고 주장하자 안드레가 대꾸했다. "글쎄요, 그냥 할인일 뿐이지요. …… 뇌물도 결국 리베이트 아닙니까?" 이런 식의 이중화법을 구사하면 마피아도 금세 존경받는 기업이 될 수 있다. 갈취를 보험료라고 부를 테니까 말이다.

정부 기관은 절대 동물을 죽이거나 나무를 베지 않는다. 1981년 내무차관보 G. 레이 아넷은 사냥과 살해의 차이를 이렇게 설명했다. "쥐는 죽이지만 사냥감은 수확harvest하는 겁니다." 1983년 연방 정부는 펜실베이니아주에서 조류독감 바이러스를 차단하기 위해 7백만 마리가 넘는 닭을 가스로 죽이는 프로그램에 착수하면서 "개체수를 줄였다"고 말했다. 국립공원관리청은 옐로스톤국립공원에서 위험한 회색곰을 죽이는 것을 '재자연화 renaturalization'라고 한다. 1983년 내무부는 '식생 조절 vegetation manipulation' 프로그램이라는 이름으로 콜로라도주의 유명한 휴양 도시 애스펀 주변의 풍광 좋은 지역에서 수백만 제곱미터의 사시나무 aspen 숲을 완전히 벌목하겠다고 제안했다. 토지관리국(BLM) 소속의 알 라이트는 이렇게 말했다. "사시나무 숲을 관리하는 데는 몇 가지 타당한 삼림 관리 목적이 있습니다." 여기서 '관리'는 '벌목'의 이중화법이다.

이중화법을 사용하면 공유지 매각은 토지관리국을 위한 '자산 관리'가 되고, 사망은 1984년 식약청이 언급한 것처럼 비타민 E수액(E-Feral) 정맥 내 투여에 따른 '중증 부작용'이 된다. 에너지장관 도널드 호들은 이중화법 덕분에 '기밀로 분류되지 않는 통제 핵 정보'라는 새로운 보안 분류를 제안할 수 있었다. 국가 안보에 위협이 되지 않기 때문에 기밀로 분류되지 않는 정보가 포함된 분류다. 새로운 분류를 위반하는 경우 최대 10만 달러의 벌금을 내야 한다. 보안 문제에 관한 한 이에 질세라 1985년 로버트 맥팔레인이 주재하는 국가안보계획단(NSPG)은 '국가 안보 지침 196'을 발표했다. "미국 정부는 원칙적으로 불규칙적이고 생활 방식과 무관한 방첩용 거짓말 탐지기 조사 aperiodic, non-lifestyle counterintelligence-type polygraph examination를 활용해야 한다." 레이건 대통령이 이 지침에 서명함으로써 정부를 위해 일하는 10만여 명이 어느 때든 거짓말 탐지기 테스트에 응해야 하는 상황이 되었다.

항공기 지연이 항공기 지연이 아닌 때는 어떤 경우일까? 연방항공청(FAA)이 통계를 집계할 때다. 연방항공청은 기상이 악화되거나 공중에 항공기가 너무 많다는 이유로 항공 관제사가 지연시키는 항공편에 대해서만 지연으로 집계한다. "우리는 비행 시간표에 관심을 기울이지 않는다"고 연방항공청 대변인 프레드 패러는 말했다. 따라서 17편 중 1편 정도가 지연된다는 통계는 연방항공청에서 가장 많이 인용하는 이중화법이다.

항공기 사고가 나면 공식적 이중화법이 넘쳐난다. 연방교통안전위원회(NTSB)는 〈연방항공청 사고 조사 기록〉에서 항공기 추락에 대해 '통제된 지상 방향 비행 controlled flight into terrain'이라는 문구를 사용한다. 한 여객기가 이륙 중에 다른 여객기와 충돌을 간신히 피했을 때 연방교통안전위원회는 이를 '활주로 급습'이라고 지칭했고, 연방항공청은 '조종사 일탈'이라고 지칭했다. 헬리콥터 한 대가 추락해서 3명이 사망했을 때, 연방교통안전위원회는 추정되는 추락 원인으로 "악천후 지역으로 비행해서 지면과 간격을 유지하는 데 실패한" 사실을 들었다. 연방항공청에 따르면 프로펠러 날개가 부러진 게 아니라 "제어되지 않은 날개가 분리된 uncontained blade liberation" 사례에 불과했다.

진짜 관료처럼 말하기

1987년 환경보호청은 오염 관리 노력이 큰 효과를 발휘해서 필라델피아 델라웨어강의 일부 구간이 '기본적 오락 접촉primary recreational contact'에 적합해졌다고 발표했다. 무슨 말인지 어렵겠지만 강에서 수영을 해도 된다는 뜻이다. 이런 이중화법에 너무 놀라서는 안 된다. 1981년 환경보호청장 앤 고서치는 '산성비'라는 용어 사용을 금지하고 '충분히 완화되지 않은 강수poorly buffered precipitation'라는 문구만 사용할 수 있다고 정했기 때문이다. 1981년 환경보호청은 이중화법을 기관의 공식 언어로 삼기로 결정했다.

환경보호청 부청장 존 에르난데스는 '위험hazard' 같은 단어는 환경보호청에서 퇴출되고 있다고 설명했다. '위험'이라는 단어가 남용되면서 "불필요하게 시민들을 흥분시키는 자극적 단어"가 되었기 때문이라는 것이었다. 에르난데스는 "위험의 정도" 대신에 "'위험성 완화 정도degree of mitigation of risk'에 관해 이야기"하고 싶다면서 '위험비상상황대응국'의 명칭을 '비상상황처리대응국'으로 바꾸었다. 환경보호청은 또한 '암 유발'이라는 단어도 피하려고 했다. 그리하여 일부 목재 방부제가 암을 유발할 수 있다는 새로운 연구 결과를 공표하지 않기로 결정했고, 유전적 기형이나 선천성 결손증을 유발한다고 밝혀진 독성 화학 물질 목록도 발표하지 않을 것이다. 환경보호청의 한 언론 담당관은 "사람들에게 너무 큰 공포를 줄 수 있다"고 말했다. 또한 환경보호청의 '법 단속 요원'은 '법규 준수 지원 담당관'으로 명칭이 바뀔 예정이다.

새로운 언어 정책이 실제로 적용되고 있음을 보여주는 한 사례를 살펴보자. 로스앤젤레스의 한 화학 폐기물 처리장이 "폭발해서 불에 탔다"는 내용의 보도 자료 초안이 작성되었다. (폐기물 처리장 화재로 폭발이 일어나 약 318킬로그램짜리 드럼통들이 수십 미터 상공으로 날아올랐다.) 보도 자료 초안이 환경보호청장 앤 고서치의 집무실에 올라갔다가 돌아왔을 때 '폭발'이라는 단어가 삭제되었고 관련 화학 물질의 이름과 설명, 건강에 미칠 수 있는 부작용 같은 내용도 사라졌다. 이중화법은 이런 식으로 환경보호청의 공식 언어로 쓰인다.

이중화법은 정부 조직에 넘쳐난다. 시민을 대상으로 이야기할 때나 공무원들끼리 말할 때나 사정은 마찬가지다. 1986년 토지관리국에서 발표한 한 보도 자료는 다음과 같은 문장으로 시작한다. "법적 요건 준수에 관한 행정 절차를 추가하기 위한 조치의 일환으로, 내무부 토지관리국은 오늘 연방 석탄 채굴 임차인의 자격에 관한 규칙 제정을 공표했습니다." 이 이중화법은 토지관리국이 석탄 채굴 임대를 엄중 단속할 예정이라는 뜻일 뿐이다. 급여 인상을 요청한 상무부의 한 공무원은 이런 말을 들었다. "귀하가 맡은 직책의 생산성이 정부 기준에 비교할 때 변동이 심한 성향이 있는 탓에 임금 인상을 주창하는 것은 재정적으로 부적절할 것입니다." 다시 말해, 급여 인상은 꿈도 꾸지 말라는 것이다.

연방고속도로관리청 산하 연구개발기술국은 1984~1985년 보고서에서 이렇게 말했다. "교통량이 적어서 사고가 안전 지표로서 신뢰하기 어려운 2차선 지방 고속도로의 수평 곡선 구간과 신호가 없는 교차로에서 사고 외적 지표를 안전 지표로 검증하는 연구가 진행 중이다." 이 이중화법은 고속도로관리청이 사고가 전혀 일어나지 않은 장소의 안전 문제를 해결하기 위해, 사고가 있었다면 문제가 되었을 법한 '비사고 지표'를 개발하고 있다는 뜻인 것 같다. 그런데 이번에도 역시 전혀 다른 뜻으로 들린다. 이런 이중화법에 어떤 정확한 의미가 숨어 있는지 도대체 누가 알겠는가?

공직자윤리위원회 US Merit Systems Protection Board의 특임 고문 윌리엄 오코너는 상원 법사위 소위원회에 출석해서 비공개 의뢰인에게 정부 지출의 예산 낭비를 폭로하도록 조언할 것인지 질문을 받았다. 오코너는 진짜 관료처럼 대답했다. "비용 분석의 측면에서 보자면 그건 금지되어 있다고 말하고 싶습니다."

최종 보고서가 최종이 아닐 때

1988년까지 상무부는 분기별 국민총생산(GNP) 추계를 세 단계로 나누어 연속으로 발표했다. 잠정 데이터를 바탕으로 한 첫 번째 보고서는 '예비' 국민총생산 추계라고 불렸다. 후속 보고서 2개는 각각 '1차 수정안'과 '2차 수정안'이라고 불렸다. 하지만 상무부 경제 문제 담당 국장 로버트 오트너는 이런 명료한 언어를 없애야 한다고 결정했다. 오트너는 '예비' 국민총생산 추계를 '사전 advance' 국민총생산 추계로 지칭하기로 결정했고, '1차 수정안'은 '예비' 보고서로 바꾸었고, '2차 수정안'은 '최종' 보고서로 바꾸었다. 하지만 '최종' 보고서는 진짜 최종이 아니었다. 매년 7월 상무부가 지난 3년간의 분기별 추계를 전부 수정하고 3년마다 이전의 국민총생산 수치를 수정하기 때문이다. 그리하여 '최종' 보고서는 '변경 가능'이라는 뜻이 된다. "그 보고서는 매년 7월 수정할 때까지 '최종'입니다." 오트너의 말이다. "3년 뒤에 마침내 '최종'이 됩니다." 이 사람은 그 시간에 더 좋은 일을 찾을 수 없었을까?

국방부처럼 때로는 정부 기관의 명칭 자체가 이중화법이다. 에너지부라는 명칭은 이중화법의 또 다른 사례. 에너지부가 무슨 일을 한다고 생각하시는지? 에너지 자립과 재생에너지를 개발하는 기관이라고 생각한다면, 음, 당신이 틀렸다. 1977년 에너지부가 처음 생겼을 때 풍력, 수력, 태양광, 열에너지 같은 재생 가능 에너지원을 개발해서 미국의 수입 석유 의존도를 낮추고 '에너지 독립'을 달성하는 임무가 부여되었다. 하지만 시간이 흐르면서 사정이 바뀌었다.

1987년 에너지부 예산은 128억 달러였는데, 그중 23억 달러가 핵탄두 부품 생산과 핵탄두 최종 조립을 위한 것이었다. 또한 플루토늄, 우라늄, 삼중수소 등 핵탄두 원료 생산에 18억 달러, 핵탄두 설계와 시험에 16억 달러, '스타워즈' 연구에 6억 달러가 배정되었다. 물론 또한 에너지 보호에 7600만 달러, 재생 가능 에너지원에 9200만 달러의 예산이 배정되었다. 1987년 예산 가운데 꼬박 65퍼센트가 핵무기 개발과 생산에 투입되었다. 수입산 석유 의존에서 탈피하고 재생 가능 에너지원을 개발하는 건 물 건너간 셈이다. 분명 독자 여러분은 에너지부의 주요 기능이 핵무기 건조라고는 꿈에도 생각하지 못했을 것이다.

단어의 재정의

이중화법은 또한 널리 사용되는 단어를 재정의하면서 일반적으로 수용되는 의미를 정반대로 바꾸어 새로운 의미를 부여하기도 한다. 연방통신위원회에는 '공정성 원칙'이라는 39년간 유지된 정책이 있는데, 이에 따르면 방송사들은 논쟁적인 공적 논의의 모든 주장을 공정하게 보도해야 한다. 1982년 통신위원장 마크 S. 파울러는 전국방송협회(NAB) 회의에서 발언하면서 이렇게 말했다. "우선 방송사는 공정성이나 동등한 방송 시간 보장 같은 원칙을 따라야 합니다. 그건 합리적일 뿐만 아니라 잘하는 일이지요. 하지만 정부가 그런 규칙을 강제하는 건 다른 문제입니다. 저는 그걸 검열이라고 부릅니다."

'공정성 원칙'은 법률이 아닌 통신위원회의 규칙이었기 때문에 의회는 1987년에 이 원칙을 법률로 정하는 법안을 통과시켰다. 레이건 대통령은 법안에 거부권을 행사하면서 이 법안은 "헌법 수정 조항 제1조에서 보장하는 표현의 자유에 위배된다"고 말했다. 그리하여 논쟁적인 공적 논의에서 모든 주장에 귀를 기울여야 한다는 요건은 '검열'이 되었다.

우리가 보통 메디케어(Medicare, 노인 의료 보험)를 위한 자산 심사라고 부르는 것에 대해 예산관리국의 에드윈 L. 데일은 생각이 다르다. 데일은 자산 심사가 아니라 '소득에 따른 보험 혜택

계층화 layering of benefits according to your income'라고 부르는 쪽을 선호했다. 단어를 재정의하는 게 어떤 효과를 발휘하는지 보시라.

단어의 재정의는 정부 이중화법 중에서도 특히 강력한 힘을 발휘한다. 1982년 재무장관 도널드 리건은 기자들에게 이렇게 말했다. "향후 3~5년 동안 우리는 완전 고용을 달성하기 위해 노력할 것으로 기대하고 믿습니다. 완전 고용의 정의는 현재 실업률 6.5퍼센트입니다." 1964년에는 6.5퍼센트 실업률이 굉장히 심각한 문제로 여겨져서 린든 존슨 대통령이 '위대한 사회 Great Society'와 '빈곤과의 전쟁 War on Poverty' 프로그램에 착수하는 계기가 되었다. 하지만 이제 정부가 재정의의 힘을 발휘하자 6.5퍼센트 실업률이 '완전 고용'으로 변신했다.

무죄가 입증될 때까지는 유죄: 대법원의 이중화법

이중화법은 연방대법원 판결에도 나타날 수 있으며 실제로 나타난다. 1974년 '게덜딩 대 아이엘로' 사건에서 대법원은 캘리포니아주가 의료 보험 프로그램 대상에서 임신부들을 지속적으로 배제하는 것이 여성에 대한 차별이 아니라고 판결했다. 대법원은 다음과 같이 지적하면서 이런 결론에 다다랐다. "이 프로그램은 잠재적 수혜자를—임신한 여성과 임신하지 않은 사람이라는—두 집단으로 나눈다." 따라서 이 프로그램은 미국 헌법의 '평등 보호' 조항을 위반하지 않으며 따라서 여성에 대한 차별이 아니라는 것이다.

1987년 '미합중국 대 살레르노'(No. 86-87) 사건에서 대법원은 기소되었지만 유죄 판결을 받지 않은 사람을 투옥하는 것을 허용하는 보석개혁법 Bail Reform Act이 위헌이 아니라고 판결했다. 다수 의견을 작성한 글에서 대법관 윌리엄 렌퀴스트는 한 법학자가 "전체주의 정부의 거대한 도구"라고 규정한 재판 없는 구금을 정당화하면서 이중화법을 활용했다.

렌퀴스트는 보석개혁법이 헌법 수정 조항 제8조의 '과도한 보석금 조항'에 위배된다는 주장을 기각했다. "물론 이 조항은 보석 허용 여부에 관해 전혀 언급하지 않는다."(헌법 수정 조항 제8조의 전문은 다음과 같다. "과도한 보석금을 요구하거나, 과도한 벌금을 부과하거나, 잔혹하고 이례적인 형벌을 부과해서는 안 된다.") 렌퀴스트는 또한 예방적 구금은 처벌이 아니라 '규제'라고 주장했다. "어떤 사람을 구금한다는 단순한 사실이 정부가 처벌을 부과했다는 결론으로 바로 이어지지는 않기" 때문이다. "자유 제한이 허용할 수 없는 처벌인지, 허용 가능한 규제인지 판단하기 위해서는 우선 입법 의도를 살펴야 한다." 계속해서 렌퀴스트는 "보석개혁법의 입법 역사를 살펴보면 의회가 재판 전 구금 조항을 처벌의 의도로 만들지 않았음을 분명히 알 수 있다"고 지적했다. 그리하여 재판 없는 투옥은 의회가 그런 식으로 의도하지 않았기 때문에 '처벌'이 아니라 '규제'가 되었다.

렌퀴스트는 또한 범죄 혐의로 기소되어 '위험하다'는 이유로 보석을 거부당한 사람을 '잠재적 범죄자'라고 지칭했다. 따라서 범죄 혐의로 기소되었지만 아직 재판을 받지 않은 사람은 무죄가 입증될 때까지 유죄로 간주되고 구치소에 구금될 수 있다. '미래에 위험할 가능성'이 있기 때문이다. 이중화법은 대법원이 이런 결론에 이르는 데 훌륭하게 기여했다.

중앙정보국이 관리하는 라틴계 자산

중앙정보국은 굉장히 비밀스러운 조직이다. 실제로 워낙 비밀스러운 까닭에 이 기관에서 사용하는 이중화법은 좀처럼 대중에게 공개되지 않지만, 간혹 유출될 때면 최고의 이중화법으로 손꼽힌다. 어쨌든 이 기관은 이중간첩 용의자를 암살하는 것을 '극단적 편견에 따른 제거'라고 규정하며, 니카라과에서 공격을 수행하기 위해 고용한 라틴아메리카 용병들을 '일방적으로 관리하는 라틴계 자산'이라고 지칭했다. 중앙정보국은 또한 보고서를 '기밀, 외국인 열람 금지, 정부 외주 계약자 열람 금지, 원작성자 승인 필요Secret Noforn Nocontract Orcon'로 분류한다. 보고서 작성자의 승인이 없으면 누구도 문서를 볼 수 없다는 뜻이다. 중앙정보국은 이중화법을 멋들어지게 구사하면서 외국 정부를 불법적으로 전복하는 비밀 행동을 설계하고 수행하는 부서를 '국제문제부Department of International Affairs'라고 지칭한다. 중앙정보국은 첩보 업무, 또는 스스로 즐겨 말하는 대로 '정보 수집' 업무에 종사하기 때문에 직원들이 비밀을 누설하는 그릇된 행동을 하지 않도록 조심해야 한다. 따라서 이 기관은 직원들을 대상으로 하여 거짓말 탐지기, 도청, 재정 상태 심사, 지인 및 여행 이력 조사 같은 '품질 관리' 프로그램을 운영한다.

구인광고

중앙정보국에 취직하는 것은 쉬운 일이 아니다. 중앙정보국은 구인 광고에서 '첩보' '도청' '가택 침입' '살인' 같은 단어를 절대 쓰지 않으며 불법적 정부 전복, 용병 고용, 외국 공무원 매수, 의회 거짓 증언 등등 중앙정보국이 벌이는 흥미진진한 일들은 언급도 하지 않는다. 구인 광고에서 강조하는 것은 '문화 간 교양' '소통 기술' '확고한 윤리 기준' '사람을 다루는 재능' '성실한 업무 수행' 등이다. 중앙정보국의 주요 기능, 즉 첩보 활동을 설명하는 데 사용되는 이중화법이야말로 탁월하다. 구인 광고에 따르면 "신중한 대외 정책 결정은 확실한 정보에 달려 있다. 가장 중요한 결정은 우리의 적들이 감추고자 하는 정보에 의존한다. 진정으로 특별한 남녀 집단이 이런 핵심적 정보 공백을 메우기 위한 우리의 국가적 시도에서 핵심 요원으로 외국에서 근무한다". 당신은 첩보 활동을 하는 게 아니라 "핵심적 정보 공백을 메"울 뿐이다.

중앙정보국이 어떤 사람들을 채용하는 데 관심이 있는지를 알고 싶으면 누가 거기서 일하는지를 살펴보면 된다. 앨런 파이어스는 중앙정보국의 중미 담당 고위 공작원이었다. 이란-콘트라 사건 당시 그는 콘트라 반군에 군사 원조를 제공한 사람을 알지 못한다고 한, 과거 의회에서 선서하고 증언한 내용을 번복했다. 하지만 파이어스는 올리버 노스 중령이 콘트라 반군에 무기를 제공하지 않았다면서 단지 "그 일이 벌어지게 유도했을" 뿐이라고 주장했다. 파이어스는 니카라과에서 격추된 수송기의 소유주를 "알지 못했다"고 한 증언을 "완벽한 답은 아니지만 정직한 답"이라고 변호했다. 그러면서 자신의 증언을 "기술적으로 정확하지만 의도적으로 회피적인" 증언이라고 지칭했다. 파이어스는 분명 중앙정보국이 모든 직원에게 요구하는 '확고한 윤리 기준'을 보여준 셈이다.

중앙정보국의 또 다른 성공한 인물은 라틴아메리카 비밀 작전 책임자를 지낸 듀이 클래리지다. 그 역시 중앙정보국이 직원에게 요구하는 자질을 보여주었다. 1985년 하원 정보위원회 고위 상임위원들을 대상으로 비공개로 진행한 브리핑에서 클래리지는 중앙정보국이 지원하는 콘트라 반군이 어떤 식으로 "지방에서 민간인과 산디니스타 관료들"을 살해하고 "협동조합장, 간호사, 의사, 판사"들을 살해했는지 설명했다. 클래리지는 이런 살인이 정치적 암살을 금지한, 레이건 대통령이 서명한 1981년 대통령령을 위반한 게 아니라고 주장했다. "어쨌든 이건 전쟁입니다. 준군사 작전이라고요." 계속해서 그는 중앙정보국의 정의에 따르면 '암살'이라는 용어는 니카라과에서 벌어진 살인에 적용되지 않는다고 말했다. "이 사건들은 암살이 아닙니다. 우리가 보기엔 암살은 국가수반을 살해하는 경우에만 해당합니다. 용어의 정의는 정치인의 몫입니다."(1981년 12월 4일, 레이건 대통령이 발동한 대통령령은 다음과 같다. "미국 정부가 고용하거나 미국 정부를 위해 일하는 인사는 암살에 관여하거나 공모해서는 안 된다. 어떤 정보

기관도 본 대통령령에서 금지하는 행위에 가담하거나 다른 사람에게 수행하도록 요청해서는 안 된다.") 클래리지는 분명 중앙정보국이 소중히 신봉하는 자질을 보여준다. '확고한 윤리 기준' '사람을 다루는 재능' '문화 간 교양', '일급 소통 기술' 따위가 그것이다.

게릴라 반군을 위한 소통의 기술

만약 당신이 '일급 소통 기술'과 '문화 간 교양'을 갖추고 있다면 니카라과 정부에 맞서 싸우는 니카라과 게릴라들을 위해 중앙정보국이 마련한《심리전 교본》을 집필하라는 요청을 받을지 모른다. '일급 소통 기술'을 활용하면서 '선택적 폭력을 사용'해서 당신은 판사, 경찰, 국가 안보 관료 같은 니카라과 관료들을 '중립화'하는 법에 관한 조언을 제공하고, '선택적 임무'를 수행할 전문 범죄자 고용을 제안하며, 반군 지지자의 죽음을 기획해서 대의를 위한 '순교자'를 만들라고 제안하고, '칼, 면도날, 쇠사슬, 몽둥이, 각목' 따위로 무장한 인원을 대동하고 평화 시위에 가세해서 "남을 잘 믿는 순진한 시위 참여자들의 약간 뒤쪽에서 행진하면서 …… 시위 군중을 선동"하는 지침을 줄 것이다. 그리고 이런 교본을 작성할 때면 중앙정보국장 윌리엄 케이시의 말처럼, 그 목적이 "모든 게릴라가 대면 소통에서 설득력을 발휘하게 만들"고 "정치적 의식"을 계발하는 것임을 기억해야 한다. "교육에 강조점을 두기" 때문이다.

이런 교본을 작성하는 게 불법이 아닐까 걱정할 필요는 없다.

어쨌든 백악관 대변인 래리 스피크스는 이 교본을 조사한 결과 다음과 같은 결론에 다다랐다고 말했다. "중앙정보국 인사나 계약 직원들이 미합중국 헌법이나 법률, 행정명령이나 대통령 지침을 위반한 사례는 없다." 스피크스는 미국 법률에 따르면 선전 포고를 한 경우를 제외하고 외국 정부를 전복하려는 행위를 지원하는 것이 금지된다는 사실을 간단히 무시했다. 또한 포드 대통령이 승인하고 레이건 대통령이 다시 발동한 암살과 관련된 대통령 지침도 무시했다.

폭발이 아닌 이상 현상

우주 왕복선 챌린저호가 폭발한 사건을 당신은 사고라고 불렀을지 모르지만, 나사(NASA, 미국항공우주국)는 '이상 현상anomaly'이라고 불렀다. 그리고 나사는 사고 조사를 진행하지 않았다. 나사 소속의 케이 파커가 말한 것처럼 "이상 현상 조사 분야" 전문가들이 비행 시뮬레이터를 사용했다.

나사가 챌린저호 승무원들이 정확히 언제, 어떻게 사망했는지를 판단하는 데 어려움을 겪고 있다고 보고했을 때, 해군 소장 리처드 트룰리는 다음과 같이 보고했다. "입수 충격 전에 선체가 파열되었는지는 회수된 요소들recovered components의 표면적 조사 결과로는 아직 결론이 나지 않았습니다." 여기서 '회수된 요소들'이란 표현은 승무원의 주검을 가리킨다. 소장은 이런 말도 했다. "즉각적으로 산산조각이 난 파괴에서 드러난 것처럼 왕복선에는 극도로 거대한 위력이 가해졌습니다." 계속해서 이런 말도 했다. "가능한 대로 일단 이 위력을 정확히 파악하면, 구조 분석가들이 승무원 탑승실의 구조와 압력에 끼친 영향을 산정할 것입니다." 또한 나사는 우주 비행사들의 관을 '승무원 이송 컨테이너'라고 지칭했다.

사고 원인 조사 과정에서도 이중화법이 넘쳐났다. 존슨우주센터의 미국우주교통시스템프로그램 관리자인 아널드 올드리치는 이렇게 설명했다.

카운트다운 중에 정상적 과정은 발사가 가능한 상태임을 전제로 진행되며, 카운트다운 중 여러 시점에서 우리는 운영 루프에 태그를 달고, 발사 통제실 내부에서 데이터를 모니터하고 진행 상황을 파악하는 프로젝트 요소들이 발사 조건에 부합하는지를 확인합니다.

로켓 제조사 모턴티오콜Morton Thiokol의 엔지니어인 앨런 맥도널드는 챌린저호 사고 조사 위원회에 출석해서 증언하면서 발사 전날 밤 추운 날씨가 추진제 로켓의 O링(패킹용 고무) 밀봉 부분에 영향을 끼칠 수 있다는 우려를 제기했다고 말했다.

낮은 기온이 O링 두 개에 나쁜 방향으로 영향을 끼친다고 말했습니다. 타이밍 기능이 저하되니까요.

그는 또 이렇게 말했다.

제가 발사 승인 기준launch commit criteria을 충족하는 요건에 관해 순진하게 생각하는 것일지 몰라도 저는 그것이 우주 왕복선의 모든 구성 요소나 하위 시스템의 조건에 근거해서 마련되는 것으로 이해하고 있었습니다. 그리고 어떤 구성 요소라도 그 기준 밖으로 벗어난 경우에는 절대 발사를 해서는 안 된다고 알고 있었습니다. 고체 로켓모터(SRM)의 기준이 섭씨 4도라면, 나사가 왜 그보다 낮은 온도에서 발사를 강행했는지 도무지 이해할 수 없습니다.

마셜우주비행센터의 우주 왕복선 고체 로켓 부스터 프로그램 관리자인 래리 멀로이는 O링 문제와 노즐 내부 단열재 문제 중 어느 쪽이 우주 왕복선에 더 큰 위험인지를 평가하는 질문에 이렇게 답했다. "중요성에 관한 위원님의 질문에 답하자면, 어떤 부분을 더 중요하게 판단해야 하는지는 정말 우열을 가릴 수 없는 접전으로 볼 수 있습니다. 그 점에 관해 핵심은 어느 특정한 시간에 그런 경험을 했는지에 따라 다릅니다."

우주 왕복선의 주 하청업체인 록웰인터내셔널의 몇몇 임원들이 록웰인터내셔널은 발사대 표면에 얼음이 끼어서 위험하다는 이유로 우주 왕복선 발사에 반대했다고 증언한 뒤, 록웰인터내셔널 우주 운송 부문 부사장인 마틴 초폴레티가 증언했다. "저는 우리가 충분한 데이터베이스가 없어서 얼음의 궤적을 분석할 수 없다고 말함으로써 록웰이 발사에 찬성한다는 긍정적 신호를 준 게 아님을 이해시켰다고 느꼈습니다."

모턴티오콜의 간부들은 우주 왕복선을 발사하지 않기로 했던 결정을 번복한 이유를 묻자 "그날 이루어진 논의의 재평가에 근거해서" 번복이 이루어졌다고 말했다. 사고를 조사하는 대통령 직속 위원회는 이 발언이 나사가 압박을 가했다는 뜻으로 해석될 수 있다고 언급했다. 우주 왕복선 프로그램을 설계하고 조작하는 사람들이 이런 식으로 말을 한다면, 도대체 그 우주선이 어떻게 이륙하는지 궁금해져야 마땅하다. 하지만 관계자들이 실수를 하고서 실수에 관해 이야기하고 싶지 않을 때면 이런 식으로 이야기하는 것 같다.

흙탕물 비말 억제 장치와 전자 감시

의회는 단지 세법을 양산한다는 이유만으로도 이중화법의 최대 원천 중 하나다. 하지만 이 신성한 전당에서 흘러나오는 이중화법은 그 밖에도 무수히 많다. 다른 입법 기관들과 달리 의회에는 '휴회'가 없고, 대신 '독립 기념일 지역구 활동 기간'같이 '지역구 활동 기간'이 있다. 의회가 일을 할 때는 '우라늄 재활성화, 폐기물 매립 및 농축법' 같은 법안을 검토한다. 핵발전 업계가 정부에 갚아야 하는 88억 달러를 탕감해주는 법안이다. '설탕 수출 증진 프로그램'은 몇몇 설탕 생산업체에 해마다 1억 달러의 보조금을 지급하는 법안이다. 레이건 대통령의 '스타워즈' 프로그램을 위한 기반을 닦는 법안에는 '국민보호법 People Protection Act'

이라는 이름이 붙었다.

의회에서 통과시키는 법안의 언어는 세법의 언어만큼이나 혼란스럽다. 여기 1985년 고등교육법 개정안의 한 조항을 보시라. "고등교육법 III편에서 (1) '358(a)(1)'절을 삭제하고 '360(a)(1)절'을 삽입해서 311(b)절을 개정하고; (2) (E)호의 'has' 앞에 'which'를 삽입해서 ─ (C)호와 (D)호의 각 부분에 등장하는 'is' 앞에 'which'를 삽입해서 ─312(b)(1)절을 개정한다." 의회 이중화법의 의미를 간신히 알아낼 때면 보통 다시 분노가 치밀어 오른다.

1981년 의회는 알래스카부터 본토까지 연결하는 천연 가스 수송관을 부설하기 위한 법안을 통과시켰다. 이 법안의 내용은 수송관을 소유한 기업이 수송관 공사가 진행되는 동안 아직 공급받지 못한 천연 가스에 대해서도 고객들에게 요금을 사전 청구할 수 있도록 허용하는 것이었다. 법안은 자비롭게도 고객들이 수송관 부설 비용을 분담하게 해주었지만, 고객의 돈으로 수송관을 부설한 뒤에 그 수익을 고객이 공유한다는 조항은 없었다.

1982년 세법에는 미국 기업이 일 처리를 빠르게 하거나 어쨌든 일을 완수하기 위해 외국 정부 공무원에게 불법적으로 지불하는 뇌물 또는 '윤활유'에 소득 공제를 해주는 조항이 있었다. 상무부 국제국장 마이클 새뮤얼스는 "유감스럽게도 윤활유는 지저분하고 부패한 인상을 주지만 실은 그렇지 않다"고 말했다. "수석 웨이터에게 좋은 자리로 달라고 5달러를 챙겨주는 것, 즉 팁에 가까운 것이다." 이 조항에 관해 상원 재무위원회의 보고서는 이런 식으로 말했다. "이 돈은 그들 입장에서 보면 재량권이 없는 행정 행위를 촉진하기 위해 정부 공무원들에게 지불하는 것이다. 따라서 세관원에게 물품의 세관 통과를 신속하게 처리하기 위해 건네는 돈은 본 법에 따라 소득 공제가 가능하다." 정말 놀라운 이중화법 아닌가? 이제 뇌물이 단순한 "팁"이나 "재량권이 없는 행정 행위를 촉진하기 위해 지불하는 돈"이 되었다.

의회는 법안을 통과시키면서 이중화법으로 놀라운 일을 한다. 트럭 타이어 쪽에 장착하는 머드플랩(진흙받이)은 '흙탕물 비말 억제 장치'가 되고, 법률 용어인 '의도적 정신 상태 intentional state of mind'는 '자신의 행위 또는 행위의 결과를 의식적으로 의도하는 경우의 정신 상태'라고 정의된다. 1973년 재활치료법 503절에 따르면, 장애를 이유로 삼아 사람을 차별해서는 안 되며 정신 질환, 약물 중독, 알코올 중독은 '장애'로 간주된다. 하원의원 존 B. 브로는 1981년에 돈을 받고 투표권을 팔라는 제안을 받자 이렇게 말했다. "아니오. 그건 빌려줄 수 없습니다." 이렇게 의회의 이중화법 기계는 척척 소리를 내며 돌아가면서 이중화법을 통해 당신과 나의 삶을 비싼 값으로 개선하고 있다.

정부의 이중화법은 우스꽝스럽기도 하고 진지하기도 하다. 고속도로는 '도시 관통 장치 urban penetrator'라 불리며, 먼지는 '대기 입자 airborne particulates'가 된다. 정부는 슬럼가를 철거하는 게 아니라 "황폐 지구를 재건한다". 주택과 동네에 부적격 판정을 내리는 게 아니라 "수용권을 행사한다". 정부는 전화를 도청하지 않으며, 단지 '전자 감시'를 진행한다.

전국 공무원들이 쓰는 공통어

이중화법은 워싱턴의 연방 정부에만 국한되지 않는다. 각급 정부에서도 두루 찾아볼 수 있다. 시, 군, 주정부의 지방 공무원들은 워싱턴의 전문가만큼이나 능숙하게 이중화법을 구사한다. 일리노이의 한 주민은 일리노이주 스프링필드 주무장관실로부터 다음과 같은 통지문을 받고서 당황했다.

지방 정부 단위나 커뮤니티 칼리지 구역을 포함한 학구에 고용되어 근무하면서 독립 계약자가 아닌 직원으로서 연간 3만 5천 달러 이상의 급여를 받는 사람, 그리고 같은 고용 상태로 연간 3만 5천 달러 미만의 급여를 받는 사람 중 주나 지방 정부나 커뮤니티 칼리지 구역을 포함한 학구를 위해 전문 서비스를 제공하고 수수료를 받는 경우에 이를 포함한 공공 고용의 총수입이 연간 3만 5천 달러 이상인 사람.

끔찍하게 혼란스럽고 당혹스러운 이중화법일 뿐만 아니라 아예 제대로 된 문장도 아니다. 이 통지문을 받은 사람은 도대체 어떻게 해야 하는 걸까?
1984년 펜실베이니아주 앨런타운 시는 "성매매에 연루된 여성 아동을 위해 설계된 '세이프 하우스' 설립과 발전을 위한 제안서"를 제출했다. 제안서에는 전문 용어와 뒤죽박죽인 문장이 가득했다.

아이들이 사업 원리에 따라 자신을 상품 할당으로 제시하는 신체적·심리적 결정을 독립적으로 실행한다는 가정은 매우 의심스럽고 순진한 것이다. 따라서 '세이프 하우스' 구상의 운영 및 전제 조건과 관련하여 실행 가능한 정당성 개발을 제공하기 위한 개인의 동기를 포함해야 한다.

이런 문장에도 불구하고 '세이프 하우스 구조'를 위한 지원금을 받았기를 기대한다. 어쨌든 발상은 좋아 보이니까.

정부 이중화법만으로도 골치 아픈데, 정부 관리들이 변호사들과 합세해서 이중화법을 양산하면 우리는 큰 문제를 겪게 된다. 오로지 이중화법만 아는 것 같은 정부의 이중화법 전문가들과 변호사들이 작성한 투표 제안과 조례를 살펴보기만 하면 된다. 1982년 뉴저지주 와일드우드크레스트의 유권자들은 다음 질문에 대해 투표할 것을 요청받았다.

뉴저지주 케이프메이 카운티 와일드우드크레스트 자치 시에 무료 해변을 설치하고, 뉴저지주 케이프메이 카운티 와일드우드크레스트 자치 시의 해변 관련 규칙과 규정을 제정하는 조례 564호의 일부 조항을 폐지하며, 해변 사용을 위한 요금을 징수하고 배지를 배포하기 위한 규칙과 규정을 제정하는 조례 564호의 일부 조항을 폐지하고, 해변 이용료를 납부하지 않은 데 대한 벌칙을 정하는 규칙과 규정을 폐지하기 위해, 민원으로 제안되고 와일드 우드크레스트 자치 시 조례 564호를 개정하는 조례에 찬성하십니까?

다시 말해, 만약 당신이 공공 해변 이용료를 부과하는 데 반대한다면 "네"에 투표해야 하지만, 공공 해변 이용료를 부과하는 데 찬성한다면 "아니오"에 투표해야 한다. 정말 대단한 이중화법이다. 하지만 어떤 정신 상태여야 이런 언어를 양산하는지 의문을 품어야 마땅하다.

이제 숨을 깊게 들이쉬고 참은 다음 위스콘신주의 어느 시에서 제정한 다음의 조례를 읽어보시라.

132.06 소유자 이외의 용기 사용; 고물상 관련. 소유자 또는 소유자의 대리인 이외의 개인 또는 법인이 원래 용기 안에 들어 있는 것 외의 물질, 상품 또는 제품을 판매하기 위해 그런 캔, 통, 원통, 상자, 병, 나무통, 대형 통, 맥주 통, 큰 상자, 탱크, 액체 저장 용기, 항아리, 그릇을 사용하거나 캔, 통, 원통, 상자, 병, 나무통, 대형 통, 맥주 통, 큰 상자, 탱크, 액체 저장 용기, 항아리, 그릇을 매매 또는 밀매하는 행위, 또는 캔, 통, 원통, 상자, 병, 나무통, 대형 통, 맥주 통, 큰 상자, 탱크, 액체 저장 용기, 항아리, 그릇 매매업자나 고물상이 그런 캔, 통, 원통, 상자, 병, 나무통, 대형 통, 맥주 통, 큰 상자, 탱크, 액체 저장 용기, 항아리, 그릇을 보유하고

있다는 사실에 대해 표시하거나 각인하고 그 설명을 132.04에 규정된 대로 제출 및 게시해야 하며, 이에 따라 ss. 132.04~132.08에 규정된 대로 이런 사용, 구매, 판매, 밀매, 보유가 일단 채택된 증거가 되며 그렇게 간주된다.

다시 말해, 고물상이 용기를 재사용하는 경우에 벌금이 부과된다는 것이다. 이 명료하기 짝이 없는 법령을 읽고 난 뒤 당신이 묻고 싶은 질문이 무엇인지 안다. 도대체 원통 firkin이 무엇인가?

몇몇 지방 정부는 고속도로를 달리는 트럭이라 말하는 대신 '불규칙한 탄성 포장 도로를 가로지르는 굴절식 차량의 동적 행위'라고 표현한다. 다른 주들에는 도로 표지판이 있겠지만, 매사추세츠주에는 공공사업부의 스콧 L. 피커드에 따르면 '땅에 고정시킨 경로 확인 표지 ground-mounted confirmatory route marker'가 있다. 다른 도시들도 시내에 주차 공간이 부족하지만, 미니애폴리스-세인트폴은 '주차장 적자'를 겪고 있다. 다른 주들에는 긴급 차량이 있겠지만, 캘리포니아주 교통부에 따르면 그 명칭은 사실 '주요 사고 대응 단위'다. 그리고 뉴저지주의 운전자들은 이미 전국에서 가장 높은 자동차 보험료에 추가 요금을 내는 대신 '잔여 시장 균등화 요금 Residual Market Equalization Charge'을 납부한다.

1977년 아이다호주에서 14명이 사망한 티턴댐 붕괴 사고 조사 위원회 보고서는 이 비극의 원인이 "불운한 설계 기준 선택과 관례에 미치지 못한 예방책"이라고 결론지었다. 1981년 캔자스시티의 하야트리전시 호텔의 공중 통로 2개가 붕괴해서 114명이 사망하고 200명이 부상당한 뒤, 캔자스시티가 건축 지침을 어떻게 관리했는지 조사한 결과 "역량 척도의 부정적 측면에 막중한 부담을 가하는 경향이 있는 다수의 결손"이 발견되었다.

코네티컷주 이스턴에서는 쓰레기 처리 위원회가 '고형 폐기물 태스크포스'라고 불리며, 코네티컷주 뉴케이넌에는 쓰레기 폐기장 대신 '용적 축소 공장'이 있다. 펜실베이니아주 필라델피아에는 많은 쓰레기 폐기장이 '재활용 시설'로 불린다. 뉴햄프셔주 하노버에는 하수도 감독관 대신 '하수 관리자'라는 직책이 있다. 애리조나주 패러다이스밸리는 커뮤니티 레크리에이션 센터 대신 '다세대 이용 시설'을 지었다.

뉴저지주 트렌턴주립교도소에는 이제 사형 집행소가 없으며, 그 대신 '사형수 구역'이 있는데 여기서 '사형 집행 기술자'들이 치사 주사를 관장한다. 뉴욕주 스톰빌에 있는 그린헤이븐교도소에서는 요즘 사형수 감방을 '사형 기결수 구역'이라고 부른다. 그리고 1984년 컬럼비아특별구 법원은 연방대법원이 나중에 기각한 판결에서 텍사스주에서 사형 집행에 사용하는 독극물 주사가 '안전하고 효과적'이라는 인증을 받아야 한다고 결정했다.

워싱턴주 킹카운티성인교도소장 스티브 슈월브는 이 시설이 교도소가 아니라 '킹카운티 교정 시설 King County Correctional Facility'이며, 거기서 일하는 사람들은 간수가 아니라 '교정관'이라고 주장했다. 교도소 교도관들을 대표하는 공무원노동조합 519지부의 교섭위원 재러드 카세터는 명료한 언어를 위해 싸우면서 한마디

했다. "여긴 교도소입니다. 교정 시설이 아니에요. 우리는 아무도 교정하지 않아요." 펜실베이니아주에는 '청소년발달센터Youth Development Center'가 있는데, 이는 소년원이나 소년교도소보다 훨씬 나아 보인다. 하지만 주립 교도소는 주 '교정 시설'이라고 불리며 교도소장은 '관리자', 독방은 '개인 행동 조정실'이라고 불린다. 그 영화를 보지 못했는가? 영화배우 제임스 캐그니는 폭력배 기결수이고 팻 오브라이언은 교도소장이다. 캐그니가 오브라이언에게 으르렁거린다. "어서 해, 소장. 나를 개인 행동 조정실에 처넣으시지. 난 견딜 수 있다고." 아무튼 조금 다르다.

펜실베이니아주 정신건강·정신지체국은 환자들에 대해 '탈출' 대신 '이탈'이라는 용어를 채택했고 '환자'는 '거주자', 환자가 도망친 주립 보호 시설은 '센터'라고 부른다. 펜실베이니아주는 또한 공공복지부의 명칭을 '인적서비스부'로 바꾸었다. 예전에는 이 부서의 이름이 '공공자선부'였다.

뉴저지 주지사 톰 킨의 보좌관 2명은 운전기사가 없었다. 주법에 위배되기 때문이다. 하지만 주지사 수석 보좌관 토머스 서스턴에 따르면 "두 사람 모두 운전을 담당하는 참모가 있다". 오클라호마주 인사과장 짐 토머스는 주지사 조지 나이가 30일간 주 예산 지출 동결을 부과했는데도 장관 11명의 급여가 큰 폭으로 오른 이유에 관해 질문을 받았다. "급여 인상이 아닙니다." 토머스가 대답했다. 단지 직책이 상향 조정된 것이었다.

아마 그 직책은 정말 힘든 일일 것이다. 여기 웨스트팜비치에 있는 사우스플로리다 수자원관리국 변호사실의 '선임 인사 분석가' 구인 광고를 보라.

이 직책은 기관의 정책, 절차, 프로그램 실행을 지원하기 위해 국Office/부Department 차원의 전문 행정 지원 시스템 업무를 담당합니다. 직무는 국/부와 궁극적으로 관리국 내에서 규정된 정책과 지침을 준수하고 운영 효율성을 높이기 위해 설계된 다양한 절차와 방법, 시스템의 개발, 제정, 유지를 통해 행정 업무를 개선하는 책임을 집니다.

힘든 일이지만 누군가는 해야 한다. 하지만 이 설명은 양로원을 위한 정부 화재 예방 소책자에 나온 '비상 통로' 정의만큼이나 명료하다. "비상 통로는 비상구 입구로 이어지는 탈출 수단의 일부다."

워싱턴 D.C. 시장 매리언 배리는 1983년에 1억 1천만 달러로 예상되는 재정 적자를 피하기 위해 어떤 프로그램들을 삭감하려 하는지 확인해주기를 거부했다. 온갖 예산 수치를 보면 시민들이 혼란스러울 것이라는 이유를 들었다. "시민들을 이 모든 수치로 혼란스럽게 하지 않으면서 시민들과 더 잘 소통해야 한다고 결정했습니다." 일부에서는 여전히 필라델피아 경찰이 1985년에 폭탄을 투하해 화재를 일으켜서 11명을 죽이고 61채의 주택을 파괴했다고 말하지만, 공식 보고서에 따르면 그것은 폭탄이 아니라 '진입 장치'였다.

콜로라도주 하원의원 A. J. 스파노는 1979년 덴버가 미국에서 두 번째로 대기 질이 좋지 않은 도시로 선정된 것에 진절머리가 났다. 하지만 스파노는 덴버의 대기 질을 정화하기 위한 캠페인을 시작하지 않았다. 대신에 그는 주 대기 질 기준의 명명법을 바꾸는 법안을 내놓았고 주 하원 교통위원회는 이를 통과시켰다. 스파노가 제시한 새로운 기준에 따르면 연방 정부 기준에서 '유해'로 지칭되는 오염 물질 수준은 '열악'이 되었고, '위험'은 '보통', '건강에 매우 해로운'은 '양호', '건강에 해로운'은 '좋음', '적당'은 '아주 좋음'이 되었다. 이중화법에 따르면, 덴버에는 대기 오염 문제가 전혀 없다.

뉴욕 주택보전개발 위원장 앤서니 B. 글리드먼은 도시 퇴락 문제에 어떻게 대처해야 하는지 안다. 사우스브롱크스에 붕괴 위험이 있는 빈 공동 주택이 수천 채 방치되어 미국 최악의 도시 퇴락 지구로 손꼽히자 1983년에 글리드먼은 30만 달러의 연방 지원금을 투입해 황폐한 동네의 이미지를 개선하는 프로그램을 확대하겠다고 발표했다. 그런데 이 돈은 황폐한 주택을 보수하거나 복구하는 데 사용되지 않았다. 그 대신 빈 건물 창문에 비닐 스티커를 붙여서 사람이 사는 듯한 활력 있는 외관을 꾸미는 데 사용되었다. 스티커는 커튼이나 베니션 블라인드, 꽃이 핀 제라늄 화분 같은 모양이었다. 글리드먼은 이렇게 말했다. "우리는 사람들이 자기네 동네에 관해 좋게 느끼기를 바랍니다. 사기는 실제로 아주 중요합니다. 인식이 곧 현실이죠." 토머스 제퍼슨은 독립선언서에 이렇게 썼어야 했다. "우리는 이런 인식을 자명한 진리라고 생각한다." 아니면 생명과 자유와 지각의 추구라고 해야 했을까?

대통령의 이중화법

로널드 레이건 대통령은 재임 중 이중화법의 대가임을 여실히 보여주었다. 간혹 그가 구사하는 이중화법은 우리를 숨 막히게 했다. 내용이 너무도 충격적일 뿐만 아니라 그런 말을 지나치게 진지하고 자신 있게 내뱉었기 때문이다. 레이건 대통령은 현실과 전혀 연결되지 않는 언어, 사실과 전혀 부합하지 않는 단어, 모든 책임을 회피하는 언어의 전문가였다.

레이건이 구사하는 이중화법 중 일부는 아주 흔하다. 그는 SALT(전략무기제한협정) 회담을 START(전략무기감축협정) 회담으로 바꾸었고, '캠프데이비드협정' 대신 '9월 1일 계획'이라고 지칭했다. 균형 예산에 관한 논의를 중단하는 대신 재정 적자에 관한 '계약금'의 필요성을 강조했다. 후보 시절 '악'이라고 불렀던 재정 적자를 대통령이 된 뒤에는 "오늘날 현실 세계에서 필요한 악"이라고 말했다. 국방 예산에서 미군은 '인원'과 '인력'으로 지칭되었고, 전투 중이거나 사망했을 때는 '미국의 청년들'이었다. 레이건 대통령은 '재배치' '재집중' '조금 더 방어적 위치로의 이동'이 필요하다고 강조했다. 한때 자신이 카터 대통령이 우유부단하게 후퇴한다고 맹렬히 비난한 방침이었다.

1987년 연두 교서에서 레이건 대통령이 소련이 "지난 5년간 종속국들에 750억 달러의 무기를 이전할 수 있는 자원을 발견했다"고 말하고 나서 불과 두 문장 뒤에 의회가 "올해 자유 국가들에 대한 미국의 결정적인 안보 지원 요청을 21퍼센트" 삭감했다고 비난했을 때, 이는 꽤 상투적인 정치적 이중화법이었다. 소련은 '종속국들'에 '무기'를 보내는 반면, 미국은 '자유 국가들'에 '안보 지원'을 제공한다는 것이다.

레이건 대통령은 또한 현실을 부정하는 언어를 구사했다. 그는 1986년 의회 선거 운동 중에 정상 회담, 특히 미국 밖에서 열리는 회담을 원하지 않는다고 주장했지만 아이슬란드에서 고르바초프 소련 서기장과 만났다. "이는 결코 우리가 정상 회담에 관해 한 말을 부정하는 것은 아닙니다." 레이건의 말이다. "이건 정상회담이 아니에요." 물론 그건 이중화법도 아니다.

의회가 1982년 증세 법안을 통과시키고 서명한 뒤, 레이건은 이번 증세가 "역사상 최대의 단일 세금 인상"이 아니라고 목소리를 높였다. 대신 이 법안이 "역사상 최대의 세제 개혁"이라고 말했다. 더욱이 그는 이 법안이 "현 행정부나 대통령 본인의 정책이나 철학을 뒤집는 내용이 전혀 아니"라고 주장했다. 증세 법안으로 향후 5년간 납세자들이 2170억 달러를 부담할 것으로 추산되었다. 이중화법은 확실히 레이건 대통령이 세금 인상은 없다는 약속을 지키게 해주었다.

정상 회담이 정상 회담이 아니고, 세금 인상이 세금 인상이 아니다. 이런 현실 부정은 레이건 대통령의 대표적인 이중화법 방식이다. 1983년 교육우수성국가위원회(NCEE)에서 연방 정부가 영재, 장애 아동, 소외 계층, 이중 언어 구사 학생들의 교육을 책임져야 하며 "교육에서 국가적 이익을 확인할 일차적 책임"이 연방 정부에 있다고 보고했을 때, 레이건 대통령은 이 보고서를 "정부의 간섭을 끝내라는 요구"라고 규정했다.

레이건 대통령에게는 숫자도 이중화법이었다. 1982년 레이건은 추경 예산 법안에 거부권을 행사하면서 전국 라디오 연설에서 이에 대해 해명했다. 자신이 거부권을 행사한 것은 그 법안이 의회가 "사실상 모든 주요 국방 프로그램의 필수 예산"을 대폭 삭감했기 때문이라는 것이었다. 레이건은 법안이 군 인력 예산을 52퍼센트, 운용 및 유지 보수 예산을 92퍼센트, 군수 물자 조달 예산을 83퍼센트, 군사 시설 건설 예산을 77퍼센트 삭감했다고 주장했다. 하지만 대통령은 예산 삭감이 예측하지 못한 비용을 충당하기 위해 매년 여름 통과되는 추가 예산 배정에만 적용되었다는 사실을 일부러 언급하지 않았다. 실제로 대통령은 국방부 예산 2189억 달러를 요청했고, 의회는 2158억 달러를 책정해서 그가 요청한 액수의 98.6퍼센트를 승인하고 1.4퍼센트만 삭감했을 뿐이었다.

오래된 난해한 관료적 어법도 있었다. '스타워즈'가 무엇인지 질문을 받은 레이건 대통령은 이렇게 답했다. "글쎄요, 다른 사람들한테 한 말과 똑같은 내용을 다시 말하겠습니다. 제가 구상한 전략 방위 시스템은 우리가 마침내 목표를 달성하면, 그러니까 그 목표는 날아오는 적의 미사일을 요격하는 효과적인 무기를 갖는 것인데, 그건 날아오는 무기, 즉 미사일에 맞서는 효과적인 무기 시스템은 아닙니다."

레이건 대통령의 이중화법에서 무기 감축으로 가는 길은 더 많은 무기를 구축하는 것이었다. 1986년 회계 연도 예산을 소개하는 연설에서 그는 이렇게 말했다. "궁극적으로 우리의 안보와 무기 감축 회담의 성공 가능성은 우리가 여기서 국방력을 재건하고 강화하기 위한 프로그램을 계속한다는 결심을 얼마나 보여주는가에 달려 있습니다." 1982년에는 이렇게 말하기도 했다. "오늘 MX 미사일 생산에 반대표를 던지는 것은 내일 무기 통제에 반대표를 던지는 것입니다."

의회에서 민주당이 레바논에서 해병대 철수를 요구하는 결의안을 내자 레이건 대통령은 "항복할 준비가 된 사람들"이라고 공개적으로 비판했는데, 실제로는 이미 남몰래 레바논에서 해병대를 철수시키기로 결정한 상태였다. 백악관 대변인 래리 스피크스는 대통령이 이 결의안을 비판한 것은 결의안이 레바논에서 '미군의 완전 철수'를 요구하는 내용으로 해석되었기 때문이라고 말했다. "우리는 그렇게 하지 않았습니다." 하지만 당시 국방장관 와인버거 또한 해병대가 레바논에서 철수한 사실을 부정했다. "해병대는 서쪽으로 약 3.2~4.8킬로미터 거리에 재배치되고 있습니다." 물론 이는 해병대가 레바논에서 빠져나와 함정으로 돌아갔다는 뜻이었다.

1982년 코스타리카 의회 의원들에게 연설하면서 레이건 대통령은 이렇게 말했다. "게릴라를 보호하고 폭력을 수출함으로써 이웃 국가의 안정을 해치는 나라는 미국 국민—그리고 진정으로 평화와 자유를 사랑하는 모든 사람들—과 긴밀하고 유익한 관계를 포기해야 합니다." 레이건 대통령의 말을 그대로 믿는다면 미국은 진정으로 평화와 자유를 사랑하는 사람들과 긴밀하고 유익한 관계를 포기해야 마땅하다. 이 연설 직후에 뉴스 보도를 통해 미국이 중앙정보국을 앞세워 '니카라과를 겨냥한 비밀 군사 작전'을 수행할 병력을 모집하고 무기와 장비를 제공하고 지휘하고 있다는 사실이 밝혀졌기 때문이다. 그리고 1987년 레이건 대통령은 콘트라 반군이 니카라과에 맞서 전쟁을 계속할 수 있도록 무기와 장비 구매 비용 2억 7천만 달러를 요청하면서 이를 '평화 보험'이라고 지칭했다.

1982년 9월 15일, 레이건 대통령은 흑인 공화당원 모임에서 "우리 공화당이 모든 미국인의 시민권을 보호하는 문제에 소극적으로 접근하고 있다는 지적"에 대응해야 한다는 압박감을 느낀다고 말했다. "아무리 그럴듯하게 꾸미려 해도 허튼소리라는 건 달라지지 않습니다. 기록을 보세요." 또 이런 말도 했다. "폭력과 위협으로 흑인의 시민권을 박탈하려는 사람들을 조사하고 기소하는 행정부의 활동 수준이 역대 모든 행정부의 수준을 넘어서고 있습니다."

대통령이 연설을 한 바로 그날 사기업과 정부, 공익 단체의 변호사들이 모인 초당파 협회인 워싱턴변호사협회(WCL)는 다음과 같은 결론을 내리는 보고서를 발표했다. "행정부는 (몇몇 영역에서) 확실히 자리 잡은 초당파적 시민권 정책에서 후퇴하고 있다." 레이건 대통령은 자신의 임기 중에 "(평등고용기회)위원회가 제기한 소송 건수가 13퍼센트 증가했음"을 보여주는 통계를 인용했다. 하지만 그가 들먹인 수치는 자신이 주장한 것처럼 '현 행정부의 첫 번째 1년'의 수치가 아니라 카터 행정부의 마지막 4개월과 레이건이 임명한 인사들이 위원회를 장악하기 전 8개월을 합친 자료에 근거한 것이었다. 카터 행정부 마지막 해에는 400건의 차별 사례가 법정에 회부될 것을 권고받았으나, 3월 31일에 끝난 6개월 동안에는 (권고받은 전체 108건 중) 31건만 법정 회부가 승인되었다. 모든 미국인의 시민권을 보호하기 위해 적극적으로 접근한다는 이야기는 이쯤 하기로 하자.

'위대한 소통가'의 소통법

이란-콘트라 사건은 아마 레이건 행정부에서 일어난 최대의 사건이자 최고의 논란거리였다. 이는 또한 이중화법이 쏟아져 나온 사건이기도 했다. 관련자들이 죄다 그 사건을 알거나 거들거나 승인하지 않았다고 발뺌했다. 레이건 대통령 입장에서 이 사건은 아예 일어난 적이 없었다. 또는 일어났다 하더라도 자신은 알지 못했거나, 알았다 하더라도 승인하지 않았거나, 승인했다 하더라도 무기를 인질과 맞바꾼 것은 아니었다. 이란-콘트라 사건에 관한 레이건 대통령의 이중화법을 간신히 끝까지 읽으면 완전히 혼란에 빠질 수 있다. 아마 대통령의 이중화법이 노린 게 바로 그런 결과일 것이다. 여기 연대순으로 이란에 대한 무기 판매와 콘트라 반군에 대한 불법적 지원에 관해 대통령이 한 발언 몇 가지를 나열해보자.

1986년 11월 11일 레이건 대통령은 다음과 같이 말했다.

우리 정부는 테러리스트의 요구에 굴복하지 않는다는 확고한 정책이 있습니다. 인질 무기 교환과 몸값 지불 의혹에 대한 추측성 허위 보도에도 불구하고 이러한 양보 불가 정책은 여전히 유효합니다. 우리는 무기나 그 어떤 것도 인질과 교환하지 않았으며 — 반복 — 않았으며 앞으로도 교환하지 않을 것입니다. …… 미국이 레바논에 있는 미국인 인질 석방을 위한 몸값으로 이란에 무기를 선적했다는 혐의가 제기되고 있습니다. 미국이 동맹국을 배신하고 테러리스트와의 밀거래를 금지하는 미국의 정책을 비밀리에 위반했다는 혐의입니다. 이런 혐의는 완전히 거짓입니다. 미국은 레바논에서 우리 국민을 인질로 잡고 있는 자들에게 어떤 양보도 하지 않았습니다. 앞으로도 그럴 것입니다. 미국은 미국인 인질의 귀환을 위해 미국 무기를 선박이나 항공기로 교환하지 않았습니다. 앞으로도 그러지 않을 것입니다.

2주 뒤인 11월 25일, 레이건 대통령은 이렇게 말하며 자신은 모르는 일이었다고 주장했다. "이 기획과 관련해 수행된 한 활동의 성격에 대해 충분히 보고받지 못했습니다." 하지만 12월 6일 대통령은 입장을 바꾼 듯 보였다. "아직 사실을 파악하는 중이지만, 이 정책의 실행에 결함이 있었고 실수가 있었던 것은 분명합니다. 호메이니와 거래를 해서 무기와 인질을 맞바꾸려는 의도는 없었고, 우리의 테러리즘 반대 정책을 약화시키려는 의도도 없었다는 점만 말씀드리겠습니다."

하지만 1987년 2월 20일, 레이건 대통령은 기억나지 않는다고 주장했다. "아무리 애를 써봐도 1985년 8월 무렵에 제가 이스라엘의 무기 판매를 사전에 승인했는지, 또는 이스라엘의 무기 재보급을 승인했는지 전혀 기억이 나지 않습니다. 따라서 제가 할 수 있는 답, 그러니까 진실은 기억이 나지 않는다는 것입니다. 이상입니다."

1987년 3월 4일, 대통령은 이중화법을 구사하면서 무기와 인질의 거래가 있었다는 사실을 인정하면서도 부정했다.

몇 달 전 저는 국민들에게 인질과 무기를 교환하지 않는다고 말씀드렸습니다. 제 마음과 최선의 의도는 여전히 그게 진실이라고 말하지만, 사실과 증거는 그렇지 않다고 말합니다. 타워위원회*가 보고한 것처럼, 이란에 대한 전략적 개방으로 시작된 일이 실행 과정에서 무기와 인질의 교환으로 변질됐습니다. …… 타워위원회에서 제가 말한 것처럼, 저는 콘트라 반군에 미국 재정이 전용된 것을 알지 못했습니다. 하지만 대통령으로서 저는 책임을 피할 수 없습니다.

하지만 3월 19일 기자 회견에서 레이건 대통령은 다시 기존에 했던 발언과 모순되는 말을 했다.

---

* 1986년 12월, 레이건 대통령이 이란-콘트라 사건의 진상 조사를 위해 구성한 위원회.

무기와 인질을 교환하는 식으로 …… 변질되었다는 점에서 정책에 결함이 있었을 수 있습니다. …… 저는 이를 납치범과 어떤 것을 교환한다고 생각하지 않았습니다. 그들은 이 과정에서 아무 이득도 얻지 못했습니다. …… 따라서 지금도 저는 만약 제 가족 중 한 명이 납치된다면 그 사람을 안전하게 집으로 데려올 수 있는 누군가를 찾아서 일을 의뢰할 테지만, 이런 행동이 피해자의 몸값을 거래하는 건 아니라고 봅니다.

대이란 무기 판매 자금을 콘트라 반군에 전달한다는 이야기를 들은 사실이 기억나는지 여부에 관해 질문을 받은 레이건 대통령은 이렇게 답했다. "아, 아닙니다. 언제든 제가 그런 말을 들었더라면 집무실 문을 열지 않고도 여러분도 제 말을 들었을 겁니다."

하지만 3월 26일, 다시 무기와 인질 교환을 인정한다. "결국 이 일은 인질과 무기를 그냥 맞바꾸는 식으로 귀결됐는데, 이는 유괴범에게 몸값을 지불하는 것과 비슷합니다. 그렇게 하면 유괴범들은 용기를 얻어서 다른 사람을 납치하게 되지요."

뒤이어 5월 3일에 레이건 대통령은 행정부 인사들이 시민 개인과 외국 정부에 콘트라 반군을 지원하기 위한 자금 지원을 요청한 것을 알지 못했다고 잡아뗐다. 사실과 불일치하는 부정이었다. "민간인이 콘트라 반군을 지원하기 위해 돈을 기부했는지에 대해서는, 네, 그런 사람들이 있다는 것을 알고 있었습니다. 하지만 제가 알기로는 행정부에서 누군가 그런 요청을 하지는 않았습니다. 지원 요청 같은 건 없었습니다." 뒤이어 5월 13일 대통령은 외국 정부가 지원 요청을 했는지에 관해 알기도 했고 모르기도 했다고 말했다. "제가 아는 바로는 어떤 요청도 없었습니다. 그*가 돕고 있다는 사실은 알았고 정보도 받았습니다. 하지만 제가 먼저 그 이야기를 꺼낸 적은 없습니다."

마침내 5월 15일 대통령은 지금까지 진행된 모든 사실을 알았고 계속 보고도 받았다고 주장했다.

그리고 여기서 제가 정보를 받는다는 것은 의심의 여지가 없습니다. 저는 그곳에서 무슨 일이 벌어지는지 알고 있었습니다. 사실, 저는 꽤 오랫동안, 수년 전부터 소련이 이미 쿠바에 있는 것에 더해 서반구에 또 다른 해안 교두보를 세우는 것을 막기 위해 그곳의 자유 전사들을 지원하는 프로그램을 미국 국민들이 지원해야 한다고 공개적으로 말해 왔습니다. 그리고 제가 이제 막 알게 되었다거나 제가 모르던 사실이 드러나고 있다고 말한다면, 그건 아닙니다. 그 문제에 관해 계속 보고를 받았습니다. 사실 저는 자유의 투사들을 지원하는 문제에 관한 결정에 확실히 관여했습니다. 처음부터 제 구상이었으니까요.

하지만 뒤이어 6월 11일에 대통령은 계속 정보를 받은 것은 아니라고 주장했다. "글쎄요, 제가 그런 명령을 내린 건 아닙니

---

* 사우디아라비아의 파드 국왕을 가리킨다.

다. 그곳에서 정말로 무슨 일이 벌어지고 있는지 아무도 제게 묻거나 말해주지 않았으니까요." 마침내 7월 15일 레이건 대통령은 콘트라 반군에 자금을 돌리는 문제에 관해 들어본 적이 없다고 다시 주장했다. 존 포인덱스터 해군 소장이 대통령이 니카라과 콘트라 반군에 자금을 전용한 것을 알았다는 혐의를 부정하는 걸 보고 놀라지 않았느냐고 묻자 레이건 대통령은 이렇게 답했다. "그게 뭐 새로운 이야기인가요? 7개월 동안 제가 줄곧 한 말입니다." 이 모든 발언이 '위대한 소통가Great Communicator'라 불린 사람에게서 나온 것이다. 그리고 여전히 질문은 남는다. 대통령이 알았나, 몰랐나? 누구 아는 사람?

이란-콘트라 사건 청문회에서 드러난 대단히 강력한 이중화법 단어 하나는 '판단finding'이다. 이 문구는 단순하면서도 엄청난 위력을 발휘하며, 레이건 대통령과 국무부는 이 강력한 이중화법의 위력을 잘 알았다. 1974년 외국원조법 개정안은 "대통령이 그러한 작전이 국가 안보에 중요하다고 판단하지find 않는 한, 그리고 그렇게 판단할 때까지" 중앙정보국의 해외 작전에 예산을 쓸 수 없다고 규정했다. 1986년 1월 18일, 레이건 대통령은 법률 조항과 해외 무기 판매 보고 요건에서 벗어나 이란에 무기 판매를 승인하는 '판단'에 서명했다. 1년 뒤인 1987년 1월 9일, 대통령이 서명한 또 다른 '판단'은 콘트라 반군에 대한 군사 지원을 금지한 의회의 조치에도 불구하고 중앙정보국에 콘트라 반군에 첩보 정보와 장비를 제공하도록 지시했다. 대통령이 이를 "국가 안보에 중요하다"고 판단했기 때문이다. 이란에 관한 '판단'은 철회된 적이 없었다. 하원 외교위원회가 1986년 반테러법의 조항에 따라 무기 금수 조치가 여전히 이란에 적용되는지를 묻자 국무부는 서면으로 이 "결정은 여전히 유효하다"고 답하면서도 다음과 같은 유보 조항을 괄호 속에 넣었다. "(물론 전술한 내용은 특별 첩보 판단에 따른 것과 같은 그 밖의 법적 권한에 따라 국방 물자를 이전할 수 있는 행정부의 권한을 침해하지 않는다.)" '판단'이라는 제목만 붙이면 대통령은 법을 지키지 않아도 되는 것 같다.

은밀한 침입과 발뺌하기: 워터게이트의 유산

워터게이트 사건*에 관한 의회 청문회 동안 텔레비전 시청자들은 워터게이트의 이중화법을 알게 되었다. 현실을 감추고, 말과 진실을 분리하고, 책임을 회피하기 위해 고안된 언어였다. 워터게이트 이중화법에서 도둑질은 '은밀한 침입'이나 '정보 수집 활동'이 되었고 도둑은 '배관공', 불법 행위는 '부적절한 행동', 아첨은 '구슬리기'나 '부풀리기', 위증 교사는 '코치하기', 정부가 주도하는 범죄는 '백악관 참사'나 '더러운 술수', 갈취는 '세탁된 돈'이나 '일정한 간격으로 금전 지급', 범죄 은폐는 '상황

---

* 1972년 6월, 닉슨 대통령의 재선 캠프의 지시를 받은 괴한들이 대통령 선거를 앞두고 워싱턴 D.C.의 워터게이트 빌딩에 소재한 민주당 전국위원회 본부에 도청 장치를 설치하려다가 적발된 사건. 처음에는 단순한 강도 사건으로 취급되었다가 백악관이 도청 장치 설치와 사건 은폐에 직접 개입했다는 정황이 밝혀지자 1974년 8월 닉슨 대통령은 대통령직에서 스스로 사임했다.

통제'나 '격리', 사법 방해 음모는 '이를 악물고 참기'나 '발뺌하기'가 되었다.

워터게이트 이중화법에서는 스포츠 비유가 인기가 있었다. 주장이 '러닝백/쿼터백을 잡'거나 '롱패스를 날릴' 수 있도록 '팀 선수'들이 '다운필드 차단'을 하는 '게임 설계'가 있었다. 그리고 법무장관 존 미첼이 상기해준 것처럼, "상황이 어려워지면 강한 의지로 돌파한다." 가자, 친구들. 이제 나가서 감독님을 위해 도둑질을 하자.

워터게이트의 언어는 항상 화자를 그 사건에서 분리하고 사건에 대한 모든 책임에서 벗어나게 만드는 기능을 했다. 사람들은 '최대한 능력을 발휘해 기억'을 할 뿐이었고, 절대 거짓말을 하지 않고 다만 '실언'을 했다. 닉슨 대통령은 '내부 보안 절차를 강화'하기 위해 고안된 '보안 작전'을 '개시'할 수 있었다. 이 언어는 드러내지 않고 감추고, 소통하지 않고 엉뚱한 방향을 가리키며, 명료하게 밝히지 않고 모호하게 만든다.

이란-콘트라 사건에 관한 의회 청문회에서 워터게이트의 이중화법이 되풀이되는 듯했다. 하지만 이란-콘트라 사건 가담자들의 이중화법은 워터게이트 때보다 훨씬 정교하고 복잡했다. 워터게이트의 이중화법은 거의 단순해 보인다. 그러나 이란-콘트라의 이중화법도 동일한 기능을 했다. 현실을 감추고, 말과 진실을 분리하며, 책임을 회피하는 것이다.

"기억이 나지 않습니다"

1987년 6월 25일, 법무차관 찰스 J. 쿠퍼는 이란과 니카라과 반정부 세력에 대한 비밀 군사 원조에 관한 상하원 합동 특별위원회에 출석해서 선서 여부와 상관없이 자신은 올리버 노스 중령의 증언을 믿지 않겠다고 증언했다. 그 후 노스가 증언을 시작한 지 이틀째 되는 날, 그는 이란인들과 동료인 리처드 시코드 소장, 의회 조사관, 의회에 여러 차례 거짓말을 했으며, 증거를 폐기했고, 사실인 것처럼 위조 문서를 만든 사실을 인정했다. 그러고도 계속해서 특별위원회에 이제부터 자신이 말하는 모든 내용은 사실이라고 주장했다. 올리버 노스의 언어를 평가할 때는 이런 발언을 염두에 두어야 한다.

노스는 콘트라 반군에 자금을 대주는 데 사용할 수 있도록 이란에 과다 청구해서 의도적으로 조성한 수백만 달러의 수익을 '잔여금'과 '전용금' 같은 단어로 지칭했다. 노스는 또한 자신이 "상황을 정리"하고, "역사 기록을 정리"하고, 상황을 "바로잡"고, 사태가 "알려지는" 일이 없도록 "확실한 조치를 취하"고(거짓말을 했다는 뜻이다), 정부 공식 문서를 폐기하고, 위조 문서를 만들었다고 말했다. 일부 문서는 폐기된 게 아니라 "기록되지 않았non-logged"거나 "이 문서들을 바탕으로 하여 외부 지식을 끌어내는 일이 없도록 시스템 바깥"에 두었다.

노스는 또한 "불필요한 정보로 다른 사람들을 감염시키는" 일이 없도록 신중을 기했다. 그는 니카라과 인도적 지원 담당국이 어떻게 "여러 종류가 뒤섞인 짐"으로 인도적 원조를 제공했는지 설명했다. 노스에 따르면 "여러 종류가 뒤섞인 짐이란 콩과 일회용 밴드와 군화와 탄약을 받았다는 뜻이었다". 노스가 볼 때 그를 돕는 외국 사람들은 '자산'이었고, '프로젝트 민주주의Project Democracy'는 콘트라 반군을 위해 비행장을 건설하는 단체의 이름으로 "당시 사용한 완곡어법"이었다.

노스는 특히 자신의 행동을 거짓말이라고 부르지 않으면서 거짓말을 하는 데 능숙했다. 자신이 조작에 관여한 허위의 사건 연대표에 관해 말하면서 이런 말도 했다. "진실과 크게 다른 추가적 인풋을 제공받았습니다. 저는 그 버전을 발전시키는 데 일조했습니다." 그는 "사실과 다른 버전"을 언급하고 이 연대표가 "부정확하다"고 표현했다. 노스는 또한 자신과 당시 중앙정보국장 윌리엄 케이시가 함께 의회에서 한 증언을 조작했다고 주장했다. "케이시 국장과 제가 그 증언을 조작하고 불쾌한 부분을 삭제했습니다. 우리는 생략하는 식으로 고쳤습니다. 그냥 뺐습니다. 정확하게 만들지 않고, 충분히 설명하지 않고, 생략을 해서 고쳤습니다." 공식적인 거짓말은 '그럴듯한 부정plausible deniability'이 되었다.

노스는 종종 증언 중에 콘트라 반군을 옹호하는 장황한 연설을 하고, 의회를 비판하고, 특이한 비용 처리를 해명하면서도 이따금 얼버무림으로 일관했다. 가령 "인정했다고 말하는 건 상대방이 묵인했다는 뜻이지요?"라는 질문을 받자 이렇게 대답했다. "아무도 다시 와서 요청하지 않았습니다." "의회에 사실을 부정확하게 전한 건 잘못이었"다고 노스가 인정하자 누군가 질문을 던졌다. "미국 법무장관에게 사실을 부정확하게 전한 건 잘못이라고 생각하나요?" 이에 대해 노스는 (변호사와 상의한 뒤) 이렇게 답했다. "제가 옳고 그르다고 믿은 것에 대해 증언했고, 그건 기록에 남아 있습니다."

노스는 또한 이란 무기상 고르바니파르에게 받은 뇌물 100만 달러를 보고하지 않은 이유는 "이 일에 관여한 사람들은 다들 사례금이 뭔지 알았기 때문"이라고 주장했다. "다들 사례금을 예상했습니다." 뇌물 수수 시도를 보고하지 않은 이유를 다시 묻자 노스는 이렇게 답했다. "사실 예상치 못한 일이었습니다. 그러니까 예상, 예상치 못한 일이었다고요." 상관들에게 이 일을 보고했는지 다시 질문을 받자 노스가 대답했다. "했을지도 모릅니다. 기억나지 않습니다."

놀라운 기억력의 소유자로 유명한 인물, 한때 "제가 그걸 기억하지 못한다면 이 업계에 있지 않을 것"이라는 이유로 윌리엄 케이시에게 "노트 치우라"는 말을 듣기도 한 노스가 번번이 깜빡하는 일을 겪고 왕왕 정보를 "기억해내지" 못했다. 증언 마지막 날, 노스는 3시간이 채 안 되는 동안 30차례 이상 기억나지 않는다고 말했다.

노스는 법무장관실 관료들이 자신의 사무실에 있는 문서를 조사하려 한다는 것을 알게 된 뒤 문서를 파기한 사실은 인정했지만, 관료들이 그것을 볼 수 없도록 파기했다는 것은 부정했다. "그날도 평소처럼 문서를 파기했지만, 약간 강도를 더해서 파기한 것이라고 말씀드리고 싶습니다."

노스는 또한 수동태 문장을 구사해서 책임을 회피할 수 있었다. "기록되지 않은 문서가 어디에 있"냐는 질문을 받은 그는 이렇게 답했다. "파기된 것 같습니다." 또한 시코드 장군이 대이란 무기 판매로 개인적 수익을 취하는 것에 어떤 권한으로 동의했느냐는 질문을 받자 수동태가 넘쳐나는 장황하고 지루한 대답을 늘어놓았다. "…… 그건 분명히 지시된 것이었습니다" "…… 이미 알려진 사실입니다" "…… 인정받은 것입니다" 같은 식으로 말하면서도 질문에는 절대 답하지 않았다.

노스는 콘트라 반군 지원에 반대하는 이들은 공산주의의 대의에 조력한 것이라고 암시했다. "다행히도 누군가 그 계좌에 돈을 넣어준 덕분에 다른 이들이 의도한 대로 니카라과 저항 세력이 소멸하는 일은 없었습니다. 분명히 산디니스타와 모스크바, 쿠바는 그렇게 되기를(소멸하기를) 바랐습니다." '다른 이들'이라는 표현을 사용하고 '분명히'로 시작하는 부연 설명을 붙인 것은 콘트라 반군 지원에 반대하는 모든 사람을 하나로 뭉뚱그려 의회가 공산주의자들의 목표에 동조한다는 뉘앙스를 풍겼다.

실제로 노스는 나중에 이렇게 의회를 비난했다.

니카라과 자유의 투사들 문제에 대해 의회도 최소한 일부 책임을 져야 합니다. 실제로 의회는 니카라과의 민주 저항 세력—이른바 콘트라 반군—에 대한 변덕스럽고 오락가락하고 예측할 수 없고 일관성 없는 정책을 취했습니다. …… 행정부가 법이 허용하는 범위 안에서 아바나와 마나과의 모스크바 대리인들에게 몰살당하는 것을 막기 위해 최선을 다했을 때, 여러분은 이 문제의 책임을 행정부로 돌리기 위해 이 조사를 진행했습니다.

노스는 여기서 '책임'이 무엇인지 설명하지 않으며 누구의 '책임'인지도 말하지 않는다. 단지 자유의 투사들 '문제'에 관해 모호하게 말할 뿐이다. 또한 노스에 따르면 '행정부'(노스 자신과 맥팔레인, 포인덱스터, 케이시, 시코드를 뜻한다)는 '자유의 투사들'을 구하기 위해 노력한 반면, 의회는 모스크바 세력을 저지하기 위해 열심히 싸운 바로 그 사람들에게 '문제의 책임을 돌리기 위한' 조사에만 몰두했다. 노스는 의회가 어떤 '문제'를 조사하고 있는지 끝내 설명하지 않는다.

노스가 볼 때 의회의 조사는 전적으로 "동등한 정부 부처 간의 정책 차이와 행정부의 외교 업무 수행을 범죄화하려는 시도"에 불과했다. 의회에 거짓말을 하고, 공식 문서를 파기하고, 법률을 위반하고, 승인받지 않은 활동을 수행한 것이 죄다 '정책 차이'일 뿐이었다. 하지만 노스는 위원회에 아량을 베풀면서 "양쪽 모두에 잘못이 있다고 생각"한다고 했다. "저는 증언 내내 이 말을 반복해서 했습니다. 그리고 저는 이 문제에서 제 역할에 대한 책임을 받아들였습니다." 노스는 도의적 책임(responsibility)을 받아들였지만 책임성(accountability)은 받아들이지 않았다.

이 마지막 발언은 꼼꼼히 읽을 만하다. 노스가 구사하는 언어의 교묘한 특징이 드러나기 때문이다. 노스는 의회가 책임이 있다는 것을 사실로 언명하지만 어떤 책임이 있는지 구체적으로 말하지는 않는다. 하지만 그가 '이 문제'에서 자신의 '역할'에 대해서만 책임을 받아들인다는 것에 주목하라. 그는 어떤 특정한 행동에 대해 책임을 수용하는 게 아니라 그게 무엇이 되었든 자신이 한 '역할'에 대해서만 책임을 수용한다. 요컨대 그는 법률을 위반한 '책임'이 있을 수 있지만(유죄는 아닌), 의회도 그 법률을 통과시킨 책임을 져야 한다.

노스의 말에서 가장 흥미로운 표현 중 하나는 다음과 같다.

> 미국 국민들이 …… 우리가 (그들을) 속였다거나 처음부터 그런 의도가 있었다고 믿게 해서는 안 됩니다. 이 비밀 작전은 우리의 적들이 그 사실을 알지 못하도록, 또는 미국 정부가 그 활동과 연관되어 있다는 것을 부인할 수 있도록 수행됐습니다. 그리고 그것은 잘못된 게 아닙니다.

실제로 노스는 "본 (청문회) 진행 방식에서 불편한 점 하나는 미국 국민에게 모든 것을 말하지 않았다는 사실을 계속 상기시키는 것"이라고 불만을 토로했다. 노스는 미국 국민에게 이런 비밀 작전에 대해 어떻게 알렸어야 했는지 설명하지 않았다. 특히 "이 모든 문제에 관해 의회에 단 한마디도 보여주고 싶지 않았다"고 증언했기 때문이다.

하지만 노스는 또한 콘트라 반군을 위해 자신이 벌인 비밀 작전이 우리 '적들'에게는 비밀이 아니었다고 증언했다. "〈이즈베스티야〉*는 그 작전을 알았습니다. 모스크바의 여러 신문에 그 이름이 실렸습니다. (니카라과 대통령) 다니엘 오르테가의 뉴스 방송 곳곳에 나왔고, 라디오 아바나에서도 방송을 했습니다. 그 나라의 모든 신문에 실렸습니다." 하지만 "우리의 모든 적이 그걸 아는데, 당신은 미국 의회가 알지 못하게 감추려고 했다고요?"라는 질문을 받자 노스는 이렇게 답했다. "우리는 비밀 작전을 부인할 수 있기를 원했습니다."

노스는 또한 "대통령은 용도가 지정되지 않은 예산으로 비밀 작전을 승인하고 수행할 수 있다"고 주장했다. "그렇다면 그런 일이 진행되면 대통령은 누구에게 책임을 지게 되는 건가요?" 노스가 대답했다. "대통령을 뽑은 …… 국민들한테 지는 거지요. …… 국민은 투표로 대통령을 물러나게 할 수 있습니다." 하지만 누군가 노스에게 상기시켰다. "비밀 작전은 비밀이고 대통령이 국민한테 말하지 않으면, 국민들이 어떻게 그걸 알고서 그걸 근거로 삼고 투표로 대통령을 물러나게 할 수 있나요? 무슨 방법이 있습니까?" 이에 대해 노스가 답했다. "저는 대통령이 참모진과 함께 자신이 원하는 일을 할 권한이 있다고 봅니다."

조지 오웰이 말한 대로 머릿속에 두 가지 모순되는 믿음을 동시에 품고 두 가지 모두를 수용할 수 있는 이중사고의 세계에 온 것

---

* 러시아의 주요 민영 일간지. 1917년 3월에 '페트로그라드 노동자-병사 소비에트'의 공식 신문으로 시작되었다. 냉전 시기에는 서방 언론과 자주 대립하며 소련 정부의 입장을 알리는 공식 기관지 역할을 했다.

을 환영한다. 전쟁은 평화고, 예속은 자유이며, 법을 어기는 것이 법을 준수하는 것인 세계. 노스가 의회에 보내는 편지 초안 작성에 참여하면서 겉으로는 "우리는 볼런드 수정안*의 문구와 정신을 따른다"고 선언하지만 실제 의미는 "볼런드는 우리에게 적용되지 않으며 따라서 우리는 그 문구와 정신을 따르는 셈이다"라는 식의 세계. 불이행이 이행인 세계다.

노스는 또한 레이건 대통령이 두 의원에게 리비아에 임박한 폭격**에 관해 예고한 뒤, 두 의원이 "곧바로 대기 중인 마이크로 다가가서 대통령이 리비아에 관해 사전에 발표되지 않은 대국민 연설을 할 예정이라고 말했"다고 증언했다. "그날 밤 리비아 수도를 겨냥한 폭격의 규모는 엄청났다고 말씀드리고자 합니다. 그날 대공 포격으로 미 공군 병사 2명이 사망했습니다. 우리가 파악할 수 있는 한, 두 의원은 적들에게 경보를 발동한 겁니다."

하지만 나중에 누군가 지적한 것처럼, 공습 일주일 전부터 행정부 고위 관료들은 기자들에게 관련 정보를 흘렸고, 행정부에서 유출된 설명이 14차례 이상 신문이나 텔레비전에 등장했다. 상원의원 윌리엄 코언이 노스에게 물었다. "그렇다면 인명이 위태로울 때 의회를 신뢰할 수 없다는 건 잘못된 인식 아닐까요?"

---

* 볼런드 수정안은 1982년에서 1984년 사이에 의회에서 미국의 콘트라 반군 지원을 불법화한 두 차례의 입법 수정안이다.
** 1986년 미국이 리비아를 상대로 감행한 공습 작전을 가리키며 '리비아 폭격' 혹은 '엘도라도 캐니언 작전'이라 불린다. 미국의 레이건 정부는 리비아의 카다피 정부가 국제 테러리즘을 지원했다는 이유를 들어 군사적 보복을 감행했고, 미국은 국제 사회의 비난을 받았다.

노스가 답했다. "의원님, 저는 그런 인상을 심어주려 하지 않았습니다."

노스는 또한 미군 전투기들이 유람선 아킬레라우로호를 납치한 세력으로 간주되는 테러리스트들이 탑승한 이집트 여객기를 요격한 뒤, "다수의 의원들이 우리의 첩보 활동을 아주 심각하게 위험에 빠뜨리는" 폭로를 여러 차례 했다고 비난했다. 하지만 〈뉴스위크〉에 따르면 요격의 세부 내용을 기자에게 유출한 것은 노스 본인이었다. 〈타임〉 통신원 데이비드 헤일비에게 아킬레라우로호 납치 사건 당시 주요 정보 출처가 이스라엘이라고 말한 것도 노스였다. 헤일비는 이 정보를 〈워싱터니언〉 1987년 7월호에 보도했다. 〈월스트리트저널〉이 언급한 것처럼 "올리버 노스가 의회에 유출 책임을 돌리며 공격할 때 레이건 행정부의 외교 전략가들은 경악했다. 왜냐하면 노스는 자기 자신의 목적에 도움이 될 만한 정보를 선별적으로 유출하는 것으로 유명했기 때문이다. 한 국가 안보 고위 관료는 '올리*야말로 현 행정부에서 가장 심한 정보 유출자'라고 말했다."

마지막으로, 노스가 증언을 끝낸 뒤 그가 미국 국무부 '공공외교국'을 통해 언론에 일급 기밀 첩보를 유출하기 위해 고안된 국가안전보장회의(NSC)의 일원이었음이 밝혀졌다. 국제 여론을 니카라과 산디니스타 정부에 반대하는 쪽으로 돌리고 의회를 설득해서 콘트라 반군에 대한 원조를 재개하기 위해 벌인, 대규모

---

* '올리버'의 애칭.

고비용의 전 세계적 캠페인의 일환이었다.

공영 텔레비전과 공영 라디오의 시사평론가이자 워터게이트 청문회 보도로 에미상을 세 차례 수상한 대니얼 쇼어는 노스가 어떻게 수많은 질문에 절대 답하지 않고 대신 "정곡을 찌르는 질문에 회피로 일관하는지, 어떻게 애국적 동기, 권위에 대한 복종, 최고사령관에 대한 존경, 가족에 대한 헌신, 일하는 내내 자신을 짓누른 압박, 암살 위협, 니카라과의 콘트라 반군과 레바논의 인질을 구하기 위한 헌신적 노력에 관한 일반적 변명에 의지하는지" 설명했다.

노스는 자신의 행동에 대한 모든 책임을 부인하면서 "제가 한 모든 일은 승인을 받은 것"이라고 주장했다. 하지만 누가 그런 것을 승인했느냐고 묻자 노스는 이렇게 답했다. "제 상관들입니다." 어느 상관이냐는 질문에는 이렇게 답했다. "글쎄요, 이 본문에 서명하는 상관들이지요. 누가 서명하는지 보세요. 저는 그 문서들에 서명하지 않았습니다." 그리고 노스의 저 유명한 엄청난 기억력은 또다시 흐릿해지거나 무뎌졌다.

인정하면서 부정하는 기만의 언어

존 포인덱스터 제독의 세계에서는 사람들이 거짓말을 하지 않는다. '오도'하거나 '정보를 누락할' 뿐이다. 마찬가지로 사람들이 벌이는 '비밀 활동'은 비밀 공작과 같은 게 아니다. 포인덱스터의 세계에서 사람들은 무기 선적을 승인하지 않으면서 동시에

'묵인'할 수 있다. '실질적인 결정'을 하지 않은 채 '기술적 실행'으로 정부 자금 수백만 달러를 이전할 수 있다. 또한 의회의 각종 위원회에서 부하 직원이 거짓말하도록 지시할 수 있지만, 그들을 세세하게 관리하지 않으면 본인의 책임이 아니다. 포인덱스터의 세계에서 '외부의 간섭'이란 의회가 입법 권한을 행사하려는 시도를 가리킨다. 포인덱스터의 세계는 이중화법과 이중사고의 세계다.

포인덱스터에게 정보를 감추는 것은 거짓말이 아니다. 노스가 의회 위원회에서 거짓말을 했다는 사실, 그리고 포인덱스터도 자신이 위증을 하려는 것을 알았다는 노스의 증언에 관해 질문을 받자 포인덱스터는 이렇게 답했다.

> 노스가 정보를 제공하지 않아야 한다는 전반적인 합의가 있었습니다. …… 저는 …… 그가 위원회에 위증을 할 것으로 예상하지 못했습니다. 그가 회피할 것이라고 예상했습니다. …… 저는 (노스의 답변이) 매우 신중하게 만들어졌고 뉘앙스를 조절했을 거라고 확신합니다. 결과적으로 의회에 정보를 제공하지 않았지만, 저는 여전히 …… 그가 거짓말을 하지 않았다고 …… 확신합니다.

그러면서 포인덱스터는 이의를 제기했다. "제가 의회나 다른 각료들에게 잘못된 정보를 제공했다고 말하는 건 공정하지 않습니다. 저는 그런 식으로 증언하지 않았습니다. 저는 의회에 정보를 제공하지 않았다고 증언했습니다. 그리고 각료들과 관련해서 저는 그들이 숨기기를 원하는 정보 외에는 어떤 것도 숨기지 않았습니다."

포인덱스터는 어떤 사람이 이미 아는 정보를 어떻게 숨길 수 있는지는 설명하지 않았다.

포인덱스터는 미국 국민들이 대통령을 선출할 때는 대통령의 외교 정책이 무엇인지 알면서 표를 던지는 것이며, 그 정책에 표를 던지는 것이라고 목소리를 높였다. 따라서 대통령은 어떤 간섭도 받지 않고 자유롭게 그 정책을 실행할 수 있어야 한다. 하지만 국민들이 레이건 대통령에게 표를 주었을 때 이것이 이란에 무기를 보내는 것에 투표한 것이냐는 질문을 받자 포인덱스터는 이렇게 답했다. "그건* 일종의 전술적인 결정입니다. …… 대다수 미국인들은 이런저런 결정을 할 만한 충분한 정보가 없다고 생각할 겁니다."

누군가 레이건 대통령이 "대통령으로서 저는 언제나 사실을 충분히 제시하면 국민들이 올바른 결정을 내릴 것이라는 믿음에 따라 행동합니다"라고 말한 사실을 상기시키자 포인덱스터는 이렇게 답했다. "저는 대통령의 말이 절대적으로 옳다고 생각합니다. …… 저는 국민들이 반드시 …… 대통령이 어떻게 자신의 대외 정책을 집행하려는지에 관해 세부 내용을 알기를 원한다고 생각하지 않습니다."

---

* "이란에 무기를 보내는 것은"이란 뜻이다.

누군가 해군 작전 책임자 참모 시절 포인덱스터의 업무 수행에 대한 평가를 상기시켰다. 그는 "집무실로 들어오는 모든 문서와 보고서를 모조리 읽고 이해한다. 더욱이 그는 모든 걸 잊지 않고, 무엇이 중요한지—무엇이 중요하지 않은지—에 대해 정확하게 떠올리고 예리하게 평가한다." 하나 이상의 평가에서 포인덱스터가 '카메라처럼 정확한 기억력'의 보유자라고 언급했다. 이에 대해 포인덱스터가 답했다. "여기서 중요한 점은 그가 한 설명은 제가 참모 시절에 어떻게 업무를 수행했는지에 관한 설명이라는 겁니다. 국가안보보좌관인 지금보다 훨씬 책임이 덜한 지위였을 때의 이야기입니다." 어느 날 증언을 하면서 포인덱스터는 기억나지 않는다는 답을 184차례나 했다.

증언 마지막 날, 상원의원 샘 넌은 포인덱스터가 과거에 한 증언을 상기시켰다. "당시 제가 대통령에게 요청했다면 대통령은 결정*을 승인했을 겁니다." 그러고는 질문을 던졌다. "당신이 증언을 한 뒤 백악관이 부인한 내용을 보고 난 지금도 대통령이 당신이 요청을 했다면 그 결정을 승인했을 거라고 생각하십니까?"

그러자 포인덱스터와 넌 사이에 질의응답이 오갔다.

"네, 그렇습니다."

"그러니까 백악관이 부인을 했는데도 당신의 증언에 아무 영향이 없었다는 거지요?"

---

* 이란에 무기를 판매하고 받은 대금을 콘트라 반군을 지원하는 데 사용하기로 한 결정을 뜻한다.

"네, 전혀요."

"그러니까 제독, 제독은 백악관이 지금 국민들을 오도하고 있다고 생각하는 거군요."

"아니오, 저는 …… 저는 그렇게 생각하지 않습니다."

"어떻게 그럴 수 있지요?"

"지금 이 시점에서 저는 백악관을 대변할 수 없습니다. 백악관에서 어떤 생각을 하는지는 알지 못합니다."

"그래요, 제독, 저는 그냥 지켜보겠습니다. 제독이 원하면 반박할 수 있습니다. 백악관의 성명은 당신의 증언과 정면으로 모순되는데 제독은 당신의 증언을 고수하고 있어요. 그러니 당신의 증언은 백악관의 성명과 정면으로 모순되는 겁니다."

"맞습니다. 그건 분명해 보이네요."

포인덱스터는 5일간 진행된 증언을 마무리하면서 다음과 같이 주장했다. "제가 증언한 내용은 본 청문회가 시작될 때 맹세한 것처럼 절대적 진실이고 완전한 진실입니다."

올리버 노스와 존 포인덱스터의 이중화법은 확실히 레이건 대통령의 이중화법에 맞먹을 정도다. 세 사람 모두 이중화법을 구사해서 듣는 사람들을 오도하고, 질문에 대한 답변을 회피하고, 사실과 일치하지 않는 현실을 구성한다. 세 사람 모두 소통하는 듯하지만 소통하지 않는 언어, 나쁜 것을 좋게 보이게 만들고 부정적인 것을 긍정적으로 보이게 만들기 위해 고안된 언어를 구사한다. 그들의 언어는 사고를 확장하기는커녕 제한하려고 한다.

책임의 이중화법

우리는 보통 누군가가 어떤 행위에 대해 책임지겠다고 말하면 그 사람이 칭찬이나 비난, 보상이나 처벌을 받아야 하는 주체라고 생각한다. 하지만 우리는 닉슨 대통령이나 레이건 대통령, 올리버 노스, 존 포인덱스터 같은 수많은 사람들이 "나에게 책임이 있다"고 말하면서도 실제로는 책임을 받아들이지 않는 것을 목격했다. 책임만 인정하면 다른 어떤 말이나 행동도 할 필요가 없다고 생각하는 것 같다. 문제는 해결되었고 이제 다들 집에 갈 수 있다는 분위기다. 중대한 태만, 거짓말, 기만과 불법 행위에 대해 책임을 지우고 처벌하려는 기색은 없다. 단순히 "나에게 책임이 있다"고 말하는 것은 실제로 책임을 받아들이는 게 아니라 회피할 뿐이다. 책임에 대한 권리를 주장하면서도 책임을 부정하는 것이다. 어쩌면 다음번에 경찰이 은행 강도를 잡으면 강도는 그냥 책임을 주장하고는 돈을 챙겨서 가버릴지 모른다. 경찰이 책임을 묻지 않을 거라는 걸 알테니.

8장

핵전쟁과 언어 전쟁

1975년 3월 앨라배마주 디케이터에 있는 브라운스페리 핵발전소에서 한 작업자가 파이프 공기 누출을 점검하고 있었다. 그런데 이 노동자는 공기가 새는 곳을 찾기 위해 어떤 정교한 첨단 기술 장비를 사용했을까? 촛불 말고 다른 걸 쓸 이유가 있을까? 핵발전소에서 촛불을 들고 파이프 사이를 기어다니면 브라운스페리에 어떤 일이 생길지 예상할 수 있다. 파이프를 밀봉하는 발포제에 불이 붙어 원자로 제어실로 연결된 전선의 절연재로 금세 번졌다. 순식간에 밸브와 펌프와 송풍기의 전기 제어 시스템이 마비되었고, 제어실의 엔지니어들이 원자로의 상태를 파악하는 장치들의 전력도 끊어졌다. 제어실은 연기가 가득 찼고, 기술자들은 원자로를 긴급 정지시키려고 안간힘을 써야 했다. 대략 7시간 뒤에 화재가 마침내 진압되었다.

핵규제위원회(NRC)는 사고 조사를 위한 검토 위원회를 구성했는데, 위원회는 일관되게 '사건'이나 '사고'라고 불렀다. 위원회가 내놓은 공식 보고서는 화재의 직접적인 원인이 "가연성이 매우 높은 물질이 …… 불필요한 점화원과 …… 바람직하지 않게 결합된 것"임을 발견했다. 핵규제위원회는 미국 역사상 가장 심각한 원자로 사고에 대처하기 위해 이런 뉴크스피크nukespeak*를 구사했다. 수리와 대체 전력에 2억 4000만 달러 이상이 소요된 사고였다.

핵 이중화법의 기능은 현실을 회피하고, 원자력과 핵무기에 관한 모든 논의를 통제하고 유도하며, 궁극적으로 원자력과 핵무기에 관한 모든 실질적인 공적 논의를 불가능하게 만드는 것이다. 핵 이중화법은 소통하는 척하면서 아무것도 소통하지 않는 언어, 원자력의 부정적 측면을 긍정적으로 보이게 만들고 불쾌한 부작용과 잠재적 재난을 용인할 만하게 보이도록 만든다. 이는 원자력의 현실과 위험을 은폐하기 위해 고안된 언어다.

원자폭탄이 처음 대중에 공개되었을 때 그것은 새로운 '원자력 시대', 즉 물리학자 R. M. 랭어의 말을 빌리자면 "에너지가 너무 싸서 요금을 청구할 필요도 없는" 시대를 알리는 발전의 일부로 소개되었다. 원자폭탄을 포함한 사소한 단점이 있기는 하지만 원자력은 우리를 "모두에게 유례없는 풍요와 기회"를 갖춘 새로운 세계로 이끌어줄 터였다. 그리하여 원자력의 평화적 사용을 위한 '평화를 위한 원자Atoms for Peace'와 '보습 프로젝트Project Plowshare**' 같은 프로그램들이 탄생했다.

---

* 핵무기나 핵에너지의 위험성을 은폐하거나 미화하기 위해 사용되는 이중적이고 모호한 언어를 가리킨다. 조지 오웰의 《1984》에서 등장하는 가공의 언어인 '신어(Newspeak)'에서 유래했다.

처음에는 '원자'라는 단어가 인기가 높았다. 1946년 원자력법에 따라 원자력위원회가 설립되어 핵분열 가능 물질의 생산뿐 아니라 원자력 관련 모든 정보에 관한 모든 통제권을 부여받았다. 이런 통제권과 함께 원자력 이중화법이 시작되었다. '우리의 친구 원자'를 단순히 또 하나의 기술 진보처럼 보이게 만들려는 공식 언어였다. 이제 우리는 '보습 프로젝트'를 기대할 수 있었다. 원자폭탄을 이용해서 항구와 운하를 파고, 산을 허물고, 광산까지 파는 기획이었다.

1960년대에 원자력위원장을 지낸 글렌 시보그는 소형 원자폭탄을 사용해서 지브롤터 해협을 메울 수 있다고 말했다. 그렇게 지중해 수위를 상승시키면 사하라 사막을 관개하는 데에도 사용할 수 있었다. 베네치아를 비롯한 해수면과 맞닿은 도시들이 물에 잠겨 사라질 것이라는 사실은 시보그에게 이익과 손실의 문제일 뿐이었다. "물론 신록이 우거진 사하라 사막의 이점을 베네치아를 비롯한 해수면과 맞닿은 도시들의 손실과 비교해보아야 할 것입니다."

1970년대에 이르러 '원자 atom'라는 단어가 마법적 광채를 잃자 '핵 nuclear'이라는, 그나마 덜 무서운 단어로 대체되었다. '핵장치'(원자폭탄 대신)에서 '핵'발전소(원자력 발전소 대신)에 이르기까지 이제 모든 게 원자와 무관하고 핵이라는 단어가 앞에 붙었다. 에너지연구개발청(ERDA)의 경우처럼 때로는 '에너지'라

** 구약 〈이사야서〉 2장 4절의 '칼을 쳐서 보습을 만들고 창을 쳐서 낫을 만들 것'에서 따온 명칭이다.

는 이중화법이 선호되었다.

1974년 원자력위원회가 해체되고 그 기능이 두 기관으로 분할되었다. 핵무기 개발을 책임지는 '에너지연구개발청'이 신설된 에너지부에 편입되었고, 상업용 원자력을 장려하고 규제한다는 목적으로 핵규제위원회가 만들어졌다. 그리하여 에너지부가 원자력 무기 또는 핵무기의 설계와 개발과 제조를 책임지게 되었다. 에너지부는 연간 예산의 65퍼센트를 무기 제조에 투입하고 있다.

뭔가 말하면서 아무것도 말하지 않는 법

핵발전소의 문제점에 관해 이야기할 때면 핵규제위원회는 이중화법만 사용한다. 1988년 뉴저지에 있는 문제투성이 오이스터크리크 핵발전소를 다룬 연재 기사에서 〈애틀랜틱시티 프레스〉의 기자 데이비드 비스는 핵규제위원회 위원들이 "뭔가 말을 하면서 아무 말도 하지 않는 기술의 거장들"이라고 비판했다. 비스는 핵규제위원회가 구사하는 언어를 이렇게 설명했다. 위원회가 쓰는 표현으로는 경보가 울리는 게 아니라 "시스템 모니터링 지표들이 영향을 받는다"고 한다. 핵규제위원회 감사관들은 기계가 쉽게 고장날 위험이 있어도 "고장 모드가 확인되었다"고 말할 뿐이다. 장비가 고장 나거나 깨지거나 금이 가거나 폭발하거나 떨어져 나가는 경우는 없다. "설계 요건과 사양에 따른 작동 기준을 충족하지 못할" 뿐이다. 핵규제위원회는 특정한 계획이나 조치, 절차가 터무니없는 발상이거나 성공하지 못하거나 그릇되거나 단순한 시간 낭비라고 절대 말하지 않는다. 다만 "이 사안들을 해결하기 위한 경영진의 관심과 조치가 전적으로 성공적이지는 않았다"고 말한다.

핵규제위원회의 이중화법에서는 어떤 것도 '그렇다' '아니다'로 표현되지 않는다. 대신 '~일지 모른다' '~일 수 있다' '~일 가능성이 있다' '어쩌면 ~일 수 있다'고 말한다. 또는 '~않을지 모른다' '~가 아닐 수 있다' '~하지 않을 것이다' '어쩌면 ~가 아닐 수 있다'고 말한다. 모든 문장이 조건문이기 때문에 핵규제위원회의 문서나 성명에서는 어떤 것도 정확한 의미를 단정할 수 없다. 체셔 고양이가 앨리스에게 던진 문제가 생각날 뿐이다.

오이스터크리크 핵발전소는 인구 밀집 지역 한가운데에 있다. 대형 사고가 벌어질 경우에, 핵규제위원회의 말을 빌리자면, 공장의 설계상 바람 부는 방향에 사는 사람들에게 "곧바로 큰 영향"(방사능 오염을 뜻한다)을 끼칠 것이다. 방사능 피폭으로 사망하게 될 수많은 사람들에게 핵규제위원회가 늘어놓는 이런 언어가 바로 이중화법이다.

핵규제위원회의 이중화법에 따르면 설비 설계가 부실하거나 제작이 허술한 경우는 없다. 1987년 핵규제위원회는 오이스터크리크 핵발전소에서 "봉쇄 토러스 흡수통식 진공 차단기의 잠재적 고장 모드"를 확인했다고 보고했다. 다시 말해 이 밸브들이 비상 상황에서 필요할 때 제대로 작동하지 않을 수 있다는 것이다.

발전소 가동 책임자가 작성한 발전 시스템 설명서에 따르면,

오이스터크리크 핵발전소의 봉쇄 시스템은 "원자로 냉각수 시스템의 파열을 수반하는 최대 가상 사고maximum credible accident의 에너지 방출을 흡수"하도록 설계되었다. 하지만 '최대 가상' 사고의 목록에는 냉각수와 비상 냉각수가 완전히 소진되거나 안전 시스템이 고장 나거나 작동상의 실수가 발생하거나 노심이 손상되거나 노심이 용융되는 사례가 들어 있지 않았다. 핵규제위원회는 이런 사고가 일어날 가능성이 "개연성이 없다incredible"고 믿었기 때문이다. 이렇게 핵규제위원회는 간단히 이중화법을 구사하는 식으로 핵발전소를 안전한 시설로 만들 수 있다.

핵발전소 무사고의 비결

핵규제위원회에서 내놓는 각종 문서와 보고서는 무언가를 말하는 듯하면서 아무 말도 하지 않는 이중화법이 가득하다. 1987년 4월 22일, 핵규제위원회는 뉴햄프셔주 시브룩 핵발전소 주변의 비상 구역에 관한 〈보고서와 지시Memorandum and Order〉를 발표했다. 문서에 따르면 "대규모 지반 가속도(초기 사태, 계속해서 강력한 여진이 이어질 수 있음)를 수반하는 지각 변동 사태가 일어나면 비상 계획 실행의 효율성이 저하되고, 예상보다 이르게 봉쇄에 실패할 가능성이 높아지며, 가동 성능이 저하될 수 있다". 간단히 말해 비상 계획은 지진에 대처할 수 없다.

또한 문서에 따르면 "허가된 핵발전소들과 관련된 '핵규제위원회 정보 공지'를 통해 최근에 보고된 수많은 사고들을 보면,

안전상 중요한 하드웨어 부품들을 무작위로 시험했을 때 설계 의도에 따라 작동하지 않은 사례가 있다는 명제가 입증된다". 즉 핵발전소의 중요한 결정적 부품들이 실제로 사용할 때에는 제조업체에서 설명한 성능에 부합하지 않는다는 것이다.

1983년 뉴저지주 세일럼의 핵발전소에서 일어난 일련의 '사태'에 관한 보고서에서 핵규제위원회는 "관리진이 안전 기준을 확립하고, 세부 사항에 주의를 기울이며, 절차 준수를 보장하는 데 충분히 관여하지 않은 결과로" 기능 장애가 발생했다고 결론지었다. 핵규제위원 빅터 길린스키는 안전 시스템을 제대로 준수하지 못한 것은 '관리상의 여러 부실'과 관련이 있다고 말했다. 다시 말해 이 사람들은 핵발전소를 운영하는 법을 모른다.

쟁점이나 문제가 무엇인지와 상관없이 핵규제위원회는 그것을 덮어주고 은폐하는 데 필요한 이중화법을 내놓을 수 있다. 1985년 오하이오주 오크하버에 있는 데이비스베스 핵발전소에서 장비가 고장 나서 가동이 중단된 건수가 업계 평균을 상회한다고 보고되었다. 또한 핵규제위원회에 보고해야 하는 고장 건수도 많았다. 하원 에너지보존·전력소위원회가 오하이오 핵발전소의 위험성이 다른 곳보다 높은지 묻자 핵규제위원회는 이렇게 답변했다. "노심 손상이나 용융 발생 빈도가 평균보다 높을 수 있다는 예비적 지표들이 있습니다. 그러나 중대한 방사성 물질 방출과 그로 인한 주변 지역 방사능 오염 위험성이 평균 이상이라는 지표는 없습니다." 핵규제위원 제임스 K. 애설스타인은 데이비스베스 발전소가 "중대 사고 발발 가능성을 억제할 수 있다"고 믿는다고 덧붙였다. 이런 식으로 문제와 의문에 명료하고 간단하게 대응한다. 우리는 핵발전 산업 종사자들이 정말 스스로 말하는 대로 행동하는지 의문을 품지 않을 수 없다. 만약 그렇다면 우리 모두 심각한 문제를 안고 있는 것이기 때문이다.

하지만 핵규제위원회가 대중을 오도하면서 핵발전소에서 실제로 벌어지고 있는 일들을 은폐하기 위해 의도적으로 이중화법을 구사한다고 믿어야 하는 순간들이 있다. 1975년 제정된 선샤인법 Sunshine Act에 따르면 정부 기관은 모든 회의를 공개하고 회의록을 보관해야 한다. 하지만 1985년 핵규제위원회는 '비회의 회합 nonmeeting gathering'에서 비공개로 회동하고 이런 '비회의'에서 논의된 내용을 회의록으로 남기지 않을 수 있도록 선샤인법의 관련 규정을 개정했다. 핵규제위원회 위원들은 비공개 회의를 하면 '친밀함'이 증진되고 공개 회의를 하면 위원들 사이에 아이디어를 시험할 때 '위축 효과'가 생기기 쉽다고 주장했다. 이에 따라 핵규제위원회는 안전에 관한 전반적인 논의와 기술 브리핑, '브레인스토밍' 회의가 선샤인법에 규정된 '회의'가 아니라고 결정했다. 즉 핵규제위원회는 명료한 언어를 사용하는 법을 알고 싶어도 알지 못하는 것 같다. 어쩌면 이 기관은 핵에너지와 핵발전소의 안전성에 관한 여러 쟁점과 문제에 관해 대중을 혼란과 어둠 속에 방치하고자 할 때 이중화법을 구사하는 법을 아는 것 같다.

때로는 핵발전소와 관련된 모든 이들이 자신의 실수를 은폐하기 위해 이중화법을 구사하는 것으로 보인다. 1986년 플로리다주 세인트피터스버그의 재난 대비 공무원들은 플로리다 동부 연안의 허친슨섬에 있는 세인트루시 핵발전소에서 재난 사태가 발생하는 경우에 사용할 대피로를 보여주는 소책자를 배포했다. 소책자에 실린 지도에는 한 대피로 상에 존재하지 않는 다리가 있었고, 대피하는 사람들이 존재하지도 않는 플로리다 고속도로의 나들목까지 도로를 따라 달릴 수 있다고 나와 있었다. 누군가 이런 문제점을 지적하자 공무원들은 그 문제를 '해결'하는 중이라고 말했다. 지도의 정확성을 기하기 위해 다리와 고속도로를 건설하겠다는 뜻이었을까? 아니면 새로운 지도를 그리겠다는 말일까? 또는 새로운 비상 계획을 내놓겠다는 의미일까?

핵 이중화법은 학습해야 한다. 1982년 에너지부와 핵규제위원회는 '증언과 미디어 스킬 클리닉'을 열어 1만 달러를 지출했다. 일부 직원들에게 특히 1979년 스리마일섬 핵발전소 사고와 비슷한 비상 상황이 생길 때 기자와 의회 의원의 질문에 답하는 법을 가르치기 위해 고안된 클리닉이었다. 클리닉 참가자들은 "모든 게 순조롭다는 인상"을 주고 "당혹스러운 상황을 피하라"는 말을 들었다. 강사가 질문했다. "여러분은 대중에게 어떤 입장을 들려주기를 원하나요?" 또한 "표정 관리"를 하면서 "답을 하고 싶지 않은 질문에 대처하는" 법도 들었다. 한 참가자는 스리마일섬의 방사선 검출기가 제대로 작동하지 않았고 잠재적 위험성이 있다고 인정한 스리마일섬 계약업체 중역이었다. 제조업체와 이야기를 한다면 이 장치가 "오작동이 심했다"고 말할 터였다. 하지만 '비판자가 반핵론자라면' 그는 이렇게 말할 것이었다. "이건 방사선 감지기이지 안전 관련 장비가 아닙니다. 따라서 사고 상황에서 정확하게 작동할 필요가 없습니다."

정상적으로 예상되는 비정상적 사건들

핵규제위원회와 핵발전 산업은 방대한 이중화법을 개발해서 핵발전소와 핵 사고의 위험성을 경시하기 위해 사용한다. 핵발전소에서 일어나는 폭발은 '에너지 분해' '에너지 방출' '급속한 에너지 방출'이라고 하며, 화재는 '급속한 산화 작용'이나 '발연 사태'다. 원자로 사고는 '사태' '이례적 사태' '예정에 없는 사태' '사건' '비정상적 진전' '정상적 일탈' '설비 과도 상태'라고 한다. 핵발전소 사고를 다룬 한 보고서에서는 어떤 '비정상적 사건'이 너무 자주 일어나서 '정상적으로 예상되는 비정상적 사건'이라고 지칭할 정도였다. 핵발전소는 절대 지진을 걱정할 필요가 없다. 그저 '지각 변동 사태'일 뿐이다. 핵발전소의 플루토늄 오염은 '침투'나 '이동', '봉쇄 파열' 또는 "플루토늄이 자리를 잡음"이라고 지칭한다. 노심 용해는 '노심 분열 사고'라고 한다.

핵규제위원회는 심지어 핵발전소 사고를 집계해서 의회에 보고할 때에도 이중화법을 구사한다. 한 보고서에서 핵규제위원회는 19개의 다른 원자로에서 일어난 사고들을 '비정상적 사건' 1건으로 집계했다. 19건의 사고가 어떻게 1건의 사고가 되는 걸까? 각기 다른 19개의 원자로가 모두 동일한 설계상의 결함이 있기 때문에, 그리고 핵규제위원회가 각기 다른 많은 원자로에

내재한 설계 결함 같은 '포괄적' 문제를 하나로 집계하기 때문에 이런 설계 결함으로 야기된 '비정상적 사건'은 실은 19건이 아니라 1건에 불과했다. 전국 각지의 다른 장소에 있는 19개 핵발전소에서 일어난 사건이라고 해도 상관없었다. 핵규제위원회가 구사하는 핵 이중화법에서는 19가 1이 된다. 얼마나 쉬운가?

핵 이중화법에서는 핵발전소 주변의 수온이 올라가서 그 물에 의지해 살아가는 식생과 동물이 죽는 것을 '열 강화thermal enrichment'라고 한다. 방사능 폐기물은 '사용 후 연료'일 뿐이고, '건강 영향'은 핵 사고로 일어나는 사망과 부상을 가리킨다. 핵발전소에서 우발적으로 방출된 방사능 기체 구름은 '가스 방출off-gas'이라고 한다. 인체가 흡수하고도 생명을 유지할 수 있는 방사능 양은 '신체 부하량body burden'이라고 한다. 핵발전 산업이 핵발전의 '위험 대비 이익'에 관해 말할 때 이는 사실 "우리는 이윤을 벌기 위해 뭐든지 할 테니 위험은 당신들이 감수하라"는 뜻이다. 그리고 핵발전 산업이나 핵규제위원회가 "이 문제를 맥락 속에서 보자"고 말할 때 그 말의 진짜 의미는 이런 것이다. "진짜 쟁점에서 다른 문제로 관심을 돌립시다. 그래야 우리가 이 문제를 회피하고 우리가 이야기하고 싶은 내용만 말할 수 있으니까."

핵발전소에서 절도나 관리 부실 때문에 플루토늄이 사라지면 발전소 운영자들은 이 손실을 '소재 불명 파일Materials Unaccounted File(MUF)'에 '재고 불일치'라고 기록할 뿐이다. 핵발전소에서 플루토늄을 조직적으로 빼돌리는 것은 '전용diversion'이라고 한다.

또한 핵발전소 관리자들이 "전용의 증거가 없다"고 말할 때, 그 실제 의미는 우리는 사라진 플루토늄이 도난당한 것을 증명할 수 없고 누구 소행인지 모른다는 것이다.

하지만 이따금 특히 진지하게 받아들여야 하는 경우가 생기면 이런 언어에 그저 웃을 수밖에 없다. 어쨌든 신문에서 다음과 같은 구인 광고를 보게 되면 달리 어떤 반응을 취할 수 있겠는가? "핵분열 동위 원소 분자 반응도 계측기와 위상 사이클로트론 우라늄 광합성기 업무 담당자. 초보 환영." 어쩌면 핵발전 산업은 이런 식으로 촛불을 사용해서 파이프 공기 누출 부분을 찾는 노동자를 구하는지 모른다.

핵규제위원회와 핵발전 산업의 이중화법은 핵발전을 수용 가능한 것으로 만들기 위해 고안된 언어다. 이는 중요한 주제에 관한 진지하고 사려 깊고 정보에 기반한 토론을 막기 위해 고안된 언어다. 더 나아가 핵규제위원회가 구사하는 이중화법은 수많은 핵발전소에 존재하는, 안전과 가동 관련한 심각한 문제를 은폐하고 회피한다. 우리가 정말로 우리 사회에서 핵발전의 역할을 논의하고자 한다면 핵규제위원회와 핵발전 산업의 이중화법을 뿌리 뽑아야 한다. 하지만 핵발전의 이중화법은 핵무기와 핵전쟁의 이중화법 앞에서 무색해진다.

생각할 수 없는 것을 생각하게 하라

핵무기와 핵전쟁을 둘러싼 이중화법은 생각조차 할 수 없는 일을 생각하는 언어를 제공한다. 당신이 사는 도시에 원자폭탄 하나가 폭발한다고 생각해보면 거의 불가사의한 그림이 그려진다. 그리고 당신이 사는 도시에 핵탄두 10개가 떨어지거나 미국과 소련이 보유한 5만여 개의 핵탄두가 미국과 소련 곳곳의 도시에 떨어지는 상황을 그려보는 것은 거의 불가능해진다. 하지만 생각조차 할 수 없는 것을 생각하는 일을 직업으로 삼는 사람들이 있다. 세계의 종말을 계획하는 사람들이다. 생각조차 할 수 없는 것을 생각하기 위해서는 이중화법이 반드시 필요하다.

1982년 4월 22일 ABC-TV 프로그램 〈나이트라인〉에서는 진행자 테드 코펠과 게스트 허먼 칸 사이에 다음과 같은 설전이 벌어졌다.

> **코펠**: 마지막으로 인용문 하나 더 보겠습니다. "우리는 소련의 행동을 억제할 수 있기를 바라기 때문에 제한된 수단으로는 대응할 수 없는 행동을 막기 위해 믿을 만한 선제공격 역량을 갖춰야 한다." 허먼 칸의 《열핵전쟁에 관하여》라는 책입니다. 저자 허먼 칸 박사가 지금 여기 하버드에 나와 계십니다. 칸 박사님, 여전히 이 견해를 고수하십니까?
>
> **칸**: 정확한 표현은 '믿을 만한 credible'이 아니라 '믿기 어렵지 않은 not incredible'입니다. 둘은 뚜렷한 차이가 있지요. 상대방이 실제로 사용할 수 있을 것처럼 보이는 능력을 갖추는 건 현실적으로 어렵지만, 상대편이 너무 도발적으로 나오면서도 우리가 사용하지 않을 거라고 느끼지 못하게 만드는 능력을 갖출 수는 있습니

다. '믿기 어렵지 않은'이라는 표현에는 정말 엄청난 무게가 담겨 있습니다.

코펠: 오늘 방송에서 우리는 이중 부정에 압도당할 가능성이 있군요. 칸 교수님, 그 말을 간단한 문장으로 표현해주실 수 있을까요?

칸: 안 됩니다. 잠시만 시간을 주시죠. 이 문제를 간단한 문장으로 표현하려고 하면 오히려 혼란이 가중될 뿐입니다. '가능성이 낮다'는 개념을 예로 들어보죠. 가능성이 낮다는 건 이를테면 0.5 미만이고 가능성이 없다는 건 0.1 미만입니다. 따라서 가능성이 없지 않다는 건 가능성이 있다와 아주 다릅니다. 이런 걸 리토테스(litotes, 완서법)라고 하는데, 이건 아주 정당한 문법 구조입니다.

조지 오웰은 "아니하지 않다"는 문장 구조를 사용하는 이들은 이 문장을 암기하는 식으로 자가 치료를 할 수 있다고 말했다. "검지 않지 않은 개가 푸르지 않지 않은 들판을 가로질러 작지 않지 않은 토끼를 쫓고 있었다." 하지만 칸이 구사하는 이중 화법은 의도적으로 세심하게 고안된 것이며, 따라서 그는 핵무기와 핵전쟁에 관해 논할 때 명료한 언어를 전혀 원치 않는다.

국방정보국(DIA) 국장을 지낸 대니얼 그레이엄 장군은 핵전쟁 계획과 관련된 명료한 사고의 사례를 보여주었다. 장군은 이미 지구상의 모든 인류를 2.5회 죽일 만큼 충분한 핵무기가 존재하기 때문에(이런 상황을 '과잉 살상력'이라고 한다) 핵무기를 증강할 필요가 없다는 주장에 동의하지 않았다. 훌륭한 장군은 다음과 같은 말로 일축했다. "지구상에는 전 세계 인구를 몇 번이고 죽일 수 있을 만큼의 바위도 있다. 그러나 이를 하나의 시스템으로 조직하는 것은 또 다른 문제다."

'평화적 핵전쟁'이라는 모순

핵 이중화법에서는 '전쟁'과 '승리'라는 단어를 사용하지 않고도 이 둘에 관해 이야기할 수 있다. 핵전쟁은 '고강도 교전의 궁극'이나 크리스마스 선물을 교환하듯이 '핵교환'이라고 일컬어진다. 이런 '교환'에서는 아무도 승리하지 않는다. 그저 '압도'할 뿐이다. 핵전쟁에서 '승리'가 무엇을 의미하는지 그 함의를 회피하는 단어다.

1980년 대통령 선거 운동을 벌이던 조지 H. W. 부시는 아직 핵전쟁에 관해 이야기할 때 '승리'가 아니라 '압도'라는 단어를 사용해야 한다는 걸 알지 못했다. 로버트 시어 기자가 "핵교환에서 어떻게 승리하실 겁니까?"라고 묻자 부시가 대답했다. "지휘통제부의 생존 가능성, 산업 잠재력의 생존 가능성, 일정 비율의 시민 보호를 갖추고 상대가 자신에게 가할 수 있는 피해보다 더 많은 피해를 가할 수 있는 역량을 갖추는 것. 그게 승자가 되는 길입니다." 그러자 시어가 물었다. "가령 5퍼센트가 생존한다는 말인가요? 아니면 2퍼센트요?" 부시가 답했다. "그보다는 많지요. 만약 양쪽이 자기가 가진 모든 걸 발사한다 해도 그보다는 많이 생존할 겁니다." 부시는 이중화법을 구사함으로써 생각조차 할 수 없는 것을 생각할 수 있도록 '생존 가능성'과 '승리'를 재정의할 수 있다.

1972년 국방장관 멜빈 레어드는 워싱턴 D.C.를 방어하기 위한 탄도 미사일 요격 기지를 건설해서 조지 H. W. 부시가 핵전쟁에서 승리하기 위해 필수적이라고 여기는 '지휘통제부의 생존 가능성'을 확보하자고 제안했다. 레어드가 이렇게 제안하던 시기에 합참의장 토머스 무어러 제독도 기지 건설 제안을 지지하며 이렇게 말했다. "우리는 (연방 정부의) 의사 결정 과정을 전반적인 포괄적 억지 역량에서 매우 중요한 구성 요소로 간주합니다." 무어러 제독의 이야기는 뉴욕에서 로스앤젤레스에 이르는 미국 전역의 모든 사람들이 쓸려 나가도 워싱턴의 관료와 정치인들이 모두 살아남아 애당초 우리를 이런 곤경에 몰아넣은 결정을 계속 내린다는 걸 알게 되면 소련이 두려움에 떨 것이라는 말이었다. 핵전쟁에서 승리한다는 것은 이런 뜻이었고 억지력이라는 것도 이런 의미였다.

많은 핵전쟁 전략가들이 '승리 가능한 핵전쟁'에 관해 이야기한다. 국방부 자문위원 콜린 그레이는 1982년에 "미국은 합리적으로 핵전쟁을 수행할 수 있는 역량을 보유해야 한다"고 말했다. 그레이는 핵전쟁이 어떻게 '합리적'일 수 있는지 설명하지 않았다. '승리 가능한 핵전쟁' 전략에는 '두 동강 난 채로 벌이는 전쟁broken-backed war'을 위한 계획도 포함된다. 1차, 2차, 그리고 보복 공격으로도 전쟁이 결판나지 않으면 살아남은 생존자들끼리 계속 싸우는 전쟁이다.

 핵 이중화법 덕분에 인도는 자국이 보유한 원자폭탄을 '평화적인 핵장치'라고 하며, 핵전쟁을 계획하는 이들은 '핵우산'이라는 표현을 쓸 수 있다. 마치 우산으로 비를 막듯이 우수수 떨어지는 핵폭탄을 막을 수 있다는 듯이. '전략 방위 구상'은 '스타워즈'나 '평화의 방패 Peace Shield'라고 불린다. 핵공격이 벌어질 경우에 도시에서 수많은 주민들을 분산시키는 것은 '농촌의 낙진 체류 fallout sojourn in the countryside'나 '비상 이주 crisis relocation'라고 한다. 핵 이중화법은 항상 핵무기와 핵전쟁의 현실에 관해 이야기하는 것을 피할 뿐만 아니라 핵무기가 위협적으로 보이지 않게, 심지어 안전해 보이게 하려고 노력한다. 트라이던트 잠수함에 핵미사일 24기가 저장된 탑재실은 '크리스마스 트리 농장 Christmas tree farm'이라고 하며, 군사 표적을 겨냥한 특정한 종류의 핵공격은 '쿠키 틀'이라고 한다.

말할 수 없는 것에 이름 붙이기

 핵무기를 실험할 때 펜타곤은 시험 암호명이 위협적이지 않도록 세심하게 주의를 기울인다. 히로시마를 파괴한 폭탄은 '리틀 보이 Little Boy'였고, 사흘 뒤 나가사키를 쓸어버린 폭탄은 '팻 보이 Fat Boy'였다. 핵 시대가 시작된 이래 미국은 700여 개의 '핵 장치'를 실험했는데, 각각 전혀 위협적이지 않은 핵과 무관한 이름이었다.

한동안 '낸시Nancy'나 '해리Harry' 같은 이름을 사용하던 과학자들은 그 후로 나무나 산, 행성 이름을 사용했다. 골프('백스윙Backswing'), 칵테일('다이키리Daiquiri'), 요트 부품('러더Rudder')과 관련된 명칭이 사용되었다. 치즈 이름도 사용된다('에담Edam' '스틸턴Stilton' '카망베르Camembert' '묑스테르Muenster' '다나블루Dana Blue'). 캘리포니아주 버클리에 소재한 리버모어연구소 실험실의 실험 책임자인 로저 아이드는 다나블루 치즈의 이름을 딴 핵폭탄을 시험하는 현장에 약 3.2킬로그램짜리 다나블루 치즈 덩어리를 가져갔다. "폭발 실험 전에 제어실에 있는 사람들을 위해 치즈를 가져가는 걸 좋아했습니다."

워싱턴 D.C. 에너지부에서 일하는 테리 이건은 모든 핵실험 명칭을 승인하는 책임자인 '무기 정보 전문가'다. 이건은 명칭이 발음하기 쉽고, 전에 사용한 적이 없으며, 논쟁을 일으켜서는 안 된다고 지적한다. 이건은 수많은 명칭을 탈락시킨 뒤인 1981년 제안서를 발부했다. "의미상 공격성이나 전쟁과의 관련성, 무기, 폭발물, 군대, 잠재적으로 민감한 상황, 그 밖에 모종의 방식으로 무기 프로그램을 반영하는 범주를 함축하거나 암시하는 단어를 승인용으로 제출해서는 안 된다." 따라서 '그림 리퍼(Grim Reaper, 죽음의 신)'나 '피플 일리미네이터People Eliminator' '어스 디스트로이어Earth Destroyer', '섀터러 오브 월드Shatterer of Worlds' 같은 명칭은 핵무기나 핵시험에서 절대 볼 수 없다.

핵무기를 설계하고 실험하는 당사자들도 자신의 작업을 정당화하기 위해 이중화법을 구사한다. 리버모어연구소에서 일하는 과학자들은 "우리는 무기 무력화 장치antiweapons를 만든다"고 지적하면서 자신의 업무를 옹호한다. 리버모어연구소의 과학자인 로런스 웨스트는 이렇게 말한다. "제 주된 관심사는 사람을 살상하는 더 나은 방법을 찾는 게 아니라 무기를 없애는 더 나은 방법을 찾는 겁니다. …… 제가 죽음의 무기를 만드는 범주에 속한다고 생각하지 않습니다. 우리는 생명의 무기, 즉 죽음의 무기에 맞서 인명을 구하는 무기를 만들고 있습니다."

메가톤과 메가데스

핵 이중화법의 세계에서 평화는 끊임없는 핵전쟁의 위협, 즉 '억지력'을 구성하는 '상호 확증 파괴mutually assured destruction(MAD)'라는 정책 아래서 살아감을 의미한다. 핵 계획가들의 이중화법은 수백만 명의 죽음이 아니라 '메가데스megadeath'*에 관해 이야기하는, 멋지고 산뜻하며 위협적이지 않은 언어로 구성된다. 핵폭탄의 살상력은 '메가톤megaton(MT)'으로 측정되며, 핵미사일의 효율성은 '중량 대비 위력yield to weight ratio'으로 계산된다. 미사일 한 기에서 갈라져 나오는 여러 개의 탄두가 지상에 떨어지는 패턴은 '발자국footprint'이라고 한다. 도시는 '협상 카드bargaining chip' '연성 표적soft target' '등가 표적countervalue target'이라고 하고, 핵전쟁 시기에 '초정밀 명중 공

---

* 핵물질의 양을 나타내는 단위. 1메가데스는 100만 명을 죽일 수 있는 양이다.

격 clean, surgical strike'으로 '제거'된다.

핵무기는 '정교한 무기 시스템 sophisticated weapons system'이라고 하며, '전략' '전술' '전역(戰域)' 무기로 분류된다. 핵탄두는 '재돌입체 reentry vehicle' '제품 the product' '물리학 패키지 physics package'라 불리며, '발사 코드 go code'를 부여받은 뒤 '버스 bus'에 의해 '인도 deliver'된다. '동족 살해 fratricide'는 자국 탄두끼리 충돌해서 파괴되는 것을 뜻하며, '뉴크플래시 nuc-flash'는 실제 전쟁을 개시하는 잠재력이 있는 사고를 가리킨다.

승인되지 않은 핵무기 발사를 방지하기 위해 고안된 전자 시스템은 '허가 행위 링크 permissive action link', 일명 PAL이라고 한다. 핵무기 사고는 '구부러진 창 bent spear'이나 '부러진 화살 broken arrow'이라고 한다. '부러진 화살'이라는 용어의 공식 정의에 따르면 승인을 받지 않은 채 또는 우발적으로 핵무기를 폭발시키는 것, 핵 장치의 비핵 폭발(핵미사일에 핵탄두를 결합하지 않은 채 발사하는 것), 핵무기로 인한 방사능 오염, 핵무기의 강탈이나 절도나 분실, 핵무기와 관련된 사고로 인한 모든 공적 위험 상황이 이런 사고에 포함된다. '부러진 화살'이라는 이중화법은 핵 사고의 소름끼치는 현실을 깔끔하게 회피하며, 그 덕분에 우리는 이런 사고가 일으키는 재앙을 직면하지 않고도 사고에 관해 이야기할 수 있다.

핵전쟁 정책의 초석은 '억지력'인데, 누구도 성가시게 이 용어를 정의하려 하지 않는다. 과연 억지력이란 무엇인가? 기본적으로 핵 억지력은 미국과 소련의 상호 자살 협정이다. 억지력이란 상대가 나를 공격하면 나를 죽일 수 있겠지만 나도 죽기 전에 상대를 죽인다는 뜻이다. 이 상황은 또한 '공포의 균형'이라고도 한다. 핵전쟁을 계획하고 준비하기 위해 행해지는 모든 것이 '억지력'이라는 이름으로 이루어진다.

하지만 몇몇 핵전략 전문가들이 지적한 것처럼 "한쪽의 억지력은 상대에게는 위협이 된다". 미국이 미사일 사일로와 발사 통제 시설을 핵폭격에 대비해 보강하고 지휘 통제 시설을 분산하고 보강했을 때, 이 조치에 '생존 가능성 향상'과 '안정화'라는 이름이 붙었다. 소련의 예방적 공격(선제공격)에 대한 '취약성'을 줄이는 조치였기 때문이다. 하지만 소련이 똑같은 조치를 취했을 때 미국 관료들은 소련이 '탈안정화'를 추진한다면서 이를 소련이 미국의 '보복'을 '완화'하고 '우리의 억지력을 약화시키는' 증거라고 비난했다. '억지력'은 이제 의미가 너무도 모호하고 널리 쓰이기 때문에 의미 없는 단어가 되었다. 어떤 새로운 핵무기를 제안하든 간에 언제나 '억지력 향상'이라는 근거로 정당화되며, 아무도 '억지력'이 정확히 무엇인지―그게 좋은 발상인지, 어떻게 작동하는지, 어떤 결과로 이어지는지, 어떤 신무기가 '억지력'만큼 모호한 어떤 것을 실제로 '향상'시킬 수 있는지―질문하려 하지 않는다.

감축하면서 증강하기

1983년 미국은 소련에 핵미사일을 '감축'하자고 제안했다. '마이너스 경제 성장'이나 '인플레이션 감소율 증가'와 비슷한 수준의 이중화법의 사례다. 기본적으로 '감축'을 하려면 미국과 소련이 새로운 미사일을 1기 생산할 때마다 2기를 폐기해야 한다. 말은 좋다. 그렇지 않은가? 하지만 이런 이중화법을 접할 때는 그 실제 의미를 살펴보아야 한다. 양쪽이 보유한 미사일 숫자를 줄임으로써 핵전쟁의 위협을 줄이는 데 진전을 이루는 것 같지만, '감축'은 사실 위협을 증대시킨다. 기존의 미사일 2기를 대체하는 신형 미사일이 더 크고 정확도도 높으며 더 강력한 탄두를 더 많이 탑재하기 때문이다. 핵 이중화법은 이런 식으로 말과 내용이 일치하지 않는다.

정부가 이제 더는 지키고 싶지 않은 조약을 우회하고자 할 때 이중화법이 유용하다. 1972년 탄도탄 요격 미사일 규제 조약 Antiballistic Missile Treaty의 5조는 탄도탄 요격 미사일(ABM) 시스템이나 이런 시스템의 부품을 우주 공간에서 실험하는 것을 금지한다. "양국은 해상, 공중, 우주, 지상 이동 기반 탄도탄 요격 미사일 시스템이나 그 부품을 개발하고 실험하고 배치하지 않기로 합의한다." 이 조약은 또한 요격 미사일과 레이더 같은 지상 고정 기반 시스템의 제한된 개발과 실험과 배치를 허용한다. 1986년 레이건 행정부는 갑자기 5조가 신형 ABM 시스템에는 적용되지 않는다고 주장했다. 그리하여 '스타워즈' 프로그램 개발에 결정적으로 중요한 새로운 우주 기반 레이저를 비롯해 신형 시스템의 개발과 시험에 아무 제약도 없게 되었다. 이처럼 조약을 새롭게 해석하는 것을 비판하는 이들은 이를 '전통적' 시각과 대비되는 '수정주의' 시각이라고 지칭했다. 레이건 행정부는 자신의 새로운 견해를 '폭넓은' 시각이라고 하고 반대하는 견해를 '제한적' 시각이라고 지칭했다. 새로운 견해를 발전시킨 국무부 법률보좌관 에이브러햄 소퍼는 행정부의 재해석이 갑작스러운 관점 변화를 나타내는 게 아니라고 잡아뗐다. 레이건 행정부의 일부 관료들은 조약에 관한 새로운 시각을 '법적으로 정확한 해석 legally correct interpretation (LCI)'이라고 규정했다. 이 관료들의 주장에 따르면 'LCI'는 'OPP'에 기반을 둔 방어 시스템의 실험과 배치를 허용한다. 여기서 'OPP'란 요격 미사일 같은 구형 방어 시스템과 대조적으로 '다른 물리 원칙 other physical principles'에 기반을 둔 레이저 같은 실험 시스템을 가리킨다. 국방장관 캐스퍼 와인버거는 '폭넓은'과 '제한적'이 정확한 용어는 아니라고 말했다. 오히려 정확하게 말하려면 새로운 해석은 '올바른' 것이고 기존 해석은 '그른' 것이라고 말했다.

 와인버거 장관은 전에도 자신이 원하는 결과를 얻기 위해 조약을 '재해석'한 전력이 있었다. 1982년 장관은 전략무기제한협정 II의 어구에 따른 문제를 우회하기 위해 이중화법을 구사했다. 이 협정은 상원에서 비준을 받지 않았지만 레이건 대통령은 미국이 이를 준수하겠다고 말했다. 협정의 한 부분에는 "양국은 고정식 대륙 간 탄도 미사일 발사대를 추가로 건설하지 않기로 합의한다"고 명시되어 있다. MX 미사일을 위한 새로운 기지를 건설한다는 계획이 전략무기제한협정 II에 위배되는 것 아니냐는 질문에 와인버거는 "사일로는 발사대가 아니"라고 답했다.

그런 사일로를 건설하는 사람들과 지하 제어실에서 미사일 발사를 준비하는 공군 인력들에게는 흥미로운 뉴스거리인 게 분명하다.

공포를 감추는 핵 담론

미국 미사일에는 위협적이지 않은 애국적인 명칭이 붙는 반면, 소련 미사일에는 차갑고 삭막한 숫자가 붙는다. 미국이 보유한 미사일은 '피스키퍼' '미지트맨(Midgetman, 난쟁이)' '미니트맨(Minuteman, 미국 독립전쟁 시기의 긴급 소집병)' '퍼싱(Pershing, 제1차 세계대전 유럽 원정군 사령관 존 J. 퍼싱의 이름을 딴 명명)' '서전트 요크(Sergeant York, 제1차 세계대전 당시 사병으로 가장 많은 훈장을 받은 앨빈 요크 병장의 이름을 딴 명명)' '포세이돈' '아틀라스' '타이탄' 따위인 반면, 소련 미사일은 'SS-20' 'SS-21' 'SS-22' 'SS-24' 같이 숫자만 커진다. 점점 커지는 숫자는 소련이 미국보다 빠르게 신세대 미사일을 개발하고 있다는 인상을 풍긴다. 하지만 소련 미사일에 붙은 숫자에는 실험을 했지만 아직 배치되지 않은 미사일이나 약간 개조되었을 뿐인 미사일도 포함된다. 한편 미국 미사일은 명칭을 변경하지 않은 채 꾸준히 개량된다.

핵 이중화법은 멋지고 정밀하고 합리적이고 권위적인 약어들로 가득하다. 이런 약어를 사용하는 사람들은 스스로가 그런 자질을 보유한 것처럼 보이며, 핵무기와 핵전쟁을 이야기할 때 식견 있고 객관적인 사람처럼 보인다. 또한 핵전쟁을 논의하는 사람들도 약어를 사용하면 핵전쟁의 끔찍한 현실과 거리를 둘 수 있다. 그야말로 약어가 넘쳐난다. ICBM(대륙 간 탄도 미사일), SLBM(잠수함 발사 탄도 미사일), IRBM(중거리 탄도 미사일), INF(중거리 핵전력 조약), RDF(신속 배치군), SDI(전략 방위 구상), SRBM(단거리 탄도 미사일), GLCM(지상 발사 순항 미사일), SLCM(잠수함 발사 순항 미사일), FOBS(부분 궤도 비행 타격 체계), BAMBI(탄도 미사일 부스트 요격), MARV(기동 탄두 재돌입체), MIRV(다탄두 각개 목표 설정 재돌입체), MAD(상호 확증 파괴), BMD(탄도 미사일 방어) 등은 몇 가지 사례에 불과하다. 최고의 약어를 꼽자면 'CBM', 즉 '신뢰 구축 조치 Confidence Building Measure'다. 'CBM'은 미국과 소련의 소통을 개선함으로써 긴장을 낮추고 오산으로 인한 핵전쟁 개시 위험을 줄이는 모든 것을 의미한다.

'확전 우세 escalation dominance' '선제공격' '준홀로코스트급 교전 sub-holocaust engagement' '초정밀 명중 선제공격 surgically clean counterforce strike' 같은 단어들이 핵 이중화법에 넘쳐난다. 이 언어는 '평화'를 '전략적 안정'으로 정의한다. 미국과 소련이 보유한 핵무기의 숫자와 유형이 균형을 이루는 상태를 의미한다. 이는 오늘날 세계에서 가장 중요한 쟁점, 즉 핵무기와 핵전쟁을 논의하면서 '제로 옵션*'이니 '취약성의 창*'이니 '유연한 대응'이니 '트라이어드*' 같은 단어를 사용하는 언어다. 이 이중화법은 우리의 삶에 가장 커다란 영향을 끼칠 수 있으며, 이런 이중화법을 근절하거나 최소한 이해하지 못한다면 우리가 사는 세계는 종말을 맞을 것이다. 이런 이중화법을 무시하려면 우리의 목숨을 걸어야 한다.

제로 옵션(zero option) 나토와 소련이 유럽 배치 중거리 핵미사일을 전면 폐기한다는 구상.

취약성의 창(window of vulnerability) SALT로 인해 소련이 대륙 간 탄도 미사일에서 우위를 차지하면서 미국에 취약성의 창이 열렸다는 레이건의 견해를 가리키는 용어.

트라이어드(triad) ICBM · SLBM · ALCM 등 전략 핵무기 3대장.

| 감사의 말 |

    이중화법(더블스피크) 사례를 모으는 데이터베이스 구축 작업에 자금을 지원해준 럿거스대학 연구평의회에 깊이 감사드린다. 덕분에 이 책을 집필할 수 있었다. 또한 〈더블스피크 계간 평론〉에 실린 자료를 활용하게 허락해준 전국영어교사협회(National Council of Teachers of English, 줄여서 NCTE)에도 감사를 전한다.

    2장의 초고에 귀를 기울이면서 적재적소에서 웃음을 터뜨린 인디애나주 엘크하트의 포아트클럽Four Arts Club의 우아한 여성들에게도 감사의 말을 전하고 싶다. 또한 이 책의 초고 일부를 읽고 기꺼이 유용한 논평을 해준 동료이자 좋은 친구인 해리 브렌트와 멀 바커에게도 감사한다. 이 프로젝트를 믿고 도움을 준 진 내거와 휴 밴 두센에게도 고맙다고 말하고 싶다. 이중화법 사례를 보내준 〈더블스피크 계간 평론〉의 모든 독자들에게 특히 감사의 말을 전하고 싶다. 〈더블스피크 계간 평론〉과 이 책에서 그 사례들을 많이 활용했다. 하지만 다른 누구보다도 아내 드니즈에게 특별히 고마운 마음을 전하고 싶다. 완벽한 집필 환경을 마련해주었을 뿐만 아니라 이 책을 쓸 수 있다는 확신을 불어넣어 주었다. 더 나아가 자신의 두 번째 소설을 쓰는 와중에도 가장 도움이 되는 최고의 비평가이자 독자가 되어주었다. 이루 말할 수 없고 갚을 길 없는 신세를 졌다.

유강은

국제문제 전문 번역가. 옮긴 책으로 《이스라엘 팔레스타인 분쟁의 아주 짧은 역사》, 《불평등 사회의 인간 존중》, 《국가는 어떻게 무너지는가》, 《냉전》, 《특권계급론》, 《내전은 어떻게 일어나는가》, 《팔레스타인 종족 청소》, 《비너스의 사라진 팔》, 《야망계급론》, 《가짜 민주주의가 온다》, 《능력주의》, 《불평등의 이유》, 《병목사회》 등이 있다. 《미국의 반지성주의》로 제58회 한국출판문화상(번역 부문)을 수상했다.

더블스피크

2025년 9월 5일 초판 1쇄 발행

- 지은이 ──────── 윌리엄 러츠
- 옮긴이 ──────── 유강은
- 펴낸이 ──────── 한예원
- 편집 ────────── 이승희, 양경아
- 본문 조판 ────── 성인기획
- 펴낸곳   교양인
  우04015 서울 마포구 망원로6길 57 3층
  전화 : 02)2266-2776 팩스 : 02)2266-2771
  e-mail : gyoyangin@naver.com

ⓒ 교양인, 2025
ISBN 979-11-93154-45-8 03300

* 잘못 만들어진 책은 바꾸어드립니다.
* 값은 뒤표지에 있습니다.